Karin Pfolz

AutorInnen »Farbspiel«

AF672069

Braun

Karina Publishing

Vienna

Impressum:

www.karinaverlag.at
Texte ©
Karin Pfolz, AutorInnengruppe »Farbspiel«
Lektorat: Werner Diefenthal, Ilona Penna, Marianne Peternell
Layout, Textüberarbeitung © Karin Pfolz
Covergestaltung © Karin Pfolz, Nicole Bleck
© 2017, Karina Verlag, Vienna, Austria,
ISBN: 978-3-903161-13-9

Teil 7 der 12-teiligen Reihe »Farbspiel«

Braun

Karina Publishing
Vienna

BAUCH Isabella, BELJA Artur, BELLINDA Bibi, BERTRAM Sally, BIELA Karin, BIENEMANN Christiane, DELANEY Stella, DUTZ Veronika M, EMS T.B., FOLTIN Sandra Karin, FRÖHLICH Leopold, GÖRLITZER Sebastian, GREFEN Gabriele, GROSS Angelika, GRÜNEWEG Verena, HANELT Marlies, HAUPT Linda Marie, HERTTING Maria, INNOCENTI Alexandra, KAISER Michaela, KAUFMANN Bernadette Maria, KESSE Petra, KIDD Beate, KNISATSCHEK Florian, KOHLER Markus, KRÜGER Marion, KÜHNE Evelyn, LANG Waltraud, LUCAS CF, MERLIN Mike, MICHELS Katja, MISS M, MICHELS Katja, MOSER Roland, NIKOLAI Sabrina, PENNA Ilona, PETERNELL Marianne, PETZ Andreas, PFOLZ Karin, PULAND Sara, PULLETZ Sandra, RÖTHLISBERGER Erich, SAUER Bo, SCHAEFER Marianne, SCHÖNBERG Michael, STEHLE Elfride, TEAR Asmodina, TRÄBING Denise, TREIBER Rudi, WEISE Petra, ZAWREL Renate.

Inhalt

Braun

Wie Anfang und Ende

Andrej und die braunen Uniformen

Markus Kohler

Andrej drückte sich ganz flach auf den Boden unter den Holzdielen der Küche auf der blanken Erde und hielt den Atem an. Bereits zum zweiten Mal in dieser Woche musste er das unbequeme Versteck aufsuchen, weil die Männer in den braunen Uniformen und schweren Stiefeln dem Bauernhof einen Besuch abstatteten. Schritte hielten direkt auf den Holzbohlen, unter denen er lag, inne und eine laute Stimme dröhnte.

»Friedrich, ich mache jetzt keinen Spaß mehr. Wo ist der Pollacke abgeblieben?«

Ganz leise vernahm Andrej die Antwort des Bauern.

»Ich kann es dir nicht sagen. Wir waren auf dem Feld, um die letzten Kartoffeln einzusammeln, und plötzlich war er weg.«

»Verdammt, warum hast du das nicht gleich gemeldet?«, donnerte der Uniformträger unwirsch.

Friedrich kam näher.

»Wir hatten alle Hände voll zu tun. Die Felder müssen auf den Winter vorbereitet und Holz muss gehackt werden. Du weißt doch selbst, was auf einem solchen Hof zu tun ist.« Er unterbrach sich kurz. »Zumindest wusstest du das noch, bevor du die braune Uniform angezogen hast.«

Der Angesprochene stapfte mit dem rechten Fuß auf.

»Hüte deine Zunge, Friedrich. Solche Äußerungen können schnell ins Auge gehen.« Der Junge unter den Dielen hörte das Murmeln und Aufstöhnen der Männer, mit denen der Anführer die Küche betreten hatte. »Wir gehen für heute, doch glaub mir, sollte es sich herausstellen, dass du den Pollacken schützt, werde ich dich zusammen mit ihm abführen lassen.«

Schwere Schritte entfernten sich und jemand warf die Tür ziemlich heftig ins Schloss. Es vergingen weitere zehn Minuten, bevor sich jemand an den Holzbohlen zu schaffen machte, um Andrej aus seinem Versteck zu befreien. Mühsam rappelte sich der Junge auf und klopfte die trockene Erde von seiner Kleidung. Berta, Friedrichs Frau, stand mit einer Tasse Milch da, die sie Andrej reichte. Die Bodenbretter wurden wieder eingesetzt und mit zitternden Fingern hob der Junge das Getränk an seine Lippen.

»Der kommt wieder«, sagte Friedrich. »Der ist wie ein Bluthund. Wenn er sich mal in etwas verbissen hat, dann lässt er nicht locker.«
Berta seufzte schwer und ließ sich auf der Küchenbank nieder. Friedrich setzte sich neben sie und deutete Andrej an, sich auf dem Stuhl gegenüber hinzusetzen. Der Bauer sah dem Jungen direkt in die Augen.
»Andrej, du weißt, wir sehr wir dich schätzen und du hast uns, seit du uns als Zwangsarbeiter zugeteilt worden bist, gute Arbeit geleistet. Doch jetzt wollen sie dich wieder abholen und wir wissen, was das bedeutet. Die Gerüchte in der Nachbarschaft werden immer lauter. Alle, die ihr auf die Höfe verteilt worden seid, sollen nun in ein großes Lager gebracht werden. Was dort mit euch geschieht, weiß niemand so genau. Doch die meisten reden davon, dass ihr diese Lager nicht mehr verlassen werdet.«
Berta schüttelte traurig den Kopf und ihre Augen wurden feucht. Andrej senkte den Blick auf seine gefalteten Hände.
»Ich gehen weg von hier. Ihr keine Angst mehr haben müssen.«
Wenn Andrej aufgeregt war, fiel er in sein Kauderwelsch zurück, das er eigentlich schon so gut wie abgelegt hatte.
Mit fünfzehn Jahren war Andrej auf den Hof von Friedrich und Berta und ihren neun Kindern gebracht worden. Er hatte nur sehr schlecht Deutsch gesprochen aber verstanden, was ihm gesagt wurde. Er hatte sich rasch eingelebt und Spaß an der Arbeit gefunden. Er hatte es gut getroffen mit den Leuten auf diesem Hof, die für ihn nie ein böses Wort und ihn fast wie ein eigenes Kind aufgenommen hatten.
Mit Anneliese, der sechzehnjährigen Tochter von Friedrich und Berta, verstand sich Andrej besonders gut. Er hegte zärtliche Gefühle für sie, doch bis zum heutigen Tag hatte er es nicht gewagt, sich ihr gegenüber zu offenbaren. Drei Jahre war er nun auf diesem Hof, doch nun sollte alles vorbei sein?
»Aber Andrej!« Berta legte ihre Hände auf den Tisch und sah ihn traurig an. »Wo willst du nur hin? Sie werden dich finden. Friedrich hat recht, der Peter ist wie ein Tier, das Beute gerochen hat.«
Der Bauer nickte.
»Geh, hol uns doch mal einen Kartoffelschnaps. Vielleicht hilft uns der beim Nachdenken«, meinte er mit sanfter Stimme.

In diesem Moment öffnete sich die Eingangstür und Michael und Thomas, die beiden ältesten der Kinder, kamen in die Wohnküche. Berta stellte gleich fünf Gläser auf den Tisch und die Flasche dazu.
»Ah, das trifft sich gut«, sagte Friedrich, »setzt euch, ihr beiden, wir müssen uns überlegen, was mit Andrej geschehen soll.«
»War diese Nazihorde wieder hier?«, brach es aus Michael heraus.
»Psst«, machte Berta erschrocken, »red nicht so laut. Das könnte dich noch mal Kopf und Kragen kosten.«
»Ach Mutter, hier ist niemand, der mich verraten würde und außerdem habe ich ja nur die Wahrheit gesagt.«
Michael ließ sich neben Andrej auf einen Stuhl fallen und umarmte den fast Gleichaltrigen wie einen Freund. Thomas rückte neben seinen Vater und alle hoben ihre Gläser, nachdem Berta eingeschenkt hatte.
»Also«, begann Friedrich mit belegter Stimme, »hat einer von euch eine Idee, wie wir Andrej schützen und hier wegbringen können?«
Schweigen legte sich über die Runde. Entweder sahen sie auf ihr leeres Glas oder ihre gefalteten Hände. Wieder wurde die Eingangstür aufgerissen und Anneliese betrat den Raum. Schnell senkte Andrej die Augen und eine leichte Röte färbte seine Wangen. Berta lief zur Tür und legte den Riegel davor. Mit den Worten »nun sind wir ja für heute Abend komplett« kehrte sie zum Tisch zurück.
»Ist jemand gestorben, oder warum sitzt ihr hier mit diesen Trauermienen?«, fragte Anneliese neugierig.
»Andrej muss weg. Die waren jetzt in dieser Woche schon das zweite Mal da. Er und wir sind nicht mehr sicher.«
Thomas räusperte sich nach seinen Worten und machte für seine Schwester Platz. Diese rückte ganz nah an ihren Vater.
»Hört denn dieser Wahnsinn nie mehr auf? Gibt es keinen, der dagegen etwas unternimmt?«, erwiderte sie mit zitternder Stimme und Tränen in den Augen. Der Bauer schüttelte den Kopf.
»Es ist viel zu gefährlich. Wir können nur im Kleinen was tun, indem wir Andrej vor diesen Braunjacken in Sicherheit bringen. Ein Plan muss her, wie wir das am besten bewerkstelligen.«
Berta hatte inzwischen Schmalzbrote auf den Tisch gestellt und eine zweite

Flasche Kartoffelschnaps. Doch eine Lösung war immer noch nicht in greifbare Nähe gerückt. Plötzlich hieb Michael mit der Faust auf den Tisch.
»Wann soll die letzte Lieferung mit den Kartoffeln in die Stadt?«, fragte er und ergriff den linken Unterarm seines Vaters.
Dieser sah ihn einen Moment lang entgeistert an, doch dann schien langsam Verständnis für diese Frage in ihm aufzukeimen.
»Also ich habe mich mit Kaufmann Horst auf den kommenden Mittwoch geeinigt.«
»Gut«, Michael nickte bestätigend, »dann wird es sich Andrej unter den Säcken bequem machen müssen. Ich übernehme die Fahrt und unten am Fluss werde ich ihn absetzen. Gleich Morgen will ich mit Klaus sprechen, ob er ihn auf seine Fähre nehmen kann. Er hat wieder eine Fahrt nach Hamburg. Dort könnte Andrej auf ein Schiff nach England oder Amerika. Was meint ihr dazu?«
Anneliese atmete erschrocken aus.
»Aber Michael, gerade unten an der Anlegestelle wimmelt es von den Braunen.
Die kontrollieren sämtliche Waren und Passagiere, die dort an Bord gehen.«
Michael grinste verschmitzt und klopfte Andrej auf die Schultern.
»Nun, ich denke, unser Andrej kennt sich inzwischen mit ungewöhnlichen Verstecken aus.«
Am frühen Mittwochmorgen kletterte Andrej in einen Kartoffelsack, den Michael sorgfältig verschnürte.
»Bekommst du genug Luft?«, fragte Michael besorgt.
»Mehr als unter dem Küchenboden«, kam es von Andrej zurück.
Er überprüfte nochmals, ob sich das Geld, das ihm von Friedrich, Michael und Thomas zugesteckt worden war, noch in seinem rechten Strumpf befand. Alles gut soweit, die Fahrt konnte beginnen. Die Kartoffelsäcke lagen bereits auf der Ladefläche und Michael half seinem Freund, zwischen der Ladung einen Platz zu finden.
Sie erreichten den Fluss ohne Zwischenfälle, doch schon von Weitem konnte Michael erkennen, dass seine Schwester Recht behalten sollte. Mehrere Männer in braunen Uniformen standen an der Anlegestelle oder inspizierten das bereits angelegte Floß. Er schluckte schwer.

»Jetzt wird es spannend«, flüsterte er mit belegter Stimme.

Klaus erhob sich von der Bohle, auf der er gesessen hatte und ging seinem Kumpel Michael entgegen.

»Hast du an die zwei Sack Kartoffeln gedacht? Das ist prima!«, fragte er so laut, dass alle Umstehenden ihn hören konnten.

Zu zweit zogen sie die Säcke von der Ladefläche und schleppten sie Richtung Floss. Plötzlich trat Peter an sie heran.

»Sind die für dich und deine Mannschaft?«

Er trat mit dem Fuß gegen einen der Säcke.

»Sicher«, nickte Klaus, »wir wollen schließlich auch Beilagen zum Fisch.«

Peter sah ihn einen Augenblick misstrauisch an, dann drehte er sich zu Michael um.

»Euer Pollacke ist wohl immer noch verschwunden, was?«

Michael ballte von keinem bemerkt seine Rechte zur Faust. Dann schüttelte er nur verneinend den Kopf.

»Dann bringt mal die Kartoffeln an Bord.«

Nach zwei Wochen kam eine Postkarte auf dem Hof von Friedrich und Berta an, abgeschickt in Hamburg.

»Bin auf einem Dampfer Richtung Amerika. Mein Herz wird immer bei euch bleiben. In Dankbarkeit und Liebe A.«

Mutter Erde

Maria Hertting

Ihr Farbspektrum reicht von Weiß über Gelb, Orange, Rot und Braun bis hin zu tiefstem Schwarz. Meist aber ist sie von brauner Farbe. Dieser sanfte Braunton verströmt Wärme und Behaglichkeit. Wir Menschen sind erdverbunden, lieben unsere Mutter und sehnen uns nach ihr. Wie unsere leibliche Mutter ist die Erde lebendig. Sie besteht nicht nur aus Mineralien, sondern beherbergt zahlreiche Mikroorganismen, die unermüdlich damit beschäftigt sind, organisches Material abzubauen.

Mutter Erde ist mal nachsichtig, mal streng mit uns, auch darin ähnelt sie unserer leiblichen Mutter. Sie fragt nicht danach, ob wir willens sind, auf die Welt zu kommen. Mitten hinein in diese raue Wirklichkeit gebiert sie uns, um uns gleich darauf im Stich zu lassen. Auf uns allein gestellt müssen wir unser Leben meistern. Doch zeigt sie Erbarmen, wenn unsere Zeit gekommen ist. Dann erinnert sie sich ihrer Kinder. Und wir dürfen in ihren Schoß zurückschlüpfen, wo sie uns in das transformiert, was wir einst waren, immer sind und auch zukünftig sein werden - in Sternenstaub.

Doch manchmal entscheidet das Schicksal anders, und es verwehrt einem ihrer Kinder, sich mit der Mutter zu vereinen, sich mit ihr zu mischen. Wenn das passiert, findet der tote Körper nicht wieder in den natürlichen Kreislauf zurück. Seiner Bestimmung beraubt, liegt er manchmal Jahrhunderte im Schoß der Mutter, bis man ihn schließlich aus seinem kühlen Grab befreit.

Alhupaca stand kurz vor seinem siebten Geburtstag. Er war von seltener Schönheit. Mit Wohlwollen hingen die Augen der Mutter an ihrem Sohn, und nicht nur sie allein war von seinem Aussehen entzückt. Voller Neid bemerkten auch die anderen, welchen Schatz sie zur Welt gebracht hatte. Alles an ihm war makellos. Im Gegensatz zu anderen Kindern war er auffallend gesund und von zarter Gestalt. Weiß blitzten seine Zähne auf, wenn er lachte, was er oft tat, denn sein Dorf lebte im Überfluss und er kannte keine Not. Dichtes langes Haar schmückte sein Haupt. Zu einem Knoten gebunden trug er es aufge-türmt am Hinterkopf.

Am meisten Freude bereitete es der Mutter, in seine großen schwarzen

Augen zu schauen, in denen sich ihr Blick verlor wie in einem tiefen Brunnen, dessen Grund man nicht sehen kann.
Ja, ihr Sohn war etwas Besonderes. Aus diesem Grunde wurde er auch auserwählt.
Ein knappes Jahr zuvor hatten die Priester ihn begutachtet und waren zu der Auffassung gekommen, dass solche Schönheit nicht hier auf Erden verwelken durfte, stattdessen sollte sie den Göttern zum Geschenk gemacht werden. Die Mutter wusste, was das bedeutete, und ihr Herz krampfte sich schmerzhaft zusammen. Mit Vollendung des siebenten Lebensjahres würde ihr Kind einer anderen, bedeutenderen, Mutter übergeben werden, der Mutter Erde.
Wie es seit der Zeit des ersten Inkakönigs, Manco Cápac, dem Sohn der Sonne, Brauch war, sandten die Inkas, wenn sie andere Stämme unterwarfen und Land eroberten oder ihr Herrscher starb, dem Sonnengott Kinder zum Tribut.
Die Mutter war sich der Ehre bewusst, die auf ihr Haus gefallen war. Der höchste Gott persönlich, von dem alle Inkas abstammten, hatte ihren Sohn mit Hilfe der Priester berufen, ihm zu dienen. Nicht viele waren auserwählt, noch weniger berufen. Von einem Tag auf den anderen war ihre Familie in den Adelsstand aufgestiegen und wurde bedient wie die Vornehmen im Lande. Jeglicher Wunsch wurde ihnen von den Lippen abgelesen. Die edelsten Stoffe umhüllten ihre Gestalten, sie bekamen Mais, Maniok und Kartoffeln im Überfluss und wurden von Leibwächtern bewacht. Alhupaca wurde behandelt wie ein Erwachsener. Er durfte an den Ratsversammlungen teilnehmen, trank genau wie die Erwachsenen Maiswein und kaute Kokablätter. Spiele, wie sie bei Kindern in diesem Alter üblich waren, wie kleine Steine in Erdkuhlen kicken oder mit Stöcken Bilder in den Sand malen, waren ihm von jetzt an verboten. Schnell wurde ihm klar, dass er für etwas Besonderes auserkoren worden war, und er freute sich über so viel Aufmerksamkeit. Zum Glück kannte er die ganze bittere Wahrheit nicht.
Das Dorf, in dem Alhupaca mit seinen Eltern lebte, lag fast 5000 Meter hoch in den Anden. Hier war die Landschaft karg und der Boden steinig. Wir schrieben das Jahr 1485, als die Priester sich mit ihm und seinen Eltern auf den Weg zu der heiligen Stätte machten. Bei ihnen waren noch zwei weitere

Kinder aus anderen Dörfern, die ebenfalls für dieses Ritual ausgewählt worden waren, ein Junge von etwa fünf Jahren und ein Mädchen von dreizehn Jahren.

Alhupaca fragte nicht, und seine Mutter hielt sich bedeckt. Manchmal hatte er den Eindruck, dass sie des Nachts geweint hatte. Am Morgen schien ihr Kummer jedoch vergessen. Der Weg der kleinen Gruppe führte immer bergauf und dauerte insgesamt drei Tage. Während dieser Zeit bekamen die Kinder reichlich zu essen und mehr Alkohol als gut für sie war.

Am dritten Tag erreichten sie ihr Ziel auf dem Gipfel des Andenvulkans Llullaillaco in 6.739 Metern Höhe. Hier wollten die Priester den Capacocha-Ritus begehen. Umgeben von Steinmauern erhob sich auf dem heiligen Berg eine imposante Kultanlage. Man ließ sich nieder und begann die Festlichkeiten, die insgesamt sieben Tage andauerten. Die Kinder feierten mit den Erwachsenen, tranken reichlich Wein, kauten Kokablätter und verfielen in einen rauschartigen Zustand.

Alhupaca hatte sich mit den anderen beiden Kindern angefreundet. Es wurde ihnen gesagt, dass sie bald vor den Sonnenkönig treten würden und dass alle sie darum beneideten. Am letzten Festtag kam der oberste Priester und sagte, dass sie sich jetzt von ihren Eltern verabschieden müssten.

Alhupacas Mutter drückte ihren Sohn an sich und weinte nun doch ein wenig. Es sei nur, weil sie sich jetzt von ihm trennen müsse, meinte sie, als sie den Blick des Priesters auf sich ruhen sah. In ihrer Hand hielt sie das Lieblings-spielzeug ihres Sohnes. Das wollte sie ihm mitgeben.

»Bitte für uns und unser Dorf«, legte sie ihm noch ans Herz.

Der Kleine verhielt sich merkwürdig ruhig und zeigte keinerlei Emotionen. Willenlos ließ er sich vom Oberpriester in einen unterirdischen Raum der Anlage führen. Dort wurden er sowie die anderen beiden Kinder gebadet und festlich angekleidet. Immer wieder schenkte man ihnen Wein nach und legte zusammengerollte Kokablätter unter ihre Zungen. Alhupaca hielt das für ein Spiel und ließ, genau wie die anderen Kinder, alles über sich ergehen.

Die Priester sangen, als sie die Kinder in die Gruft trugen, jedes in seine eigene kleine Zelle.

Man setzte Alhupaca auf eine Decke, die auf dem Boden lag, überkreuzte seine Beine zum Schneidersitz und verschränkte seine Arme. Der Kopf

wurde ihm schwer vor Müdigkeit und fiel von allein auf seine Brust. Die Augenlider schlossen sich. Er wollte nur noch schlafen.
Kaum spürte er, wie die Priester mehrere Gefäße in einem Kreis um ihn herum aufstellten und sein Lieblingsspielzeug, ein goldenes Lama, dazustellten. Als sie ihm den Federschmuck auf den Kopf setzten, war sein Geist schon in eine andere Dimension geflohen.
Keine Schmerzen, keine Kälte. Auch, als die Mauer sich hinter ihm schloss und er allein in der kleinen Kammer saß, verspürte er keine Angst. Der Alkohol betäubte jegliche Empfindung, hemmte ein wärmendes Muskelzittern und beschleunigte die Auskühlung. Die Kokablätter unter seiner Zunge hielten ihn im Zustand einer Bewusstseinstrübung.
Hier oben auf dem Gipfel der Anden, wo immer Minusgrade herrschten, sank Alhupacas Kerntemperatur schnell unter den kritischen Wert und der Junge erfror, bevor er wieder zu sich kam.

Und die Erde drehte sich weiter.
Die Kinder verschliefen die Entdeckung von Amerika, den Beginn der Reformation, den Dreißigjährigen Krieg, den Einmarsch der Türken vor Wien, die Unabhängigkeitserklärung der USA, den Sturm auf die Bastille, die Völkerschlacht bei Leipzig, den Wiener Kongress, das Attentat von Sarajewo, den Ersten Weltkrieg, die Hitlerdiktatur, den Zweiten Weltkrieg und die deutsche Teilung.
Erst im Jahre 1985 wurde die Kultstätte, die heute in Argentinien liegt, von Bergsteigern entdeckt. Die Kinder, mumifiziert und gut erhalten, saßen noch genau in der Position auf dem Boden, wie man sie damals verlassen hatte. Es gab keinerlei Spuren äußerlicher Gewalt. Weder hatten sie sich bewegt, noch sich gewehrt.
Mutter Erde hatte sie 500 Jahre lang konserviert.

Die falsche Adresse

Petra Weise

Vor mir steht der Postbote. Mit unbeteiligter Miene reicht er mir ein in braunes Packpapier eingewickeltes Paket. Es sieht aus wie jedes andere normale Paket, doch ich allein weiß, dass es mit diesem Paket eine besondere Bewandtnis hat, eine ganz besondere. Der Mann tippt mit seinem Zeigefinger auf ein Blatt Papier und hält mir einen Kugelschreiber direkt vor die Nase. Meine Augen füllen sich mit Tränen und ich kann den Zettel kaum erkennen, auf dem ich unterschreiben soll.

Nur mit Mühe trage ich das Paket in die Küche und streiche mit der Hand über das braune Papier. Dicht neben der Anschrift fällt mir ein Stempel auf. Er sieht aus wie eine kleine Tabelle. Zwei Positionen sind dick angekreuzt: ›Empfänger unbekannt‹ und ›Zurück an Absender‹. Der Absender bin ich. Vor genau zehn Tagen habe ich eben dieses Paket abgeschickt, nach München, Hofmannstraße 51. An Herrn Ralf Assmann. Rasch blättere ich in meinem Adressbuch, obwohl ich Ralfs Anschrift im Schlaf hersagen kann: Hofmannstraße 51 – mit Rotstift eingetragen. Nur die Telefonnummer fehlt noch.

»Auskunft? Bitte die Rufnummer von Assmann in München. Assmann Ralf.«

»Assmann mit Doppel-S?«

»Ja, Doppel-S. Und Ralf mit einfachem Ef wie Friedrich.«

»Mistralstraße?«

»Nein, nein. Hofmannstraße. Hofmann mit einem Ef. Hofmannstraße 51.«

»Kein Eintrag.«

»Moment, bitte, der Anschluss ist neu.«

»Augenblick. Nein, kein Eintrag. Unter Hofmannstraße 51 ist die Firma Siemens eingetragen. Die Rufnummer wird angesagt.«

Ralf ist mein Verlobter. In vier Wochen wollen wir heiraten und in München ein ganz neues Leben beginnen. Nur wir zwei – ohne alte Freunde und ohne Familie. Ralf hat schon alles vorbereitet. Er meinte, ich müsse hier so schnell wie möglich weg, sonst wäre ich bald genauso spießig und kleinkariert wie alle Leute hier auf Sylt, wir könnten unser neues Leben unmöglich hier

beginnen.
»Ein Jahr Bundeswehr hier in dieser Einöde ist schlimm genug. Warum sollten wir freiwillig am Ende der Welt leben?«
»Aber Ralf, Sylt ist doch nicht das Ende der Welt. Im Gegenteil! Die Feriengäste kommen jedes Jahr vom Festland herüber. Sogar aus dem Süden. Aus Düsseldorf zum Beispiel.«
»Typisch! Für dich ist Düsseldorf schon Süden. Aber Düsseldorf ist Norden. Nicht weit weg von der Nordseewelle.« Ich lachte. Ralf übertrieb gern.
»Du lachst. Warst wohl noch nie im Süden, was? Gardasee?«
Lächelnd schüttelte ich den Kopf.
»Oder wenigstens in München?«
Wieder schüttelte ich den Kopf.
»In Hamburg war ich mal. Vor zwei Jahren. Und ich fahre ab und an zu Tante Lore nach Kiel.«
»Kiel«, schnaufte Ralf verächtlich. »Du hast keine blasse Ahnung von der Welt. Du weißt echt nicht, wie schön es im Süden ist.«
»Meine Eltern waren mal in Spanien. Aber das machen sie nie wieder. So feinen Strand wie auf Sylt gibt es nirgendwo auf der Welt. Auch nicht in Spanien.«
»Und du Dummerchen glaubst das. Der Strand in Spanien mag grober sein. Dafür liegt der Sand am Boden und knirscht nicht wie hier zwischen den Zähnen und in der Unterwäsche. Außerdem brauchst du im Süden einen Sonnenschutz und keinen Windschutz wie hier. Dieser ewige Wind! Der macht mich verrückt!«
»Aber er ist gesund. Der Wind vertreibt viele Krankheiten.«
»Logisch. Wen vertreibt der Wind nicht? Das hält die stärkste Bazille oder Bakterie nicht aus. Einfach ätzend!« Ralf schniefte. »Ich sterbe vor Langeweile.«
»Westerland ist nicht langweilig. Eher sehr hektisch. Und Kampen …«
Mit einer heftigen Handbewegung schnitt mir Ralf die nächsten Worte ab.
»Kampen. Ausgerechnet Kampen. Zehn windschiefe Häuser mit Stroh auf dem Dach. Sehr modern. Bäh … Ohne eure Feriengäste könntet ihr euch begraben lassen. Sand dafür habt ihr genug.« Weit holte er mit seinen Armen aus. »Schau dich um! Eine einzige Straße. Nicht mal ein Hund rennt hier

lang. Und weißt du auch, warum? Weil er keinen einzigen Baum findet, an den er pinkeln könnte. Ich glaube, du weißt nicht einmal, wie ein richtiger Baum aussieht

Ich konnte mir zu der Zeit ein Leben auf dem Festland nicht so recht vorstellen. Zwar besuchte ich immer gerne meine Tante in Kiel, sie wohnt außerhalb der Stadt in einem hübschen Häuschen mit einem großen Garten voller kleiner Tannen und wunderschöner Sträucher und Blumen. Doch jedes Mal war ich froh, wenn ich wieder nach Hause auf die Insel fuhr. Mit dem Zug den Damm entlang übers Watt. Das ist wunderschön.

Ralf mochte das Wattenmeer nicht. Er fand es langweilig. Dabei gibt es so viel zu sehen: kleine Krebse und Muscheln zum Beispiel. Und man muss gut aufpassen, die Wasserlöcher können tief sein. So mancher Fremder hat schon die Orientierung verloren und nicht gemerkt, wie schnell das Wasser zurückkommt.

Ralf wunderte das nicht. Er meinte, in jede Richtung wäre nur der gleiche eklige Schlamm. Doch ich habe immer gern Wanderungen über das Watt unternommen. Mit meinen Freunden lief ich stundenlang durch den Schlick und erfreute mich an der schönen Natur. Nach der Arbeit bummelte ich gern am Wasser entlang, manchmal bis vor zur Himmelsleiter und dann durch die Dünen zurück. Mich störte der Wind nicht, im Gegenteil. In meinen warmen Anorak gehüllt stemmte ich mich gern gegen den Sturm und ließ mich richtig durchpusten. Eigentlich war ich glücklich auf der Insel.

Bis Ralf kam. Er hat mir viel von fremden Ländern und vor allem von München erzählt. Ralf sehnte sich nach den Biergärten. Er meinte, dass sich dort wildfremde Menschen miteinander unterhalten und fröhlich sind. Es stimmt schon – hier war man Fremden gegenüber verschlossen. Ich auch. Ralf wollte mir helfen und meinte, ich würde mich ganz schnell in München eingewöhnen und mir kein anderes Leben mehr wünschen.

Als die Bundeswehrzeit abgedient war, fuhr Ralf noch am gleichen Abend fort. Er wollte sich sofort melden, wenn er einen Job und eine passende Wohnung für uns gefunden hatte. Am liebsten wäre ich gleich mitgekommen. Aber ich musste noch zehn lange Wochen bis zum Ende meiner Kündigungszeit warten. Außerdem war Ralfs Zimmer in München zu klein und seine Wirtin erlaube keinen Damenbesuch.

Ich bin gelernte Bankkauffrau und würde in München sicher schnell eine Arbeit finden, da war ich mir sicher. Für Ralf war das schwieriger. Er ist Landvermesser, wollte sich aber eine interessantere Tätigkeit suchen und auf keinen Fall zu seiner früheren Firma zurück.

Die Zeit wollte und wollte nicht vergehen, nachdem Ralf abgereist war. Jetzt merkte ich, wie recht er hatte. Hier oben im Norden war es kalt und unfreundlich. Mir machte es keinen Spaß mehr, nach Dienstschluss am Wasser entlang zu laufen. Ich ging auf dem kürzesten Weg nach Hause. Dort saß ich dann und starrte auf das Telefon. Aber es klingelte nicht. Ich putzte den Hörer, den ganzen Apparat – zuerst mit dem Staubtuch, dann mit einem feuchten Lappen. Es half nichts, das Gerät blieb stumm.

Sicher findet Ralf nicht so schnell eine Arbeit. Und anrufen mag er von der Wirtin aus auch nicht. Das war klar. Das hatte er mir ganz genau erklärt. Ob er mir böse war? Aber warum? Vielleicht war ihm etwas zugestoßen und er konnte mich nicht benachrichtigen. Erschrocken fuhr ich hoch. Hatte es eben geklingelt? War ich etwa eingeschlafen und hatte das Telefon überhört? Stille. Das Telefon stand direkt neben meinem Kopf, der Hörer lag gerade auf der Gabel, die Schnur war nicht verdreht.

Vielleicht die Türklingel? Hatte Ralf ein Telegramm geschickt? Rasch lief ich die Treppen hinunter, nahm gleich zwei Stufen auf einmal. Aber kein Postbote stand vor der Tür. Und im Briefkasten lag keine Nachricht für mich. Nichts. Vier Wochen und drei Tage lang. Nichts!

Dann endlich rief er an.

»Hallo Sannchen, da bist du ja!« Seine Stimme klang fröhlich wie immer. »Stell dir vor, ich habe einen Job gefunden.«

»Aber …«

»Da staunst du, was? Bin Kurier bei nem Japaner, fahre eine Riesen-Kiste. Keine fünf Wochen mehr und du bist hier, meine Maus.«

Er hatte mich also nicht vergessen und zählte die Tage wie ich.

»Warum« rufst du erst heute an? Ich habe mich so gesorgt.«

»Tut mir leid, ehrlich. War gar nicht so leicht, einen Job und eine Wohnung zu finden.«

»Du hast schon eine Wohnung?«, jubelte ich. »Wie groß ist sie?«

»Zwei superschöne Zimmer und eine kleine Küche. Wird dir gefallen.«
»Schick mir schnell den Grundriss!«, bat ich. »Dann mache ich sofort eine Zeichnung und bastle unsere Möbel hinein.« Ich freute mich schon.
»Vielleicht brauchen wir unser altes Zeug gar nicht. Ich komme günstig an eine tolle Schrankwand. Sieht genauso aus wie die im Katalog. Weißt du noch? Die in Birke mit den grünen Türen.«
»Aber ja!«
»Ich habe sie schon angezahlt. Sie könnte übermorgen geliefert werden.«
»Übermorgen? Das ist ja toll!«
»Ja. Allerdings fehlt mir Bares. Wäre fällig bei Lieferung.«
»Wie viel denn?«
»Fünfzehn. Bin völlig blank, Sannchen. Kannst du so viel lockermachen? Ich meine, wäre ja für uns. Natürlich nur, wenn du überhaupt noch zu mir ziehen willst.«
Und ob ich wollte! Ich hatte ohnehin fast 4000 Mark für Möbel gespart.
»Ralf, ich kann dir sogar mehr schicken als die 1500.«
»Wäre toll, Sannchen. Dann könnte ich auch gleich das Bett bestellen. Das Sofa und die Sessel machen wir dann zusammen. Einverstanden?«
Natürlich war ich einverstanden. Ich freute mich riesig.
»Ich überweise dir 3500. Reicht das?«
»Bist ein Schatz, Sannchen. Musst aber heute noch schicken. Postlagernd. Per Express. Postamt Mitte. Dann kann ich morgen nach der Arbeit das Geld holen.«
»Geht klar, Ralf, kannst dich auf mich verlassen. Und die Adresse? Ich meine, wo genau wohnen wir?«
»Hofmannstraße 51. Hofmann mit einem Ef. Zweiter Stock. Postleitzahl weiß ich nicht.«
»Das finde ich schon raus, Ralf. Ich freue mich so! Ich gehe sofort los. Zur Post meine ich.«
»Ich schreib dir«, wollte ich noch sagen, aber Ralf hatte schon aufgelegt.
Natürlich schickte ich sofort das Geld für die Möbel. Und ich schickte ein Paket. Ein Paket mit Sachen, die er hier vergessen hatte: seine zwei Pullover, ein Paar Socken und eine luftgetrocknete Wurst, die er so gern mochte.
Und jetzt steht das Paket vor mir und ich weiß nicht, was ich machen soll.

Eine Handvoll Heimat

Petra Kesse

Sofía Jansen stand am Wohnzimmerfenster und schaute hinaus. Im Schein der Straßenlaternen konnte sie die dicken Schneeflocken besonders gut sehen, die im eisigen Wind wirbelten, der durch die Straße pfiff.

»Solche Winter hatten wir in Sevilla nie. Ich hatte erst auf dem Schulhof die erste Schneeballschlacht meines Lebens, kurz nachdem wir nach Hamburg gezogen waren. Alle habe ich sie eingeseift, mir entkam so schnell keiner«, erinnerte sie sich und lachte triumphierend auf.

Dann wurde Sofía plötzlich still. »Er sitzt immer noch im Hauseingang«, sagte sie nach einer Weile und atmete tief durch. »Wie kann man nur so leben?« Nachdenklich schüttelte sie den Kopf.

»Gleich morgen, wenn der ganze Weihnachtstrubel vorbei ist, werde ich beim Ordnungsamt anrufen und dafür sorgen, dass dieser Penner verschwindet«, sagte ihr Mann, schenkte ihnen Rotwein nach und trat zu seiner Frau ans Fenster.

»So habe ich das nicht gemeint, Stefan. Er tut mir nur leid, es muss doch schrecklich sein, auf der Straße leben zu müssen und …«

»Müssen? Wieso müssen? Das sind alles faule Hunde, wenn die arbeiten würden, könnten die sich auch eine Wohnung leisten«, schimpfte er und reichte seiner Frau ihr Glas. »Aber wenigstens liegen sie dem Staat nicht auf der Tasche, wenn sie auf der Straße leben.«

Sofía sah ihren Mann mit ihren dunklen, fast schon schwarzen Augen entsetzt an.

»Madre mía! Hast du dich in letzter Zeit mal reden hören, und wenn ja, hast du dir zugehört?« Sie schüttelte den Kopf, nippte am Rotwein und stellte das Glas auf den Tisch. »Was ist eigentlich mit dem Norwegerpullover, den dir deine Mutter vorletztes Jahr geschenkt hat?«

»Was soll damit sein, der liegt im Schrank.«

»Genau! Dort liegt er seit zwei Jahren, du hast ihn nicht ein einziges Mal getragen, weil du ihn schrecklich findest. Weißt du was? Ich gehe jetzt rüber und schenke ihn dieser armen Seele«, sagte Sofía entschlossen.

Stefans Augen weiteten sich. »Wie bitte?« Entsetzt starrte er sie an. »Das tust du nicht! Das ist ein neuer Pulli, warum sollte ich den weggeben?«

»Weil du ihn sowieso nie tragen wirst.«

»Na und? Deshalb muss noch lange nicht einer von denen damit herumlaufen.«

»Einer von DENEN?«

Sofía hob entsetzt ihre Augenbrauen.

»Du weißt schon, was ich meine. Dieser Kerl … er ist ein Penner, ein Obdachloser, er ist …«

»… in erster Linie ein Mensch«, vervollständigte Sofía den Satz ihres Mannes.

»Das sind doch alles Alkoholiker oder die sind drogensüchtig. Ich sag es dir, kennst du einen, kennst du alle.«

Sofía sah ihren Mann gespielt überrascht an.

»Du hast mir noch nie von ihm erzählt.«

»Von wem?« Stefan kräuselte die Stirn.

»Von dem Obdachlosen, den du kennst.«

»Ich kenne doch keinen Obdachlosen.« Angewidert verzog Stefan sein Gesicht.

»Aber hast du nicht gerade gesagt, dass du sicher bist, dieser Mann sei Alkoholiker oder drogensüchtig, weil man alle kennt, wenn man einen kennt? Also kennst du doch einen. Oder nicht?«

Stefan rollte mit den Augen.

»Nun leg nicht jedes Wort auf die Goldwaage.«

Sofía stemmte ihre Hände in die Hüften und schüttelte den Kopf.

»Nur gut, dass du keine Vorurteile hast, Stefan Jansen«, erwiderte sie ironisch. »Erinnerst du dich an den korrupten Finanzbeamten, den man vor einigen Wochen eingebuchtet hat?«, fuhr sie fort. »Du arbeitest doch beim Finanzamt, also bist du auch korrupt? Kennt man einen, kennt man alle.« Sie sah ihren Mann herausfordernd an. »Und wie sieht es mit Hartz 4 Empfängern aus? Sind alle faul, richtig? Und Flüchtlinge? Alles Terroristen, die nur …«

»Schon gut!« Stefan hob seine Hand und verdrehte genervt die Augen. »Du lässt eh nicht locker. Bring dem Kerl in Gottes Namen diesen verdammten Pulli.«

Sofía strahlte und gab ihrem Mann mit dem Ellenbogen einen leichten Schubs in die Seite.
»Danke! Ich wusste doch, dass ich einen Mann mit Herz geheiratet habe.«
Dann ging sie ins Schlafzimmer und kehrte kurz darauf mit dem Pullover über dem Arm zurück.
»Bei uns in Spanien sagte man: ›No ayuda a los pobres con los ojos que lloran, pero con las manos que dan.‹, ›Man hilft den Armen nicht mit Augen, die weinen, sondern mit Armen, die geben‹.«, übersetzte sie, zwinkerte ihrem Mann kurz zu und verschwand in den Flur. »Mitleid ist ja okay, aber das allein hilft auch nicht weiter«, fuhr sie fort, während sie in ihre Stiefel schlüpfte und die Jacke überzog. »Und ich bin sicher, wenn man Gutes tut, dann bekommt man immer etwas zurück.«
»Allenfalls einen Schluck aus der Doppelkornflasche«, murmelte Stefan sarkastisch.
»Das habe ich gehört, du Witzbold. Ich rede nicht von materiellen Dingen und schon gar nicht von Doppelkorn. Aber irgendetwas bekommt man, und sei es nur ein dankbares Lächeln.«
»Na gut, Mutter Teresa, ich begleite dich«, erklärte Stefan kurz und nahm seine Jacke von der Garderobe. »Du weißt nie, wie so einer reagiert, wenn du da aufkreuzt.«
Sofía nahm ihm die Jacke aus der Hand und hing sie an die Garderobe zurück. »Du kannst vom Fenster aus aufpassen, okay? Ich bin schon groß! Ich gehe nur über die Straße, gebe ihm den Pullover und komme sofort zurück.«
Sie gab ihrem Mann einen Kuss, und eh er sich versah, fiel hinter ihr die Tür ins Schloss.
Der Schnee knirschte unter Sofías Stiefeln, als sie auf den Gehweg trat. Sie zog den Kragen ihrer Jacke enger, während sie ihren Blick über die Fenster wandern ließ, in denen Pyramiden und Lichterketten strahlten, dann fiel ihr Blick in den schwach beleuchteten Hauseingang des Schuhgeschäftes, in dem der Obdachlose hockte, eingerollt in einen dunklen Schlafsack. Sofía warf ihre Fellkapuze über ihre schwarzen Locken und überquerte mit schnellen Schritten die Straße. Je näher sie kam, desto mulmiger wurde ihr, unsicher drehte sie sich um und sah, dass Stefan am Fenster stand und sie beob-

achtete. Es ärgerte sie, dass Stefans warnende Worte tatsächlich Wirkung zeigten.

»Por dios! Nun lass dich nicht von diesen Vorurteilen infizieren, Sofía Jansen«, befahl sie sich energisch und ging weiter. Im Hauseingang blieb sie kurz stehen und betrachtete aus sicherer Entfernung den Fremden, der auf einer rotkarierten Isomatte hockte, seine hellgraue Wollmütze tief ins Gesicht gezogen.

»Hallo!«, rief sie kurz. »Ich wohne gegenüber und habe Sie hier sitzen sehen. Ich möchte Ihnen gerne einen Pullover schenken.«

Der Obdachlose hob langsam seinen Kopf und schob mit seiner sichtlich verfrorenen Hand die Mütze etwas höher.

»Sie wollen mir einen Pullover schenken?« Müde und kraftlos klang seine Stimme und traf Sofía mitten ins Herz.

»Schauen Sie einfach, ob er Ihnen passt. Wenn nicht, dann verschenken Sie ihn weiter«, sagte Sofía, trat näher und reichte ihm den Pullover. Erst jetzt konnte sie sein Gesicht erkennen, seine rot verfrorenen Wangen, seine glanzlosen blauen Augen, und an den Seiten schauten blonde Strähnen unter der Mütze hervor.

»Nett von Ihnen«, sagte er kurz. »Die meisten verjagen mich, sobald ich mich irgendwo niederlasse. Seit vier Monaten lebe ich auf der Straße, geschenkt hat mir noch niemand etwas.« Verwundert schüttelte er den Kopf. »Bis heute! Liegt wohl an Weihnachten«, murmelte er und sah Sofía dankbar an.

»Es muss schrecklich sein, auf der Straße leben zu müssen. Aber im Winter, und besonders während der Weihnachtszeit, ist es doch sicher noch viel härter, so ganz alleine, meine ich, ohne ein Zuhause.«

»Ich werde es überleben. Heute hab´ ich mir in der Suppenküche am Bahnhof eine warme Mahlzeit gegönnt. Was soll´s, jammern hilft mir nicht weiter«, erwiderte er und lächelte bitter. »Weihnachten ist trotzdem schön, so oder so. Ich mag die vielen Lichter überall in den Fenstern.« Er deutete mit einer Kopfbewegung auf die gegenüber liegenden Häuser. »Von hier aus kann ich durch eines der Fenster sogar einen Weihnachtsbaum sehen. Letztes Jahr hatte ich auch noch einen, und ´ne Weihnachtsgans, halt das ganze Drum und Dran.«

»Darf ich Sie fragen, was passiert ist?«

Er schob seine Mütze wieder etwas tiefer ins Gesicht.
»Sind Sie mein Weihnachtswunder oder so? Erst der Pulli und jetzt interessieren Sie sich auch noch für mein Leben.« Er schaute Sofía misstrauisch an. »Sie wollen das wirklich wissen? Ich meine, Sie wollen hier in der verfluchten Kälte stehen und es wirklich wissen?«
Sofía nickte stumm.
»Okay, die Kurzfassung: Bis vor ungefähr sechs Monaten hab´ ich noch als Maler gearbeitet. War nur ein kleiner Betrieb, mein Chef ist in die Insolvenz gerasselt und musste mich entlassen. Kurz darauf ging meine Beziehung kaputt. Bin nicht schuldlos daran, ich war ziemlich unausstehlich, weil ich keinen Job fand. Anscheinend gehört man mit 46 schon zum alten Eisen. Eines Tages setzte mich meine Freundin vor die Tür, einfach so.«
Er zuckte hilflos mit den Schultern.
»Na ja, war ihre Wohnung, ich stand nicht mal im Mietvertrag. Gestört hat mich das nie, ich war wohl blind gewesen vor Liebe, als ich zu ihr gezogen bin.« Dann senkte sich seine Stimme und er schaute nachdenklich ins Leere. »Aber wegen der Kleinen tut´s mir leid«, fuhr er fort. »Meine Ex und ich, wir haben eine Tochter, letzten Dienstag ist sie fünf geworden. Jenni, ein tolles Mädchen!« Stolz hob er seinen Daumen in die Höhe.
»Das alles tut mir sehr leid. Konnten Sie denn nirgends unterkommen? Bei der Familie oder so?«
»Hab niemanden. Mein Vater ist vor ein paar Jahren gestorben, meine Mutter ist dement und lebt in einem Heim. Sie weiß nicht einmal mehr, dass es mich gibt. Ist auch besser so, sie war immer sehr stolz auf mich, ich befürchte, jetzt würde sie sich nur noch für mich schämen.«
»Das glaube ich nicht«, wandte Sofía ein. »Aber wie sieht es mit Ihren Freunden aus? Können die Ihnen nicht helfen? Sie haben doch bestimmt Freunde.«
Er lächelte wehmütig und nickte leicht. »Ja, das dachte ich.« Seine Stimme versagte und er räusperte sich. »Jedenfalls danke ich Ihnen für den Pulli«, wechselte er das Thema. »Hatte gar nicht mit einem Weihnachtsgeschenk gerechnet. Ist fast wie früher, zuhause bei meinen Eltern. Ein Geschenk bekam ich immer, egal wie knapp das Geld war. Und vor der Bescherung gab es heiße Schokolade und selbstgebackene Zimtsterne. Das war Tradition!«

»Da wo ich herkomme, aus Sevilla, haben wir auch unsere Weihnachtstraditionen«, erwiderte Sofía. »Eine davon sind unsere Polvorones, ein andalusisches Mandel-Schmalz-Gebäck. Großmutter Rosas Polvorones waren ein Traum«, schwärmte Sofía. »Wenn ich sie in der Weihnachtszeit besucht habe, wurde immer gemeinsam gebacken. Die Kekse haben ihren Namen von ›El polvo‹, das heißt ›der Staub‹, weil sie sehr zerbrechlich sind und fast zu Staub zerfallen, wenn man nicht sorgsam mit ihnen umgeht. Meine Groß-mutter hat immer gesagt: ›Sofía, mit den Polvorones musst du genauso achtsam umgehen wie mit deinem Leben, beides kann schnell zerbrechen, wenn du nicht achtgibst‹, und mir zuliebe gab sie immer eine extra Portion Kakao in den Teig.«

»Und meine Mutter hat nur mir zuliebe auf den ekeligen Zuckerguss verzichtet«, erwiderte der Obdachlose stolz. »Stattdessen hat sie die noch warmen Zimtsterne in Zimt und Zucker gewälzt. Echt lecker, sag ich Ihnen!«

Sofía spürte, wie gut es dieser armen Seele tat, über sein Zuhause zu reden. Plötzlich leuchteten seine Augen, wie die eines Kindes, und sie sah ihn förmlich vor sich, den kleinen Jungen mit den braun gepuderten Zimtsternen in seiner Hand. Ein zufriedener Junge, der nicht ahnte, was das Leben mit ihm vorhatte.

»Ist alles in Ordnung?«, riss sie plötzlich Stefans Stimme aus ihren Gedanken. Sofía wirbelte herum und schaute in die besorgten Augen ihres Mannes. »Du wolltest dem doch nur den Pullover geben. Wieso dauert das so lange?«

»Alles gut!«, beruhigte Sofía ihren Mann. »Wir haben nur geredet und … also Herr …«, Sofía drehte sich zu dem Obdachlosen um, »… da haben wir uns so nett unterhalten, und ich weiß nicht mal, wie Sie heißen.«

»Dirk«, erwiderte er, »nennen Sie mich einfach Dirk. Das passt schon.«

»Also Dirk hat mir gerade von seiner Mutter und Weihnachten erzählt«, wandte sie sich wieder an ihren Mann.

»Wie herzallerliebst«, sagte Stefan ironisch. »Komm jetzt endlich ins Haus, bevor wir hier noch festfrieren«, fügte er mit scharfem Ton hinzu.

»Natürlich«, sagte Sofía leise und schluckte. Dann richtete sie sich noch einmal an Dirk. »Ich hoffe, dass Sie bald wieder ein Zuhause haben.«

»Wird schon klappen. Arbeitslosengeld ist beantragt, warte nur auf den

Bescheid, dann wird es hoffentlich für ´ne kleine Wohnung reichen.«
Sofía kräuselte überrascht die Stirn. »Wie kommen Sie an den Bescheid, ohne Adresse?«
»Ich habe ein Postfach, ohne Postfach kann man als Obdachloser keinen Antrag stellen.«
»Das wusste ich nicht. Kann aber dauern, bis so ein Antrag durch ist.«
»Ist nicht schlimm«, erwiderte er. »Ab morgen habe ich erstmal einen festen Platz in der Wohnungslosenunterkunft. Nicht schön, aber immer noch besser als dieser Hauseingang.«
Sofía lächelte zustimmend.
»Alles Gute!«
»Warten Sie, bitte!«, sagte Dirk, als Sofía sich umdrehte, um zu gehen. Seine Stimme klang nun viel kräftiger als zuvor. »Ich möchte Ihnen nochmal danken, für den Pulli und dafür, dass Sie mich gesehen haben.«
»Dass ich Sie gesehen habe? Wir wohnen direkt gegenüber, in dem Haus mit dem weißen Gartenzaun, und in diesem beleuchteten Eingang sind Sie wirklich nicht zu übersehen.«
»Das meine ich nicht. Täglich gehen unzählige Menschen an mir vorbei, mit aller Kraft darum bemüht, mich zu übersehen. Nicht ein Einziger von ihnen ist mal stehengeblieben und hat sich dafür interessiert, wer oder was ich war, bevor ich das wurde, was ich jetzt bin oder wie es dazu kam. SIE haben mich danach gefragt, und das hat sich verdammt gut angefühlt. Und noch etwas! Ich danke Ihnen, dass Sie mich gesiezt haben. Für Sie mag das selbstverständlich sein, aber das ist es nicht. Hat sich gut angefühlt, so, als sei ich jemand.«
Sofía schluckte schwer. Dann spürte sie, wie Stefan an ihrem Ärmel zog. »Komm jetzt endlich, verdammt nochmal«, sagte er ungeduldig. Sofía nickte Dirk noch einmal zu, drehte sich um und ging mit ihrem Mann ins Haus zurück.
»Wie kann man nur freiwillig in der Kälte herumstehen und sich mit einem so verwahrlosten Typen unterhalten?«, fragte Stefan kopfschüttelnd.
»Ob du es glaubst oder nicht, Stefan, aber du hast mit diesem …«, Sofía malte pantomimisch zwei Anführungszeichen in die Luft, »… ›verwahrlosten Typen‹ etwas gemeinsam.

Stefan hob die Augenbrauen und schaute sie erschrocken an. »Ich? Soll das ein Witz sein?«
»Ihr mögt beide keinen Zuckerguss«, antwortete Sofía grinsend und ging in die Küche.
»Ihr habt euch nicht ernsthaft über Zuckerguss unterhalten?«, fragte Stefan, während er seiner Frau folgte. Irritiert beobachtete er, wie sie sämtliche Keksdosen öffnete und wieder verschloss.
»Und was wird das jetzt? Suchst du etwas Bestimmtes?«
»Wo sind die ganzen Zimtsterne geblieben? Davon habe ich doch Trillionen gebacken.«
»Ja, und ich habe Trillionen davon gefuttert.« Stefan klopfte leicht auf seinen Bauch. »Da sind noch ein paar in der kleinen roten Keksdose. Aber ich möchte jetzt keine. Danke!«
Verlegen verzog Sofía das Gesicht. »Ehrlich gesagt, die sind auch nicht für dich.«
Verdattert sah Stefan seine Frau an. »Sag jetzt nicht, du willst da auch noch Kekse rüber schleppen.«
»Ich erkläre es dir später, einverstanden?« Beschwichtigend hob sie ihre Hände. »Und ich verspreche dir, ich bringe sie nur rüber, bin sofort zurück.«
»Sofort zurück? Das habe ich heute irgendwie schon mal gehört«, erwiderte Stefan sarkastisch. Sofía drückte ihm einen Kuss auf die Wange. »Es ist doch Weihnachten!«
Stefan winkte ab und verzog sich ins Wohnzimmer. Wenn sich seine Frau etwas in den Kopf gesetzt hatte, war jede Gegenrede zwecklos. Sofía legte die Zimtsterne auf ein Blech, schaltete den Ofen ein und schob sie zum Aufbacken in den Ofen. Dann setzte sie einen Topf mit Milch auf, nahm ein paar Esslöffel davon ab und verrührte darin Kakao und Zucker. Anschließend zog sie die kochende Milch vom Herd und ließ die glänzende dunkelbraune Masse langsam hinein gleiten. Sofort färbte sich das kalte Weiß in ein warmes Braun, ein köstlicher Schokoladenduft stieg auf und Sofía goss den heißen Kakao in eine Thermosflasche. Die lauwarmen Zimtsterne wälzte sie in Zimt und Zucker und legte sie zurück in die Dose. Dann verstaute sie beides in einen Weihnachtsbeutel, schlüpfte zum zweiten Mal an diesem Abend in Stiefel und Jacke und verließ das Haus. Irritiert sah Dirk sie an, als sie wieder vor ihm stand.

»Und, passt der Pulli?«, fragte Sofía.
»Sie sind nicht ernsthaft gekommen, nur um mich das zu fragen? Aber wenn es Sie beruhigt, er passt und ist herrlich warm.«
»Das freut mich«, erwiderte Sofía kurz. Dann reichte sie Dirk den Beutel. »Und nun noch ein wenig Wärme für die Seele.«
»Ist nicht Ihr Ernst?«
Kopfschüttelnd nahm Dirk den Beutel entgegen und schaute sofort hinein. Als erstes nahm er die Thermosflasche heraus, drehte den Deckel ab und sofort stieg heller Dampf in die kalte Luft.
»Heiße Schokolade!«, prustete es aus ihm heraus, als hätte er soeben den Jackpot geknackt. Genussvoll nahm er einen Schluck.
Dann öffnete er die Dose und starrte schweigend auf die fünf Zimtsterne, die darin lagen.
»Alles okay?«, fragte Sofía besorgt.
Dirk nickte leicht, ohne den Blick von den Zimtsternen abzuwenden.
»Das ist …, … also ich meine, was ich sagen will …«, er räusperte sich, dann hob er den Blick, sah Sofía fassungslos an und zuckte mit den Schultern, »… ich weiß nicht, was ich sagen soll.« Dirk räusperte sich erneut. »Das ist mit Abstand das schönste Weihnachtsgeschenk, das ich jemals bekommen habe.«
»Das freut mich, und es hat mich auch gefreut, Sie kennenzulernen. Ich wünsche Ihnen alles Gute. Jetzt muss ich wieder rüber, sonst tauscht mein Mann das Türschloss aus«, scherzte Sofía.
Dirk nickte verständnisvoll.
»Vielleicht sieht man sich mal wieder.«
»Wer weiß, das Leben steckt voller Überraschungen«, erwiderte Sofía lächelnd.
Ein Monat nach dem anderen war vergangen, doch Dirk und Sofía waren sich nie wieder über den Weg gelaufen. Anfangs hatte sie sich oft gefragt, was wohl aus ihm geworden war, doch mit der Zeit verblasste ihre Erinnerung an ihn. Mittlerweile stand das nächste Weihnachtsfest ins Haus, und Sofía saß im Wohnzimmer und schrieb die ersten Weihnachtskarten an Familie und Freunde in Sevilla.
»Hallo Schatz! Also wenn das so weiter schneit, müssen wir morgen auf einem Schlitten zur Arbeit«, sagte Stefan, als er aus dem Büro kam. »Das hing draußen an der Tür«, erklärte er kurz, legte Sofía eine Plastiktüte auf den

Tisch und ging in die Küche.
»Bestimmt von Steffi nebenan«, erklärte Sofía. »Sie wollte mir eine Kostprobe ihrer selbstgemachten Pralinen spendieren. Aber sie hätte doch klingeln können anstatt es …«
Sofía verstummte, als sie die rote Keksdose erkannte, die in der Tüte lag, zusammen mit einem Briefumschlag. Als sie ihn öffnete, fand sie eine Weihnachtskarte, in der ein Foto klebte. Es zeigte Dirk in dem Pullover, den sie ihm damals geschenkt hatte, und auf seinem Schoß saß ein kleines blondes Mädchen. Dann las sie seine Zeilen.
›Liebes Weihnachtswunder - leider kenne ich nicht mal Ihren Namen -, endlich habe ich es geschafft! Seit sieben Monaten lebe ich in meiner eigenen Wohnung, nur eine kleine Einzimmerwohnung, aber für mich der Himmel auf Erden. Mein Name steht auf einem Klingelschild, ist das nichts?
Meine Tochter Jenni sehe ich regelmäßig. Letzte Woche haben wir sogar gemeinsam Kekse gebacken. Das werden wir jetzt jedes Jahr in der Weihnachtszeit machen, weil ich möchte, dass Jenni mit Traditionen aufwächst – sie sind wichtig, in schweren Zeiten können sie zum Seelenpflaster werden. Einen Job habe ich noch nicht gefunden, aber ich bleibe dran. Ihren Pullover halte ich in Ehren, er wird mich immer an Menschen wie Sie erinnern! Leider wurde mir die Thermosflasche geklaut, aber wenigstens die Keksdose kann ich Ihnen zurückgeben. Als ich mich einsam und heimatlos fühlte, waren Sie es, die mir an jenem Abend in diesem kalten Hauseingang eine Handvoll Heimat schenkte. Dafür danke ich Ihnen von Herzen. Ich wünsche Ihnen und Ihrer Familie ein schönes Weihnachtfest. Ihr Dirk Reiners.‹
Sofía schluckte und atmete tief durch. Dann öffnete sie die Keksdose und sofort roch sie den kräftigen Duft von Zimt, Mandeln und Kakao. Für einen Moment schloss sie ihre Augen, genoss diesen vertrauten Geruch, der sie zurück in ihre Kindheit führte, und Sofía sah sie vor sich, Großmutter Rosa, wie sie liebevoll jeden einzelnen der goldbraunen Polvorones in buntes Seidenpapier wickelte und dabei von der Zerbrechlichkeit des Lebens erzählte.
»Na, war was Besonderes drin?«, fragte Stefan und holte sie in die Gegenwart zurück.
Sofía nickte, öffnete ihre Augen und lächelte. »Eine Handvoll Heimat«, sagte sie leise.

Blumenfreundschaft

Marion Krüger

Es ist ein richtig schöner Herbstmorgen.
Ich stehe einen Moment am geöffneten Fenster, atme tief ein und aus, genieße die typische Herbstluft.
Nebel zieht durch die Straßen. Das hat etwas Geheimnisvolles an sich. Ich liebe diese Jahreszeit. Nebel bietet so etwas wie Schutz. Ich habe das Gefühl, ich könne mich in ihm verstecken. In ein paar Wochen werde ich nun auch schon zweiundsechzig. Wie die Zeit vergeht. Als ich so dastehe, fällt mir eine Begebenheit aus meiner Jugendzeit ein.
Ich half in den Herbstferien 1965 bei meinem Onkel auf dem Gladiolenfeld. Ich hatte mich warm angezogen, Trainingsanzug, zwei Paar Socken und Mütze. Stiefel sollte ich vom Onkel bekommen.
Ich wartete am Fenster, bis er kam. Als ich ins Auto stieg, fragte er: »Guten Morgen, hast du schon ausgeschlafen?«
»Schon lange!«, prahlte ich.
Er lächelte verschmitzt. »Na, dann wollen wir mal.«
Die letzten Gladiolen mussten vom Feld und die Zwiebeln der Blumen für das kommende Jahr vorbereitet werden. Kurz hinter dem Stadtrand bogen wir auf einen Feldweg ab. Der Nebel wurde immer dichter und wir konnten nur sehr langsam fahren. Das Auto holperte über den festen zerfurchten Boden. Dann endlich hielten wir an. Ich bekam meine Stiefel. Plötzlich hörten wir einen Traktor, der auf uns zuhielt und neben uns zum Stehen kam. Die Klappe des Hängers wurde geöffnet und einige Frauen kletterten mühselig herunter. Zum Schluss kam eine sehr alte Frau vom Hänger und ein Junge sprang neben sie. Wie sich später herausstellte, war er ihr Enkel.
Onkel Lothar begrüßte alle und besprach noch einiges mit dem Brigadier.
»Ich hole dich später wieder ab«, meinte er zu mir.
Der Junge stand die ganze Zeit dicht an seine Oma gedrängt und beobachtete mich. Er kam mir sehr schüchtern vor. Seine Oma war eine kleine rundliche Frau. Ich nahm mir vor, dass ich immer in ihrer Nähe bleiben wollte, denn sie hatte so etwas, wo ich mich geborgen fühlte.
Nun wurden wir eingeteilt. Jeder bekam Drahtkörbe und eine Reihe des Gladiolenfeldes. Nur der Junge, sein Name war Klaus, und ich gingen mit seiner Oma. Das Feld war noch immer in tiefen, dichten Nebel gehüllt. Die

jüngeren Frauen waren sehr schnell nicht mehr zu erkennen. Der Nebel schluckte sie. Oma machte die Körbe mit Gladiolenzwiebeln voll.
Klaus und ich versuchten es auch. Wir waren viel langsamer. So einigten wir uns. Immer, wenn Oma einen Korb voll hatte, brachten wir ihn zum Hänger. Der Brigadier kippte sie auf die Ladefläche und weiter ging es.
So langsam lichtete sich der Nebel. Erst jetzt sahen wir, wie weit die anderen Frauen schon waren. Da kam ein zweiter Traktor mit Hänger.
Der Fahrer rief: »Frühstück! Ich habe warmen Tee mitgebracht.«
Die Frauen erhoben sich aus ihren Reihen und kamen schweren Schrittes über den Acker gestiefelt. Ein paar leere Holzkisten wurden verteilt. Jeder holte sein Stullenpaket raus und heißer Pfefferminztee wurde verteilt.
Klaus und ich saßen ganz nah bei seiner Oma. Ich erfuhr, dass Klaus auch viel bei ihr war, weil seine Mutter sehr krank war. Außerdem war Klaus ein wenig geistig behindert. Aber das machte mir nichts aus, ich mochte ihn. Dann war die Pause auch schon vorbei.
Klaus und ich wurden eingeteilt, die Gladiolen zusammen zu holen. Die Frauen entfernten die Zwiebeln und legten die Gladiolen quer über die Reihe. Das waren zurückgelassene Blumen, als die anderen geerntet wurden. Die sammelten Klaus und ich ein und brachten sie zum Feldrand. Nach der Mittagspause vergingen noch zwei Stunden, bis das Feld sauber war. Müde und kaputt kletterten die Frauen und auch Klaus wieder auf den Hänger. Ich wurde von Onkel Lothar abgeholt. Klaus stand auf dem Hänger und winkte mir zum Abschied, bis wir uns nicht mehr sehen konnten.
Es vergingen einige Jahre, ehe ich Klaus wiedersah. Ich war schon eine junge Frau und hatte gerade im Krankenhaus angefangen zu arbeiten, ich wurde in die Ambulanz gerufen, um einen Patienten aufzunehmen. Als er sich umdrehte, erkannte ich ihn. Es war Klaus vom Gladiolenfeld.
War das eine Freude! Seine Augen leuchteten, als sich unsere Blicke trafen. Ich musste zugeben, lange hatte ich ihn aus den Augen verloren. Er erzählte mir, dass seine Mutter und auch die Oma schon länger tot waren.
In seiner kindlich traurigen Art rührte er mich fast zu Tränen. Er war kein Kind mehr mit seinen 24 Jahren, aber sein Wesen würde immer kindlich bleiben. Traurig berichtete er mir, dass sein Vater wieder geheiratet hatte und er bei ihm wohnte.
»Die Stiefmutter nicht gut«, sagte er, aber er hatte noch eine Schwester, die

sich viel um ihn kümmerte. Seine Gesichtszüge hüpften vom Traurigen ins Fröhliche und zurück. Gerade erzählte er traurig, wie es ihm so erging und plötzlich lachten seine Augen wieder und er sagte: »Dicke, Marjon.«
Von nun an verloren wir uns lange Zeit nicht mehr aus den Augen. Trafen wir uns in der Stadt, rief er schon von weitem: »Dicke, Dicke warte mal.«
Ich sagte dann zu ihm: »Klausi, wie heiße ich? Du sollst doch nicht immer Dicke sagen.«
Er überlegte kurz und strahlte mich an: »Marjon, ja Marjon.«
Sehr oft sah ich ihn im Krankenhaus, denn hier musste er oft her. Mal ein gebrochener Arm, mal ein Loch im Kopf und so weiter. Immer wenn wir uns sahen, erzählte er mir wieder etwas Trauriges. Der Vater war gestorben und auch seine letzte Verwandte, seine Schwester. Die Stiefmutter war nicht gut zu ihm. Er sagte, er musste immer sein ganzes Geld, das er in einer Gärtnerei verdiente, bei ihr abgeben.
Eine Zeitlang war er dem Alkohol sehr zugetan und in diesen Zeiten häuften sich seine Verletzungen. Aber jedes Mal, wenn er zur Behandlung in der Chirurgie war, kam er zu mir ins Büro, drückte mich und sagte: »Weißt noch, Marjon, mit Oma auf dem Feld! Oma ist schon tot Marjon, Mutter auch.«
Als ich dann nicht mehr arbeitete, habe ich ihn wieder aus den Augen verloren.
Nach längerer Zeit sah ich ihn dann zufällig in einem Cafe mit einer Frau. Sie war auch behindert. 2011 ging ich zur Weihnachtsfeier in die Behindertenwerkstatt am Brunnenfeld. Wir hatten dort ein Jahr lang mit schreibfreudigen Behinderten als Schreibpaten gearbeitet. Nach einigen Minuten entdeckte ich Klaus und er mich. Mit glasigen Augen kam er zu mir. Wir umarmten uns und er fing an zu weinen.
Ich nahm ihn wieder in den Arm, streichelte ihn und fragte: »Weshalb weinst du?«
»Freu mich, Marjon, freu mich!«
Ich mich auch, sehr sogar. Ich hielt ihn fest und bat eine Bekannte, uns zu fotografieren. Zwei ungleiche Menschen und doch in Freundschaft verbunden über 46 Jahre. Klausi und Marjon

Braun

Wie das Grauen

Braune Wolken

Mike Merlin

»Braune Wolken«, sagte mein Vater zu mir. »Es ziehen wieder braune Wolken über das Land.«
Ich sah ihn an. Was meinte er damit? Braune Wolken? Ich blickte durch das Fenster zum Himmel, aber dort war, außer den völlig normalen weißen Schleierwolken, die es fast immer gab, nichts zu sehen.
»Dort wirst du sie nicht sehen, mein Junge«, fuhr er fort. »Nicht am Himmel. Nicht, so lange es noch verhindert werden kann.«
Ich begriff langsam. Mein Vater, mittlerweile achtzig Jahre alt, versuchte, mir etwas zu erzählen. Es fiel ihm schwer, das sah ich ihm an. Ich legte meine linke Hand auf seinen Arm, spürte die warme, mittlerweile dünn gewordene Haut unter meinen Fingern.
»Was willst du mir sagen?«, fragte ich ihn leise. Seine blauen, leicht wässrigen Augen wandten sich mir zu.
»Mein Junge, macht nicht die Fehler, die wir begangen haben.« Er trank einen Schluck seines Milchkaffees, hielt inne, trank erneut. »Kannst du dir vorstellen, dass diese braune Brühe hier, dass die für uns damals der Himmel auf Erden war? Ich meine, wenn er wirklich aus Kaffeebohnen gemacht war und nicht aus Schrot, Malz und Altöl oder was auch immer die da hineingemischt haben.«
Behutsam stellte er seine Tasse hin, beinahe zärtlich. Ich wusste, er brauchte Zeit. Zeit, um sich zu sammeln, die Worte zu finden. Ein Seufzer, er schloss für einen Moment die Augen.
»Damals, nach der Zeit, als man eine Schubkarre Geld gebraucht hat, um ein Brot zu kaufen, war die Unzufriedenheit groß. Viele hatten keine Arbeit, ihr gesamtes Erspartes war fort, verbrannt in den Wirren, die damals herrschten. Nicht verbrannt im Feuer, sondern im Fegefeuer der Spekulation, der Eitelkeit einiger weniger. Und dann erschien er, der für viele, deren Unzufriedenheit größer war als ihr Mut, der Messias, der Erlöser war.«
Ja, ich wusste, was und wen er damit meinte.
»Wir waren jung. Wir waren dumm. Zu Hause, da gab es nichts. Der Vater ohne Arbeit, die Mutter brachte uns mit Nähen und Putzen durch. Ich sehe und rieche sie noch heute, die braune Lake, die sich Kartoffelsuppe nannte.«

Er schüttelte sich. »Aber dann wurde es anders. Dein Großvater, also mein Vater, kam eines Tages heim. Er hatte Arbeit bekommen, aber anders, als meine Mutter es sich erhofft hatte. Keine Arbeit auf dem Bau, beim Fleischer oder bei der Bahn, was sie gehofft hatte. Nein …«

Ich lehnte mich zurück. Endlich, nach all den Jahren erfuhr ich, was damals wirklich geschehen war.

»Er trug sie … die Uniform. Braun! Alles! Hemd, Hose, Jacke. Meine Mutter kniff die Lippen zusammen, aber sie sagte nichts. Sie ahnte, was geschehen würde. Ihr Vater und auch der meines Vaters, sie waren damals bei Verdun geblieben. Tot, begraben, in fremder Erde für immer vergessen. Doch er war stolz. Er konnte seine Familie versorgen. Das war es, was für ihn zählte. Er war nicht mehr der Nichtsnutz, der von der Hand in den Mund lebte.«

Ein neuer Schluck Kaffee.

»Dann blieb er oft in der Nacht fort. ›Schutzeinsätze‹, so nannte man das. Er hielt Wache vor den Lokalen, in denen sich die Parteibonzen trafen, beteiligte sich an den Aktionen, die sich gegen alle richteten, denen Braun nicht gefiel.«

Ich wusste, was er meinte. Wenn man die politische Landschaft in Farben einteilte, so gab es damals Rot, Blau, Schwarz und eben Braun. Und Braun wollte alle anderen Farben verdrängen. So hatte es dieser eine Mann, dieser kleine Kerl mit dem albernen Schnurrbart und der schlechtsitzenden Uniform, natürlich in Braun, versprochen.

»Und es gelang ihm. Er kam an die Macht, dieser verdammte Kerl. Mein Vater, nun, er kam gelegentlich nach Hause, die Nase blutig, ein Auge blau. Aber das machte ihm nichts aus. ›Alles für das Vaterland‹, grinste er mich an, wenn ich mit einem Tuch seine Wunden abtupfte.«

Eine einzelne Träne kroch langsam die Wange hinunter. Ich sah, wie schwer es meinem Vater fiel, darüber zu reden. Doch er fuhr fort.

»Eines Tages hat es auch mich infiziert. Mit Freude trat ich in die Hitlerjugend ein. Es war ja das Einzige, was es noch gab. Man muss sich vorstellen, Sport, Spiele, Waffen. Alles, was das Herz begehrte. Mit Elan nahm ich teil, wurde in die Maschinerie eingegliedert. Uns ging es mit jedem Monat besser. Sogar Urlaub haben wir machen können. Bis zu dem Tag …«

Die Nacht der langen Messer. Ich hatte begriffen. Mein Großvater war in der SA gewesen. Und die war, nachdem man Ernst Röhm mittels einer Ge-

schichte über seine angebliche oder echte Homosexualität geschasst hatte, mehr oder weniger bedeutungslos geworden.
»Doch wieder war das Schicksal launisch. Auf einmal wurde mein Vater wieder gerufen, in der Nacht. Und wieder habe ich nicht verstanden, was wirklich geschah. Ich verstand nur, dass man diejenigen, die uns all das Unglück gebracht hatten, die meinen Vater in die Arbeitslosigkeit und viele Menschen in den Hungertod getrieben haben sollten, dass die nun ihre Strafe bekämen. Die Synagogen brannten, Geschäfte wurden geplündert.« Ich sah, wie er zu zittern begann. »Auch ich …«
Er schluckt hart, bevor er leise fortfuhr.
»Auch ich war dabei. Habe mit Steinen geworfen, ›Juden raus‹ gebrüllt. Genau wie alle anderen meiner Kameraden.«
Ich ließ mir mein Entsetzen nicht anmerken.
»Wir waren so erzogen, so indoktriniert, wie man heute sagt. Hätte man uns beigebracht, dass die Kartoffelkäfer an allem schuld waren, so wären wir auf die losgegangen. Doch so kam es, wie es kommen musste. In der Nachbarschaft wurden Häuser geräumt. Mein Vater war mittlerweile in die Elitetruppe der SA aufgenommen worden und wir zogen um. Eine Villa. Viel Platz. Ein großer Garten. Tolle Möbel. Die Besitzer? Ich weiß es nicht. Und es war mir auch damals egal. Endlich hatte ich ein eigenes Zimmer. Doch dann begann der Krieg. Zunächst mit viel Hurra und Gewinn. Die braunen Wolken, die sich immer dichter zusammenzogen, haben wir nicht gesehen. Wir waren fanatisch. Eifrig. Wir zogen los, um für unseren Führer die Welt zu erobern, die braunen Wolken über alle Länder zu verteilen.«
»Papa …« Ich stockte, aber ich musste es wissen. »Papa, hast du getötet?«
Sein Kopf ruckte herum.
»Ja.«
»Nur … im Kampf oder …?«
Er schüttelte den Kopf.
»Nein. Wir wussten aber alle, dass es das gab. Wer sagt, er hat es nicht gewusst, der ist für mich ein verdammter Lügner. Massaker, Hinrichtungen, Plünderungen. All das gab es. Und jeder wusste es. Viele wollten ein Stück vom Kuchen, haben weggeschleppt, was ihnen unter die Finger kam. Egal, ob Geld, Schmuck, Frauen.«
Er brach ab, sah mich an.

»Dann kam Russland. Dieses unendlich große Land. Am Anfang wieder Gewinne, dann kam der Schlamm. Braune Lawinen. Matsch überall. Und dann der Frost. Ich wurde verwundet, kam nach Hause. Mein Vater war stolz, als ich das Verwundetenabzeichen präsentierte. Er war zu alt, durfte nicht mehr kämpfen. Erst, als das letzte Aufgebot bestellt wurde, da befehligte er eine Abteilung. Nur dummerweise hatten die Amis sie schnell geschnappt.

Mein Krieg endete in den unendlichen Weiten Russlands. Ich wurde gefangen, kam nach Sibirien. Jahrelang. Man warf mir vor, ein Kriegsverbrecher zu sein. Nach langen Jahren, in denen sich das Weiß des Winters mit dem Braun der restlichen Zeit abwechselte, durfte ich nach Hause. Meine Mutter war gestorben, mein Vater ein Säufer, der immer noch das Braun trug, auch wenn es verboten war. Er gab immer noch den anderen die Schuld.«

Ja, der Krieg ging verloren, die Nazis wurden vernichtet. Er sah mich lange an.

»Junge, was ich sagen will: Ich hätte es wissen sollen. Als die braunen Wolken sich über das Land legten, hieß der Regen, der aus ihnen fiel, Verachtung, Rassismus, Niedertracht und Gewalt. Es fing harmlos an. Erst wurde nur gestichelt gegenüber allem, was fremd und anders war. Dann wurde es schlimmer. Schläge, Randale, Verleumdungen, Schuldzuweisungen.«

Ich begriff. Als ich wieder durch das Fenster zum Himmel blickte, da sah ich es durch meines Vaters Augen. Ich hörte den skandierenden Mob, die Sprüche, las in Gedanken die Posts in den sozialen Netzwerken.

Ja, die Wolken. Braune Wolken ziehen wieder über´s Land. Früher waren es die Juden, heute ist es der Asylant, der an allem schuld ist. Braune Wolken in den Köpfen der Menschen!

Ich sah meinen Vater an, dem nun die Tränen aus den Augen strömten. Und ich verstand. Er fühlte sich schuldig. Nach all den Jahren, die er alles in sich verborgen hatte, war er zum allerersten Mal offen gewesen, hatte sich alles von der Seele geredet.

Ich stand auf, nahm ihn in den Arm.

»Nie mehr, Papa. Das darf nie mehr geschehen.«

Er nickte nur, hielt sich an mir fest.

Als ich ihn beerdigt hatte, da erneuerte ich mein Versprechen an ihn. Nie

mehr braune Wolken. Und ein kleiner Sonnenstrahl durchbrach sie, als ich es leise zu ihm sagte, und ich hörte ihn leise reden.
»Ich habe dich zu einem freien Menschen erzogen, dir die Gedanken erlaubt, die wir niemals haben durften. Gib sie weiter, lass das Vergessen niemals zu.«

Und das werde ich!

Braunauge oder Rätsel einer allzu seltsamen Nacht

Katja Michels

Der Polizeidirektor schob sachte die sehr in Mitleidenschaft gezogene Türe aus Eichenholz an. Sie schwang lautlos nach innen auf. Nichts schien auch nur irgendeine Form von Geräusch zu erzeugen. Wenn sich die Zeiger seiner Uhr nicht weiterhin tickend fortbewegt hätten, er wäre davon ausgegangen, irgendetwas hätte die Zeit an Ort und Stelle geradezu zum Stillstand gezwungen. Winfried Sattler wurde nicht so oft zu solch grausamen Einsätzen gerufen, meistens rief man ihn überhaupt nicht oder eben erst dann, wenn der Mist schon in den Brunnen gefallen war. Er schmunzelte leise in sich hinein.

»Noch nicht mal, wenn ich nur versuche, darüber nachzudenken, kriege ich das mit den Redewendungen hin. Die Kacke am Dampfen und das Kind in den Brunnen fallen lassen. So ähnlich müsste das stimmig sein.«

Normalerweise saß er in der Polizeidirektion Koblenz und bearbeitete seine Akten weit entfernt von tatsächlichen Verbrechen. Doch hier musste er die Kriminalpolizei tatkräftig unterstützen. Vor allem Hans Weber, den Polzeihauptkommissar, beruhigen und ihm den Mut zusprechen, dass er das Ganze schon unversehrt überstehen würde. Doch Winfried behagte diese abgelegene Waldhütte überhaupt nicht, vielleicht deshalb seine ständigen gedanklichen Abweichungen. Die Kollegen von der Kriminaldirektion, die Spurensicherung, fast das gesamte Team des Präsidiums nebst Auszubildenden und Praktikanten standen wie in einem verunglückten Stuhlkreis um das tote Liebespaar herum, ohne sich von der Stelle zu bewegen.

»Sitting in, Leute?«, versuchte Sattler die fast gefühllose Stimmung im Zimmer aufzulösen. Wie in einem Wachsfigurenkabinett, niemand rührte sich, sie standen einfach alle nur da.

»Nein, Herr Sattler, wir wissen nur einfach nicht, was wir tun sollen. Es ist als … aber vielleicht sehen Sie am besten selbst.«

Kriminalhauptkommissar Bohler entfernte das Leichentuch und gab den Blick auf eine bizarre Anordnung frei. Das Paar lag eng umschlungen auf einer hellblauen Decke aus glitzerndem Samt. Dabei waren ihre Köpfe so gedreht, dass der Eindruck entstand, sie würden jeweils auf der Brust des anderen ruhen.

»Was in Gottes Namen ist hier passiert? Wie alt sind die beiden? Fünfzehn,

sechzehn Jahre?«
»Wir haben leider keine Ahnung, Win.«
Hans schälte sich durch den verunglückten Stuhlkreis und gesellte sich neben Sattler.
»Aber es sieht so aus, als hätte irgendjemand nicht gewollt, dass sie das tun, na ja, dass sie eben beieinanderliegen und einander halten, sich lieben. So gesehen, in flagranti erschossen.«
Sattler wich ungläubig von den Leichen der beiden zurück.
»Sind die zwei etwa präpariert? Soll ich das alles als so etwas wie einen schlechten Scherz verstehen?«
»Äh, nein, natürlich nicht, der Förster, dem auch diese Hütte hier gehört, hat sie heute Morgen so vorgefunden, warum fragst du?«
»Ach, nur so.«
Der Polizeidirektor warf noch einen letzten Blick auf die sehr kindlich wirkenden Toten und wandte sich schließlich wieder dem Ausgang zu. Er wusste nicht, was auf einmal mit ihm geschah, diese beiden rührten irgendetwas in ihm, es war, als müsste er sie kennen, ihre Blicke, das war es vielleicht, die Augen der beiden standen noch immer weit offen.
Der Blick des Mädchens, klare dunkelbraune Augen, die ihn zu durchbohren suchten, so unschuldig, so zerbrechlich und doch voller Gier auf Rache. Der Tatort leerte sich, immer mehr Beamte jeglichen Ranges entströmten der so winzig wirkenden Waldhütte.
Die Leichen sollten erst am nächsten Morgen abtransportiert werden, niemand konnte ahnen, dass etwas überlebt hatte, etwas, das im Grunde immer nur einfach da sein wollte, ohne gestört, angegriffen und schließlich getötet zu werden.
Es erinnerte Winfried an ein Mahnmal, wie sie dort lagen, sich liebten, während die silbernen Kugeln ihre Herzen zum Stillstand zwangen. Die Zeit, die Zeit in dieser Hütte schien eingefroren seit ihrem Tod, so als hätte nichts mehr in dieser Welt Bestand oder das Recht zu leben, während diese beiden so grausam sterben mussten.
»Wer waren sie, woher kamen sie, woher nehme ich die Gewissheit, dass ihr Tod gerächt werden muss, um die Zeit wieder in Gang setzen zu können?«
Sattler überkam in dieser Nacht eine unglaubliche Furcht vor dem Tod, doch gleichzeitig wusste er, dass er das, was in dieser Hütte überlebte, längst kann-

te. Deshalb auch die silbernen Kugeln und genau aus diesem Grund wich, je näher der Morgen rückte und die finsteren Krallen der Nacht zerstreute, die Angst in ihm. Denn er wusste, wenn das, was er glaubte, dort oben auf der Anhöhe überlebt hatte, dann konnte es nichts Dunkles sein, was die beiden Verstorbenen aneinander kettete.

»Du sprichst, als gehörtest du nicht in unsere Welt.«
»Ich gehöre auch nicht in eure Welt. In der Menschenwelt erscheine ich als Mensch, aber ich bin keiner und in Phantasien nehme ich phantastische Gestalt an, aber ich bin niemand von euch.«
(Die unendliche Geschichte/Michael Ende)

»Ich bin Braunauge, aber eigentlich heiße ich Emily, Emily Breuer. Meine Geschichte beginnt an einem einsamen Waldsee, hoch oben im Hunsrück. Dort lebte ich recht glücklich und zufrieden und nein, dies wird kein Märchen, auch wenn es euch vielleicht zwischenzeitlich so vorkommen mag.
Ich lebte dort recht glücklich, bis zu dem Augenblick, in dem ich mich in ihn verliebte. Er war stattlich, er war vornehm und er war gefährlich, aber nicht für mich, sah er doch in mir das, was ich tief in mir schon immer verkörperte. Die wirkliche Gefahr kam schließlich aus einer vollkommen anderen Richtung, nämlich dorther, wo ich eigentlich Sicherheit vermutete.
Ein Fehler, wie man ihn so oft begeht, indem man den Falschen vertraut. Nicht immer sind es die vermeintlichen Bestien, die den Tod mit sich bringen, sondern diejenigen, die vorgeben gut zu sein, jedoch nur so lange, bis sie ihre Falle zuschnappen lassen können.
Er nannte mich immer Braunauge und ich ihn meinen Schöpfer. Nein, ich war ihm nicht hörig, aber ich kann hören, dass ihr genau das gerade denkt. In Wirklichkeit hat er mich befreit, mir gezeigt, wer ich in Wahrheit bin. Kennen lernte ich ihn auf einem Scheunenfest meiner Eltern, am 01. Mai 1836, er nahm meine Hand in seine riesigen Pranken und sagte mir, dass ich nun sein wäre, seine Prinzessin, sein wunderschönes Braunauge. Und ich glaubte ihm und tat dies bis zu meinem, unserem Tod, nur acht Wochen später. Ich kann es bis heute nicht verstehen, warum man uns nicht sein ließ, was wir waren:

Es ist eisigkalt, mein Herz schlägt wie Trommeln, so laut,
Nichts als schwarzer Schnee, wohin man auch schaut.
Ein lauter Schuss die Luft erfüllt,
ich renne schnell, weil ER es brüllt.

Schlittere über Stock und Stein,
mitten in mein Verderben hinein.
Er ist so kalt, der eistrübe See,
die glatte Fläche voll von Schnee.

Mein Herz es hämmert, will nur leben,
doch ist dies auch noch SEIN Erstreben?
Das Eis, es knackt, mal hier, mal dort.
Ich spüre gleich, hier muss ich fort.

ER sei nicht gut, ER bringe Missgunst, Hass und Neid,
doch brachte er mich höchstens in Verlegenheit.
Nun, wo ich so renne, weit in der Ferne,
leises Wolfsgeheul erkenne,
verstehe ich nun, was geschah,
und sehe endlich wieder klar.

Sie drangen ein, in unsre prächtige Wald- Hütte,
sprachen nur: »Die nehmen wir mit, die süße Lütte!«
Ein letzter Kuss, der Todesschuss.
Ich konnte fliehen
und frei sein von des Jägers Schrot,
doch brachte IHM es dann den Tod.

In dunkler Nacht steh ich verlassen,
lauf traurig durch bizarre Gassen.
ER starb für mich, ließ sich erschießen
und sein gesamtes Blut vergießen.

SIE hatten Unrecht, dachten schlecht von DIR,

und glaubten, Du nahmst mich aus reiner Gier.
Doch errettet hat ER MEIN Leben,
ich hätte ihm auch das meine gegeben.

Sie wollten mich, die Jägersleute,
war ich doch eine reiche Beute.
Als ich ihn tot vorfand, dort oben im Revier
und meine Trauer nicht wollt weichen,
da ward ich leer, nahm auch das Leben mir.

Wir waren Liebende der Nacht, er und ich, sie drangen damals einfach in unsere Hütte ein und schossen auf ihn. Er sagte noch zu mir: »Braunauge, hab keine Angst, ich finde dich, ich werde dich immer finden.«
Zunächst rannte ich einfach davon, um mein Leben, schließlich hatte ich soeben einen Mord beobachtet. Doch ich konnte ihn nicht so schutzlos der Nacht ausgeliefert, dort sterben lassen, ich kehrte also zurück, legte mich in seine Arme und wünschte mir, bei ihm sein zu können. Ich glaube, ich starb im Grunde an gebrochenem Herzen, und wenn ich ehrlich bin, ich habe mich niemals freier gefühlt, als in diesem Moment, zwischen Leben und Tod schwebend. Und als wir erwachten, waren wir nicht mehr dieselben. Als wir erwachten, waren wir zur Rache der Natur geworden …

»Die Gewissheit jemanden so zu lieben, hat man nur einmal im Leben.«
»Du erwartest nicht, dass Dir eine solche Liebe begegnet.«
(Aus ›Die Brücken am Fluss‹)

Der Polizeidirektor schob sachte die sehr in Mitleidenschaft gezogene Tür aus Eichenholz an, sie schwang lautlos nach innen auf. Nichts schien auch nur irgendeine Form von Geräusch zu erzeugen. Wenn sich die Zeiger seiner Uhr nicht weiterhin tickend fortbewegt hätten, er wäre damals davon ausgegangen, irgendetwas hätte die Zeit an Ort und Stelle geradezu zum Stillstand gezwungen. Winfried Sattler wurde nicht so oft zu solch seltsamen Einsätzen gerufen, meistens rief man ihn überhaupt nicht oder eben erst dann, wenn der Mist schon in den Brunnen gefallen war. Ach, lassen wir das jetzt. Das kennen Sie ja bereits. Lassen Sie mich also vorspulen, um zu sehen, was sie

wirklich dort oben fanden.
Winfried behagte diese abgelegene Waldhütte überhaupt nicht, vielleicht deshalb seine ständigen gedanklichen Abweichungen. Die Kollegen von der Kriminaldirektion, die Spurensicherung, fast das gesamte Team des Präsidiums nebst Auszubildenden und Praktikanten standen wie in einem verunglückten Stuhlkreis um das tote Liebespaar herum, ohne sich von der Stelle zu bewegen.
»Sitting in, Leute?«, versuchte Sattler, die fast gefühllose Stimmung im Zimmer aufzulösen. Wie in einem Wachsfigurenkabinett, niemand rührte sich, sie standen einfach alle nur da.
»Nein, Herr Sattler, wir wissen nur einfach nicht, was wir tun sollen. Es ist als … aber vielleicht sehen Sie am besten selbst.«
Kriminalhauptkommissar Bohler entfernte das Leichentuch und gab den Blick auf eine bizarre Anpaarung frei. Sie lagen einander eng umschlungen auf einer hellblauen Decke aus glitzerndem Samt. Dabei waren ihre Köpfe so gedreht, dass der Eindruck entstand, sie würden jeweils auf der Brust des anderen ruhen.
»Soll ich das als eure Art zu scherzen verstehen?«
»Nein, warum, es sieht eben nur so aus, als hätte irgendjemand nicht gewollt, dass sie das tun, na ja, dass sie eben beieinanderliegen und einander halten, sich lieben. So gesehen, in flagranti erschossen.«
Sattler wich ungläubig von den Leichen der beiden zurück:
»Sind die zwei etwa präpariert? Seid ihr denn alle komplett verrückt geworden?«
»Äh, nein, natürlich nicht, der Förster, dem auch diese Hütte hier gehört, hat sie heute Morgen so vorgefunden, warum fragst du?«
Winfried Sattler versuchte verzweifelt, Worte für das zu finden, was er dort vor sich liegen sah.
»Vielleicht, weil das Tiere sind. Irgendein Förster hat hier gewaltigen Murks begangen, aber das ist doch kein Tatort, ich habe wirklich Besseres zu tun, als mich hier um die dramatische Drapierung zweier Wildtiere zu kümmern. Bohler, sorgen Sie bitte dafür, dass die Kadaver entfernt und zum Krematorium gebracht werden.«
Der Polizeihauptkommissar erhob sich leise.
»Aber das eben ist es doch, Win, gestern, gestern waren wir schon einmal

hier und da waren es Menschen und keine Tiere. Und vor allem, keiner hat sie drapiert.«

Vor Sattlers Augen verschwammen jegliche Konturen, er sah sich selbst, wie er mit seinem Onkel durch die Wälder streifte, auf der Suche nach ihm, einem Wolf, der angeblich hier oben sein Unwesen treiben sollte. Und da fiel sie ihm wieder ein, die Legende von Emily. Als Kind hatte er unsägliche Furcht vor ihr gehabt, denn es hieß, dass sie kommen und die töten würde, die Waldtiere dahin meuchelten. Es fröstelte ihn bei dem Gedanken daran, dass diese Leichen eigentlich nicht in seine Welt gehörten.

ER war ein WOLF und sprach zu mir:

»Geh nur, geh zu, mein kleines REH.«

Eine leise Stimme ließ Winfried erwachen, er war alleine in seiner Wohnung, und es schien finstere Nacht zu sein. Im Mondlicht konnte er die Silhouetten eines zarten Rehs und eines gewaltigen Wolfes ausmachen, sie standen genau in seiner Auffahrt, blickten ihn an. Er trat vorsichtig hinaus ins silbrige Mondlicht, der Wolf heulte sachte, fast schüchtern vor sich hin, das Reh mit den wundervoll braunen Augen drückte sein seidenweiches Fell an sein schuppiges, suchte Schutz und die Nähe eines vermeintlichen Monsters. Sie verschwanden mit dem heraufziehenden Nebel, zwei Trugbilder einer allzu seltsamen Nacht! Winfried Sattler glitt müde in sein Bett und in einen Traum zurück, den er danach niemals mehr vergaß, weil er sich längst in sein Herz eingebrannt hatte.

»Als wir erwachten, waren wir zur Rache der Natur geworden …

Nach unserem Tod als Wolf und Reh waren wir plötzlich Menschen, er und ich, und wir erlebten, was es bedeutet, als das von dieser Welt zu gehen, was den bei weitem größeren Wert ausmacht. Als Menschen trauerte man um uns, man begrub uns, doch als Reh und Wolf, wir hatten von Anfang an keine Chance. Win, ich darf Dich auch so nennen? Du weißt, was überlebt hat, es ist dieses ganz bestimmte Gefühl, das Gefühl, einfach alles erreichen, jeglichen Schmerz überwinden und fast unsterblich sein zu können. Liebe ist das, was meistens überlebt, wenn es zuvor existierte. Er und ich, wir waren beides, zuerst Tiere und später Menschen. Und letztlich spielt es keine Rolle, in welcher Erscheinungsform du denjenigen verlierst, den du am meisten liebst. Doch für die anderen schon, es war der Weltuntergang für mich, als diese Jäger kamen und ihn erschossen, meinen prächtigen ›Schöpfer‹ und Be-

schützer. Für euch waren wir nur zwei unnütze Tiere, doch für mich, für uns, stand die Welt kurz still, denn wir galten als ermordet und niemanden schien dies zu kümmern. Jeder hat ein Recht darauf, dass um ihn getrauert wird. Es gibt so viele dumme Lebewesen, die niemals hinterfragen, sondern einfach töten, die vermeintlichen Bestien zur Strecke bringen und dabei gar nicht bemerken, dass es keine schlimmeren Biester gibt als sie selbst.«
Leise im Schlaf vor sich hin brummelnd, antwortete Winfried: »Heißt das, Gott hat an Euch ein Exempel statuiert?
»Vielleicht Win, vielleicht, du bist zumindest empfänglich für uns, das warst du schon immer, doch du musst verstehen, dass wir niemals Unheil bringen wollten.«
»Was wollt ihr denn dann?« Winfried drehte sich unruhig im Bett herum.
»Wir wollten damals nichts anderes, als dass man Notiz von unserem Tod nimmt, unserem gewaltsamen Tod als Reh und Wolf.«

»Es gibt Hinweise an einem Tatort, die leider von Natur aus weder gesammelt noch untersucht werden können. Wie sammelt man auch Liebe, Wut, Hass oder Furcht? Aber wir suchen vor allem nach solchen Dingen.« (James Reese)

Die Legende um Emily und ihren Schöpfer konnte faktisch niemals bewiesen werden und außer Winfried Sattler erinnerte sich später niemand mehr an diese allzu seltsame Nacht. Außer dem Gefühl, Lebenszeit eingebüßt zu haben, gaben alle an, nie Teil dieses Tatortes gewesen zu sein.
Der Polizeidirektor erwachte an jenem Morgen mit dem Gefühl, etwas Bestimmtes unbedingt tun zu müssen. So fuhr er zunächst ziellos in der Gegend umher, schließlich zog es ihn zurück zum Tatort, dorthin, wo alles begonnen hatte, dorthin, wo ein Reh in den Pranken eines Wolfes ruhte. Sie sahen aus, als schliefen sie nur. Doch Sattler wusste es besser, er nahm die beiden sanft mit sich und begrub sie in einem kleineren Waldstück an einem winzigen See. Er ließ sogar einen Grabstein anfertigen.
Eine Woche später starb auch er, angeblich an einem nächtlichen Herzinfarkt, doch den wahren Grund kannte nur er selbst. Denn er selbst war die gezähmte Bestie von damals, der Jäger, der, unbedacht und voller Wut ein großes Unglück heraufbeschworen hatte. Er sah nicht, dass es Liebe war,

was die beiden zusammenhielt und benötigte über mehr als ein Jahrhundert lang Zeit, um zu begreifen, was Braunauge und ihr Schöpfer längst wussten: »Urteile niemals zu früh, selbst wenn du glaubst, deinen eigenen Augen nicht trauen zu können, fühl in dich hinein und entscheide erst dann, was zu tun ist. Für den einen ist es nur ein Schuss auf ein unbedeutendes Tier, doch für das Wesen selbst, für das, das zurückbleiben muss, kann es das Ende der Welt bedeuten und manchmal sind die vermeintlich Guten die wahren Schurken und die Bestien diejenigen, die dein Leben retten werden.«

Der Grabstein steht noch immer und in hellen Mondnächten kann man dort ein Reh und einen Wolf beobachten, wie sie leise umherstreifen und nach ihrem Mörder suchen, um ihm für seine letztlich doch sehr aufopferungsvolle Tat aus tiefstem Herzen zu danken.

Stille Nacht, Heilige Nacht

CF Lukas

Da lag sie nun schon wieder auf dieser Liege. Nur Tom zuliebe. Aber was tat man nicht alles für den einen Mann, der einen offensichtlich so zu lieben schien, wie man war. Tom musste sie lieben, ohne Wenn und Aber. Keine Frage. Er war einer der ganz wenigen, der es länger als ein paar Monate mit ihr ausgehalten, der alle ihre Macken akzeptiert hatte. Er war ein Meister des Verzeihens. Und zum ersten Mal hatte sie sich nicht bevormundet gefühlt, als er, wie alle anderen vor ihm auch, Ratschläge gab und sie ganz sanft und über den Zeitraum von mehreren Wochen dazu gebracht hatte, sich hypnotisieren zu lassen. Sie glaubte nicht daran, aber sie wusste, dass er noch viel weniger an so etwas glaubte. Er war ein Mann der Praxis, ein Mann der harten Arbeit, ein Mann weniger Worte und umso mehr schenkte man diesen Gehör, wenn er sie bestimmend und bestimmt einsetzte. Er passte nicht zu ihrem gesellschaftlichen Stand, aber sie fühlte sich sofort beschützt von seinen knapp zwei Metern Größe und seinen starken hundert Kilo Lebendgewicht. Sein Gesicht war wettergegerbt mit einem vollen Bart, aufmerksamen, alles beobachtenden dunklen Augen und gab man ihm die Hand zur Begrüßung, konnte man ahnen, wie es sich anfühlen musste, in einem Schraubstock eingespannt zu sein. Er war einer der Gesellen, die Smartphone und Internet nur aus dem Fernseher gekannt hätten, wenn sie denn einen Fernseher gehabt hätten.

Von daher hatte Mae keinen Widerstand geleistet, als Tom ihr mitgeteilt hatte, dass er sich erkundigt hätte und einige schlauere Menschen als er die Meinung vertreten würden, dass Hypnose für viele Gefangene der eigenen Psyche als letzter Strohhalm zur Rettung vor sich selbst dienen könne, wenn alle Therapien nicht mehr helfen würden. Er hatte sich bewusst gewählt ausgedrückt und seinen Vortrag mit Fremdwörtern verziert, um ihr zu deuten, dass er es absolut ernst meinte, misstraute er doch sonst Ärzten und betitelte alle anderen, die geschwollen fachsimpelten, eher pauschal als Klugscheißer.

Die ersten Sitzungen waren weniger spektakulär verlaufen, aber beim letzten Mal hatte sie tiefe Einblicke in ihr Unterbewusstsein erhalten. Es schien nur aus der Farbe Braun zu bestehen, eine Farbe, die sie ansonsten abstieß und die sie als widerlich empfand. Sie war gespannt, wie jetzt diese Sitzung verlaufen würde und tauchte immer tiefer ein in ihr innerstes Ich und hörte erst ganz beiläufig, dann immer lauter, Kieselsteine unter ihren Schuhen knirschen. Sie sah ein Gebäude. Einen Landsitz. Das Haus ihrer Familie. Und sie lief auf den Kieselsteinen direkt darauf zu und öffnete das große Eingangsportal.

Es war ein wunderschönes großes Gebäude, aus braunen Ziegelsteinen gemauert, aus dem zwei schlanke Schornsteine in den Himmel ragten. Fünfzehn Fenster und eine riesige zweiflüglige, weiße Tür blickten nach vorne zu der Rasenfläche, die, groß wie ein Fußballfeld, von Bäumen eingezäunt war, die das Landgut vor neugierigen Spaziergängern oder übereifrigen und hilfsbereiten Nachbarn versteckten. Das Haus war stets makellos sauber und vermittelte Besuchern den Eindruck, hier würden ehrliche, spießige Menschen wohnen, die auf Ordnung, Disziplin und Moral achteten.

Nach hinten hinaus waren nicht nur das Gesindehaus und der Garten, in dem die Großmutter die meiste Zeit verbrachte, um ihrer Leidenschaft, der Rosenzucht, nachzugehen, sondern auch die Stallungen, in denen Opi, ein Held des Afrikakriegs, seine größten Schätze hielt: Rennpferde.

Während sich Opi von Tierärzten und Zuchtexperten beraten und sich von Buchmachern und Journalisten hofieren ließ und gleichzeitig Stalljungen und Jockeys klare, knappe und herablassende Befehle gab, suchte die Großmutter Schutz hinter den Rosenstöcken und vergrub ihren Hass, ihre Bitterkeit und Hilflosigkeit in Lehm und Dünger, mit Tränen im Gesicht, leise schluchzend, den Schmerz herunterschluckend, aber immer die Haltung bewahrend.

Hinter dem Haus befanden sich außerdem ein Sandkasten mit Rutsche und eine Schaukel, wo Gästekinder willkommen waren zu spielen und zu toben, Burgen zu bauen oder Sandkuchen zu backen.

Neben den üblichen repräsentativen Räumlichkeiten wie der großen Empfangshalle und dem Speisesaal waren auch die Schlafzimmer mit großer Sorgfalt eingerichtet, beinahe spartanisch, aber dennoch geschmackvoll und komfortabel. Nur das Jagdzimmer war üppig überladen mit Trophäen von großen Abenteuern und strotze nur so vor Angeberei. Der überdimensional große Kamin war umringt von schweren braunen Ledersesseln. Eher nebenbei standen Elefantenunterschenkel als Aschenbecherhalter im Raum. Jeder Besucher dieser heiligen Kammer, zu der Frauen keinen Zugang hatten und die für Kinder offiziell streng verboten war, musste einfach überwältigt und sprachlos dastehen und staunen ob der offen zur Schau gestellten Prahlereien. Nicht nur befanden sich hier ausgestopfte Tiere als Andenken von Jagdreisen, sondern noch viel mehr wussten unzählige Orden und Medaillen zu beeindrucken, die in preußischer Ordnung an den Wänden angebracht waren und heroische Kriegstaten zur Schau stellten. Die Schlacht um El Alamein war in präziser Kleinarbeit auf einem überdimensionalen Tisch nachgebaut und darüber hing, wie ein Hirschgeweih, der durchschossene Helm eines deutschen Soldaten des Afrikakorps samt Staubbrille, gleich neben einem in der Normandie erbeuteten Dolch der Hitlerjugend und einem königlichen Zertifikat, das die Tapferkeit des Empfängers beurkundete. Eigentlich fehlte nur noch der ausgestopfte Schädel eines SS-Mannes, um die perfekte Galerie des glorreichen Sieges über Nazideutschland zu vervollständigen.

Jeder Besucher, ganz gleich ob in Jagd oder Krieg bewandert, musste einfach überwältigt sein von der Dimension dieses mit edlem braunen Holz getäfelten Raumes mit Bildern aus Englands ruhmreicher Vergangenheit und den Trophäen aus fast vergessenen Zeiten. Ein jeder Junge hätte eine tüchtige Tracht Prügel in Kauf genommen, um einmal in diesen Raum mit den kleinen Plastiksoldaten zu spielen.

Für Jungs wäre dieser Raum das Paradies gewesen und auch Mae war jedes Mal eifersüchtig gewesen, wenn ihre sieben Jahre ältere Schwester als einziges Kind mit zu Opi in den Raum durfte, um Ostereier zu suchen oder Weihnachtslieder zu singen. Sie hätte alles gegeben, um auch einmal mitspielen zu dürfen bei dem Spiel, das nur Denise mit dem Großvater spielen durfte.

Mae hatte die Tränen nie gesehen, die flossen, wenn das Spiel vorüber war. Nicht bei Denise, nicht bei all den anderen Mädchen und natürlich auch nicht bei ihrer Mutter, dreißig Jahre zuvor, als diese das Spiel zu spielen hatte.

Mae hatte selbstredend auch die Verzweiflung bei ihrer Geburt nicht gesehen, das Entsetzen in den Augen ihrer Großmutter, als dem ersten Mädchen ein zweites folgte.

Alle der Entbindung beiwohnenden Personen hatten die Sturzbäche, die über Mamas Wangen flossen als Ausdruck der Freude missverstanden. Dabei weinte die Mutter, weil sie sich einen Jungen gewünscht hatte, damit diesem das Martyrium erspart bleiben würde, das sie selbst als Kind hatte durchle-

ben müssen und das nun ihre erstgeborene Tochter zu erleben hatte, bis sie ungefähr zwölf sein würde.
Woher hätte es Mae auch wissen sollen? Sie fühlte sich ausgegrenzt und hätte selbst am liebsten geweint, wenn die großen Flügeltüren hinter ihrer Schwester und vor ihr selbst verschlossen wurden.

Sie drang immer tiefer vor in die verschiedenen Schichten ihrer Vergangenheit, die sie seltsamerweise als eine Art Lasagne wahrnahm. Sie liebte Lasagne und war eine Meisterköchin, was die italienische Küche betraf, aber diesmal kam es ihr so vor, als würde sie auf ihrer Reise ins Unterbewusstsein rückwärts vorgehen und anstatt die Platten aufeinanderzustapeln, sie langsam und ganz vorsichtig wieder abnehmen, um an die braun gebratene Füllung ihrer Seele zu gelangen.
Es war Boxing Day und dort stand, wie jedes Jahr, der Besuch bei den Großeltern an, um Geschenke auszutauschen, Truthahn zu essen und Lieder zu singen. Es war bereits das zweite Weihnachtsfest ohne ihren Vater, der als einer der wenigen Engländer nicht lebend aus dem Falklandkrieg zurückgekehrt war und man hatte vor dem Essen kurz seiner gedacht.
Die männlichen Gäste waren nach dem festlichen Mahl zu Whisky und Zigarren mit dem Großvater in jenem Raum verschwunden, in dem heute anstelle von Denise auch Mae würde sein dürfen. Das hatte er lautstark bereits während des Essens mit vom Alkohol betäubter Zunge verkündet. Die Frauen beendeten den Abend bei Kuchen und Wein im Speisesaal und bemerkten nicht wirklich, wie Denise und die Mutter vor Schock erstarrten.
Die Gäste verabschiedeten sich nach zwei weiteren Stunden des Feierns, wie immer den Gastgebern für die vorzügliche Bewirtung und Gastfreundlichkeit dankend und dann endlich war er gekommen. Der große Moment, in dem auch Mae in den Raum durfte, um Opi vorzusingen.
Es roch nach teurem schweren Zigarrenqualm und edlem schottischen Whisky, Opi setzte sie sich auf den Schoß, kraulte ihr den Rücken und begann, von Märchen und Heldentaten zu erzählen, während seine Finger überall hinwanderten.
Draußen hatte ein Wintersturm zu toben begonnen, der von der Irischen See her mächtig an den Fensterläden riss und diese in einem ungleichmäßigen Takt in der Verankerung gegen die Hauswände trommeln ließ. Es pfiff ge-

waltig im Schornstein. Das Holz knallte und spuckte, die Flammen im Kamin loderten aufgeregt hin und her und malten zusammen mit dem Schein unzähliger, überall verteilter Kerzen eine gespenstische Atmosphäre. Mae fröstelte es ein wenig als ihr Großvater sie beinahe zärtlich umarmte, von seinem Schoß aufhob und sie breitbeinig vor sich auf den schweren braunen Schreibtisch setzte, langsam ihre Schenkel zu massieren begann und ihr stöhnend befahl, ›Stille Nacht‹ zu singen.
Sie begann die Strophe mit Zittern in der Stimme und war sich nicht mehr sicher, ob sie jetzt wirklich noch in diesem Raum, auf diesem Schreibtisch sitzen und mit ihrem Opa spielen wollte.

»Noch ein wenig mehr, dann ist es vorbei«, drang die Stimme des Therapeuten wie durch eine ganze Galaxie hindurch an ihr Ohr. Mae wand sich, bog und krümmte sich und stieß ihren Körper nach oben. Schweiß lief an ihrem ganzen Körper herab. Ihre Augen tanzten wie toll unter den Lidern hin und her. Sie krallte ihre Hände in die Matratze bis zwei Fingernägel brachen und ihr Mund öffnete sich zu einem Schrei, einem stummen Schrei.
»Das reicht!«, hörte sie Tom befehlen.
Oder war es Denise, die ihren Großvater anschrie?
Sie sah ihre Schwester mit diesem Dolch. Nur ganz nebenbei fixierten ihre kleinen Augen den Stahl, der für den Bruchteil einer Sekunde neben ihr aufblitze und den die kleine Mädchenhand immer und immer wieder versuchte in den Hals des alten Mannes zu treiben, damit er der kleinen Schwester das nicht antun konnte, was ihr selbst jahrelang widerfahren war.
Die große Schwester war es also, die sie beschützen wollte. Nicht die Großmutter, die sich selbst längst aufgegeben hatte und lieber Rosenstöcke pflanzte, so als wolle sie der Göttin der Erde Blumen opfern für jede abscheuliche Tat, die ihr Mann begangen hatte. Nicht die Mutter kam ihr zu Hilfe, obwohl sie es selbst nicht anders kannte, die ihr Gewissen jedoch lieber mit Champagner und Benzodiazepinen erlöste als ihr eigen Fleisch und Blut zu verteidigen. Und ihr Vater war nicht mehr da, um sie zu retten. Ihr Vater, der Marineoffizier, den sie eigentlich nicht wirklich gekannt hatte. So war es an der kleinen großen Schwester, für ihr und auch das eigene Leben zu kämpfen.

Der Dolch hatte sein Ziel getroffen. Wie schwer die Verletzung war, war nur zu erahnen. Sie war jedoch nicht tödlich. Blut schoss aus der Wunde. Der Großvater schrie, während er sich an den Hals fasste und aufsprang, um sich gegen den nächsten Hieb zu verteidigen. Sein Alter, der alkoholisierte Zustand und der Umstand, dass er zwischen Schreibtisch und dem Sessel eingeklemmt war, machten eine Flucht unmöglich und so konnte er zunächst nur den Arm zum Schutz hochreißen.

Denise war außer sich. Sie schrie und tobte und immer und immer wieder schlug sie zu, während Mae einfach nur dasaß. Von fern hörte sie plötzlich ihre Mutter schreien, ihre Großmutter rufen, und auch andere Stimmen drangen an ihr Ohr.

Der Mann sackte benommen im braunen Leder zusammen, konnte aber im Fallen mit der rechten Hand nach dem Kamingeschirr greifen, während er weiterhin verzweifelt versuchte, mit der Linken die Angriffe seiner tollwütigen Enkelin abzuwehren. Mae sah den Schürhaken noch an sich vorbei blitzen. Dann war es still. Totenstill.

Stille Nacht.

Was jetzt geschah, nahm Mae nur noch in Trance wahr, wie eine Außenstehende sah sie dabei zu, was direkt vor ihr ablief. Die Mutter flog heran und fing Denise auf, die langsam, wie in Zeitlupe, wie ein gefällter Baum, rechts von ihr zu Boden stürzte. Die Großmutter stand links von ihr und sah ihrem Gatten dabei zu, wie er verzweifelt versuchte, das Blut aufzuhalten, das aus seinem Hals quoll und über seinen Körper floss und sie hatte dabei einen Ausdruck von Erleichterung und Schadenfreude in den Augen. Mae war in sich zusammengesackt und wimmerte nur noch. Sie zitterte am ganzen Körper wie ein Alkoholiker im Entzug. Und dann war es vorbei. Sie öffnete die Augen.

Niemals mehr hatte sie jenes Haus betreten. Sie war in Internaten aufgewachsen und hatte sich damit abgefunden, dass ihre Schwester bei einem Autounfall umgekommen war, zusammen mit ihrem Großvater.

Als sie wieder zu sich kam, war sie unglaublich leicht. Sie fühlte sich wie eine Feder, erschöpft jedoch erleichtert und sie sah Tom mit großen Augen an.

»Wie war ich?«, fragte sie ihn unbefangen. Er trat an die Liege. Sprachlos noch von den Geschehnissen der letzten halben Stunde und ohne zu antworten, drückte er ihre schweißgetränkte Stirn an seinen Bauch und kraulte

ihr den Kopf. Dann nach einer halben Ewigkeit gestand er.
»Du warst einfach großartig. Belohnung gefällig?«
»Ich habe doch dich. Das reicht mir«, seufzte sie. »Aber, wenn du mich so fragst. Ich habe irgendwie einen verdammten Heißhunger auf Lebkuchen. Ich hasse dieses braune Zeug eigentlich, aber ich hatte die ganze Zeit den Duft von Lebkuchen in der Nase. Ich will jetzt Lebkuchen!« Sie lachte.
Erst schüttelte er mit dem Kopf »Nicht ganz einfach jetzt im Sommer.« Dann jedoch nickte er und erwiderte ihr Lachen »Nicht ganz einfach, aber machbar.«

Der Fremde

Evelyn Kühne

Die große Villa in den Weinbergen lag verlassen da, nirgends war der geringste Lichtschein zu sehen. Über den Himmel zogen stürmische Wolken, die den Mond verdeckten, nur ab und zu erhellte er mit seinem Licht ein wenig den großen Garten. Unten im Keller des riesigen Hauses lagen zwei Mädchen auf einem Bett, eng aneinander gekuschelt, Erna und ihre kleinere Schwester Paula. Außer ihnen war niemand zu Hause, die Herrschaften hatten das Haus gestern überstürzt verlassen.

Ihre Mutter, die in der Villa als Köchin arbeitete, war von der Dame des Hauses nach oben gerufen worden, sie hatte den beiden Dienstmädchen beim Packen der Sachen helfen müssen. Letzten Endes hatte man nur das Nötigste mitnehmen können. Die beiden Autos waren mit Koffern, Schmuck und Lebensmitteln beladen worden und dann zum Tor hinausgerollt.

Mit den Autos war auch Paulas beste Freundin Margarete davongefahren. Trotz des Standesunterschiedes hatten sie immer miteinander gespielt. Paula hatte die abgetragenen Sachen der anderen Kinder und so manchen Leckerbissen zugesteckt bekommen.

Überhaupt war die blonde Paula der Liebling aller Bewohner des Hauses. Ihrer puren Lebensfreude konnte man sich einfach nicht entziehen. Margarete, das jüngste Kind der Herrschaften, war zwei Jahre älter als sie, durch eine Lungenerkrankung jedoch wirkte sie immer ein wenig kränklich und blass. Paula dagegen strotzte nur so vor Gesundheit und Energie. Doch nun war Margarete fort und mit ihr die beiden Dienstmädchen und die Herrschaften mit den anderen größeren Kindern.

Ihre Mutter hatte man zurückgelassen, sie hatte allerdings auch hierbleiben wollen. In der Nähe wohnten die Großeltern, die sie nicht allein lassen konnte. Auch ihr Vater, der in einer Fabrik arbeitete, wollte nicht weg aus ihrer Kellerwohnung.

»Wo sollen wir einfachen Leute denn hin, wir müssen es nehmen, wie es halt so kommt.«

Paula verstand nicht, warum alle fortgingen.

Sicher, vor einigen Wochen hatte die Dame des Hauses sie nach oben geholt.

Es war in den Abendstunden gewesen, zusammen mit ihrer Schwester Erna und Margarete hatte sie sie zu sich in die große Veranda in der oberen Etage gerufen. Von dort ging der Blick weit über das Elbtal bis ganz in die Ferne nach Dresden. Ein rötlicher Feuerschein hatte den Himmel erhellt. Fragend hatten sich die Kinder angesehen.

»Seht ihr es? Schaut es euch an, Dresden, unser geliebtes Dresden brennt. Nun ist das Ende nah.«

Paula hatte sich ganz nah an die Scheibe gestellt und dem gräulichen aber auch faszinierenden Schauspiel zugeschaut. Den ganzen Abend schon hatte es ständig Fliegeralarm gegeben, große Kolonnen hatten die Stadt, die bis jetzt immer verschont worden war, angeflogen. In diesem Moment hatte es allerdings fast so gewirkt, als ob sogar die Elbe brennen würde. Später in ihrem Bett hatte Paula nicht schlafen können. Die eben gesehenen Bilder waren ihr einfach nicht aus dem Kopf gegangen. Ihre Mutter hatte versucht, sie zu beruhigen, und ihr eine ihrer selbst ausgedachten Geschichten erzählt.

Die Erinnerung an diesen Abend war langsam verblasst, vielleicht auch, weil das Leben seinen gewohnten Gang nahm, zumindest für Paula. Ihre Schwester Erna kam fast jeden Tag niedergeschlagen aus der Schule, sie erfuhr vermutlich Dinge, die ihre kleine Schwester nicht erfuhr.

Heute früh nun, ganz zeitig am Morgen, hatten ihre Eltern sich auf den Weg gemacht, sie hatten einen Handwagen beladen, mit den paar wertvollen Sachen, die sie besaßen. Die gute alte Uhr, die in der kleinen Küche getickt hatte, das Geschirr, das ihre Eltern zur Hochzeit bekommen hatten und zuletzt das klapprige Grammophon, welches ihr Vater eines Tages kaputt mitgebracht und mühevoll repariert hatte. Damit hatten sie sich auf den weiten Weg gemacht zu verschiedenen Bauern in der Umgebung. Dort wollten sie die Sachen gegen Lebensmittel eintauschen.

»Die Dinge machen uns nicht satt, jetzt wo die Herrschaften weg sind, was soll sonst werden?«

Wann die Eltern wiederkommen würden, war unsicher. Mutter hatte ihnen eingeschärft, ja das Haus nicht zu verlassen und schön in der Wohnung zu bleiben. Am Abend hatten die beiden je eine Schnitte gegessen und Erna hatte Pfefferminztee gekocht, aus den Blättern, die Mutter voriges Jahr gesammelt hatte. Dann wurden beide immer müder, da Paula sich allein fürchtete, war sie zu ihrer großen Schwester ins Bett gekrochen.

Eng kuschelten sich die beiden Mädchen aneinander. Das Haus mit seiner schieren Größe und unheimlichen Stille, machte ihnen selbst hier unten im Keller Angst.
Da ertönten von draußen plötzlich seltsam scheppernde Geräusche. Mehrere Motoren ertönten, Männer riefen in einer ihnen fremden Sprache. Erna stand vorsichtig auf, stieg auf einen Stuhl und schaute durch eines der Kellerfenster nach draußen. Zunächst erkannte sie nur ein grelles Licht, welches den ganzen Hof erleuchtete. Es kam von Autos, welche wild durcheinander parkten, unter anderem auch auf dem Rasen, den der alte Franz immer so sorgfältig gepflegt hatte. Wieder ertönten laute Rufe und dann ein Krachen in der oberen Etage.
Panisch sah Erna sich um, Paula hatte die Bettdecke bis unter das Kinn gezogen und schaute sie angsterfüllt an. Was sollte sie jetzt tun, ihre Eltern waren nicht da, sie musste sich um ihre kleine Schwester kümmern und sich ihre eigene Angst nicht anmerken lassen.
»Erna«, ertönte flüsternd die Stimme des kleinen Mädchens, »wer sind diese Männer und was wollen sie von uns?«
»Das sind die Russen«, flüsterte Erna leise zurück.
Erschrocken sah Paula sie an. So klein sie war, hatte sie doch schon von den Geschichten gehört, die von den Männern erzählt worden, die von so weit weg kamen. Was sie Frauen und Kindern antaten, wie sie wüteten. Vater sagte immer, das wäre der Krieg, die anderen würden sich auch nicht anders verhalten.
»Was machen wir denn nun?« Paulas Stimme klang weinerlich.
»Wir müssen uns verstecken. Wann Mama und Papa wiederkommen, wissen wir nicht.«
Von oben ertönte immer noch lautes Krachen und Poltern, es klang, als würden Möbel umgeworfen und Türen eingetreten. Bei jedem Geräusch zuckten die Mädchen zusammen.
»Komm, wir verstecken uns im Verschlag unter der Treppe.«
So, wie sie waren, nur in ihren Nachthemden, eilten die beiden nach draußen in den kleinen Flur. Unter der Treppe hatte ihr Vater aus Brettern eine Tür gebaut. Dahinter bewahrte ihre Mutter Schaufel, Besen, den Schlitten und andere Dinge auf. Leise öffnete sie die Tür, schob die Gegenstände beiseite und kroch mit ihrer Schwester ganz nach hinten. Der steinerne Boden unter

ihnen war kalt, doch die Kinder spürten die Kühle nicht. Über ihnen kam der Lärm immer näher. Bis schließlich die obere Tür, die in die Diele führte, geöffnet wurde und schwere Stiefel die Treppe herab gepoltert kamen. Dumpf ertönten die Tritte, so bedrohlich, dass Paula sich mit beiden Händen die Ohren zuhielt.

Erna legte wieder den Finger an die Lippen und bedeutete ihrer Schwester, still zu sein. Die Küchentür wurde geöffnet, dann die Tür zum Schlafraum, in dem sie alle zusammen schliefen. Suchend schien sich der Mann überall umzuschauen. Schließlich näherten sich die Schritte ihrem Versteck. Durch die Bretter erkannte Erna einen blonden Schopf, sie sah einen Mann, der zu ihnen nach drinnen spähte. Obwohl sie schon ganz hinten an der Wand kauerten, wichen die Beiden noch weiter in die Dunkelheit zurück.

Der Mann hob die Hand, um die Tür zu öffnen, und schaute immer noch prüfend zu ihnen. Dann senkte er seine Hand, lächelte und ging davon. Etwas raschelte und schließlich stieg er mit schweren Schritten wieder die Treppe hinauf. Er rief einem unbekannten Mann etwas zu und schließlich schloss sich die obere Tür wieder.

Wie lange die beiden in ihrem Versteck gesessen hatten, wussten sie nicht. Irgendwann verstummte das Gepolter oben mehr und mehr, bis schließlich wieder absolute Stille herrschte. Noch immer traute sich Erna nicht heraus, beschloss aber schließlich, vorsichtig nachzusehen.

Sie huschte in die Küche, tastete in der Dunkelheit nach dem Stuhl und stieg vorsichtig darauf. Der Hof lag wieder im Dunkel, die Autos waren alle verschwunden. Erna drehte den Lichtschalter und der warme Schein der Küchenlampe erhellte den Raum. Paula stand in der Tür und sah sie immer noch verängstigt an. Alles war genauso, wie sie es verlassen hatten. Bis auf ein kleines braunes Päckchen, welches mitten auf dem Küchentisch lag. Vorsichtig wickelte Erna es auseinander und vor ihnen lag in braunes Packpapier eingepackt eine Tafel Schokolade.

Grünbergs Hose

Gabriele Grefen

Samuel Grünberg wuchs zu schnell, schon nach kurzer Zeit passte ihm keine Hose mehr, er wuchs ständig heraus. Seine Mutter konnte noch so breite Umschläge hineinarbeiten, es ging einfach alles zu schnell.
Samuel und seine Familie lebten im ›Bergischen‹, in einem Dorf mit geschieferten Häuserfassaden, vielen Bauern und Engstirnigkeit. Dort hatte sich die Familie schon 1810 angesiedelt, war zu einigem Wohlstand gelangt und fühlte sich ›heimisch‹, trotz des immer wiederkehrenden Argwohns der anderen Bewohner, besonders kurz vor Ostern.

Es war Ende der zwanziger Jahre des letzten Jahrhunderts. Samuel war zwölf Jahre alt, hochgewachsen, hatte dunkelblonde, lockige Haare und war immer für einen Streich zu haben. Seine beiden älteren Schwestern trieb er bisweilen zum Wahnsinn, wenn er ihre Schuhbänder zusammenknotete oder die Haarklammern versteckte – aber sie liebten ihn wie alle in der Familie. Er als einziger Sohn sollte einmal den Viehhandel übernehmen - er war dazu bestimmt.
In der Schule waren seine Leistungen so einigermaßen, nur rechnen konnte er sehr gut, lesen und schreiben weniger. Dafür liebte er Sport und die Mädchen mit Papierkügelchen zu beschießen.
Das Leben floss dahin. Er ging in die Schule, half seinem Vater bei der Arbeit oder trieb sich mit den anderen Jungen des Dorfes am Weiher herum. Ab und an wurden Streiche ausgeheckt und dafür Prügel bezogen. Es war ein Leben nach seinem Geschmack, so konnte es bleiben. Die Großstadt mit all ihren Annehmlichkeiten, mit ihrer Hektik, Verbrechen und der Politik war weit genug entfernt, um nicht an sie zu denken.
Manchmal kamen Reisende oder Kunden des Vaters ins Dorf und erzählten von den Geschehnissen aus dieser fremden Welt. Sie berichteten von Straßenkämpfen, Streiks und einer politischen Gruppe, die mit Prügel und Parolen durch die Straßen und Gasthäuser der Städte zog. Diese Braunhemden, die sich grölend immer mehr Einfluss verschafften, mit einem Anführer, der auf charismatische Weise Abscheu und Anziehung vereinte.
Doch das war weit weg von Samuels Welt, die klar geordnet und unerschüt-

terlich vertrauensvoll war.
Mitte der dreißiger Jahre, Samuel war inzwischen siebzehn Jahre alt, war auf einmal diese bedrohliche Welt auch in seinem Dorf angekommen. Er war inzwischen ganz ins Geschäft seines Vaters eingewiesen, arbeitete als Zwischenhändler für Schlachtvieh und beschaffte so seinem Vater die Kundschaft. Dadurch machte er immer mal einen Abstecher in die Großstadt. Dort wehte ihm recht bald der Wind der Ablehnung ins Gesicht – er war Jude. Einmal wurde er von einer Rotte grölender Braunhemden, die ihn wiedererkannten, zusammengeschlagen, so dass er mit halb zerfetzter Kleidung und ohne Geld nach Hause kam. Er hatte aber auch ausgeteilt und die blutverschmierte, dunkelbraune Hose trug nicht nur sein Blut.
Der Alltag für Samuel und seine Familie wurde härter, die Anfeindungen der rechtschaffenen Nachbarn mehrten sich und bald konnte man Freund von Feind klar unterscheiden. Die Geschäfte liefen schlechter und die Kundschaft blieb aus. Die familiäre Existenz geriet ins Wanken, sie verarmten immer mehr und hätten sie nicht noch ein paar gute Menschen in ihrer Umgebung gehabt, wäre es ihnen noch schlechter ergangen.
Dann kam der 9. November 1938 – das Glas zersprang durch die Hitze der Feuer, die jüdischen Gotteshäuser überall im Land loderten, auch im kleinen bergischen Dorf.
Danach war alles anders. Samuels beschauliche Welt war zerbrochen, hatte dem Brandgeruch der Hetze Platz gemacht. Zwei Tage später schleppten diese Braunhemden, sie waren extra aus der Kreisstadt gekommen, den Vater mitten in der Nacht aus dem Haus, malträtierten ihn mit Fußtritten bis zum Lastwagen, prügelten ihn hinauf und fuhren davon.
Vier Tage später warfen sie seinen geschundenen Körper auf die Landstraße vor dem Dorf. Samuel trug ihn auf seinen Armen nach Hause.
Ihre Wohnung war inzwischen verwüstet worden. Juden durften von nun an am öffentlichen Leben nicht mehr teilnehmen – das Totengebet war gesprochen.
Samuel Grünberg und seine Familie beschlossen zu gehen, dorthin, wo man sie leben ließ. Wo auch immer das sein sollte, wussten sie nicht. Nur hier bleiben war unmöglich geworden.
Sie packten die wenigen Habseligkeiten, die ihnen noch geblieben waren, zusammen. Nur zwei Kostbarkeiten gab es, die noch in ihrem Besitz waren

und die sie auf ihrer Reise ins Ungewisse nicht mitnehmen wollten.
Einen silbernen Kiddush-Becher, aus dem am Freitagabend zu Shabbatbeginn der Wein mit einem Segensspruch getrunken wird und ein Jad, eine Art Zeigestab, eine kleine Hand mit ausgestrecktem Zeigefinger, der als Hilfe bei der Thoralesung diente. Dieser Familienschatz war seit Generationen in ihrem Besitz und der Augapfel seiner Großmutter gewesen. Im Angesicht ihres Todes hatte sie ihn in Samuels Hände gelegt.
Er wickelte beides kurz entschlossen in die blutverschmierte, zerrissene Hose, die der Beginn seiner Bekanntschaft mit der Tyrannei war. Alles zusammen legte er in das Innere des Mauerwerks im Stall, in den hinteren Bereich, den nie das Sonnenlicht berührte. Strohballen, altes Arbeitsgerät und Kartoffelsäcke waren dort gelagert – sein Versteck aus Kindertagen, harmlos und verschwiegen.
Als er diese wertvolle Hose zwischen die Steinschichten presste, murmelte er, kaum hörbar, ein kurzes Gebet:
»Gelobt seiest Du, HERR, König der Welt. Lass diese beiden Dinge nicht vor das Angesicht des Feindes kommen! Verbirg sie, bis zur gerechten Zeit.«

Großvaters Teddy

Andreas Petz

Mein Großvater war ein wundervoller Mensch. Immer hatte er Zeit für mich, hörte mir zu und half mir, indem er mir gezielte Fragen stellte, meine Probleme zu lösen. Er verstand es, mich mit seinen Fragen so zu lenken, dass mir die Lösung zu meinen Problemen wie selbstverständlich zufiel.

Er hatte ein langes, aber oft auch schwieriges Leben. Ungeheuerliches musste er ertragen, und dennoch war er keinem Menschen böse, sei es auch noch so schlimm, was dieser Mensch ihm angetan hatte.

Aber nun war Großvaters Leben zu Ende und sein letzter Wunsch war, dass man seinen braunen Teddy zu ihm ins Grab legen sollte.

Nur ein einziges Mal hat er mir, mit Tränen in den Augen, die Geschichte seines Teddys erzählt und das fiel ihm nicht leicht. Die Erinnerungen, die mit dem Teddy in Verbindung standen, mussten für ihn schier unerträglich sein, und doch war der Teddy immer bei ihm und somit auch die Erinnerungen. Seit ich die Geschichte kenne, scheint es mir, als ob mein Großvater jemanden Bestimmten in seiner Erinnerung am Leben halten wollte.

Mein Großvater wurde 1919 geboren. In der Zeit nach dem Ersten Weltkrieg wuchs er in einer Welt auf, in der die Menschen oft nicht wussten, ob sie am nächsten Tag genug zu essen haben würden.

Als er drei Jahre alt war, bekam er von einer Tante, die zu Besuch kam, einen kleinen Teddybären aus Filz geschenkt. Der Filz war braun, eine typische Farbe für Bären. Untypisch hingegen waren die grünen Augen und die blaue Nase, die man dem Teddy ins Gesicht genäht hatte. Aber zu dieser Zeit waren solche Nebensächlichkeiten nicht wichtig und später verblassten die Farben mehr und mehr. Gefüllt war der Teddy mit getrockneten Reiskörnern, und das war beinahe unglaublich in Anbetracht der Tatsache, dass viele Menschen Hunger litten.

Umso mehr musste mein Großvater auf seinen Teddy aufpassen. Er wurde zu seinem ständigen Begleiter. Seine Mutter stickte die Initialen von Großvater auf den Rücken des Teddys. Ein ›F‹ für Fritz und ein ›R‹ für Rosenberg.

Einige Jahre später kamen eines Tages arme Zigeuner in das Dorf, in dem mein Großvater lebte. Die Leute im Dorf waren nicht unbedingt erfreut über diese Roma, wie sie genannt wurden. Großvater jedoch war sehr oft bei ihnen und bewunderte die Art und Weise, wie die Zigeuner lebten. Oft saß er bei ihnen am Lagerfeuer und lauschte den spannenden Geschichten, die sie erzählten und den fremdartigen Liedern, die sie sangen. Er freundete sich mit einem Zigeunerjungen an, der ein paar Jahre jünger war als er selbst, und als die Truppe mit ihren Wagen weiterzog, schenkte er dem Jungen zum Abschied seinen geliebten Teddy. Schließlich war er selbst ja nun schon ein großer Junge, und große Jungen spielen nicht mehr mit Teddybären. Dennoch vermisste er den Teddy hinterher sehr.

Viele Jahre später, als er schon erwachsen war, begann eine fürchterliche Zeit. Eines Tages fuhren plötzlich einige Militärlastwagen in das Dorf, in dem mein Großvater lebte, Soldaten sprangen herab, und einige Familien, darunter auch die meines Großvaters, mussten auf die Lastwagen steigen und wurden zum nächsten Bahnhof gefahren. Dort angekommen trieb man sie wie Tiere in Viehwaggons und sperrte zu. Dann begann eine lange Reise ins Ungewisse.

Etwa einmal am Tag wurden die Türen aufgerissen, frische Luft sauste in den Waggon und ein Kübel voll halb gekochter Kartoffeln wurde auf den Boden gekippt. Dann stellte noch jemand einen Eimer Wasser hinein und die Türe ging wieder zu. Eine der Frauen im Waggon hatte zum Glück die Gelegenheit genutzt und den Eimer mit Fäkalien hinausgeleert.

Die Tage vergingen und die Menschen im Waggon wurden immer dünner; einige wurden krank, und erst als die ersten gestorben waren, wurde bei einer längeren Rast der Waggon gereinigt und es gab draußen an der frischen Luft zum ersten Mal eine ordentliche Mahlzeit. Mit Brotlaiben unter dem Arm ging es wieder in die Waggons und die Fahrt ging weiter.

Nach einigen weiteren Tagen erreichte der Zug sein Ziel, ein sogenanntes Konzentrationslager. Mein Großvater wurde dort von seinen Eltern getrennt und hat seitdem nie wieder etwas von ihnen gehört. Er selbst musste dort hart arbeiten und bekam nur wenig zu essen. Wer nicht spurte oder nicht mehr konnte, bekam eine Kugel in den Kopf, aber viele starben auch ohne diese Kugel einfach an Erschöpfung. Alle paar Tage kam ›Nachschub‹ an neuen Arbeitssklaven.

Eines Tages, mein Großvater war gerade auf dem Weg zu seiner Baracke, wurde eine Gruppe Kinder von einigen Soldaten vorbeigetrieben.

Die Kinder, das erkannte mein Großvater sofort, waren Sinti und Roma.

Plötzlich fiel einem kleinen Jungen, der schon etwas zurückgefallen war, etwas herunter. Der Junge bückte sich, um es aufzuheben, doch in diesem Moment sauste der Gewehrkolben eines Wachsoldaten auf den Kopf des Jungen. Der Junge blieb tot liegen, dennoch kickte der Soldat mit seinem Stiefel das Ding weg, das der Junge hatte aufheben wollen. Der Gegenstand flog meinem Großvater vor die Füße. Mein Großvater stand unbeweglich da, und erst, als die Gruppe außer Sicht war, schaute er nach unten, bückte sich schnell und hob das Ding auf.

Sein Herz schlug ungeheuer laut, als er erkannte, was er da in seiner Hand hielt: Es war SEIN Teddy, da gab es keinen Zweifel; zwar waren die Farben der Augen und der Nase verblasst und der Teddy ziemlich schmutzig, aber die eingestickten Initialen waren deutlich zu sehen. Der tote Junge, der nun von zwei Leuten aus dem Lager weggetragen wurde, musste wohl aus der Familie seines Freundes stammen, war vermutlich sogar dessen Sohn.

Schnell versteckte mein Großvater den Teddy unter seiner Jacke und ging zu seiner Baracke.

Dort steckte er den Teddy heimlich unter ein loses Brett seines Bettkastens.

Als die Zeiten im KZ immer schlimmer und das Essen immer weniger wurde, nahm Großvater hin und wieder ein Reiskorn aus dem Inneren des Teddys und lutschte es den halben Tag im Mund, bevor er es hinunterschluckte. Mit der Zeit wurde der Teddy, genau wie alle anderen ›Bewohner‹ des KZ, immer dünner.

Eines Tages gab es einen riesigen Tumult, Schüsse fielen, und plötzlich waren Panzer zu hören.

Das KZ wurde befreit und mein Großvater hatte diese schlimme Zeit überstanden.

Nach einiger Zeit kam er an etwas Reis, und so konnte er seinen Teddy wieder ›füttern‹. Lange Jahre forschte er nach seinem Freund von den Roma, aber er fand nirgends eine Spur von ihm oder seiner Familie.

Braun

Wie das Leben

Der braune Mustang

Sebastian Görlitzer

Die Geschichte, die ich erzählen möchte, soll sich im 19. Jahrhundert zugetragen haben. Doch bis heute weiß keiner, ob sie stimmt. Denn über die Jahre hinweg wurde sie verändert und hier und da auch etwas ausgeschmückt.

Es geht darin um einen Jungen und sein Pferd. Jim, so der Name des Jungen, lebte mit seinen Eltern auf einer Farm. Als Jim acht Jahre alt war, wurde in einer Nacht, in der ein gefährliches Gewitter über dem Tal hing, ein Fohlen geboren. ›Brownie‹ nannte Jim ihn, denn er war von seiner Rasse her ein brauner Mustang mit schwarzer Mähne. Der Junge blieb vom ersten Augenblick der Geburt bei der werdenden Mutter und ihrem Jungen. Sein Vater kümmerte sich um die Mutter. Der Sohn pflegte das Neugeborene.

»Dieser kleine Kerl wird nochmal viel Mut beweisen«, sagte der Vater nach einer nicht unkomplizierten Geburt.

Die beiden, Jim und Brownie, wurden treue Freunde. Jim war auch der einzige Mensch, der einen festen Bezug zu dem eigensinnigen Pferd hatte. Das führte bald zu einem Problem. Andere ließ Brownie links liegen, einzig von Jim ließ er sich reiten. Die Freiheit war das, was dieser Mustang am meisten liebte. Es war ein sehr stolzes Pferd. Eines Tages äußerte sein Vater, dass er Brownie verkaufen wolle. Die Gründe verstand der Junge natürlich nicht.

»Es geht nicht anders, wir brauchen das Geld«, versuchte die Mutter, den Sohn zu trösten.

Aber all das nützte nichts. Jim war traurig über die Entscheidung seiner Eltern.

»Jim, es wird Zeit, Brownie Lebewohl zu sagen und anschließend solltest du schlafen gehen. Es ist schon spät«, forderte ihn sein Vater auf.

Jim tat, was man von ihm verlangte, verabschiedete sich von Brownie und ging danach ins Haus. In Gedanken hatte er aber schon längst einen Plan geschmiedet, damit er und sein geliebtes Pferd für immer zusammenbleiben konnten. Sie waren immerhin Freunde. Mitten in der Nacht zog er sich an, packte etwas Proviant ein und schlich in die Scheune, wo die Pferde ruhten.

»Pssst, Brownie, komm schon, wach auf. Wir gehen von hier fort.«

Leise wiehernd schaute dieser überrascht auf.

Jim legte ihm das Halfter um, befestigte den Sattel auf seinem Rücken, wie er

es gelernt hatte, und führte ihn aus dem Stall. Inzwischen war der braune Mustang gewachsen, sodass er höher war als der Junge. Brownie ließ sich alles gefallen und blieb draußen stehen. Jim streichelte den Hals des jungen Pferdes und gemeinsam verschwanden sie im Dunkel der Nacht. Sie liefen durch Wälder und irgendwann kamen sie an eine Lichtung.
Dort ließen sie sich nieder. Jim band Brownie an einen Baum und setzte sich.
»Hier sind wir sicher. Dich wird niemand weggeben.«
Leises Wiehern von Brownie zeigte dem Jungen, dass es dem Pferd gutging.
»Ich werde gut auf dich aufpassen«, versprach Jim.
Der junge Mustang sah Jim aus seinen braunen, treuen Augen an und neigte seinen Kopf, so dass er die Schultern des Jungen berührte, so als ob er ihm sagen wollte, dass es nicht richtig war, was er vorhatte. Sie hatten nicht genug Nahrung mit, schon gar nicht für eine längere Zeit. Ein Pferd brauchte sehr viel frisches Grün, Getreide, Obst und Gemüse. All das fand er in der Wildnis nicht. Jim war so müde, dass er im Sitzen einschlief. Er hörte weder das Heulen der Wölfe ganz in der Nähe, noch das leise Knacken der Äste. Es war die Zeit, in der die nachtaktiven Tiere unterwegs waren. Nach einer Weile witterte Brownie Gefahr. Ein fremdartiger Geruch fuhr ihm in die Nase.
Es roch nach verbranntem Holz. Da sie weit oben auf der Lichtung im Tal das Elternhaus erkennen konnten, sah man zuerst das lodernde Feuer. Der dunkle Mustang weckte Jim, indem er immer und immer wieder laut wieherte und dabei mit den Vorderpfoten im Dreck scharrte, um damit auf sich aufmerksam zu machen. Jim wachte in diesem Moment auf. Zunächst versuchte er, Brownie zu beruhigen. Es gelang ihm aber nicht. Erst als er die Leine vom Baum löste, wurde er ruhiger. Jim setzte sich auf den Rücken seines Freundes und gemeinsam ritten sie schnell zurück ins Tal.
Sie sahen das riesige Feuer, das dabei war sich auszubreiten. Jim sprang vom Rücken des mutigen Pferdes und rannte schnell ins Haus.
»Mutter, Vater, wacht auf. Schnell!«, rief er, während er gegen die Hitze des Feuers ankämpfte.
»Jim?«
»Ja, Vater, ich bin es. Ihr müsst schnell aus dem Haus.«
»Was ist passiert?«, fragte sein Vater.
»Es brennt! Macht schon, schnell raus hier.«

Sein Vater verstand allmählich, brauchte er sich doch nur umzusehen. Alles um sie herum stand in Flammen. Er versuchte, seine Frau zu wecken, doch sie reagierte nicht. Er trug sie ins Freie und legte sie einige Meter abseits des brennenden Hauses auf die Wiese. Jim eilte zum Brunnen und holte Wasser. Gleich zwei Eimer auf einmal trug er. Als die beiden Eimer leer waren, holte er gleich neues Wasser. Sein Vater kam ihm zu Hilfe. Sein Sohn holte ihm immer wieder neues Wasser und er nahm sie ihm ab und löschte das Feuer. Mit vereinten Kräften gelang es ihnen letztendlich, das Feuer zu ersticken.
»Das Haus wäre fast abgebrannt, wenn du nicht gewesen wärst«, wurde seinem Vater in diesem Moment bewusst.
»Es war nicht ich, der erkannte, dass es brannte, sondern Brownie. Er hat euch das Leben gerettet.«
In diesem Moment hustete die Mutter kräftig. Jims Vater rannte rüber zu ihr und vergewisserte sich, ob es ihr gut ging.
»Ich könnte ein Glas Wasser brauchen, wärst du so nett und holst mir eines?«, bat sie mit erstickter Stimme. Jim holte einen Becher mit Wasser und gab diesen seinem Vater, der sich daraufhin um die Mutter kümmerte. Jim kümmerte sich währenddessen um Brownie, tätschelte seine Stirn und lobte ihn für seine schnelle Reaktion. Seine Eltern hätten tot sein können. Seiner Mutter würde es bald schon bessergehen. Sie war inzwischen wieder aufgestanden. Der Vater versprach Jim, dass er dieses bemerkenswert mutige Pferd, seinen Brownie, behalten durfte.
»Es war falsch von mir ihn verkaufen zu wollen. Ihr beide gehört zusammen. Er bleibt natürlich bei uns.«
Seine Mutter, die noch immer Probleme mit ihrer Stimme hatte, nickte und streichelte das Pferd liebevoll am Hals.
»Danke, Vater. Ich werde mich jederzeit gut um ihn kümmern«, versprach ihm sein Sohn.
»Aber eines musst du mir noch erklären«, bat sein Vater, »was hattest du mitten in der Nacht hier draußen zu suchen?«
»Ich wollte mit Brownie davonlaufen. Er sollte bei mir bleiben. Er ist doch mein bester Freund«, gestand er seinen Eltern ehrlich.
»Ich habe mir so was schon gedacht«, sagte seine Mutter gütig.
Sein Vater ging in der Zwischenzeit das Nachtquartier im Schuppen vorbereiten.

Ins Haus zurück konnten sie noch nicht. Vieles musste erst wieder repariert werden.
Jim brachte Brownie zurück in den Stall zurück, wo er von den anderen Pferden erwartet zu werden schien. Das Haus hatte durch das Feuer großen Schaden genommen. So verbrachte sein Vater enorm viel Zeit damit, die Schäden auszubessern, die das Feuer angerichtet hatte. Jim kümmerte sich solange um die Tiere und das Feld. Nachdem seine Mutter wieder ganz gesund war, unterstützte sie Vater und Sohn bei ihren verschiedenen Aufgaben und kümmerte sich darum, dass sie während ihrer schweren Arbeit nicht doch vergaßen, etwas zu essen.

Sein Karma

Michael Schönberg

Heinz wollte eigentlich nur für drei Monate in ein Hospiz. Nach Aussage des Neurologen hatte er nur noch diese drei Monate zu leben. Aber weder grämte er sich, noch hatte er Angst. Stattdessen beschloss er, sich in aller Ruhe auf den Abschied vorzubereiten. Heinz war sich sicher, nein, mehr noch, er wusste, dass er wiedergeboren würde.

Sein Karma war ihm schon lange bewusst. Es war vorherbestimmt. Heinz würde als Stier in Indien wiedergeboren. Dort, wo diese Tiere heilig sind und er ein friedliches Leben führen würde. Heinz freute sich auf sein neues Dasein und konnte es eigentlich auch kaum erwarten, bis es so weit war.

Inzwischen war es schon fast ein Jahr her, seit er sich von seinen Kindern verabschiedet hatte. Die Bestattung sollte anonym erfolgen, hatte er verfügt. Sie bekämen dann nur eine Nachricht, dass er verstorben sei. Die Nachkommen sollten sich am Leben erfreuen und nicht einem Toten nachtrauern. Es wäre ja doch nur eine seelenlose Hülle im Sarg. Seine Seele dagegen wäre zu diesem Zeitpunkt schon auf dem Weg, in einem anderen Körper wiedergeboren zu werden.

Er sehnte sich den Tag seines Todes herbei, um endlich sein neues Leben zu beginnen. Jeden Tag, wenn er am Morgen die Augen aufschlug, schaute er sich um und stellte mit Bedauern fest, dass er immer noch in jenem Krankenzimmer lag, in dem er eingeschlafen war, und damit auch noch in dem Körper steckte, den er so gerne verlassen wollte, um diesen unwürdigen Rest seines Lebens hinter sich zu lassen.

Der Tumor im Kopf hatte Auswirkungen auf seine Beweglichkeit. Hände und Arme hatten schon lange den Betrieb eingestellt, wie er es nannte. Das Gehen fiel ihm ebenfalls schwer. Für seine Notdurft brauchte er eine Schüssel am Bett, zuletzt sogar eine Windel. Das war ihm besonders unangenehm.

Einen halbwegs klaren Kopf hatte er aber noch, trotz seiner siebenundachtzig Jahre. Er bekam es mit, wenn die Schwestern die Nase rümpften, während sie ihn säuberten. Wegen der Behinderungen musste er gefüttert werden. Und zu seinem Leidwesen war sein Geschmackssinn noch intakt, denn die Speisen, die man ihm in den Mund stopfte, waren nicht wirklich als

schmackhaft zu bezeichnen.
Da half auch das Gerede der Schwester nicht.
»So, bitte den Mund auf, jetzt kommt was Feines, damit wir bei Kräften bleiben. Ja, so ist brav, ist ja auch so lecker, das Stielmus.«
Hier und da hatte er mal versucht, sich dagegen zu wehren, mit dem Erfolg, dass er zwar etwas anderes bekam, aber das schmeckte dann noch schlechter. Also nahm er davon Abstand und ließ alles, was man ihm brachte, in sich hineinstopfen. Und wenn er ehrlich sein sollte, so freute es ihn sogar, wenn es mal wieder Kohl gab. Da hatten die Schwestern beim Säubern aber richtig Spaß.
»Hallo, Herr Velten. Es ist Sonntag, da gibt es heute auch mal ein Stück Kuchen für Sie. Apfelkuchen. Sogar mit etwas Sahne.«
Die Schwester setzte sich zu ihm und begann damit, ihn zu füttern. Er wusste nicht, wie ihm geschah, doch er konnte auf einmal den Arm heben und die Krankenschwester berühren.
»Herr Velten, das ist ja wunderbar, Sie können ja den Arm bewegen.«
Auch den anderen Arm konnte er anheben. Es kribbelte in den Armen und Händen, als liefen tausend Ameisen auf ihnen herum.
»Bitte, Schwester, ich möchte noch einmal selbst essen.«
Die Schwester hielt ihm die Gabel hin. Langsam schloss sich seine Hand um das Metall. Er führte die Gabel zum Teller. Das ging zwar schwerfällig, aber es ging. Begeistert rief die Schwester:
»Toll, Herr Velten, toll machen Sie das.«
Beim Abbrechen eines Stücks des Kuchens musste sie ihm aber helfen. Dazu war er einfach schon zu schwach. Die Gabel zum Mund zu führen, das jedoch schaffte er wieder alleine.
Genüsslich aß er nun den Kuchen. Stückchen für Stückchen verschwand in seinem Mund. Dann war der Kuchen aufgegessen und seine Kräfte waren am Ende.
»Das war gut. So einen leckeren Apfelkuchen habe ich schon lange nicht mehr gegessen.«
Dabei betonte er bewusst das Wort *ich*. Die Schwester lobte ihn, wie gut er das gemacht habe. Sie verabschiedete sich und verließ das Zimmer. Heinz legte sich bequem hin und schloss die Augen. Als die Schwester das Abendbrot brachte, sprach sie ihn schon beim Hereinkommen an.

»Hallo Herr Velten. Mal sehen, wie das jetzt mit dem Abendbrot klappt.«
Doch sie bekam keine Antwort mehr. Heinz hatte es geschafft und war endlich gestorben. Seine Seele hatte den Körper verlassen.

Er fühlte sich beengt in dem Tunnel, in dem er sich befand. Je weiter er in ihn vordrang, desto enger wurde dieser. Doch er konnte nicht zurück. Irgendetwas drückte ihn immer tiefer in diese dunkle Röhre. Plötzlich stoppte der Druck, um ihn danach mit ganzer Kraft aus dem Tunnel zu werfen.
Er war kurz im freien Fall und schlug dann unsanft auf dem Boden auf. Er schlug die Augen auf und sah, dass er auf Stroh lag. *Gut so*, dachte er sich, *sonst wäre ich wohl noch härter aufgeschlagen*. In einem Zinkeimer sah er sein Spiegelbild und Freude stieg in ihm auf.
Sein Karma hatte sich erfüllt, denn er sah doch tatsächlich einen neugeborenen Stier. Allerdings nicht schwarz, so wie er es für seine Reinkarnation gesehen hatte, sondern braun mit einer weißen Stirn.
Ich finde, ich sehe trotzdem gut aus, befand er zufrieden. Sein erster Sprechversuch hörte sich ziemlich jämmerlich an, denn es kam nur ein zögerliches »Muh« heraus.
»Jo mei, sag amal, Olma, wos hest uns denn doa beschert? Oan Stier, jo wos um Himmels willen sollen wir mit oam Stier? Und dann a noch a Brauner.«
Heinz erschrak.
Ja, er war zwar als Stier wiedergeboren worden, aber nicht in Indien, wo er jetzt hätte sein sollen, sondern offensichtlich in Bayern.
Olma hörte den Bauern fluchen und drehte sich langsam um. Sie sah, wie er ihr Kalb mit Stroh abrieb. Die Kuh sah sich gelassen ihren Nachwuchs an und empfand es geradezu als wunderbar, dass ihr Bullenkalb eine braune Farbe hatte. Sie war damit die Erste, die einen braunen Stier geboren hatte, und das unter immerhin vierzig Kühen.
Nach dem Abreiben führte der Bauer den Kleinen an das Euter der Mutter und zum ersten Mal trank Heinz Kuhmilch direkt aus einer Kuh. Sie war warm, allerdings viel zu fettig für seinen Geschmack. Er wusste, dass er sie trinken musste, wenn er groß und stark werden wolle, oder auch nur, um bei Kräften zu bleiben, wie die Schwester immer gesagt hatte. Nun hieß es, viel Milch zu sich zu nehmen, damit er ein starker Stier wird. Das wollte er ja, ein starker Bulle werden.

In den nächsten Wochen wuchs Heinz und wurde ein kleiner kräftiger Jungstier. Wann immer der Bauer in den Stall kam, sah er verzweifelt zu Heinz rüber, der mittlerweile den Namen *Jullus* erhalten hatte.

»Jullus, wos moch i nur mit dir. Du frisst und frisst, aber dua gibst koa Milch.«

Er hatte schon mit dem Bauern vom Nachbarhof gesprochen, ob er vielleicht einen Bullen gebrauchen konnte. Doch der hatte nur abgewunken. Er habe bereits zwei, und die stünden gut im Futter. Schließlich würde die Zahl der Kühe in der Gegend immer kleiner und damit auch die Notwendigkeit der Besamungen. Dem Bauern blieb nichts anderes übrig, als ihn auf dem Tiermarkt zu verkaufen. Einige Händler kamen und schauten sich den Jungbullen im Vorfeld schon einmal an.

Dafür wurde Jullus, alias Heinz, herausgeputzt, gewaschen, gebürstet und die kleinen Hörner poliert. Ja, er war ein schöner Bulle. Aber ein Bulle, der nicht gebraucht wurde. Die Händler kamen und begutachteten ihn. Jullus hörte, wie sich der Bauer mit ihnen unterhielt:

»Kräftig isser jo. Der Voter ist der *Rastor* vom Kesselhof. Wenn er seine Gene hott, wird er oa guater Zuchtbulle. Nur, wer braucht's den noch? Geht doch heit ohlls über die Samenbank. Jo, i woaß, den armen Kiehn wird a der letzte Spaß g'nommen. Iss ober um vuis billiger. Als Ochs vor den Karren g'spannt, wär er sicherlich a guat zu g'brauchen. Do, wo koa Traktor hiehkommt.«

Jullus hatte einiges mitangehört, allerdings nichts, was sich so anhörte, als dass er ein glückliches Leben führen sollte. Hatte er sich so in seinem Karma geirrt, jedenfalls was Ort und Bestimmung betraf? Schon ein paar Tage später brachte der Bauer Jullus zum Markt und verkaufte ihn. Gerade einmal das Futtergeld hatte er herausschlagen können.

Der neue Besitzer lud ihn auf einen Hänger und transportierte ihn ab. Leider konnte Heinz nicht sehen, wohin die Reise ging, er bemerkte nur, dass sie sehr lange dauerte. Als sich dann endlich die Tür des Wagens öffnete und Heinz herausgezogen wurde, sah er einen anderen Bauernhof. Doch dieser sah nicht so gepflegt aus, wie der Hof, auf dem er geboren wurde. Alles hier sah alt und marode aus.

Eine Frau, sicher die Bäuerin, nahm ihn am Seil und führte ihn in einen unsauberen Stall. Wenigstens gab sie ihm sofort frisches Wasser und duftendes

Gras. In diesem Stall standen vier Kühe und ein weiterer Bulle. Die Kühe sahen noch jung aus und schauten zu ihm herüber. *Der Bulle sieht alt aus und bekommt hier wohl sein Gnadenbrot*, dachte Jullus. *Gut so. Dann soll das wohl auch bei mir so sein. Weide, frisches Gras, frisches Wasser und vier junge Kühe.*

Ja, so in etwa sollte das Leben sein, das er sich vorgestellt hatte. Nur war es nicht Indien, wo er war. Dennoch, angesichts der neuerlichen Aussichten sah er sein Karma als erfüllt an.

Am nächsten Morgen kamen andere Menschen in den Stall und redeten in einer fremden Sprache. Er hielt es für Polnisch. Sein damals langjähriger Freund Lesak aus Polen hatte ihm etwas von seiner Landessprache beigebracht und Heinz ihm im Gegenzug Deutsch. Leider war sein Polnisch nicht gut genug, um alles zu verstehen. Aber den Namen *Lekarz*, den kannte er. Übersetzt hieß das *Doktor*. Und was das aufgeschnappte Wort *kastracja* auf Deutsch heißen könnte, das konnte er sich nun denken. Kastration.

Jullus zuckte zusammen. Kastration bedeutete, keine Kühe besteigen zu dürfen und damit auch kein glückliches Leben. Der *Lekarz* betrat die Box und verabreichte Jullus eine Spritze. Er wurde müde und setzte sich langsam auf den Boden. Dann fiel er auf die Seite. Der Arzt verrichtete sein Werk und machte Jullus zum Ochsen.

Nach einer Weile erwachte Jullus wieder. Er spürte einen stechen Schmerz im hinteren Teil des Körpers. Er wusste, dass er nun kein Stier mehr war. Auch seine Nase schmerzte. Und als er auf sein Maul hinunterschaute, sah er einen silbernen Ring, der durch seine Nase ging.

Zu was der gut sein sollte, sollte er schneller herausfinden, als ihm lieb war. Denn schon am nächsten Tag kam der Mann, der ihn gekauft hatte, und befestigte an eben diesem Ring ein Seil. Dann zog er daran, und sofort spürte Jullus einen reißenden Schmerz. Dem gab er bereitwillig nach, indem er auf den Mann zuging. Doch der zog erneut an dem Seil. Dieses Spiel wiederholte sich nun, bis Jullus auf dem Hof stand und an einen Balken gebunden wurde. Der Mann holte auch den alten Bullen aus dem Stall und band diesen ebenfalls an dem Balken fest. Heinz musterte ihn genau. Nach reiflicher Überlegung stand für ihn fest, dass der Alte auch kein Stier mehr war, sondern ein Ochse wie er. Ihm fielen die tiefen Furchen auf dem Rücken und der Ring in den geweiteten Nasenlöchern auf.

Der Bauer legte ihnen Geschirr an und spannte sie vor einen Ochsenkarren.

Dann ging er mit ihnen auf ein Feld und sie zogen mit dem Doppelpflug eine Furche nach der anderen in den Boden. Erst gegen Mittag gab es eine Verschnaufpause, und diese auch nur, weil auch der Bauer eine Mittagspause einlegte. Sie bekamen Wasser und Heu. Dann ging es erneut an die Arbeit und erst, als es bereits dunkel wurde, kamen sie zurück in den Stall. Das wiederholte sich von nun an jeden Tag. Nur sonntags wurden die Ochsen ans Mühlrad gespannt und bewegten den Mühlstein. Ab und zu gab es Wasser oder Heu. Die Bauersleute gingen zur Messe und genossen ihren freien Tag. Den aber gab es nicht für Ochsen, und damit auch nicht für Jullus.
Nach vielen Jahren schwerer Arbeit wurde Jullus wieder in jenen Wagen verfrachtet, der ihn auf diesen Hof verschlagen hatte. Diesmal war die Fahrt kürzer als bei seiner damaligen Ankunft. Der Bauer brachte ihn zum Schlachthof. Dort wurde Jullus getötet und in Einzelteile zerlegt. Der größte Teil von ihm landete in den Mägen von Menschen. Jullus, alias Heinz, wusste nun, dass er in ihnen weiterleben würde.
Der Rest von ihm wurde für viele andere Dinge verwendet. Die Haut wurde zu Leder. Die Haut seines Hinterteils landete in einer Gerberei, die besonders strapazierfähiges Leder verarbeitete. Und Heinz hatte durch die vielen Schläge auf diesen Teil seines Körpers bewiesen, dass er dort strapazierfähig war. Das Leder landete bei einem Sattler, der sich darauf spezialisiert hatte, Fahrradsättel in einem besonderen Design herzustellen.
Deshalb war das braune Lederstück von Heinz sehr begehrt. Nach der Fertigstellung waren sich alle einig, dass dies ein ganz besonderer Sattel sei. Deshalb ging dieses Prachtstück von Sattel auch an einen Fahrradhersteller, der ausgefallene Räder verkaufte. Heinz wurde auf ein Fahrrad mit Elektromotor montiert. Der braune Sattel passte zu dem metallicbraunen Rahmen. Sämtliche Rohre des Gestells waren mit Motiven von Cowboys und Pferden bemalt.
Dieses Rad hatte sich ein Texaner bestellt. Heinz ging also mal wieder auf Reisen. Mit dem Flugzeug ging es über den Großen Teich zur Familie Parker. Mister Parker hatte das Rad für seine junge Frau gekauft. Ihr altes Fahrrad war nicht mehr geeignet, um die Strecken in die Stadt zurückzulegen. Mit dem Auto wollte sie aber nicht fahren und mit dem Pferd ins Dorf zu reiten traute sie sich erst Recht nicht, wegen des dichten Straßenverkehrs. Pamela Parker freute sich sehr über das Fahrrad. Sie fühlte den schönen, braunen,

weichen Sattel und erschrak ein wenig.

»Oh, der ist so weich und auch so warm. Es ist, als würde das Leder noch leben.«

Schnell hatte sie sich daraufgesetzt und fuhr mehrere Runden auf der Farm. Heinz war begeistert. Ein Teil von ihm wurde nun von einer jungen Frau benutzt. Fast täglich fuhr die Frau nun mit dem Fahrrad in die Stadt, aufs Feld, zum Nachbarn oder einfach nur um des Radelns wegen.

Viele Strecken kannte Heinz bald auswendig. Er genoss die Natur, den Anblick der Landschaften, und so hat er es am Ende dann doch noch gut getroffen. Mit den Jahren bekam die Frau Nachwuchs. Am Ende hatte sie fünf Kinder. Nach jeder Geburt hatte sie ein paar Kilogramm zugenommen. Doch ihr Drang, mit dem Fahrrad unterwegs zu sein, war ungebrochen.

Leider sah Heinz nun nicht mehr, wo sie hinfuhr.

Braun ist nicht gleich Braun und ist trotzdem Braun

Erich Röthlisberger

Braun - weshalb denkt der Mensch bei der Farbe ›Braun‹ als erstes wohl immer nur an das ›Eine‹? Auf meine Frage, was einem zu braun einfalle, kriegte ich meistens als erstes WC-Schüssel zur Antwort.

Dabei ist die Farbe an so viel Schönes geknüpft. Allein die Natur bietet etliche positive Ansichten. Braune Erde, aus welcher die farbigsten Blumen und Pflanzen wachsen, ein brauner Holzpflock, welcher bearbeitet zum schönsten Kunstobjekt oder Möbelstück werden kann. Die bequemen braunen Kleidungsaccessoires aus Leder. Die Schuhe, die Handschuhe, der Gürtel und vieles mehr.

Mich interessierte, was die Farbe für Bedeutungen hat und ich machte mich in den Weiten des Internets auf die Suche. Einige Begründungen und Aussagen fasste ich zusammen. Behilflich waren mir Google, Wikipedia oder die unterschiedlichsten Mode- und Farbberatungs-Homepages.

Braun ist eine Mischfarbe. Sie entsteht aus Rot und Grün. Da es die unterschiedlichsten Farbtöne gibt, nennt man sie auch Teritärfarbe. Das bedeutet, dass die Farbnuance durch Mischen von verschiedenen Farben entsteht. Zu Rot und Grün kann zusätzlich Schwarz gemischt werden. Zudem ist sie eine sogenannte Naturfarbe.

In verschiedenen Heilbehandlungen wird Braun auch angewendet. Gerade in der Farbtherapie kommt sie bei Gleichgewichtsstörungen zum Zug. Die Farbe vermittelt Sicherheit und Geborgenheit. Bei Auswertungen in Sachen Beliebtheit fällt sie nach hinten ab. Wir schreiben ihr zu viele negative Eigenschaften zu.

Es heißt: Von allen Farben wird Braun am häufigsten abgelehnt. Für 25% aller Frauen und 24% der Männer ist Braun die Farbe, die am wenigsten gefällt. Braun ist eine Farbe der Mittelmäßigkeit, der Gleichgültigkeit, der Langeweile.

Braun steht für das Unerotische, die Dummheit und das Verdorbene (Obst und Gemüse werden braun, wenn sie verfaulen). Im Mittelalter war Braun die hässlichste Farbe: die Farbe der Bauern, Knechte und Bettler. Erst in den letzten Jahren hat es Braun als Modefarbe geschafft und wird häufig als edler Hingucker verwendet. Zum Glück verbinden wir auch ein paar positive Din-

ge mit Braun. Es ist die Farbe des Genusses (Schokolade, Kakao und Kaffeebohnen sind braun) und steht für ein Schönheitsideal (zarte, sonnengebräunte Haut). Außerdem ist Braun die Farbe der Erde und symbolisiert Bodenständigkeit, Pragmatismus und Bequemlichkeit.
Wikipedia weiß zu berichten: ›Das deutsche Wort »braun« geht wohl auf ein gleichbedeutendes indogermanisches *bher zurück, das in fast allen germanischen Sprachen die Farbbezeichnung ergab (> germ. *brûn-o-z > ahd. und ae. br□ n, ne. brown, nl. bruin, schwed. brun). Nur im Gotischen ist kein entsprechender Kognat nachweisbar, was wohl der lückenhaften Überlieferung geschuldet ist, im Besonderen dem Umstand, dass die Farbe Braun im gesamten Neuen Testament nicht vorkommt und somit auch nicht in der Wulfilabibel, dem bei weitem umfangreichsten Zeugnis der gotischen Sprache.
Das indogermanische Farbwort *bher liegt wohl auch den Bezeichnungen verschiedener brauner Tiere zugrunde, so im Deutschen den Wörtern »Bär« und »Biber«; ein wahrscheinlicher Kognat im Griechischen ist Φρύνη (phrýnē), »Kröte«, eigentlich wohl »die Braune«. In den romanischen Sprachen finden sich Kognaten ebenfalls (sp. bruno, it. bruno, frz. brun), diese stellen aber allesamt Lehnwörter aus dem Germanischen dar, gebräuchlicher sind hier jedoch Wörter, die auf die Farbe der Kastanie verweisen, also etwa it. castano und frz. châtaigne, aber auch sp. marrón und frz. marron (vgl. dt. »Maroni«). Im Russischen wiederum ist die gebräuchlichste Bezeichnung für Brauntöne коричневый, für »zimtfarben.«
Im Deutschen wurde bis in das 18.Jahrhundert hinein als »Braun« bisweilen auch die Farbe Violett bezeichnet. In dieser Bedeutung findet sich das Adjektiv mehrfach bei Luther, auch die »braunen Nächte«, von denen in der deutschen Barockdichtung die Rede ist (etwa im Kirchenlied »Hernieder ist der Sonnen Schein / Die braune Nacht bricht stark herein«) beschreiben keinen Braunton, sondern die blau- bis violettschwarze Farbe der tiefsten Dämmerung. Dieser heute obsolete Sprachgebrauch erklärt sich wohl nicht durch Bedeutungswandel, vielmehr handelt es sich hier um ein gänzlich anderes Wort, das auf lat. prunus, »Pflaume«, zurückgeht, also um ein etymologisch nicht verwandtes Homonym.‹
Spannend, was die eigentlich eher weniger beliebte Farbe ausstrahlt oder bedeutet: Braun ist eine der warmen Farben. Daher stabilisiert sie und steht für

Schutz, strahlt aber auch eine gewisse Schwere und Konservativität aus. Die Farbe ist sogar eine modische Businessfarbe. Braune Räume wirken rustikal, beruhigend und ausgleichend.

Die Zeit.de schrieb 2011 über Braun: ›Braun waren etwa die Uniformen der Sturmtruppe SA, die in der Bevölkerung Angst und Schrecken verbreitete. Besonders durch Massenaufmärsche im »Braunhemd« wurde die Farbe in der Öffentlichkeit schnell zum Symbol für den Nationalsozialismus. Das galt auch für Institutionen und Organisationen. Die Zentrale der Nazi-Partei NSDAP in München wurde zum Beispiel als »Braunes Haus« bezeichnet.‹

Etwas Humoristisches: www.tierchenwelt.de sucht Tiernamen zu Braun. Wer welche weiß, die noch nicht aufgeführt sind, darf sie ihnen senden.

Anderswo wird erläutert, dass Braun in jedes Bauwerk passt:

Braun ist in nahezu jedem Gebäude zu finden. Die Farbe der Natur und der Erde gehört zu Holzmöbeln, Parkettböden und sichtbaren Dachbalken, wird aber auch häufig im Dekobereich eingesetzt. Eine Mischung aus hellen und dunklen Brauntönen macht ein Haus heimelig. Braun wirkt wärmend und lässt sich mit fast jeder anderen Farbe kombinieren.

Als Raumfarbe ist Braun wichtig und positiv! Natürliche Stoffe wie Holz oder Leder (aber auch Braun als Wandfarbe) sorgen dafür, dass wir uns in einem Raum geborgen fühlen und ihn gemütlich finden. Nahezu alle Erdtöne haben eine beruhigende Wirkung, sollten jedoch sparsam dosiert werden. Ist braun die Lieblingsfarbe, ist man angeblich praktisch veranlagt, ehrlich, geduldig und steht fest mit beiden Beinen auf dem Boden der Tatsachen. (www.jolie.de)

Auch gut zu wissen: Braun ist die Erde, auf der wir stehen, sie vermittelt uns Stabilität. Menschen die sich zu Brauntönen hingezogen fühlen, sind in der Regel naturverbunden. Braun kann auch sinnlich wirken, denken Sie an sonnengebräunte Haut. Sie verspricht auch Genuss - heißer Kakao, Schokolade oder auch Nüsse.

Die Wissenschaft will herausgefunden haben, dass Blondinen schneller von Männern bemerkt werden, aber Brünette eher geheiratet werden. Teddybären sind von Natur braun und geben uns als Kind (manchmal auch noch später) ein Gefühl der Sicherheit. In Irland gibt es die Brownies, liebevolle kleine Geister, die bei der Hausarbeit helfen. Eine Aktion des Umweltschutzes gab damals die Parole ›Jute statt Plastik‹ heraus und bewarb so die brau-

nen Stoffbeutel als Alternative zur Plastiktüte. Im Mittelalter kleideten sich Mönche und Büßer zum Zeichen der Demut und Armut in braune Kutten.
Braun und Mode: Braun ist als Modefarbe kompliziert – außer beim Schuhwerk oder Accessoires. Da ist Braun absolut erlaubt, nur bei Textilien wie Hemden, Unterwäsche oder Kleidern sollte man lieber kritisch prüfen, wie man die Stücke kombiniert. Allein die Bezeichnung »Schlammfarbe« gibt zu denken: Neben Assoziationen mit Erde, Senf oder brauner Sauce denken die wenigsten an köstliche Schokolade, wenn sie ein braunes Hemd vor sich haben. Und auch wenn, wäre das sicher kein Indiz für die Intelligenz oder Seriosität des Trägers.
Braune Kleidung wird als langweilig und furchtbar öde eingestuft. Kein Wunder, dass nur ein bis vier Prozent der Befragten bei einem ersten Date zu brauner Kleidung greifen würden. Diejenigen, die es tragen, gelten eher als schüchterne und zurückhaltende Menschen, die nicht auffallen möchten.
Die Traumdeutung kennt Braun auch: Assoziation: - Materielle Welt - Sicherheit. Fragestellung: - Was in meinem Leben bedarf der Organisation?
Medizinrad:
Schlüsselworte: Bleibend - strukturiert verbunden - Wachstum - Verlässlichkeit - geerdet - Erdbewusstsein - Umweltbewusstsein - Schildkrötenclan - Mond der fliegenden Enten. Beschreibung: Braun ist die Farbe, die im inneren Kreis des Medizinrads mit der Position des Erd- oder Schildkrötenclans verbunden wird und darüber hinaus auch mit dem Mond der fliegenden Enten (23. September bis 23. Oktober). Braun ist die Farbe des Erdreichs, das Zuhause sowohl unserer gezüchteten als auch der wilden Pflanzen. Braun ist die Farbe der Verbindung, des Wachstums, der Stabilität. Es ist eine Farbe, die den Geist dazu ermuntert, Struktur und Form anzunehmen - eine Farbe, die das Umweltbewusstsein steigert und das Bewusstsein für die Erde. Allgemeine Bedeutung: Verbindung mit der Erde - Erdenergie - Struktur - Stabilität. Trickbedeutung: Braun ist die Hautfarbe der Bewohner des Mittelmeerraums, Ostasiens und des Mittleren Ostens. Transzendente Bedeutung: eine Gabe der Erde.
Psychologisch:
Braun symbolisiert im Traum die Erde und somit Mütterlichkeit, Naturverbundenheit und Sinnlichkeit und taucht deshalb oft bei naturverbundenen Menschen in Träumen auf. Man hat allerdings in jahrelangen Versuchen mit

Farbtests auch herausgefunden, dass Neurotiker die Farbe Braun bevorzugen, was auf einen unbewussten Komplex hinweist. Die individuelle Bedeutung ergibt sich aus den weiteren Begleitumständen. Manchmal kann die Farbe auch auf eine Wende im Leben hinweisen, die meist ungünstig ausfällt. Braune Augen sollen als Warnzeichen vor falschen Freunden verstanden werden. Wer sich braune Kleidung anlegt, der sollte seinen bisher eventuell flotten Lebenswandel auf eine etwas ruhigere Gangart umstellen.

Volkstümlich: (arab.): Als unangenehm empfundene Farbe: Enttäuschungen und Unruhe stehen einem bevor - braune Augen sehen: Man wird sich in einer Frau täuschen.

Braune Kleidung: Man wird Täuschungen unterliegen, obwohl man sich in Sicherheit glaubt.

(europ.): Als Zwischenfarbe deutet sie auf ein Übergangsstadium hin, das meist zum Schlechten führt.

Als Farbe sehen: Trügerische Hoffnung - Vorsicht, Sie könnten von einem Menschen, dem Sie Vertrauen, hintergangen werden - braunes Kleid tragen: Man wird in eine Gefahr geraten.

Die Auflistung ließe sich sicher um etliche Seiten erweitern. Doch halten wir es mit den Farben so, wie mit der Schokolade: Wir nehmen die, welche wir lieben. Einige favorisieren die Weiße, andere ziehen die Braune vor und manche bevorzugen die Schwarze.

Das braune Paar Schuhe

Christiane Bienemann

Die Ahnung

Es war an einem dieser klaren, warmen Herbsttage, die Anna so sehr liebte. Ein Tag voll lockender Versprechen und leuchtender Farben. Falscher Versprechungen, wie sie sehr wohl wusste, denn nicht mehr lange und der Winter würde auf sein unerbittliches Recht pochen. Kalt, dunkel, stürmisch und gnadenlos.

Doch heute nahm sie auf der Bank an der Promenade, auf der sie mit ihrem Mann Gregor saß, gierig das gleißende Licht, das sich auf dem rasch vorbeifließenden Strom brach, in sich auf. Vor ihr die Silhouette der mächtigen Brücke, die den Fluss überspannte, neben sich ein reges Treiben sonnenhungriger Passanten und Touristen, die mit einem Eis in der Hand noch einmal den Sommertagstraum spielten. Gerne ließ sie sich betören: Von den munteren Sonnenstrahlen, die sie blendeten. Von der Hand, deren Finger ganz fest mit den ihren verwoben waren. In diesem Hier und Jetzt glaubte sie ebenso fest daran, dass doch noch alles gut werden würde. Obwohl sie jetzt so weit war, die Warnzeichen, die sie den ganzen Sommer über gespürt hatte, anders einzuschätzen.

Sie wusste, dass etwas auf sie zukam. Das fühlte sie ganz deutlich! Etwas, dem sie allein nicht mehr gewachsen war. Was ihr mehr und mehr Angst einflößte und sie in ihrem Leben einengte. Aber sie ahnte noch nicht, wohin es letztlich führen würde. Sie wusste nur eins, morgen würde sie sich dem, was immer es auch war, endlich stellen.

Anna ließ sich in ihre Gedankenwelt fallen und schaute zurück auf das fast zu drei Viertel vergangene Jahr. Die Schlaflosigkeit, die diesmal auch im Urlaub nicht verging. Die Mittelmeerinsel, deren Naturschönheit sie immer weniger wahrnahm. Die Kreislaufprobleme und Übelkeitsattacken, die sie immer öfter zu den unpassendsten Gelegenheiten heimsuchten. Im Job, bei Treffen mit den Freunden. Die grenzenlose Müdigkeit, die sie tagsüber mehr und mehr beherrschte. Die daraus resultierende Verzweiflung, die sie keinem erklären konnte. Tage, an denen sie sich wie Sisyphos mit seinem Stein am Berg vorkam. Nein, sie wollte nicht krank sein. Mit Krankheiten war sie in ihrer Jugend durch ihre Eltern schon oft genug konfrontiert gewesen. Ein diffuses Gefühl von Scham und Abwehr nahm in ihr Gestalt an. Und beinahe nahtlos kehrte die Unruhe zurück, sodass sie sich vorkam wie eine gut geschüttelte Sektflasche, fest verschlossen von einem großen Korken. Keine Chance, Druck ablassen zu können. Aber diese Anspannung war manchmal so stark, dass sie nur noch wegrennen wollte. Mit alledem hätte sie vielleicht noch eine Zeitlang leben können. Doch dann war der Schwindel gekommen. Von da an war er ihr ständiger Begleiter. Keine leichte Benommenheit, die rasch wieder verging. Manchmal war es so schlimm, dass sie kaum geradeaus gehen konnte. Und die Medikamente dagegen wollten einfach nicht anschlagen. Dann hatte sie zum ersten Mal die Contenance verloren. Sich nach außen hin nicht mehr fröhlich geben können. Bei einem nichtigen Anlass rumgeschrien und einen Heulkrampf bekommen. Sich nachher selbst nicht leiden können. Das war der Moment, wo es ›klick‹ gemacht hatte. Es musste etwas geschehen. Egal, wie dieses etwas aussehen würde. So konnte sie nicht mehr weitermachen.

Ganz unten

Anna wusste nur eins - da wo sie gewesen war in jenem Winter, dorthin wollte sie niemals wieder zurückkehren. Diese Tage, an denen sie das Gefühl hatte, wie durch zähen Schleim zu waten. Jede Bewegung zu viel, jede Aktion eine namenlose Anstrengung. Aufstehen meist erst gegen Mittag - wenn kein Arzttermin anlag. Augen aufschlagen das höchste der Gefühle, Geräusche aus dem Badezimmer drangen wie aus weiter Ferne an ihr Ohr. Das Scheppern der Mülltonnen am Mittwoch, wenn sie geleert und später von emsigen Nachbarn an ihren Platz gerollt wurden. Schweißgebadet beim Aufwachen, der dumpfe Geruch der verschwitzten Bettdecke nach einer langen Nacht.

In der Nacht womöglich mit den Geistern der Vergangenheit, den Dämonen der Zukunft und den Nebenwirkungen ihres Medikaments gerungen. Wobei sie nicht einmal genau wusste, was dabei das Schlimmste war: Der frühe Tod ihres Vaters nach knapp drei Jahren elenden Dahinsiechens oder der Anblick des hilflosen Häufleins Mensch im Pflegebett im umgebauten Wohnzimmer.

Und immer das Gefühl ›Raus hier, bloß raus!‹

In die Disco, zu Freunden. Nicht zum Nachdenken kommen. Sich nicht vorstellen müssen, was der geliebte Mensch erdulden musste. Nicht vor Mitleid zerfließen. Denn wenn einmal die Tränen kämen, würden sie so schnell

nicht wieder aufhören. Ihre Mutter, so verändert, beinahe fremd - sie schien in ihrer Tätigkeit als Pflegerin aufzugehen. Alles reiner Selbstschutz, aber das konnte sie damals in so jungen Jahren noch nicht begreifen.
Wo war er hin, ihr starker Held, ihr Prinz? Der liebevolle Vater, der nicht müde wurde, seinem kleinen Mädchen die wunderbare Natur und den trostspendenden Glauben zu vermitteln. Auf dessen Knien sie geritten war und von dem sie huckepack getragen wurde, wenn die Kräfte sie verließen. Die Winterurlaube in den Bergen, Skifahren auf Spazierstöcken und Abenteuerwege suchen durch tief verschneite Landschaften. Die Gute-Nacht-Geschichten, die er ihr erzählte und die Skizzen, die er mit leichter Hand zu Papier gebracht hatte. Oder die Zukunft, die wie ein unbeschriebenes Blatt Papier vor ihr lag. Die immerwährende Erschöpfung, die vollkommene Kraftlosigkeit, die sie so sehr lähmte. Plötzlich schien es gar nicht mehr so weit zu sein bis zu dem Obdachlosen, der jeden Tag vor dem großen Einkaufscenter in ihrer Stadt hockte und um ein paar Münzen bettelte. Das soziale Netz, das irgendwann nicht mehr griff - das Bild, wie sie hilflos durch die übergroßen Maschen rutschte.
Auch die liebevollen Bemühungen ihres Mannes und die Zuneigungsbekundungen ihrer Freunde konnten Anna zu dieser Zeit nicht helfen. Wie ein großes Schreckgespenst fielen tausend negative Gedanken und Bilder über sie her: Wie ihr Mann sich von ihr trennte, die Freunde sich letztendlich abwandten. Wie sie ihren Job nicht mehr ausüben konnte. Immer mehr die Achtung vor sich selbst verlor. In einer kleinen Wohnung im schäbigsten Viertel der Kleinstadt landete. Allein, schwach, isoliert. Das wollte sie nicht erleben. Dann doch lieber die Nebenwirkungen des starken Medikaments erdulden, das ihr Hausarzt ihr verschrieben hatte.
»Halten Sie die ersten Wochen durch, danach wird es besser.«
Doch war das wirklich so? Die erste Nacht, in der sie orientierungslos hochschreckte, keine Ahnung, wo sie war und was mit ihr geschah. Feuer, das durch ihre Adern zu kreisen schien. Hitzewallungen, Verwirrtheit, Übelkeit. Aufgesprungen und nach unten gerast, Terrassentür sperrangelweit aufgerissen. Die kühle Luft, sie tat so gut. Also raus, nichts wie raus! Schwindel, der sie zwang, sich auf die kalten Steine zu legen. Egal, das spürte sie kaum, sie merkte nur, wie sie langsam wieder zu sich kam. Waren es Minuten - oder Stunden, die sie hier verbracht hatte? Musste sie das jetzt wirklich jeden Tag

und jede Nacht erdulden? Aber bis zur nächsten Nacht lagen noch so viele Stunden vor ihr. Immer wieder weggedöst. Irgendwann mühsam hochgerafft, um Kaffee zu kochen. Mit dem Kaffeebecher in der Hand rüber ins Wohnzimmer. Auf die Couch, unter die Decke. Fernseher eingeschaltet, sich berieseln lassen. Auch keine Lösung. Annas zermürbende Anrufe bei der Krankenkasse, das Abtelefonieren von Therapeuten. Ein ganzes halbes Jahr sollte sie noch warten? In der Zwischenzeit weiter so dahinvegetieren? Nachmittags wurde es etwas besser. Die matte Novembersonne blinzelte durch das große Fenster. Ja, sie wusste, sie musste zum kleinen Supermarkt um die Ecke, frische Sachen kaufen. Was Gesundes zubereiten. Gesenkten Blickes an der Kasse stehen.

Lebensgefühl

Später war das Auf und Ab am schlimmsten. Oder besser gesagt, das Ab nach dem Auf. Anna hasste es. Es war einfach so ungerecht und frustrierend. Es gab Phasen, da fühlte sie sich nahezu gesund. Sie verglich das immer öfter damit, dass das Leben zu dieser Zeit fast passte. Nicht wie angegossen, aber allemal passabel. Nach der Arbeit war noch ein wenig Elan übrig. Kraft, um mit Gregor ins Kino zu gehen. Sich mit den Mädels zu treffen. Sport zu machen. In dieser Zeit freute sie sich geradezu unbändig ihres Lebens! Ein Sonnentag mit ihrem Schatz, der Spieleabend mit den Freunden, Essen gehen mit der Familie - Anna war sich sicher, dass sie diese Dinge viel intensiver genoss, als jeder gesunde Mensch es konnte. Eine schöne Blüte begeisterte sie genauso wie ein liebes Wort. Und je mehr Sachen gelangen, desto mehr Hoffnung zog sie daraus. Hoffnung, dass alles gut werden würde. Dann fing sie an, Pläne zu schmieden.

Doch kurz darauf, danach konnte sie geradezu die Uhr stellen, kam der Absturz. Von jetzt auf gleich wurde alles zur Belastung. Wenn sie an einem Sonntagabend an die folgende Woche dachte, überkam sie schon jetzt ein Gefühl der Mattigkeit. Des Wollens, aber Nichtkönnens. Und daraus ganz schnell des Versagens und der Minderwertigkeit. Denn wie sollte sie das ihren Lieblingsmenschen erklären? Sie verstand sich ja selber nicht! Also zog sie es durch, denn sie wollte niemanden vor den Kopf stoßen. Oder noch schlimmer, jemanden dadurch verlieren.

›Das Leben ist einfach eine Nummer zu groß für mich‹, dachte Anna dann, wenn sie sich wieder mal durch einen Tag geschleppt hatte. Vor ihrem geistigen Auge sah sie die riesigen, braunen Wanderschuhe ihres Vaters. Wie sie als kleines Mädchen versucht hatte, sie anzuziehen und sich darin fortzubewegen. Und natürlich kläglich gescheitert war. Abends konnte sie nicht einschlafen aus Furcht vor dem, was vor ihr lag. Ihr war wieder öfter schwummerig und schwarz vor Augen. Die Angst wurde ihr ständiger Begleiter. Später lernte sie - Angst äußert sich nicht einfach nur durch das Gefühl, Angst zu haben. Nein, die Angst beeinflusst Körper und Geist in ungeahntem Maße! Benommenheit, Schlaflosigkeit, Bauchschmerzen, Müdigkeit, um nur einiges zu nennen - all das kann auch reine Kopfsache sein. Inzwischen hatte sie in monatelanger, mühevoller Arbeit gelernt, damit umzugehen. Die Anzeichen eines ›Ab‹ früh zu erkennen. Und dann so schnell wie möglich gegenzusteuern. Denn sie wollte nie mehr erleben müssen. Diese zähflüssigen, düsteren Tage. Wo alles so furchtbar anstrengend war, vor allem eins - morgens aufzustehen und nicht einfach liegenzubleiben. Wobei, einfach war zuerst gar nichts. Sie hatte gelernt, dass es, entgegen der landläufigen Meinung, nicht verwerflich ist oder ein Zeichen von Faulheit, sich rechtzeitig Pausen zu gönnen. Sie hatte akzeptiert, dass es effektiver ist, einmal zu Hause alles liegenzulassen und etwas Schönes zu machen. Vor allem hatte sie gelernt, wem sie sich öffnen konnte - und wo sie es besser bleiben ließ. Und sie lernte noch immer!

Anna war froh, dass sie nicht alleine war und wundervolle Menschen um sich hatte, die sie nicht im Stich ließen. Das war nicht selbstverständlich. Wenn es ihr gut ging, versuchte sie, ihnen so viel wie möglich zurückzugeben. Für sie da zu sein, wie sie für Anna da waren. Sie wusste jetzt, wie schnell man am Abgrund stehen konnte. Sie wusste auch, dass sie die negativen Gedanken wegschieben musste, bevor sie sie richtig runterzogen. Es hatte keinen Sinn, sich im Hier und Jetzt mit Dingen zu belasten, die vermutlich gar nicht eintreten würden. Vor allem aber wusste sie - dass es nach einem Tief auch immer wieder aufwärtsging.

Der Baum

Karin Pfolz

Bäume sind für mich die Darstellung des Lebens. Wenn wir Menschen sie betrachten, dann sagen sie uns, was wichtig ist im Leben.

Die Wurzeln, die tief in die Erde reichen, lange nach Nahrung suchen, doch niemals aufgeben und mit dieser ewig währenden Suche dem Baum den Halt geben, um nicht zu fallen. Der Baum schafft sich seine Wurzeln selbst, nichts ist vorgegeben. So sollten auch wir uns selbst verwurzeln und unsere Nahrung finden, wo wir uns am wohlsten fühlen. Nicht die Wurzeln unserer Vorgänger prägen unser Wachstum, sondern die, welche wir selbst erschaffen.

Die Rinde, die ihn fest umschlossen hält. Stark genug, um Negatives fern zu halten, aber rissig und zugänglich an manchen Stellen. Es sind Risse, die das Wachstum gebracht hat und das Leben selbst. Risse, die auch durch Wind und Unwetter, Sonne und Umwelteinflüsse entstanden sind. Sie sollen für uns Menschen ein Zeichen sein, dass genau durch diese Spalten das Licht der Wärme und der Liebe in unser Innerstes gelangen kann. Dass wir uns nicht schämen müssen, für das Erlebte, sondern offen sein sollen für das Gute und Neue.

Das Holz, stark genug, um alles zu tragen. Das Muster geprägt von den Jahren des Seins. Sichtbar, all die Leiden – und doch ergibt das Gesamte etwas Wunderschönes, dargestellt im Hell und Dunkel der Unendlichkeit.

Die Blätter, zart und verletzlich. Bereits eine harte Berührung kann sie zerstören. Doch bei Sturm und Gewitter, bei Hagel und Regen, da halten sie zusammen und ertragen das Unwetter, um dann gemeinsam die Ruhe und Schönheit eines Sonnentages zu genießen.

Doch wenn es kalt wird, der eisige Winter seinen Einzug hält, dann lassen die Blätter los und fallen zu Boden, verlieren die Kraft sich zu halten. Der Baum hört auf, nach Nahrung zu suchen, und fällt in einen Schlaf der Sehnsucht. Ruhig und starr verharrt er und wartet. Manchmal schafft es einer nicht und stirbt daran. So wie die Seele der Menschen stirbt, ohne die Wärme der Liebe.

Doch wenn die Sonne ihre wärmende Kraft wiedererlangt, der Frühling es tauen lässt, dann erwacht die Schönheit des Baumes von Neuem. Genießt das Streicheln des Windes in seinen neuen Blättern und jungen Trieben, trinkt das frische Wasser, das entstanden ist aus dem reinen Schnee.

Ich sehe ihn an, den Baum meines Lebens. Tief verwurzelt mit mir selbst. Fest umschlossen von einer Rinde, die viele Risse zeigt und stark geworden ist durch die Erinnerungen, die in mein Holz ihre Spuren geprägt haben. Zart und zerbrechlich in meiner Seele, doch glücklich die Unwetter zu überstehen und es zuzulassen, geliebt zu werden. Wohl wissend, dass all das, was mich verletzt hat, gekränkt oder gedemütigt, in der Vergangenheit liegt und nicht mehr wiederkommt. Aber auch, dass gute Erinnerungen Mut und Kraft geben. Aber vor allem, dass ich die Wärme des Lebens an mich heranlassen kann – weil Neues immer neu sein wird und Altes vergangen ist.

My Home is my Castle

Rudi Treiber

Silvia wacht auf, als sich der Flachbildschirm automatisch einschaltet. Noch schlaftrunken hört sie die Stimme des Monitors, der gerade auf die zu erwartenden hohen Temperaturen hinweist. Langsam streckt sie ein Bein nach dem anderen unter der Decke hervor, während Gustav sich noch auf die andere Seite dreht und, wie immer jeden Morgen, einen „fahren" lässt. Der knallende hochfrequenzierte Ton zerreißt die Morgenstille, sendet das Signal an den, an der Decke montierten, Sensor. Dieser weckt die Kinder im angrenzenden Kinderzimmer und aktiviert die Jalousien, lässt diese hoch und die Fensterflügel auffahren.
»Let the sunshine in and the furt out«.

Silvia setzt ihre Füße auf den Cotto-Boden. Im Winter schaltet sich morgens die Fußbodenheizung automatisch ein. Ein Temperatursensor erkennt, ob es nötig ist, oder nicht.
Dann begibt sie sich in die Küche, wo bereits der Duft des Kaffees den des Schlafzimmers überdeckt. Die vollautomatisierte Küche startet in den Morgen. Der Toaster wirft die knusprig braunen Brötchen aus; weich, halbweich oder hart.

Die Sonne scheint durch das große Küchenfenster und das Beige der Möbel stört Gustav, der Silvia bereits gefolgt ist. Er ist heute nicht gut drauf. Er betätigt einen Knopf, der unter dem Lichtschalter angebracht ist und stellt die Möbel auf Braun. In den Oberflächen des gesamten Mobiliars sind Kristalle eingelagert, die diese Farbveränderung, Raum für Raum und Tag für Tag, mit Knopfdruck ermöglichen. Am Morgen hält sich die Familie vorwiegend in der Küche auf. Daher macht sich im Moment noch keiner Gedanken darüber welche Farbe heute das Wohnzimmer haben soll.
Silvia schenkt sich Kaffee ein und holt die Milch aus dem Kühlschrank. Seit sie einen Kühlschrank besitzt, der anhand der Codes auf den Lebensmittelpackungen erkennt was fehlt und diese via Internet beim Supermarkt bestellt, braucht sie sich um den Einkauf nur mehr begrenzt zu kümmern. So wie heute, denn sie benötigt ein paar Dinge mehr, weil sie und Gustav für den

Abend Gäste erwarten. Sie scrollt am Herdcomputer nach einem passenden Rezept und gibt dann die benötigten Lebensmittel in die Bestellliste ein. Ihre Tasse stellt sie auf den Küchentisch und geht ins Bad. Während sie sich wäscht und die Zähne putzt, schaut sie sich auf den - im Badezimmerspiegel eingelassenen - Monitor die Nachrichten an.
Sie hört wie die Kinder die Treppe herunterkommen. Die Klimaanlage geht mit einem leisen Surren an. Es ist schon jetzt sehr heiß draußen. Gustav öffnet die Garagentüre mit der Fernbedienung, während er noch Kaffee trinkt. Die Kinder nehmen ihre frisch gewaschene Kleidung aus dem Kasten, streng geordnet nach dem passenden Dresscode. Der ist vorgeschrieben und abgestimmt auf den jeweiligen Stundenplan der Kinder und natürlich der Jahreszeit.

Plötzlich hört Silvia ein sonderbares Geräusch aus dem Vorzimmer. Es wird immer lauter. Ein Blick auf den Hauscomputer gibt jedoch auch keine Auskunft. Am Display des Computers steht: „Unknown Error".
Der Hund, der - trotz Chip im Ohr - einfach nicht zu programmieren ist, hat in seiner Not ein braunes Häufchen ins Vorzimmer geschissen, weil er durch die Automatik der Geruchserkennung nicht aus dem Haus konnte. Da lieferten sich wohl die Gerüche von Herrl und Hund ein digitales Duell ...

Die Katze hat aus demselben, fehlgeleiteten Befehl, nicht das schon bereitgestellte Katzenfutter gefressen, sondern sich aus dem Aquarium einen leckeren Goldfisch gefasst. Der nasse, auf dem Boden zappelnde Fisch, aktivierte die automatische Trocknungsanlage, die wiederum den Geruch der Hundescheiße herrlich im Haus verteilt. Der aus dem Nebenzimmer herbeieilende Gustav rutscht auf dem noch weichen „Hundekrapfen" aus, schlittert voller Elan in das danebenstehende Aquarium und zertrümmert es in tausende kleinste Glassplitter, die mitsamt des restlichen Fischbestandes durch den Raum fliegen. Das ausfließende Wasser wiederum aktiviert den Notruf für Feuerwehr und Polizei.

Beim Erscheinen dieser bietet sich folgendes Bild, das sofort von der hausinternen »Security Webcam« aufgenommen wird, und stellt es zeitgleich online auf Facebook.

Unter dem Posting-Titel: »Scheißt der Hund ins Haus - dann schafft das nur Verwirrung und zerstört in jedem Fall die komplette Programmierung.«

Herbstspaziergang

Sandra Pulletz

»Wollen wir heute einen kleinen Spaziergang machen?«, fragte Paul seine Mutter.
»Jetzt?« Sie sah zu ihm hinab. »Schätzchen, du weißt, ich muss noch den Kuchen für deinen Geburtstag morgen backen.«
»Ach ja«, erwiderte Paul und senkte seinen Kopf. »Na, dann nicht.«
Er schlurfte ins Wohnzimmer, wo sein Vater auf dem Sofa saß und die Zeitung durchblätterte.
»Papa, gehst du mit mir in den Park?«
Sein Vater legte die Zeitung weg und sah seinen Sohn an. »Heute nicht mehr, es ist so ein trostloses Wetter.«
Paul schmollte. Er ging zum Fenster und blickte nach draußen in den Garten. Ja, es wehte der Wind und die Sonne versteckte sich hinter den Wolken und ließ die Landschaft trüb aussehen. Aber man konnte bei jedem Wetter seinen Spaß haben, dachte sich Paul.
»Darf ich noch ein bisschen raus?«, fragte er seinen Vater. Dieser nickte. »Bis zum Abendessen!«
Paul zog sich seine Allwetterstiefel an und nahm die warme Jacke vom Haken. Schnell schlüpfte er hinein und stürmte nach draußen.
Es gab schrecklich viel zu tun, fand Paul. Er wollte Laub auftürmen, als Überwinterungsmöglichkeit für einen Igel. Dann sammelte er kleine Äste und Stöcke, die wollte er trockenlegen, damit er zu Weihnachten kleine Geschenke für seine Eltern basteln konnte. Er hatte letztens ein paar süße Ideen in einer Bastelzeitschrift seiner Mutter entdeckt, die er versuchen wollte.
Die Zeit verging viel zu schnell und sein Vater rief ihn schon zum Abendessen hinein.

Völlig ausgepowert lag Paul am Abend in seinem Bett. Morgen war sein großer Tag! Er wurde neun Jahre alt. Ob er sich zum Geburtstag wieder etwas wünschen durfte? Er hatte schon eine Idee, was es diesmal werden würde.

Sehr früh am nächsten Morgen stapfte Paul gutgelaunt die Treppen hinunter und setzte sich zum gedeckten Tisch. Seine Eltern waren bereits vor ihm auf.
»Happy Birthday«, riefen sie und gaben ihrem Sonnenschein jeder ein Küsschen auf die Wange.
»Zur Feier des Tages gibt es heute Heidelbeerpfannkuchen«, verkündete Pauls Mama.
»Oh, ja!« Paul klatschte begeistert die Hände zusammen.
»Natürlich darfst du dir an deinem Ehrentag etwas wünschen«, fügte sein Papa hinzu.
Darauf hatte Paul gewartet.
»Ich weiß schon, was!«, sagte er und grinste.
»Was denn?«, fragte sein Papa neugierig.
»Ich wünsche mir, dass wir heute in den Wald gehen!« Paul blickte abwechselnd in das Gesicht seines Vaters und in das seiner Mutter.
Beide schauten nicht ganz glücklich drein, aber sie versuchten, sich nichts anmerken zu lassen.
»Willst du wirklich heute da rausgehen?«, hakte seiner Mutter nach.
»Es sieht nach Regen aus«, fügte sein Vater hinzu.
»Quatsch! Man kann bei jedem Wetter rausgehen«, meinte Paul. »Man muss sich nur richtig anziehen!«
»Was willst du denn im Wald? Zu dieser Jahreszeit ist ohnehin nur alles trüb und braun …« Pauls Mama stellte gerade die Pfannkuchen auf den Tisch.
Paul bekam den ersten und schnitt gierig ein viel zu großes Stück ab, das er in den Mund stopfte.
»Gar nicht wahr«, nuschelte er. »Also gehen wir nachher?«
»Wenn es dein Geburtstagswunsch ist«, meinte sein Vater und schmunzelte.
Seine Mutter nickte.
»Au, ja!« Paul nahm sich gleich einen weiteren Pfannkuchen auf seinen Teller.

Am späteren Vormittag war die Familie fertig für den geplanten Ausflug. Mit dem Auto ging es eine kurze Strecke Richtung Wald. Paul war bestens gelaunt, seine Eltern bemühten sich, ein freundliches Gesicht zu machen.
»Herbst mag ich nicht«, meinte sein Vater.
»Wieso?«, wollte Paul wissen.

»Weil da alles abblüht und dann nach und nach alles braun und matschig wird.«
»Aber es gibt jede Menge schöne Dinge im Herbst zu sehen«, beharrte Paul.
»Meinst du?«
»Ja! Ich werde es dir beweisen!«
Kaum waren sie am Parkplatz angelangt, drängte Paul seine Eltern, schneller zu machen.
»Wollen wir nicht noch eine Tasse Tee trinken gehen?« Seine Mutter zeigte zu der kleinen Gaststube unweit des Parkplatzes.
Paul schüttelte den Kopf. »Na, kommt schon! Seid nicht so langweilig.« Er kicherte.
Paul lief den Waldweg voraus, seine Eltern marschierten ihm hinterher.
Aufgeregt blieb Paul immer wieder stehen und sammelte diesen und jenen Naturschatz.
»Schau Papa! Kastanien!« Er hob eine nach der anderen auf und legte sie in den Papiersack, den seine Mutter vorsorglich mitgenommen hatte.
»Mhm«, meinte Vater. »Siehst du, die sind braun! Kastanienbraun.«
»Mensch, Papa«, murmelte Paul, viel zu beschäftigt, um jetzt mit seinem Vater zu diskutieren.
Sie liefen wieder ein Stück weiter, doch Paul fand einen Eichenbaum.
»Wartet, ich sammle ein paar Eicheln, die kann ich zum Basteln verwenden.« Ihm schwirrten bereits zig Einfälle durch den Kopf, was er damit anstellen konnte.
Sein Vater sagt nur ein einziges Wort. »Eichenbraun?« Er schmunzelte.
Unweit der Eiche stand ein Walnussbaum. Paul klaubte einige der Früchte auf, erstarrte dann und bedeutete seinen Eltern, still zu sein. Er beobachtete ein putziges Eichhörnchen, das von Ast zu Ast sprang.
»Wie süß«, flüsterte er.
Auch die Eltern waren von dem flinken Tier fasziniert und so verweilte die Familie an dieser Stelle. Nach einiger Zeit marschierten sie weiter. Pauls Mutter rief aber bald nach ihren Lieben.
»Wartet!« Sie ging vom Waldweg ab und lief ein Stück durch das Dickicht. Paul und sein Vater blickten sich ratlos an. »Vielleicht muss sie mal?«, riet Paul.

Schließlich tauchte seine Mutter wieder auf und hatte winzige orange Ballons in der Hand, zumindest sah es so aus.
»Was ist das?«, wollte Paul sofort wissen.
»Eine Lampionblume!«, antwortete seine Mutter verzückt. »So eine wollte ich schon immer haben. Man kann diese Zierpflanze trocknen lassen. Sie macht sich bestimmt gut in der Wohnung.«
»Sieht schön aus«, meinte Pauls Papa.
»Ja, vor allem schön orange.« Paul zwinkerte seinem Vater zu.
Es war an der Zeit, eine Pause einzulegen. Dazu eignete sich eine Lichtung. Die Familie breitete ihre Regenumhänge auf dem Boden aus und machte es sich gemütlich. Pauls Vater blicke in den Himmel.
»Gar nicht so übel, der Ausflug!« Er lächelte.
»Der Herbst kann doch schön sein«, meinte auch Pauls Mutter. Der Junge nickte und biss zufrieden in sein Sandwich.
Auf dem weiteren Weg fanden sie noch weitere Schätze. Pauls Vater entdeckte einen Strauch mit Hagebutten, wovon sie ein paar Zweige mitnahmen. Paul nahm interessante Äste und Zweige mit, mit denen er basteln wollte. Seine Mutter sammelte ein paar der letzten bunten Blätter, die sie fand.
Zuhause dekorierten sie mit den Fundstücken die Garderobe. Pauls Mutter legte zu den Zweigen, Früchten, Pflanzen und Nüssen noch zwei winzige farbenfrohe Zierkürbisse in die Schale.
Paul war richtig zufrieden mit dem Ergebnis. Jedes Mal, als er hinsah, lag ihm ein Lächeln auf den Lippen. Den Eltern ging es genauso. Zufrieden feierte die Familie Pauls Geburtstag weiter und Mutter schnitt den Geburtstagskuchen an.

Kakao

Renate Zawrel

Der erste Schultag. Johanna hatte diesem Tag entgegengefiebert. Seit Ostern war sie schließlich Besitzerin einer megacoolen Schultasche: Knalliges Orange, auf dem sich viele bunte Schmetterlinge tummelten. Und ganz besonders stolz war Johanna auf ihre Riesenbuntstiftschachtel mit insgesamt sechsunddreißig verschiedenen Farbstiften drin, die darauf warteten, bunte Striche aufs Papier zu zeichnen.

Johanna war ein Mädchen mit langen blonden Zöpfen und hatte vor kurzem ihren sechsten Geburtstag gefeiert. Sie konnte für ihr Alter schon sehr schön zeichnen und außerdem sogar die Buchstaben des Alphabets aufsagen.

Von weitem war das eindringliche und schrille Läuten der Schulglocke zu hören. Auf dem Platz vor der Schule herrschte rege Betriebsamkeit und die Schülerinnen und Schüler der zweiten, dritten und vierten Klassen tummelten sich aufgeregt vor dem Gebäude. Hingegen verharrten die künftigen Erstklässler etwas schüchtern in der Nähe ihrer Muttis, Papas oder wer eben zum ersten Schultag mitgekommen war. Das große, neu renovierte Backsteingebäude war auch prächtig anzusehen.

Jedes Kind, nun ja, fast jedes Kind, drückte eine mehr oder weniger große Schultüte an sich und das durchsichtige Cellophanpapier raschelte im lauen Morgenwind. Rosa Schleifen, blaue Bänder – ein buntes Durcheinander! Ein bisschen stolz waren jene Kinder, die besonders große Tüten im Arm hielten.

Ein Mädchen hatte weder eine große noch eine kleine Tüte – nur seine Schultasche. Mit ängstlichem Blick klammerte es sich an die Jacke der Mutter. Die zwei standen abseits der anderen Familien, als gehörten sie hier gar nicht dazu und warteten auf die Lehrerin, welche die Schulanfänger in das Gebäude bitten würde.

Auch Johanna und ihre Mama hatten sich einen Platz am Rande des Geschehens gesucht. Schließlich waren sie erst vor drei Monaten in die kleine Stadt gezogen und das Mädchen kannte noch keines der anderen Kinder. Vielleicht hatte es das eine oder andere auf der Straße gesehen, vielleicht im Eissalon … Bald würde alles anders werden und Johanna freute sich darauf, viele Freundinnen zu haben. Klar, da waren auch Jungs unter den Kindern,

allerdings entschieden weniger als Mädchen. Außerdem wollten die bestimmt nicht mit Puppen spielen.
Eine jüngere Frau in einem maisgelben Jackenkleid trat vor die weiß lackierte Holztür des Schulgebäudes. Erstaunlich, welche Kraft die Stimme der kleinen Person hatte, als sie rief: »Alle Schulanfängerinnen und Schulanfänger kommen bitte zu mir!«
Ein freundliches Lächeln verzauberte das rundliche Gesicht, das von einem braunroten Pagenkopf umrahmt wurde. Wenige Sekunden nur und die Frau war von einem Schwarm Kindern umgeben.
»Du schaffst das schon«, flüsterte Johannas Mama ihrem Kind ins Ohr und schob es auf die anderen Schulanfänger zu.
»Klar!«
Johanna nickte und drückte die Schultasche sowie ihre bunte Tüte noch fester an sich. Bis zum Schultor hatte die Mama sie gebracht – bis zur Lehrerin … nun aber …
»Du bist bestimmt die Johanna«, begrüßte Frau Niesheim das Mädchen. War da ein bisschen Neid bei den anderen Kindern zu sehen, als die Lehrerin – mit dem blonden Mädchen voran – das Klassenzimmer betrat? »Hier«, Frau Niesheim wies Johanna einen Tisch in der ersten Bankreihe zu, »das ist dein Platz.« Die anderen Mädchen und Jungen durften sich ihre Plätze heute selbst aussuchen.
Einige Kinder steckten tuschelnd die Köpfe zusammen und maulten ein bisschen.
»Na super! Die da vorne hat's einfach.«
»Extrawurst!«, rief ein Junge aus der dritten Reihe, war aber sofort still, als ihn der vorwurfsvolle Blick der Lehrerin traf.
Das Getuschel im Klassenzimmer schwoll erneut an, als das Mädchen ohne Schultüte unschlüssig einen Schritt in die Klasse machte. Viele Plätze waren nicht mehr frei. Frau Niesheim winkte das Kind mit dem schwarzen Krauskopf näher.
»Magst du dich zu Johanna setzen? Sie ist wie du ebenfalls neu in der Stadt.«
Johanna strahlte.
Jetzt hatte sie schon eine Sitznachbarin. Beide Mädchen waren mit ihren Familien erst vor kurzem nach Moosbrüggen gezogen. Und das verband sie sofort.

Im Laufe der nächsten Wochen und Monate wurde daraus eine innige Kinderfreundschaft, der spöttische Bemerkungen oder kränkende Worte, die andere aus Unwissenheit sprachen, nichts anhaben konnten.
Wo die eine war, konnte die andere nicht weit sein und irgendwann rief man Johanna und Eliva nur mehr freundlich ›Kakao!‹ zu, wenn man sie erblickte.
Die Mädchen lachten darüber und die dunkelhäutige Eliva schob gekonnt den Rollstuhl mit der blonden Johanna über die Rampe ins Schulgebäude.

Der Fünfzigeuroschein

Veronika M. Dutz

Zu welchem Zeitpunkt können wir freie Entscheidungen im Leben treffen? Selbstbestimmt leben, ohne irgendwelche Abhängigkeiten? Diese Fragen ließen ihr keine Ruhe.

Josefine war Mitte dreißig und ihr Leben war nicht so verlaufen, wie es hätte sein sollen oder können. Gibt es überhaupt eine Norm für die Existenz eines Menschen? Gibt es eine Formel für das angeblich Richtige und frei bestimmte Leben in der Alltagspraxis?

Die junge Frau saß auf ihrem Balkon und schaute ins Grüne, was ihren Augen guttat, nach einem anstrengenden Tag wie diesem. In der Hand hielt sie einen Fünfzigeuroschein, den sie auf der Straße gefunden hatte.

Josefine hatte heute wieder zwei Arzttermine über sich ergehen lassen müssen. Es kostete sie mittlerweile unendlich viel Kraft, wenn sie außer Haus musste! Dieser Tag war der komischste seit Jahren. Sie hatte auf dem Gehweg vor dem Haus diesen Geldschein liegen sehen. Jedoch war weit und breit niemand dort gewesen. Sie hatte einen Moment gezögert, darauffolgend hatte sie die fünfzig Euro aufgehoben und an sich genommen. Josefine war nicht der Typ für solche Dinge, sie war eine ehrliche Haut.

Die junge Frau war vom Schicksal in den letzten Jahren dermaßen enttäuscht und dadurch ernüchternd gelehrt worden, dass sich gute Überzeugungen leider nicht mit mancher Lebenssituation vereinbaren lassen. Josefine konnte es nicht fassen, dass sie dieses Geld auf der Straße gefunden hatte.

Josefine war vor circa zehn Jahren unheilbar erkrankt. Zu diesem Zeitpunkt stellte man es fest, wer wusste, wie lange sie schon darunter litt. Wer wusste, wie viel ihre Gene zu dieser Autoimmunerkrankung beigetragen hatten? Das klang komisch, war trotzdem todernst gemeint!

Josefine hatte in den letzten Jahren viel über ihr Leben nachgedacht, durch diese Überlegungen war ihr bewusstgeworden, dass sie eigentlich nicht frei war! Aller Wahrscheinlichkeit erging es nicht nur ihr so, sondern vielen anderen genauso.

In unserer ganzen Menschheitsgeschichte ist es verankert. Immer wurde nach Freiheit gestrebt und dafür gekämpft. Die Menschen haben bei ihrem Tun nicht gemerkt, wie sich fortwährend unsere Gesellschaft langsam selbst

versklavte. Dies alles passierte nicht offensichtlich, nein es war ein schleichender Prozess, über viele unzählige Jahre hinweg.
Josefine wollte den Konsens nicht zu global betrachten, sondern einfach nur für sich! Eine Person, die in Europa, besser gesagt in Deutschland lebte. Alles andere würde ausufern! Sie hielt den Fünfzigeuroschein in den Händen und ließ dabei ihren Gedanken freien Lauf.
Josefine war das jüngste von sechs Kindern. Sie hatte eine schwierige Kindheit gehabt. Ihre Familie war oft als asozial hingestellt worden. Bei sechs Kindern ging die Mutter nicht arbeiten, konnte sie nicht, eventuell ein paar Stunden putzen, wenn es die Zeit zuließ. Ihr Vater hatte alles getan um die Familie durchzubringen, leider wurde er früh schwer krank und somit aus der Mitte des Lebens gerissen. Er hatte die Diagnose multiple Sklerose, MS, bekommen. Nachdem Josefine auf die Welt gekommen war, hatte sich sein Gesundheitszustand zunehmend verschlechtert.
Als seine jüngste neun Jahre alt wurde, war seine Erkrankung dermaßen weit fortgeschritten, dass er ein Pflegefall geworden war. Ihre Mutter hatte es nicht mehr geschafft, mit allem alleine fertig zu werden. Alle Kinder hatten mitgeholfen, zumindest die, die zu diesem Zeitpunkt zu Hause gewesen waren. Josefine hatte bestimmte Pflichten erledigen müssen, die für sie als Neunjährige extrem anspruchsvoll gewesen waren, körperlich wie psychisch.
Es war in ihrer Kindheit nie gefragt worden, ob sie das alles schaffen konnte. Ihre Schulausbildung war nebenbei gelaufen, alles Weitere hatte niemanden interessiert.
Ihre Mutter war ausschließlich damit beschäftigt gewesen, die hungrigen Mäuler zu stopfen, die Rechnungen zu bezahlen, ihren Mann zu pflegen und zu versorgen. Josefine hatte nie spielen können, wie sie das gewollt hatte, und früh viel Verantwortung übernehmen müssen. Projekte und Schulausflüge gab es für sie nicht, es hatte fortwährend am Geld gemangelt. Somit war Josefine der Willkür der Mitschüler ausgesetzt gewesen. Kinder können diesbezüglich grausam sein.
Ihre Mutter hatte ihr früh zu verstehen gegeben, dass sie eine zusätzliche Belastung sei! Was aller Wahrscheinlichkeit nach unbewusst geschehen war, wegen der ständigen Überbelastung, vermutete sie heute. Josefine war daraufhin mit sechzehn von zu Hause ausgezogen. Sie hatte ab diesem Zeitpunkt in einer anderen Stadt gelebt, wo sie niemanden kannte.

Diese Entscheidung war nicht ihre eigene gewesen, ihre Mutter hatte sie damals loswerden wollen. Der immerwährende Druck durch die Pflege des Vaters, sowie die anhaltenden Geldprobleme hatten ihre Mutter aufgezehrt. Erst viele Jahre nach dem Tod des Vaters verbesserte sich die Beziehung zu ihrer Mutter wieder ein wenig.

Josefine hatte irgendwie das Beste daraus gemacht. Es war ein großer Einschnitt gewesen, ihr Leben von vorne zu beginnen. Die Stadt war ebenfalls nicht ihre Wahl gewesen, sie war dorthin gezogen, wo sie einen Ausbildungsplatz bekommen hatte. Sie war froh gewesen, überhaupt einen zu erhalten. Wählerisch zu sein, hatte sie sich nicht leisten können. Es hatte auch keine Alternativen gegeben, zu Hause hatte sie nicht bleiben können, und ihre schulischen Leistungen waren auch nicht die besten gewesen, was bei dem Leben, das sie hatte führen müssen, auch nicht weiter verwunderlich war. Dazu waren die ständigen Ausgrenzungen und Anfeindungen seitens der Mitschüler und der Lehrer gekommen, denen sie hilflos ausgeliefert gewesen war. Sie hatte sich ein besseres Leben erhofft, wenn sie auf ihren eigenen Beinen stehen würde. Josefine war noch jung und hatte nur wenig Lebenserfahrung gehabt, doch sie würde den nötigen Biss brauchen und ihre eigenen Erfahrungen machen. Ganz schnell war ihr bewusst geworden, dass sich im Bezug zu ihrer Kindheit nichts geändert hatte. Wenn du kein Geld hast, kannst du nichts tun. Du brauchst es, um deine Wohnung zu bezahlen, um dir Essen zu kaufen und um deine Freizeit zu gestalten.

Josefine hatte sich durch ihre Ausbildung gekämpft, jede Entbehrung in Kauf genommen im festen Glauben, irgendwann müsste es ein Licht am Horizont geben. Sie hatte oft tagelang ausschließlich Toastbrot gegessen, weil die Haushaltskasse nicht mehr hergab. Josefine hatte sich mit dem Gedanken getröstet, dass die Menschen in Afrika noch weniger hätten.

Es war damals eine wirklich schwere Zeit gewesen. Vor allem das Lügen hatte ihr zu schaffen gemacht, schließlich hatte sie ihrer Umgebung weiß machen müssen, dass alles in Ordnung sei. So, als würde man ein Doppelleben führen. Irgendwie war sie es ihr Leben lang gewohnt gewesen, zu flunkern und die Unwahrheit zu erzählen, gezwungenermaßen! Mit der nackten Wahrheit hatte keiner umgehen können oder sie nicht hören wollen. Abe sie war es satt gewesen, immer nur verhöhnt oder geschnitten zu werden wie in ihrer Kindheit, ohne dass jemand sie eigentlich richtig kannte oder wusste, wie sie tatsächlich lebte. Also hatte sie gelogen, bis sich die Balken bogen! Josefine hatte sich auf diesem Weg durch eine Welt manövriert, die nicht ihre war. Der Zweck heiligt die Mittel, war ihre Devise geworden, was sie Tag für Tag mehr gehasst hatte!

Josefine hatte ihr eigenes Inneres mit Füßen getreten, ihr wahres Ich tief in sich verborgen. Die oberflächliche Gesellschaft lehrte sie mit der Zeit, dass sie ohne Geld nichts wert war, so wie in ihrer Kindheit. Alles war ein fortwährender Kreislauf, der auf ein und dieselbe Erkenntnis hinauslief. Wenn sie jetzt darüber nachdachte, hatten sich bereits in diesem Alter die ersten Krankheitssymptome gezeigt, die sie natürlich ignoriert hatte, darin war sie mittlerweile gut, ihre Kindheit und das Leben hatten sie diesbezüglich genug geschult!

Josefine hatte zwar Jobs nach ihrer Ausbildung, diese waren jedoch ausschließlich befristet gewesen! Die junge Frau hatte weitergekämpft, jeden Tag aufs Neue. Kann man einen solchen Kampf Leben nennen?

Alles drehte sich um die Beschaffung des lieben Geldes, weil ohne Asche nichts in dieser Gesellschaft geht! Ohne Knete keine Wohnung, keinen Strom, kein Telefon, keine Kleidung, kein Essen und ohne Arbeit kein Geld! Also hatte sie sich erneut nicht die Frage gestellt, was sie wollte, sondern was sie tun musste, um zu überleben! Was war das für ein armseliges Dasein gewesen? Heute stellte sie sich manchmal diese Frage in schwachen Momenten!

Josefine hatte sich weitere fünf Jahre durchgeschlagen. Ihre Krankheitssymptome hatten kontinuierlich zugenommen, bis sie umgekippt war. Alles, was sie gewollt hatte, war, es zu schaffen und zu leben wie alle anderen, deswegen hatte sie alle Warnzeichen ignoriert.

Die junge Frau wollte einmal im Leben Anerkennung erfahren, gesehen und ernst genommen werden, eine gewisse Wertschätzung bekommen.

Fehlanzeige! Anstatt sich durch materielle Sicherung ein freieres Leben zu schaffen, streikte ihr Körper und machte ihr einen Strich durch die Rechnung. Er wollte das nicht länger mitmachen. Das war ungerecht!

Ihr wurden abermals Dinge aufgedrückt. Diesmal eine schwere Krankheit. Wieso hatte sie kein freies Leben mit freien Entscheidungen? Sie musste ständig nach anderen Regeln spielen, anfangs bestimmten diese ihre Eltern, später die Schule sowie die Mitschüler. Anschließend war es die Ausbildung

und die gesamte Gesellschaft. Fortwährend dominiert durch das verdammte Geld, das sich durch alle Bereiche ihres Daseins zog.
Was war das bloß für ein Leben? Mit Freiheit hatte das wahrlich nichts mehr zu tun! Vielleicht sahen das manche Menschen aus einem anderen Blickwinkel als sie! Verdammt, es ging hier nun mal um sie und nicht um die Anderen!
Ein Bericht, den sie vor ein paar Tagen gesehen hatte, ging ihr nicht aus dem Kopf. In New York lebt jedes zweite Kind an der Armutsgrenze, selbst in Deutschland sieht es nicht besser aus! Wir sind alle Sklaven der materiellen modernen Gesellschaft. All die Kämpfe, die in unserer Vergangenheit für die Freiheit ausgefochten wurden, waren umsonst! Wer heutzutage kein Geld hat, kann nicht mal in der Stadt auf Toilette gehen. Unsere Welt ist armselig geworden! Josefine hatte sich neulich mit einer Freundin unterhalten und diese meinte zu ihr, Freiheit bedeute für sie:
»Das zu tun, was sie möchte!« Genau dort lag der Knackpunkt. Was konnte man heute überhaupt tun, ohne dafür bezahlen zu müssen? Kann man sein Leben unabhängig gestalten und frei wählen? Josefines Fazit:
»Nein!« Denn ohne das nötige Geld geht gar nichts! Das fängt mit simplen Dingen an, wie einen Kaffee zu trinken. Zu Hause war ausschließlich Instantkaffee drin gewesen, auch wenn sie lieber Bohnenkaffee gehabt hätte! Das liebe Geld zog sich durch Josefines ganzes Leben und beeinflusste ihre Entscheidungen! Das komplette alltägliche Leben richtet sich nach dem finanziellen Status eines jeden einzelnen aus.
Sogar in der Arztpraxis am Anmeldeschalter. Links die Schlange für Kassenpatienten und rechts die für Privatpatienten! Natürlich war der Schalter rechts meistens leer und links stand man sich die Beine in den Bauch! Diese materielle Ungerechtigkeit machte einen regelrecht krank und vor allem wütend! War das die Welt sowie die Freiheit, nach der die Menschheit in all Jahren und den Kriegen gestrebt hatte?
Josefine glaubte das nicht, jedoch, wie war es überhaupt so weit gekommen? Wo war die Gesellschaft, oder besser gesagt die Menschheit, falsch abgebogen? Wahrscheinlich konnte das keiner richtig beantworten.
Es half nichts, mit seinem Leben zu hadern! Josefine würde bis an ihr Lebensende leiden müssen, wie es ihr Vater getan hatte. Sie musste es für sich akzeptieren, wenn sie das nicht schaffte, würde das restliche Dasein

unaufhörlich qualvoller werden, als es ohnehin schon war.
Das Leben spielt nach seinen eigenen Regeln! Es liegt an uns selbst, einen Weg zu finden. Ohne sich den Mut und die Kraft zur Freiheit nehmen zu lassen! Diese Entscheidung zum inneren Kampf, das war jedes Einzelnen eigene und freie Wahl!
Josefine drehte den Fünfzigeuroschein in ihren Händen und betrachtete ihn.
Also gab es einige wenige Dinge im Leben, die man frei für sich entscheiden konnte! Dein eigener Wille, der ist frei! Deine Gedanken die sind frei! Das kann dir niemand nehmen.

Welch ein Tag

Angelika Groß

Heute war einfach nicht mein Tag … nein wirklich nicht. Zuerst kam eine Absage von meiner besten Freundin, sie könne nicht kommen, ihr Auto sprang nicht an. Wir sehen uns nur alle zwei Monate, weil sie weiter weg wohnt, am Niederrhein. Gerade jetzt, wo ich dringend etwas Abwechslung in meinem Alltag gut gebrauchen könnte. Mit ihr wäre es ein wundervoller Tag geworden, sie ist immer gut gelaunt und hat die besten Ideen, was wir unternehmen könnten … schade. Sollte ich jetzt daheimbleiben, wieder die Wände anstarren? Nein, heute würde ich alleine losgehen, vielleicht könnte ich etwas Neues in unserem Viertel entdecken.

Langsam schlenderte ich in der beginnenden Dämmerung die kleinen Gassen entlang. Die Laternen waren noch nicht angeschaltet und durch die Allee vor unserem Haus waren die Bäume bei der untergehenden Sonne in gespenstische Schatten getaucht. Es war nicht gruselig, eher wie in einem Märchen. Die Menschen hasteten nach Hause, um ihren Feierabend zu genießen.

Ich ging die Straße entlang und kam durch eine kleine Gasse in die Nähe des Marktplatzes. Sehr alte Häuser säumten den gesamten Platz, der Brunnen in der Mitte plätscherte leise vor sich hin, eine friedliche Atmosphäre. Die Menschen saßen in ihren Wohnzimmern und das Licht fiel aus den Fenstern auf die Gehwege. Etwas weiter die Straße hinunter leuchtete ein Fenster besonders hell. Neugierig schaute ich durch eine große Schaufensterscheibe. So etwas hätte ich niemals erwartet, in dem kleinen Raum dahinter befand sich eine kleine Stube wie in einem Puppenhaus. Alte, schon etwas schäbige Sofas mit rotem Samtbezug, kleine runde sowie einige eckige, Tischchen, große Topfpflanzen, ein Klavier, überall Plüsch und Schischie … was war das, ein Trödelladen? Oder ein Ausstellungsraum für alte Möbel und Figuren? Bei genauerer Betrachtung sah ich lauter kleine Porzellanfiguren, Kistchen und Kästchen sowie eine große Vitrine mit Kuchen und ein Büfett mit Schokoladenpralinen. Trüffel in jeder Farbe von hellbraun bis dunkelbraun mit oder ohne Verzierung. Staunend drückte ich mir die Nase platt, solch einen Ort hatte ich noch nie zuvor gesehen. Es schien noch jemand anwesend zu sein, ein Schatten glitt an der großen Scheibe vorbei, die mit

Blumentöpfen und anderen Utensilien zugestellt war. Der Schatten verschwand, vor Aufregung hatte ich gar nicht bemerkt, dass es mein eigener war, als ich an der Scheibe vorbeiging. Ich drückte meine Nase an die Glastür, um besser sehen zu können. Jetzt wurde ich so neugierig, dass ich fast platzte. Sollte ich einfach den Raum betreten? Niemand war zu sehen, dennoch schien der Raum sauber aufgeräumt trotz der Enge und des vielen Nippes, der herumstand. Ungeduldig drückte ich gegen eine kleine Tür, die sich neben dem großen Fenster befand. Nichts bewegte sich, ich klopfte gegen die Scheibe, vielleicht war ja doch jemand zu Hause. Ich schaute auf den Zettel, der auf der Tür klebte. Was stand da? ›Montag Ruhetag‹

Heute war Montag, schade. Enttäuscht ging ich wieder nach Hause. Jetzt war ich so weit gelaufen und alles war umsonst, ich konnte das Rätsel heute nicht mehr lösen, leider.

Dazu muss ich anmerken, ich leide an einer Angsterkrankung, weite Wege sind für mich immer eine Herausforderung, Menschenansammlungen flößen mir Angst ein und alles Fremde ist mir sehr suspekt, außer meine Neugier hilft mir darüber hinweg. Deswegen war ich doppelt traurig, erst die Anspannung, dann die Neugier, endlich hatte ich es bis zur Tür geschafft, dennoch blieb sie mir verschlossen. Auf dem Nachhauseweg kämpfte ich meine Angst nieder, überlegte immer noch, was das wohl für ein Raum war. Morgen, ja morgen würde ich es noch einmal versuchen.

Der neue Tag begann und meine Gedanken kreisten um die kleine Stube, was würde ich sehen, etwas erfahren vielleicht aus der Vergangenheit, welche Geschichte steckte dahinter? Vorsichtshalber steckte ich meinen kleinen Notizblock sowie einen Kugelschreiber in die Handtasche. Der Weg war für mich heute nicht so einfach, viele Menschen hasteten über die Einkaufsstraße, mit Mühe versuchte ich, sie nicht zu beachten, malte mir in Gedanken aus, was oder vielmehr wer mich in der Stube erwarten würde. Noch ein Häuserblock war zu umgehen, dann stand ich wieder vor der Tür. Nein! Nicht schon wieder. Sie war verschlossen! Auf dem Schild an der Tür standen die Öffnungszeiten, um halb drei sollte diese Tür sich öffnen lassen, aber nichts tat sich. Was nun? Angestrengt drückte ich meine Nase platt an der Scheibe, hat sich da nicht etwas bewegt?

»Hallo, Hallo … ist da jemand?«

Nichts … das konnte doch nicht wahr sein … der ganze Weg … wieder alles

umsonst. Maßlos enttäuscht drehte ich mich um.
»Entschuldigung haben Sie gerade an meine Tür geklopft?«
»Ja, ja ich war das.«
»Möchten Sie hereinkommen, die Tür klemmt etwas, da muss man sich schon ordentlich gegen drücken.« Eine ältere Frau hielt mir die Tür auf, damit ich in die Stube gelangen konnte.
»Was ist das hier? Ein Museum, ein Trödelladen … oder …?«
Die Frau fing schallend an zu lachen.
»Nein, das ist meine kleine Caféstube.«
Erstaunt ließ ich mich auf den nächststehenden Stuhl fallen.
»Wie kommt man zu so tollen alten Möbeln und dem ganzen Ambiente?«
Die Frau lächelte immer noch, fing dann an zu erzählen.
»Die meisten Möbel sind alte Erbstücke aus der Familie. Meine Eltern lebten auf dem Land und da wurde nichts weggeschmissen, wie es heute leider so üblich ist. Als sie starben, habe ich alles bekommen. Mein Traum war immer, ein kleines Café zu eröffnen, da boten sich die Möbel an, denn ich mochte keine neuen Stühle und Tische, wie sie sonst üblich sind. Also haben mein Mann und ich hier mit den Erbstücken unser kleines Reich geschaffen.«
Jetzt konnte ich mich in aller Ruhe umschauen, erstaunt sah ich die vielen kleinen Dinge aus alten Zeiten, die eigentlich in Vergessenheit geraten sind. Alte Kaffeemühlen, Bügeleisen aus Eisen, Mokkatassen, die meine Großmutter auch gesammelt hatte. Es gab unendlich viel zu bestaunen. Die Bilder an den Wänden waren Ahnengemälde von der Besitzerin, wie sie mir später erzählte. In einer kleinen Ecke fand ich ein gemütliches Plätzchen und schwelgte in rotem Plüsch. Irgendwie war es ein Gefühl der absoluten Ruhe in mir.
»Möchten Sie ein Stück von meinem Pflaumenkuchen probieren, der ist noch warm?«
»Oh, ja gerne, und einen Milchkaffee bitte.«
Ich fühlte mich wie im Paradies, ohne jegliche Angst und Aufregung. Leise klingelte ein Glöckchen, dann rumste es, ich schaute erschrocken zur Tür.
»Frieda, deine Tür klemmt immer noch, soll ich mal danach schauen?«
Ein großer älterer Herr war in die Stube gepoltert, er lachte und nahm die Besitzerin in die Arme.

»Ja, ich weiß Albert, aber das hat auch seinen Vorteil, so kommt nicht jeder in meine Stube. Ich lasse nur die herein, die mir gefallen!« Lachend entzog sich Frieda Alberts Armen. »Wie immer Albert?«

»Ja Pflaumenkuchen mit viel Sahne, für Luise eine Tasse Kakao extra, du weißt schon …«

Albert hatte auch seine Frau mitgebracht, eine ältere Dame, die mir etwas geistig abwesend vorkam. Wie sich später herausstellte, litt sie an Demenz.

Albert ging an jedem Markttag mit seiner Luise in die kleine Cafëstube und aß einen Pflaumenkuchen mit ihr. Er musste sie füttern, da sie vergessen hatte, wie man mit einer Kuchengabel umging. Niemand störte sich daran, vielmehr bewunderten alle das nette Pärchen, weil sie noch so liebevoll miteinander umgingen. So nach und nach kamen noch andere Gäste in die Stube, alle in einem höheren Alter, soweit ich das beurteilen konnte. Die meisten kannten sich und begrüßten sich herzlich mit liebevollen Umarmungen. Freundlich nickten sie mir zu, was meine Angst wieder ziemlich klein werden ließ, Ich fühlte mich aufgenommen, angekommen. Ich lauschte den Gesprächen und war erstaunt über die Menschen, die sich hier zusammenfanden. Diesen Moment musste ich festhalten, griff nach meiner Tasche und suchte meinen Block und mein Schreibzeug. Wie es große Taschen so an sich haben, es fand sich weder das Eine noch das Andere. Der Verzweiflung nahe schaute ich mich um.

»Kann ich Ihnen helfen?«

Der nette ältere Herr Albert stand vor meinem Tisch und schaute mich an.

»Ja, ja, ich finde mein Schreibzeug nicht, gerade jetzt, wo ich es so dringend brauche.« Mit einem Seufzer ließ ich die Tasche auf den Tisch fallen.

»Hier, nehmen Sie meinen Stift. Frieda, hast du ein paar Servietten für das Mädchen, sie braucht dringend etwas zum Draufschreiben.«

Sofort kam Frieda angestürmt, für eine ältere Frau sehr geschwind und reichte mir das Papier. Sämtliche Leute im Café schauten zu mir herüber und wollten wissen, was jetzt passierte. Langsam begann mein Gesicht eine rote Farbe anzunehmen und ich wurde sehr verlegen, weil ich nun das allgemeine Interesse erregt hatte. Sie schauten nicht böse oder ungehalten wegen der Störung ihres Kaffeepläuschchens, sondern einfach neugierig. So ein einvernehmliches Gefühl kannte ich bis dahin nicht. Aus dem Grund lüftete ich mein Geheimnis.

»Ich schreibe Gedichte, wenn ich in eine Situation komme, die mir unbekannt ist, schreibe … verarbeite ich sie in Gedichten.« Erstaunt sahen die Leute mich an. »Ja, hier ist so eine angenehme Atmosphäre, die muss ich einfach beschreiben.«

»Junges Fräulein, da sind wir mal gespannt, wie Sie uns beschreiben. Übrigens, wir sind schon seit über zwanzig Jahren hier Gast und die meisten kennen sich sehr gut im Club der gut gelaunten Alten.«

So fing ein wundervoller Nachmittag an, einige der Alten erzählten Geschichten und Anekdoten aus ihrer Vergangenheit. Später im Gespräch mit Herrn Albert stellte sich heraus, dass er auch bei der Deutschen Bundesbahn gearbeitet hatte, genau wie ich damals, als mein Leben noch ohne Angst belastet war. Zufall?

»Wenn das Gedicht fertig ist, werde ich Ihnen das vortragen, wenn Sie mögen, danke für diesen schönen Nachmittag.«

Das Gedicht besitze ich immer noch, auf einer Papierserviette.

PS: Dies wurde mein Geheimplatz einmal die Woche. Mit einer braunen Trüffelpraline, gefüllt mit Cointreau, verließ ich immer das kleine Café. Inzwischen wohne ich in einem anderen Stadtteil, etwas außerhalb, hier ist es wie in einem kleinen Dorf und ein kleines Café gibt es hier auch.

zarte Finger umspielen
Papier angeschaut
von allen Seiten
kleine Kostbarkeiten
raschelnd knisternd
löst sich das Band
hervor kommt
ein kleiner Traum
in schwarz-weiß

Fingerspitzen
führen zum Mund
kurz flattert
die Zungenspitze
schmelzend gleitet
ein Tropfen
auf die Lippen

ein zartes Eckchen
sucht sich seinen Weg
nicht genug um zu vergehen
zum Verführen allemal

ein Feuerwerk von
Contreau mit Sahne
Guave Chili
verbreitet sich
auf den Knospen

kein Halten mehr
Stück für Stück
verschwindet zwischen
den Lippen

Trüffel welch Genuss

Mousse au Chocolat – falsch verortet?

Marlies Hanelt

Dieser junge Mann, ich nenne ihn einfach mal Leander, wähnt sich im Vollbesitz seiner geistigen, sehr ausgeprägten Fantasien. Die körperliche Konstitution ist nur ein zusätzliches, nicht mehr zu toppendes Bei-Brot, der er mit heftigem, konzeptionellem Hantel-Training zu Leibe rückt, sich regelrecht drangsaliert und bis weit über des Körpers gehende Grenzen echauffiert, damit es auch so bleibt.

Aber es gibt noch etwas, dem er leidenschaftlich frönt – nämlich dem Mousse au Chocolat.

Eigentlich nur der banale, dunkelbraune Schokoladenpudding, dem als finale Krönung noch ein Sahnehäubchen aufgesetzt wird, wenn man es möchte. Untergehoben oder auch mit dem braunen Mousse exakt verrührt, wirkt er zwar nicht sonderlich so, als müsste einem das Wasser im Munde zusammenlaufen, aber jeder hat eben seine individuelle Vorstellung von einem Dessert der besonderen Struktur. Letztendlich ist das Aussehen keinesfalls relevant, wenn es doch nur einfach die Geschmackspapillen im metaphorischen Sinne ›nerven‹ soll. Leander schaufelt becher- und oft schüsselweise davon hinein.

Tagelang wird an einer neuen Kreation Schoko-Mousse, quasi wie in einem Labor, herumexperimentiert. Das Hantel-Training sollte es wieder korrigieren, was an Mehrkalorien dem Körper zugemutet wird und ihn gewichtsbedingt breitmacht. Darum ist es nur logisch, dass er in seinem Kühler eben ausschließlich jenes nahrhafte Leckerli bevorratet hat.

Einfältige, konsequente Opulenz, der man nichts mehr hinzufügen möchte. Andere Nahrungsmittel wird man also hier nicht finden. Die Konsequenz für den Rest seines Lebens wird demzufolge sein, Mousse au Chocolat zuzubereiten, einhieven und Hantel-Training. Immer im Wechsel, damit alles wieder ins rechte Lot kommt. Kann das wirklich alles gewesen sein oder geht seine Fantasie auf eine dubiose Reise? Eben dorthin, wo man es nicht erwartet?

Leander erwacht, wie jeden gottverdammten Morgen, in aller Herrgottsfrühe. Geifert schon kurz nach dem Aufstehen nach seinem heißgeliebten Dessert. Was gibt es also Besseres, als dass er sich seines Vorrats bedient, der auch durchaus schon mal das Mindesthaltbarkeitsdatum überschreitet? Leander verliert nämlich so langsam die Übersicht über den Kühlschrank. Nicht nur, dass alles ordentlich hinter- als auch nebeneinandersteht, sondern regelrecht übereinandergestapelt liegt, macht die ganze Aktion nicht wirklich leichter. Schnelligkeit beim Herausgreifen der kultigen Lieblingsspeise ist angesagt. Wen interessiert da noch, wie lange sie haltbar ist?

Einem Schokoladenjunkie, der auf einen ›Kalten Hund‹ zugeht, schon ganz und gar nicht. Leander zittert, stetig wachsend wie Espenlaub. Bekommt jene Gier nicht mehr unter Kontrolle und greift sich den nächstbesten Becher. Reißt schwungvoll und hastig die viel zu dünne Metallfolie ab, währenddessen etwas vom Inhalt über sein braunes Sleep-Shirts kleckert. Einen Löffel benötigt Leander nicht, sondern steckt als Ersatz dafür den Zeigefinger in die sauer gewordene dunkelbraune, süße Masse. Lutscht ihn genießerisch ab und schnalzt fortwährend.

Den Geschmack der schlechtgewordenen Mousse ignoriert er, da dieser nichts mehr an Relevanz besitzt. Sucht ist und bleibt Sucht. Schon jetzt wirkt Leander wie ein gefräßiges Schokoladenmonster, das Ähnlichkeit mit einem subtil daherkommenden Braunbären hat, der sich kurzerhand im Dreck gesuhlt hat, obwohl dies nur Schweinen obliegt. Ihm ist einfach danach. Also warum sollte nicht auch einmal der Homo Sapiens sich diesem schmutzigen Spiel aussetzen dürfen?

Nur kurz hält er inne, um durchzuatmen. Schnappt nach der lebensnotwendigen Luft und ackert sich weiter durch den sauren Brei, der an cremiger Puddingkonsistenz viel eingebüßt hat. Ich meine, wer wird da nicht sauer, wenn die eigene Körper-Masse umformatiert und nicht mehr fest und knackig daherkommt, quasi sich etwas aufzulockern beginnt und der Erdanziehung mehr Augenmerk schenkt als gewünscht? Nach geraumer Zeit des sich Hingebens der Speisung von offensichtlich Hunderten von Menschen ist seine Wenigkeit über und über mit Mousse besudelt, die bestialisch klebt und irgendwie säuerlich stinkt. Ruckartig und sich im Mousse-Fieber befindend entledigt sich Leander seiner Nachtbekleidung – füttert seine Wenigkeit weiter mit dem ekligen Pudding. Nachschub ist angesagt, denn der Becher weist eine bedenkliche Neige auf, der man tunlichst entgegenwirken sollte.

Der Wahnsinn schlägt um sich. Als Nächstes greift sich Leander die runde, braune Schüssel, deren Inhalt zwar kein Haltbarkeitsdatum besitzt, jedoch schon längere Zeit im Kühler weilt. Demzufolge sich dem bakteriellen Niveau von Bifidus-Kulturen nähert und beginnt aufzulösen. Auch hier wirkt die Oberfläche der Mousse nicht mehr eben und leicht glänzend, sondern wie ein aufgeplatztes Sofakissen, das man schon lange vorhatte zu flicken. Nur leider reicht hier der Vorsatz eben nicht immer aus – man sollte zeitnah handeln.
Eine gute Überleitung, was das Thema Zeit betrifft. Denn so hastig er die Massen Mousse hineingeschlungen hat, wollen sie auch wieder heraus. Rumoren, teils im Magen und schon im Darmtrakt befindlich, herum. Blubbern unaufhörlich wie ein heißer Geysir, der kurz vor dem Ausbruch seines Inhalts steht. Das Wasser wie eine Fontäne gen Himmel katapultiert.
Der ein oder andere mag jetzt lachen oder zumindest müde lächeln, was ja auch von mir gewünscht wird, aber nicht dauerhaft sein sollte. Denn Lust und Frust liegen hier dicht beieinander. Leander kann nicht rechtzeitig retirieren, um die einsetzende Übelkeit und das fachgerechte Entsorgen der im Übermaß verschlungenen Mousse Folge zu leisten.
Nur noch ein versuchter Rülpser, und der hellbraune Masse-Mix von Schoki und Sahne ergießt sich intervallgerecht über den Kühlschrank als auch Leanders Körper. Läuft an den Seiten des Gerätes herunter – nähert sich bedenklich dem Küchenboden, der ihn schon sehnlichst willkommen heißt und erwartend begrüßt. Leander kollabiert, sackt zusammen, schaut aus wie ein Häuflein Elend, wirkt wie das neuerlich, kreativ entworfene Erscheinungsbild einer riesigen Praline, die sich kurz davor wähnt, in die Schachtel zu hüpfen. Nur eben ohne Verpackung, in Form eines braunen Kartons, der hier leider nicht zur Verfügung steht.
Das Unheil naht in Gestalt eines heftigen Windstoßes, dem reichlich braune Herbstblätter beigemengt sind. Leander hatte nämlich leider vergessen, das Küchenfenster rechtzeitig zu schließen, da seine Gedanken ohne Mousse au Chocolat nicht existieren können. Werden massiv davon umnebelt. Dieser krude Umstand findet jedoch keine Relevanz mehr, denn diese schweben jetzt woanders herum. Eben jene Blätter kommen final auf seinem durchtrainierten Körper zum Liegen – gehen eine Liaison mit dem sauren Überzug ein. Der kühle Herbstwind erledigt das restliche. Trocknet

sekundenschnell das, was man in einer Confiserie benötigt – nämlich dienlich für die Ummantelung eines bekannten Blätter-Krokant Pralinés. Einfach zum Vernaschen.

Einen Satz, quasi als Weisheit angedacht, kann ich noch hinzufügen. WENIGER ist oft MEHR! Lasst es euch einfach gut gehen! Treibt es nicht immer auf die Spitze! Auch hierfür gilt die Regel – seltener kommt besser. Das Maß aller Dinge ist angesagt.

Die Apfelbäume

Bernadette Maria Kaufmann

Marisol greift nach dem Messer und beginnt, den Apfel in ihrer Hand in kleine Stückchen zu schneiden. Nie hätte sie gedacht, dass sie einmal mit ihrem Bruder und einem Pater in der Küche eines Klosters sitzen und Äpfel aus dem dazugehörigen Park zerkleinern wird. Nun ja, denkt sie, ich hätte mir so vieles nicht gedacht – und doch ist es im Laufe der letzten Monate passiert.

Sie wirft den Apfelbutzen in den kleinen braunen Eimer für die Abfälle und beginnt, den nächsten Apfel zu schneiden.

›Wahnsinn‹, denkt sie, ›ein Wunder, dass wir drei über die letzten Monate nicht durchgedreht sind.‹

Einen so schrecklichen Sommer hat sie bisher noch nie erlebt. Monate, in denen sie die volle Härte kennengelernt hat – die Gier und den Hass mancher Menschen, ihre Falschheit und die bösesten Ideen, auf die Menschen nur kommen können.

Dann schiebt sie die Gedanken beiseite und hört zu, was der Pater erzählt. Es ist ein netter, sehr ruhiger Mann namens Hermann, der von den lebhafteren aus der Gruppe eher links liegen gelassen wird, scheint ihr.

Aber möglicherweise, denkt sie sich, täuscht dieser Eindruck auch ein wenig – er strebt nicht nach Aufmerksamkeit, möglicherweise ist sie ihm unangenehm.

Er erzählt, wie ihn als kleiner Bub, der sehr schüchtern war, einmal der Lehrer auf den Tisch in der Schule gestellt und ihn aufgefordert hat zu schreien, so laut er es nur irgend könne.

Pater Hermann erzählt, er habe damals keinen Ton herausgebracht.

Marisol kann sich das gut vorstellen – lebhaft und in farbigen Bildern wie in einem Film. Diese Fähigkeit hatte sie schon immer. Texte, welche sie schreibt, sind für sie jederzeit wie ein Film abrufbar. Oft hat sie das Gefühl, alles, worüber sie schreiben will, ist im Grunde schon da und wartet nur darauf, von ihr abgeholt zu werden.

Pater Hermann als Schulbub auf einem Tisch, stumm, verzweifelt, beäugt von den Mitschülern. Marisol ist sicher, der Lehrer hatte bereits vorher gewusst, dass der Bub keinen Ton herausbringen wird. Ein ruhiges, sehr

schüchternes Kind aus einer Großfamilie mit acht Kindern – die Mutter und eines der Geschwisterkinder bereits verstorben – der Vater ohne Worte an seine Kinder, die ihm geblieben sind.
Keine leichte Kindheit, denkt Marisol, aber sie denkt auch daran, dass er erzählt hat, dass seine Geschwister und er stets zueinandergehalten haben. Also vielleicht doch - vielleicht trotzdem - eine Kindheit voller sehr schöner Momente – trotz all jener Momente, die traurig sein können.
Sie hört auf seine ruhige Stimme und denkt an jenen Nachmittag in dem Park hier, als sie ihren Hund spazieren führen wollte. Diese Woche war das. Vorgestern? Vielleicht. Marisol hat kein Zeitgefühl mehr.
Spazierengehen mit dem Hund. Wobei spazieren - nun ja. Ihr Hund ist mit seinen gut achtzehn Jahren nicht mehr wirklich willens, spazieren zu gehen. Umgerechnet in Menschenjahre wäre Raya unendlich alt. Etwa hundertzwanzig Jahre.
Gut, denkt Marisol, dass ich selbst voraussichtlich - wenigstens laut Prognosen - mit meiner Diagnose circa acht bis zehn Jahre weniger Lebenserwartung habe. Erst war sie wirklich erschrocken über diese Aussage. Doch wenn sie so darüber nachdenkt – dann ist sie eher froh darüber. Im Moment hat sie im Grunde fast genug vom Leben. Der letzte Sommer hat ihr den Rest gegeben.
Vielleicht würde sie sich das Leben nehmen. Irgendwann einmal. Wenn das Leben und ihre tolle chronische Krankheit ihr den absoluten - den endgültigen – Rest gegeben hatten.
Könnte sie das? Sich das Leben nehmen? Und wie?
Aber andererseits würde Marisol diesen heimlichen Triumph all jenen, die ihr alles andere als wohlgesonnen sind, nicht gönnen.
Dies würde sie niemals tun.
Und vor allem – ihren Bruder würde sie niemals alleine zurücklassen, genauso wenig, wie sie das mit ihrer Mutter tun würde.
Sie schließt die Augen und denkt an die Apfelbäume in dem Park hier. Knorrig, doch in ehrlicher Erhabenheit, stehen sie da in ihrer braunen Rinde und lassen sich von Sonne und Regen, Sturm und den Blättern, umgeben.
Grün-rötlich gefärbt hängen sie da, die Äpfel in den braunen Apfelbäumen. Manche liegen in der Wiese und werden von Regenwürmern durchlöchert. Braune Regenwürmer, die sich durch die Körper der Äpfel fressen, ganz

gemächlich und voller Genuss. Marisol hat sich einen der Äpfel von den Zweigen genommen, an ihm gerochen – ein wundervoller, süßer, mystischer Duft – und dann hineingebissen.
Köstlich.
Sie öffnet die Augen wieder und blickt auf ihren Bruder, der vertieft ist in das Schälen der Äpfel. Welches Glück wir haben, denkt sie, dass man uns hier aufgenommen hat. Sie haben uns mit dem Hund gerettet, vor der Straße, vor der Kälte in der Notschlafstelle, in der man jeden Morgen um sieben Uhr ausgecheckt haben muss und mit allem, was man vielleicht noch besitzt auf der Straße steht - im Falle von Raya vor dem sicheren Tod, denn beim Amt vertrat man ja die Ansicht – der Hund ist so alt, zu nichts mehr nütze, und überhaupt – nur ein Hund – einschläfern oder ins Tierheim. Weg mit ihm.
Sehr sozial. Das, findet Marisol, muss man diesen Leuten lassen.
Die Frau vom Amt hatte sogar einen eigenen Hund mit im Büro. Nun, für diesen galten wohl andere Maßstäbe, wie? Gut zu wissen. Aber nicht gut. Sehr merkwürdig, findet Marisol, dass man so jemanden auf Menschen loslässt. Wie viele Menschen sich wohl in ihrer Verzweiflung dazu hinreißen lassen, derartigen Vorschlägen nachzugeben! Ein Wahnsinn.
Marisol lächelt den Pater an. Pater Hermann ist gerade dabei zu erzählen, dass er die Äpfel dieses Jahr drei Wochen länger als ursprünglich geplant an den Apfelbäumen ließ. Nun sei ihr Geschmack hervorragend, besonders süß und gereift.
Ja, denkt Marisol. Da ist was dran. Er hat die richtige Entscheidung getroffen, scheint mir.
Es ist gut, dass die Apfelbäume hier so fest verwurzelt sind und in ihrem Park sicher stehen.
Sicherer Halt ist wichtig. Auch für Menschen. Und diesen sollte man sich auch dann wahren, wenn schwierige Zeiten kommen – sonst übersteht man sie nicht – ohne Halt und innere Stärke ist man verloren.

Hell oder Dunkel?

Elfride Stehle

Eva kommt mit ihrer besten Freundin vom Shoppen zurück. Nach langer Zeit hatten sie sich das wieder mal gegönnt. Zufrieden mit ihrem Einkauf lassen sie die Tüten erst einmal im Flur von Rosas Wohnung stehen. Eva streift stöhnend ihre High Heels ab und läuft barfuß ins Wohnzimmer. Dort wirft sie sich auf das braunkarierte Sofa und legt die Beine auf den rustikalen Holztisch.

»Ich brauche jetzt ein Stück Schokolade, hast du welche?«

»Ich bin mir nicht sicher, Eva, einen Augenblick.« Schließlich kommt Rosa mit zwei Tafeln zurück. Diese hochhaltend setzt sie sich neben Eva und fragt: »Hell oder Dunkel?«

»Hell natürlich, obwohl«, sie überlegt kurz, »dunkle Schokolade gesünder sein soll«, und schon hat Eva einen ganzen Riegel von dem süßen Zeug im Mund.

Kauend reicht sie Rosa die aufgerissene Packung hin. Die aber meint kopfschüttelnd: »Mit dem braunen Mist kannst du mich jagen, das weißt du doch.«

»Generell, weil es braun ist, oder weil es dir auf die Hüften schlägt?«, fragt Eva breit grinsend und rammt ihrer Freundin den Ellenbogen in die Seite.

»Aua!«, schreit diese, muss aber lachen, als sie Evas braun verschmierten Mund sieht. »Nun bist du schon so alt und kannst immer noch keine Schokolade essen.«

»Wieso«, fragt Eva, springt auf, rennt in den Flur zum Spiegel und versucht, mit den Fingern ihren Mund sauber zu wischen. Dann steckt sie den Kopf zur Tür herein und fragt: »Gut so?«

Doch Rosa nickt nur, weil sie gerade nach der Fernbedienung greift.

»Soll ich uns einen Kakao machen, oder magst du den auch nicht, weil er braun ist«, ruft Eva aus der Küche.

»Kakao ja, und für mich extra vier Teelöffel von dem Pulver!«

»Okay«, antwortet Eva, »aber danach packen wir unsere Tüten aus, ja?«

»Mmmm«, macht Rosa und zappt sich durchs Fernsehprogramm.

Als Eva mit dem dampfenden Kakao erscheint, zeigt ihre Freundin ganz aufgeregt auf den Bildschirm: »Sieh dir das an, wusstest du, dass Braunbären

ihren eigenen Kot fressen?«
»Igitt, und sowas guckst du?«
»Komm setz dich her, Eva«, und einladend klopft Rosa mit der flachen Hand aufs Sofa, »jetzt gibt es gleich einen Spielfilm von Jean-Jaques Annaud, einem bekannten französischen Regisseur.«
Die Freundin stellt den Kakao ab, wirft einen Blick auf den Fernseher und fragt mit hochgezogenen Augenbrauen: »Der Bär?«
»Ja genau, die Geschichte handelt von einem verwaisten Bärenjungen, das in der kanadischen Wildnis von einem männlichen Bären ›adoptiert‹ wird«, antwortet Rosa, »aber nun komm endlich. Du machst mich ganz nervös.«
»Sind die Braunbären nicht ausgestorben in Deutschland?«, will Eva wissen und trinkt vorsichtig einen Schluck von dem heißen Kakao, während sie sich langsam neben ihrer Freundin niederlässt.
»Das waren sie, sehr lange sogar«, meint Rosa, »aber im Mai und Juni 2006 sah man nach einhundertsiebzig Jahren das erste Mal wieder einen Braunbären in Deutschland. Das glaube ich zumindest gehört zu haben.«
»Krass! Der wurde doch Bruno genannt und wanderte wochenlang in der deutsch-österreichischen Grenzregion umher? Ich erinnere mich, dass er einige Haustiere riss. Und weil er sich immer wieder menschlichen Siedlungen näherte, wurde er schließlich im Juni 2006 erschossen. Wenn ich nicht irre, war es der 26. Juni …«
»Ja, leider«, seufzt Rosa etwas traurig. »Zum Glück geht man in Österreich anders mit dieser Problematik um.«
»Aha, wie denn?«, fragt Eva nun neugierig.
»Moment«, Rosa trinkt nun auch einen Schluck von dem Kakao, »also - obwohl es auch dort hin und wieder zu Schäden an Haustieren und Bienenstöcken kommt, akzeptiert die österreichische Bevölkerung heute die Anwesenheit von Braunbären. In Bärenregionen sollen dafür sogar drei eigens beauftragte ›Bärenanwälte‹ dafür sorgen, dass die Akzeptanz der Tiere gefördert wird. Außerdem helfen sie bei der Klärung von Schadensfällen.«
»Das ist allerdings eine gute Lösung. Ich frage mich, warum das in Deutschland nicht auch möglich ist.«
»Keine Ahnung, Eva … aber pssst, jetzt beginnt der Film.«
Nach anderthalb Stunden meint Eva: »Ein schöner, interessanter, aber auch trauriger Film.«

Rosa schaut ihre Freundin fragend an.
»Na ja, der Film beginnt traurig, hat eine interessante Handlung … und am Ende, wie die beiden Bären dann…«, erschrocken schaut sie auf die Uhr. »Schon vier. Meine Mutter kommt nachher noch vorbei. Also, meine Liebe, mit unserer Modenschau wird es wohl heute nichts mehr.«
»Dann halt morgen, kannst die Sachen hierlassen.«
Eva, die bereits in der Tür steht, dreht sich noch einmal um und sieht ihre Freundin skeptisch an.
Die aber lacht und sagt: »Keine Angst, ich vergreife mich bestimmt nicht an einem deiner Teile. Du weißt ja, wie ich zu deiner momentanen Lieblingsfarbe stehe.«
Und schmunzelnd sieht sie fünf Minuten später vom Fenster aus, wie Eva in ihren neuen braunen Skoda steigt, um dann mit Hupkonzert davonzufahren.

Der braune Handschuh

Erich Röthlisberger

Schon seit mehreren Tagen lag der braune Lederhandschuh in der Nebengasse auf dem Gehsteig. Erst als ein älterer Herr mit seinem Chihuahua zufällig die Straße entlang spazierte, wurde er gefunden.
Der kleine Hund nahm die Witterung des braunen Handschuhs auf und tat dies mit lautem, kläffenden Bellen und Knurren kund. Er begann wie wild an der Leine zu zerren, was aber keinen großen Eindruck auf den Hundehalter machte. Denn der quirlige Fido vollzog noch des Öfteren so eine Knurr- und Leinenzieheinlage.
So wie diesmal hatte sich klein Fido jedoch noch nie verhalten. Mit der Schnauze in der Höhe musste er wohl von etwas ganz Außergewöhnlichem die Witterung aufgenommen haben. Deshalb gab der Hundehalter dem Zerren des Tieres nach und begleitete ihn zu dem braunen Handschuh.
Jetzt begann die Knurrerei und Riecherei an dem Lederstück erst recht. Der Kleine war außer sich. Verwirrt tänzelte er um den Handschuh. Mit einer schnellen Bewegung schnappte er sich das braune Ding und begann es wie wild hin und her zu schlenkern.
Da half auch ein Zureden, kein »Aus! Lass das!« bewirkte, dass der Hund den Handschuh losließ.
Es blieb dem Mann nichts anderes übrig, als dem Hund den Handschuh aus der Schnauze zu reißen. Zum Glück blieb das Ding ganz und trug keinen größeren Schaden davon als ein paar Zahnabdrücke.
Der Hundehalter beruhigte seinen vierbeinigen Begleiter und betrachtete das gerettete Männeraccessoire etwas genauer. Wie bereits früher erkannt: Es handelte sich um einen einfachen, sicher seit längerem getragenen braunen Männerlederhandschuh.
Dem Mann stellte sich die Frage, weshalb der Handschuh überhaupt in dieser Gasse lag? War dem Träger etwas zugestoßen? Wurde er Opfer eines Gewaltverbrechens? Wurde der Handschuh irgendwo gestohlen und dann achtlos in die Seitengasse geworfen? Ging er hier verloren?
Fragen über Fragen. Alles unbeantwortete Fragen.
Während der kleine Vierbeiner noch immer wild an der Leine zog und verwirrt, laut bellend umhersprang, schaute sich der Mann in der dunklen

Gasse genauer um. Er suchte nach dem Besitzer des braunen Handschuhs. Es könnte ja sein, dass dieser hinter einem der etlichen Kehrichtcontainer lag und dringend Hilfe benötigte.

Aber als er auch nach intensiver Suche niemanden fand und auch das Gegenstück zum aufgelesenen Fingerwärmer nirgends lag, gab er auf.

Kurz blickte er von links nach rechts, legte den Handschuh auf den Rand eines Containers und machte sich mit seinem Hund auf den Weg zur nächsten Laterne.

Der Mann war sich sicher: Den braunen Lederhandschuh hatte jemand verloren. Oder er wurde irgendwo gestohlen und in der Gasse entsorgt.

So lag der braune Handschuh verlassen beim Kehricht. Geduldig wartete er darauf, zu erfahren, was wohl als Nächstes mit ihm geschehen würde.

Der Braune

Roland Moser

Mona wünschte sich schon lange ein eigenes Pferd. Mit ihren zwölf Jahren sei sie noch etwas zu jung dafür, sagte ihr die Mutter immer wieder. Dabei hatte Monas Schulfreundin schon seit zwei Jahren ein Pferd und durfte auch Reitstunden nehmen.

Mona war eifersüchtig auf all die Mädchen, die sich so ein Pferd leisten konnten. Und sie war auch traurig, dass sie in ihrer Familie nicht so viel Geld hatten. Denn ein Pferd kostet viel Geld. Nicht alleine nur die Anschaffung, sondern auch das Futter, der Tierarzt und die Unterbringung des Pferdes waren kostspielig. Eines Tages war Mona im Dorf unterwegs und kam am Reitstall eines reichen Bauern vorbei. Auf der Weide sah sie ihn: *Der Braune* war einfach nur wunderschön.

Ein stolzes Pferd mit prächtiger Mähne und glänzendem braunen Fell graste zufrieden und hob den Kopf, als er sie erblickte. Mona verliebte sich Hals über Kopf in dieses Tier. Von diesem Tag an stahl sich Mona oft von zu Hause fort, um ihn wieder zu sehen. Vom Stallbesitzer erfuhr sie, dass der Braune »Solo« hieß. Mit der Zeit freundete sie sich mit Solo an und schon bald fraß er ihr aus der Hand. Der Besitzer des Pferdes gestattete Mona, den Stall von Solo zu misten und nach einigen Wochen durfte Mona Solo sogar reiten. Das Geld für Reitstunden hatte sie ja nicht, aber weil sie im Stall mit viel Freude Hand anlegte, war dies nun ihr Lohn.

Ihre Mutter schimpfte zwar immer, wenn ihre Tochter stundenlang in diesem Reitstall war, anstatt ihr im Haushalt zu helfen. Monas Vater war vor zwei Jahren verstorben, seitdem lebte sie mit ihrer Mutter alleine in einem kleinen Dorf in der Schweiz.

Jeden Herbst organisierte der Pferdestallbesitzer einen großen Ausritt für seine Reitschülerinnen und Reitschüler. Darauf freuten sich alle immer sehr, denn es war auch immer eine Rast bei einer Blockhütte hinter einem Wald eingeplant. Dort konnte man Fleisch und Kartoffeln auf einem Grillfeuer braten, die Pferde wurden abgesattelt und konnten auf einer Wiese ihre Pferdefreiheit genießen. Zu diesem Ausritt war nun auch Mona eingeladen. Sie freute sich riesig darauf. Aber vorher musste sie natürlich die Erlaubnis dazu bei ihrer Mutter einholen. Denn die Tour würde bis spät in die Nacht

hinein gehen.
Mit glänzenden Augen fragte Mona ihre Mutter, ob sie bei diesem Pferdeausritt mitmachen dürfe. Die Mutter jedoch sorgte sich um Mona. Seit ihr Mann verstorben war, hatte sie nur noch die kleine Mona. Und auf so einem Ausritt konnte auch immer etwas Schlimmes passieren. Was wäre dann? Nein, sie könnte es nicht ertragen, wenn Mona etwas zustoßen würde. Also verbot sie es ihr. Da half alles Betteln und Weinen von Mona nichts. Die Mutter blieb hart. Mona war unendlich traurig und lief in ihr Zimmer. Dort vergrub sie ihr Gesicht in ihrem Kissen und weinte bittere Tränen der Wut und Enttäuschung. Die Mutter kannte Mona und wusste, dass sie sich darüber hinwegsetzen würde.
Als der Tag des Ausrittes kam, sperrte sie ihre Tochter vorsorglich im Zimmer ein und nahm den Zimmerschlüssel an sich. Mona schlug mit ihren kleinen Fäusten gegen die Holztür. Dann hörte sie das Klappern der Pferdehufe, als die Gruppe an ihrem Haus vorbeiritt. Sie hörte durch die Wände, wie die anderen ihren Namen riefen. Nach einiger Zeit entfernte sich das Geräusch der Pferdehufe und bald war von der Reiterschar nichts mehr zu hören. Sie waren ohne Mona gegangen. Rachegedanken machten sich in dem kleinen Mädchenköpfchen breit. ›Das wird sie mir büßen‹, dachte Mona. Als der erste Schnee fiel, stand Monas Entschluss fest. Mutter sollte den Weihnachtsabend alleine verbringen müssen. Dafür würde sie schon sorgen.
Als der Heiligabend kam, schlich sich Mona unbemerkt aus dem Haus während ihre Mutter in der Küche ein Festessen für Mona und sich vorbereitete. Die Mutter bemerkte nicht, wie Mona leise die Türe hinter sich schloss und sich auf den Weg zum Pferdestall machte. Beim Gemüsehändler schlich sich Mona in den Keller und klaute frische Rüben und zwei Kilo Hafer für Solo.
Beim Stall war alles ruhig. Nur das Schnauben und Scharren der Pferde war zu hören. Ganz hinten stand er in der Pferdebox – ihr geliebter Brauner. Freudig hob er den Kopf und wieherte, als er Mona bemerkte. Sie tätschelte ihn und gab ihm Rüben. Traurig und doch glücklich legte sie sich zu Solo in das warme Heu. Dieser Heilige Abend sollte für sie und den Braunen eines der schönsten Weihnachten bleiben. Wer Pferde so sehr liebt, wie Mona ihren Braunen, braucht keine anderen Weihnachtsgeschenke.

Maria und die Kastanien

Marianne Peternell

Sie saß in der Essecke ihrer Küche. Soeben war sie mit Aufräumen fertig geworden. Es war eine neue Küche. Ihre Tochter hatte sie für sie ausgesucht. Marion war eines Tages gekommen und hatte darauf bestanden, dass die alten Kästchen und der Herd, von dem nur noch zwei Kochplatten funktionierten, weg mussten. Auch der alte Kühlschrank wurde entsorgt.
Maria kaufte mit ihrer Tochter Marion bei Peter Max eine neue Küche, einen Herd mit Ceran- Kochfeld, einen Kühlschrank mit Dreistern-Kühlfach und Kästchen, Ober- und Unterschränke mit mittelbraunen Holztüren. Das alles bezahlte sie von ihrem mühsam Ersparten. Marion brachte einen Bekannten, der die Küche montierte, nachdem sie geliefert worden war. Und da stand sie nun, aufgeregt zwischen all den neuen Dingen in ihrer 2-Zimmer-Wohnung und begann sofort sie sorgfältig zu putzen, obwohl doch eigentlich alles neu und sauber war. „Das macht man", sagte sie „so wird das Neue was Eigenes."
Seither hatte Maria ihre neue Küche täglich sauber und ordentlich aufgeräumt, sogar ein eigenes Pflegemittel für das Ceran-Kochfeld hatte sie im Supermarkt besorgt.
Maria war schon alt, gerade 71 Jahre alt geworden und dennoch hatte sie sich diese Küche geleistet. Das verhieß ihr Lebensmut. Sie würde noch lange leben wollen, damit sich diese Investition auszahlte, damit die Anschaffung der neuen Küche auch wirklich Sinn hatte.
Maria liebte es gepflegt. Sie ließ ihr kurzes Haar regelmäßig beim Friseur in geordnete Dauerwellen legen. Sie bestellte sich Kleidung aus dem Katalog für gesetzte Damen. So empfand sie sich ordentlich und schön; sonntags legte sie dezenten Lippenstift auf, bevor sie in die Kirche ging. Sie war nicht gläubig, doch ihrer Meinung nach gehörte es sich, in die Kirche zu gehen. So dachten fast alle im Dorf und die Kirche war sonntags gefüllt.
So saß sie an diesem Tag also, es war mitten in der Woche, mit ihrem dauergewellten Haar und ihren Kleidern aus dem Katalog, einem dunkelblauen Rock und einer dunkelblau-rosa gemusterten Bluse in Gr.44 in ihrer geputzten Küche. Doch etwas war anders. Etwas irritierte sie.
Auf der Arbeitsfläche ihrer Küche lag ein Sack mit Kastanien. Marions Sohn

Lukas war gestern zu Besuch gewesen. Er hatte die Kastanien im Hof gesammelt und war begeistert gewesen, wie schön sie waren, wie glänzend, wie glatt. Er hatte lange mit ihnen gespielt. Sie waren zu Autos geworden, zu Männchen, zu Bällen.

Als er ging, hatte er sie vergessen.

Und nun saß Maria da. knetete ihre Hände und starrte die Kastanien an. Sie störten ihren Ordnungssinn und sie hätte sie auch ohne Zögern weggeworfen, wenn nicht das Leuchten in den Augen von Lukas beim Spielen, an das sie sich erinnerte, sie davon abgehalten hätte. Sie holte die glänzend braunen Kastanien und breitete sie vor sich auf dem Tisch aus. Sie befühlte sie, doch zuckte sie dabei zusammen, als würde sie etwas Verbotenes tun. ›Mit Kastanien spielen nur Kinder. Das gehört sich nicht.‹, sagte sie sich. ›Ob ich die Kastanien für Lukas aufheben sollte? Nein, das wohl nicht, sie werden alt werden und ihre Glätte und Schönheit verlieren.‹ Maria starrte die Kastanien an. Tränen standen plötzlich in ihren Augen, doch sie wusste nicht weshalb.

Mit einem plötzlichen Ruck stand sie auf, warf die Kastanien wütend zurück in den Sack und brachte den Sack zum Mülleimer.

Alles hatte wieder seine Ordnung. Maria las nun ›Das goldene Blatt‹, das sie am Morgen gekauft hatte, las über die Schwierigkeiten und Probleme in Königshäusern, deren Familienmitglieder ihr alle namentlich vertraut waren.

Magischer Rauchquarz-Monolith

Marlies Hanelt

Krystyna dreht sich, wie eigentlich jede Nacht, in ihrem Bett von einer Seite auf die andere. Versucht immer wieder erneut einzuschlafen. Hinzu kommt das permanente Frösteln, da sämtliche Heizkörper des Kinderheimes mit dem für die Öffentlichkeit wohlklingenden Namen ›Sonnenschein‹ massiv gedrosselt werden, um der Sparpolitik des Landes Mecklenburg-Vorpommern Folge zu leisten.

Wen interessiert schon, dass Heimkinder einer besonderen Fürsorge bedürfen. Nur wenige – eben jene, denen sie am Herzen liegen. Hier im Kinderheim sind das nur einige, besser gesagt zwei Köchinnen, die für das leibliche Wohl sorgen und der sechzigjährige Heimleiter Christian, der aus dem wenigen zur Verfügung stehenden finanziellen Budget immer noch etwas für die elternlosen Kinder umzusetzen weiß. Den ein oder anderen sehnlichsten Wunsch liest er ihnen von den Augen ab, um in deren Leuchten regelrecht zu ertrinken und der betreuerischen Tätigkeit einen Sinn abzuringen.

Denn zu tief sitzt immer noch der Schmerz seiner einstigen Jugend, die vom permanenten Wechsel vieler dubioser Kinderheime und Pflegefamilien begleitet gewesen ist. Geprägt hat sie ihn auf alle Fälle, und zwar in positiver Weise. Eines hat er sich damals schon geschworen - ›entweder werde ich später einmal Erzieher oder Lehrer‹. Schon seit vielen Jahrzehnten gibt er seine immer schwächer werdenden psychischen als auch physischen Kräfte für eben jene Kinder her und wird dies auch weiterhin so handhaben. Sie sind eben sein Ein und Alles. Der Ersatz für eine Familie, die er nie kennenlernen durfte. Kinder geben seinem Leben erst den richtigen ›Kick‹ und vervollkommnen es auf einer Ebene, die man hier mit Worten nicht erklären kann.

Gleich einem magischen Rauchquarz-Monolithen, der sein Umfeld verzaubert und in den Bann zieht. Ob seiner dunkelbraunen Ausstrahlung und Stärke, die etwas von Beständigkeit und Wärme hat, in welche man eintauchen und sich treiben lassen kann, die Sicherheit bietet, ohne etwas nehmen zu wollen. Einem massiven Felsen in der immerwährenden, tosenden Brandung des Meeres nicht unähnlich, aus dem der Mensch entsprungen ist.

All das verinnerlicht Christian und noch viel mehr.

Manchmal, wenn Krystyna besonders traurig ist, erkennt sie eine unnachahmliche, schimmernde Aura um Christian, sucht seine Nähe und fragt ihn, ob er ihr in traulicher Stunde wieder eine Geschichte vortragen kann. Immer dann, wenn das Mittagessen, das überwiegend aus appetitlichen Gemüse-Eintöpfen besteht, vor Hunger regelrecht hineingeschlungen wird und hernach drei Stunden Schlaf angesagt sind. Krystyna verkriecht sich dann unter ihrer dünnen Decke, lauscht den fast wispernden Zeilen Christians, der sie in ein anderes Reich mitnimmt.

Diesmal ist es die Welt des magischen Rauchquarz-Monolithen. Es kommt ihr so vor, als würde Christian der König des Reiches ›Monon‹ persönlich sein. Bedächtig nimmt er sich den für ihn viel zu kleinen Holzstuhl, zieht diesen dicht an Krystynas Metallbett heran – beginnt die schaurig schöne Erzählung, die er sich extra für sie ausgedacht hat. Wie passend, dass hierzu draußen der Herbstwind tost, die braungewordenen Blätter durch die Gegend fegt und tanzend herumwirbeln lässt.

Mutter Natur lauscht innig und gesellt sich hinzu. Das stimmungsvolle Bild verfehlt nicht seine Wirkung, denn Krystyna hat sich die Decke bis zur Nasensitze hochgezogen und krallt diese mit ihren schmächtigen Fäustchen so fest, dass die Fingerknöchelchen weiß hervortreten. Gespenstische Ruhe füllt das kleine Zimmerchen, das sich magisch aufzuhellen beginnt. Denn Christians Aura leuchtet intensiver, als es eine Lampe jäh vermag.

Sanft und liebevoll streicht er über ihr dünnes braunes Haar – will sie besänftigen.

»Weißt du, was ein Monolith ist?«, fragt er Krystyna, die er seit Anbeginn ihrer Existenz des Heimes ›Sonnenschein‹ in sein warmes, schlagendes, väterliches Herz geschlossen hat. Mit zartem Stimmchen folgt die prompte Antwort.

»Nein – was ist denn ein Polomith?«

Christian muss daraufhin schmunzeln ob der völlig falschen Ausdrucksweise, die er so noch nie gehört hat. Ja wie auch, wenn diese Geschichte das erste Mal einen Zuhörer findet.

»Schau mal, Krystyna, dieser Monolith ist einfach nur ein Stein. Aber ein ganz besonderer, denn er hat magische Kräfte, die er nur Kindern wie dir überträgt. Eben jene, welche sehr viel Leid erfahren mussten. Er verleiht Stärke und Sicherheit. Wirst sehen.«

Während des Erzählens wird Christian von der Aura fast völlig vereinnahmt, ist kaum noch in seiner wahren Gestalt zu erkennen. Ist er der magische Rauchquarz-Monolith selbst oder bildet sich das Krystyna nur in ihrer übersteigerten Fantasie ein?

»Hör gut zu, meine allerliebste Krystyna, denn wenn die Geschichte zu Ende ist, nimmt dich der magische Rauchquarz-Monolith dorthin mit, wo er einst hergekommen ist. Geboren im Land der ›Sonnenstrahlen‹, wo es immerwährendes, friedvolles Leben gibt. Reinheit und Stärke wirst du dort finden. Wer weiß, vielleicht begegnest du dann auch noch anderen Kindern, die dich wohlwollend annehmen und akzeptieren, so wie es dir zusteht. Das meine ich mit Kraft, die dem Magischen innewohnt. Ein Leben in der Unendlichkeit kann nur Frieden bedeuten, denn dem Tod steht es nicht zu, hier zu verweilen. Monon erwartet uns schon sehnlichst. Bist du jetzt bereit, Krystyna?«, ergeht die Frage an ein Mädchen, das sich eben nichts sehnlicher wünscht, als mit Christian dort für immer zusammen sein zu dürfen.

Intuitiv fühlen zwei Menschen ein und dasselbe, auch ohne viele Worte. Sehnsucht nach einheitlichem Angenommenwerden und friedvollem Miteinander. In diesem Moment des Einvernehmens zweier Körper und Seelen, nimmt die magische Aura Christians auch Besitz von Krystyna, hüllt beide ein, um sie in das ›Sonnenstrahlenland‹ zu entführen. Denn eben er ist der auserwählte magische Rauchquarz-Monolith, der seine kräftig schimmernde Aura niemals verloren hat. Gutes zu Gutem fügt sich hier in kongruenter Gemeinsamkeit für die strahlende Ewigkeit. In jedem von uns existiert ein Stückchen Rauchquarz-Monolith, das niemals aufhören wird, das Magische in die Welt hinauszutragen.

Die Stall-WG

Beate Kidd

Langsam spazierte Kater Miko die Stallgasse entlang. Obwohl die braune Holztür noch geschlossen war, war es durch die vielen Fenster sehr hell im Pferdestall.
Miko war hier in einer leerstehenden Box zur Welt gekommen und lebte seitdem auf diesem Hof, auf dem auch immer wieder Tiere aus schlechter Haltung aufgenommen wurden. Während sich Miko von einzelnen morgendlichen Sonnenstrahlen das Fell wärmen ließ, konnte er das Brummen des Pferdetransporters hören.
Er hatte bereits mitbekommen, dass wieder ein neues Pferd in den Stall einziehen sollte. Als sich wenig später die Stalltür öffnete und eine völlig verstörte Stute hereingeführt wurde, erschrak Miko. Das Pferd war abgemagert bis auf die Knochen und hatte einzelne offene Wunden, aus denen der gelbe Eiter lief. An manchen Körperstellen war gar kein Fell mehr, sondern nur noch entzündete Haut. Anscheinend war die Stute immer angebunden gewesen, denn der Strick hatte deutliche Spuren an ihrem Hals hinterlassen.
Miko lauschte dem Gespräch der umstehenden Menschen und erfuhr, dass »Franzi« schon seit Jahren kein Tageslicht mehr gesehen hatte. Futter hatte sie wohl eher selten bekommen und wenn, dann auch nur vergammelte Küchenabfälle, die für ein Pferd gar nicht geeignet waren.
Tief berührt schlich Miko zu der Box, in der Franzi nun untergebracht war. Sie lief nervös auf und ab und drehte sich immer wieder um ihre eigene Achse. Als sich der Hofbesitzer an die Box stellte, legte Franzi die Ohren an, blähte ihre Nüstern und riss die Augen auf.
›Die Arme‹, dachte Miko. ›Sie muss Schreckliches erlebt haben.‹
Später am Tag kam der Tierarzt, um sich Franzi anzusehen. Da war dann richtig was los im Stall. Franzi schlug sofort aus, sobald jemand ihre Box betreten wollte. Sie wieherte laut und schrill vor Angst, so dass auch alle anderen Pferde unruhig wurden. Für eine erste Untersuchung musste sie jedoch angebunden werden und stellte somit die Menschen hier vor eine große Herausforderung. Miko verließ den Stall. Franzi tat ihm sehr, sehr leid, aber er wusste auch, dass ihr die Menschen vom Hof nichts Böses wollten. Sie würde sich sicherlich bald etwas besser fühlen.

Und dem war dann auch so. Franzi ging es nach und nach besser. Ihr braunes Fell wurde durch das regelmäßige und artgerechte Futter wunderschön und glänzte in der Sonne. Alle körperlichen Wunden waren nach wenigen Wochen gut verheilt, doch unter den erfahrenen seelischen Grausamkeiten litt Franzi noch sehr lange. Miko war froh, dass er nicht wusste, was man Franzi alles angetan hatte. Er war einfach nur glücklich darüber, dass man Franzi hatte helfen können. Die Hofangestellten hatten nur mit ganz viel Liebe und Geduld ihr Vertrauen erlangen können, aber unbekannte Situationen oder laute, ungewohnte Geräusche riefen bei Franzi noch immer unvorhersehbare Reaktionen hervor.
Miko nannte Franzi liebevoll »Pulverfass«, weil man nie wusste, wann sie wieder in die Luft gehen würde. Mittlerweile ließ sich Franzi allerdings schnell beruhigen, so dass alles nicht mehr ganz so schlimm war. Am liebsten war Franzi mit all den anderen Pferden des Hofes auf der Koppel. Die Herde hatte sie mit großem Verständnis für ihre Angstreaktionen aufgenommen. Sie alle hatten in ihrer Vergangenheit Ähnliches erlebt und ihre Zeit gebraucht, bis sie sich wirklich an ihrem Dasein hatten freuen können.
Als das Brummen des Pferdetrailers das nächste Mal zu hören war, zog Erika in den Stall ein. Erika war eine störrische Eselin, die zu allem grundsätzlich ihre eigene Meinung hatte. Diese vertrat sie auch sehr schlagkräftig – in jeglicher Hinsicht. Ihre Besitzer kamen damit nicht zurecht und deshalb hatten sie Erika loswerden wollen.
Die Stall-WG fand das Zusammenleben mit Erika sehr spannend. Sie schaffte es immer wieder, aus ihrer Box oder dem Außengehege auszubüxen, und tauchte plötzlich an Orten auf, an denen man sie nicht vermutet hätte: z. B. in der Küche des Hofbesitzers. Erika war durch die offene Terrassentür spaziert, hatte sofort den Weg in die Küche gefunden und fraß dort genüsslich den vorbereiteten Salat auf dem Esstisch.
Miko, der sich als Kater frei auf dem Gelände bewegen konnte, versorgte die Stallbewohner mit den neuesten Informationen und gab Erikas Eskapaden bei den Pferden zum Besten.
Mehrere Male war Erika auch alleine im Dorf unterwegs. Voller Neugier steckte sie ihren Kopf in offene Türen oder Fenster und sah sich um. So manchem blieb das Herz vor Schreck fast stehen, als der große Eselskopf so unerwartet auftauchte. Die Dorfkinder fanden Erika jedoch toll und sparten

auch nicht mit Streicheleinheiten. Die Erwachsenen waren weniger begeistert von der Eselsdame, da sie sich zwischendurch gerne einen kleinen Snack gönnte und sich in den Gärten zu schaffen machte.
Am allerliebsten stattete Erika dem Bäckerladen einen Besuch ab. Dort bekam sie immer ein Stück hartes Brot, welches sie dann wie ein Hund zurück zum heimatlichen Stall trug. An manchen Tagen folgte Miko ihr heimlich und rannte noch vor Erika wieder zurück zum Stall, um allen zu erzählen, was er gesehen hatte.
An einem warmen Sommermorgen hatte Erika beschlossen, das Nachbargrundstück zu erkunden. Wie üblich steckte sie ihren Kopf durch offene Fenster und wollte auch unbedingt mit ihrem Kopf durch das kleine Fenster eines Hühnerstalls. Stur, wie Erika nun mal war, stellte ein zu kleines Fenster für sie kein Hindernis dar. Schon gar nicht ein Holzfenster. Sie drückte mit geballter Eselpower so lange mit dem Kopf gegen das Stallfenster, bis das braune Holz rund um das Fenster splitterte. Mit einem Rumms steckte Erika bis zum Hals im Hühnerstall.
Während die Hühner laut gackerten und verschreckt mit ihren Flügeln schlugen, wunderte sich Erika über die weißen Dinger, die hier im Stall lagen. Eier hatte sie bis dahin noch nie gesehen.
Die Hühner veranstalteten einen solchen Tumult, dass Erika lieber wieder den Rückzug antrat. Doch leider steckte sie mit ihrem großen Kopf und dem dicken Hals im Hühnerstall fest. Sie ruckte hin und hier, schaffte es jedoch nicht, sich zu befreien. Zu dem unaufhörlichen Gegacker der Hühner kam nun Erikas wütendes »Iaaah« dazu.
Der Lärm blieb weder dem Hühnerstallbesitzer noch Erikas Hofbesitzer verborgen. Mit entsetzten Gesichtern liefen beide zum Hühnerstall. Gemeinsam befreiten sie eine wild um sich schlagende Eselin und mussten dabei leider in Kauf nehmen, dass der braune Hühnerstall noch mehr in Mitleidenschaft gezogen wurde.
Nach diesem Vorfall wurden Erikas Box und auch ihr Außengehege endgültig ausbruchsicher gemacht. Es dauerte jedoch nicht lange, da hatte Erika ein Loch durch die hölzerne Wand genagt und fortan den Kopf in Franzis Box hängen.
Erika wurde erst etwas ruhiger, als unsere Stall-WG um das Eselmännchen Merlin vergrößert wurde. Als im Jahr darauf eine kleine Eselstute zur Welt

kam, widmete sich Erika ganz ihrer Mutterschaft und es kehrte endgültig Ruhe auf dem Hof ein.
Bis zu dem Tag, als der Hofbesitzer einen Anruf bekam: Ein Eselfohlen war allein im Dorf unterwegs.

Was für ein Fest

Sally Bertram / Florian Knisatschek

Aus unzähligen, uns nun vorliegenden Auszügen eines Briefwechsels zwischen Ferdinand und Rosa von und zu Dresden, möchten wir folgende Fragmente betreffend eines Festes anno 1890 im Schloss Hainfeld zu Feldbach präsentieren:

Ferdinand:
»Liebste Rosa! Ich will dir diese Zeilen schreiben, weil ich mich gerade an damals erinnere, du weißt, an dieses doch sehr seltsame Fest vom Grafen zu Hainfeld bei Feldbach. Er hat uns ja damals sogar eine Droschke gesandt, um uns bei freiem Geleit sicher durch böhmische Wälder zum Feste zu bringen.«

Rosa:
»Liebster Ferdinand! Du fehlst mir. Ich bin so weit entfernt aufgrund meiner adeligen Pflichten. Aber ja, ich erinnere mich an das rauschende Fest. Dieses beeindruckende Feldbach und das eigenartige Schloss. Es hätte so harmlos werden sollen, aber dann kam alles anders…«

Ferdinand:
»Ich vermute ja, dass es so harmlos gar nicht geplant war. Wie kämen sonst so viele Kisten von diesem braunen Laudanum in des Schlosses Keller? Als Erfrischung nach der langen und am Skelett zehrenden Fahrt sehr adrett, aber danach …«

Rosa:
»Da hast Du möglicherweise recht. In der Tat war der erste Schluck erfrischend. Danach hat das Laudanum doch überhandgenommen. Weißt Du noch, wie diese Marie-Antoinette … oder so ähnlich … plötzlich vom Sessel gefallen war? Sie versuchte, sich noch zu beherrschen. Das Mahl war nicht einmal serviert. Offensichtlich vertrug die Arme nichts.«

Ferdinand:
»Oh ja, die Arme, nicht nur, dass sie nach einigen Schlucken glaubte, Marie-Antoinette zu sein, musste sie sich dieses braune Teufelszeug auch noch in den Champagner schütten. Aber so ist das, wenn man eben kein Brot hat …«

Rosa:
»Sie war halt wie die wahre Marie-Antoinette ohne wahres Maß. Es war jedoch amüsant. Es war im Endeffekt wenig dienlich, dass die Toiletten so weit entfernt vom Saal waren. Das hat zu einigen, ich möchte sagen, unangenehmen Situationen geführt und zu abartigen Gerüchen.«

Ferdinand:
Aber das Mahl war vorbildlich opulent. Schildkröten, Fisch und Fleisch, und erst dieser heimische Wein, wirklich vorzüglich! Auch die Tafel an sich war gut besetzt. Jede Menge Adel, von den dümmsten über hoch dozierte Magistrate, bis hin zu den Freunden der Muße, auch Bram Stoker war hier (ein sehr schmächtiger und stiller Mann, aber sehr voll Stil und Manier) und eben auch diese protzenden Titel. Insgesamt aber eine schöne Runde, ich denke an die 40?!«

Rosa:
»Oh ja, das Mahl war freilich üppig und delikat. Die Tafel war mit interessanten und weniger beachtenswerten Personen besetzt. Insgesamt an die 40 Leute mag wohl stimmen. Mir war Bram Stoker ein wenig unheimlich, da er nur still dasaß und schrieb. Ich frage mich, was er die ganze Zeit notiert hat.«

Ferdinand:
»Das Schloss selbst war auch sehr beachtlich in seiner Art. War es doch zu Beginn des Abends eher beschaulich, wuchs gleichsam die Anzahl der Räumlichkeiten mit jeder vollen Stunde zusehends. Fast unheimlich, wenn es auch zugleich immer mehr zu glänzen begann, wo gleich auch Schatten zuzunehmen schienen.

Ein sehr opulenter Abend mit nicht nur lukullischen Gelüsten, wie Du weißt … Deine Idee, die Droschke aus den Stallungen in den angrenzenden Teich zu schieben um in dieser mit dir, ich traue mich es kaum auszusprechen … während sie langsam sank …«

Rosa:
»Das Schloss war eigenartig, wenn auch groß und beeindruckend zugleich. Erinnere mich nicht an den Moment in der Droschke. Ach, wie frivol und herrlich es war. Wie sie dann versank und wir drinnen … Ich bin mir immer noch unsicher, wie wir herausgekommen sind.
Aber wie nichtig war dies in diesem Moment, oh mein Liebster.
Dieser riesige Schlosspark war auch nicht zu verachten. Ich glaube, noch heute sind einige dort und haben sich an diesem Abend verirrt.«

Ferdinand:
»Ja, wie dieser junge venezianische Doge, der, völlig wahnsinnig, mit irrem Blick, eine Laterne in der Hand, durchs Unterholz irrte, schon ganz zerschlissen an Gesicht und Kleidung!
Laudanum ist eben nichts für Unerfahrene.
Übrigens, meine liebste Rosa, auch wir haben in unseren Kellern zu Dresden das eine oder andere Fläschchen von diesem braunen Zeug zu uns genommen. Unser gottgelobter Hofmedikus will schließlich alles an diesen Dingen zu etwaiger Behandlung immer bereit wissen.«

Rosa:
»Ich weiß, liebster Ferdinand, auf unseren Hofmedikus ist eben Verlass.
Wie viele kamen uns in diesem Garten mit verschlissenem Gewand entgegen? Was für ein Fest … Das Feuer im Stall war ein kurzer Schockmoment. Weißt du noch, was dort geschah? Ich hörte, es war ein Missgeschick. Laudanum ist wirklich nicht geeignet für jedermann.«

Ferdinand:
»Oh ja, Liebste. Es war schauerlich. Du suchtest, soviel ich weiß, gerade eine der beiden Aborte dieses Schlosses, als der Medikus hiesigen Anwesens, dieser schwammige und zugegeben leider ungustiöse Mensch, (er saß an der

Tafel links gegenüber deiner, wenn du dich erinnerst …) völlig entblößt, mit Blutegeln überall an seinem Körper schreiend in die Stallungen gerannt kam, mit offenbar dem festen Willen, seinem schwammigen Leben ein Ende zu setzen. Alle Tiere hatte er mit seinem lauten Gezeter von weitem schon verscheucht, um sich dann mittels einer Petroleumleuchte selbst zu entzünden, was ihm aber nicht gelang. Er hat sich dann zu zweiter Stunde dieser Nacht im Entree erhängt. Schrecklich hing da dieser leblose Schwamm über dem toskanischen Marmor.«

Rosa:
»Ach der ärmste Medikus. Eigentherapien enden nie gut.
Ein trüber Moment war zudem, als Karl Friedrich (Du weißt, der Herr mit hohem Kragen und schlechter Frisur) plötzlich Blut spuckte. Sein Gewand war schon vollkommen rot und das Blut quoll aus seinem Mund. Dabei schaute er noch so wahnsinnig, was in solchem Moment unweigerlich zu Angst führt. Auch er lag schließlich leblos im großen Gerichtssaal. Kein schöner Anblick, zumal der Boden aus weißem Marmor war. Und Bram Stoker hat sich schnelle Notizen gemacht. Alles in allem sehr unangenehm und schaurig.«

Ferdinand:
»Der Schauer war dann sehr, äh, Du musst verstehen, ständig huschten Schatten an mir vorbei, es waren ja auch an die 40 Menschen hier … als ich dann, du, liebste Rosa, warst noch immer auf besagter Suche, stieß ich eine Türe auf zu einem Raum. Dort saß die Frau des Hochministers in einer Badewanne voll Blut. Um sie herum lagen bleich dutzende jungfräuliche Dienstmädchen mit geöffneten Handgelenken und offenen inneren Oberschenkeln. Sie sang! Ich hörte Mozart, die Arie der Königin der Nacht. Es war derart schauerlich, ich öffnete die nächste Tür. Dort saß, bleich wie immer, Bram Stoker, mit Spitzbärtchen, und kritzelte in seinen Notizblock«

Rosa:
»Auf meiner Suche nach diesem Ort geschah mir Ähnliches. Während ich verzweifelt suchte, folgten mir Gartenzwerge. Sie wollten nach meinem Leben trachten, ganz sicher. Ich rannte daher um mein selbiges. Ich merkte,

dass die Zwerge nicht nur mir folgten. Viele aus unserer netten Gesellschaft rannten mit mir. Aber die Zwerge waren schlau und lockten uns in eine Falle. Sie hatten Klebeband auf dem Parkett ausgebreitet. An die zehn Verfolgten klebten plötzlich fest. Einige fielen hin, als sie sich lösen wollten, sie blieben schließlich wie Maikäfer auf dem Rücken am Boden liegen. Ich hatte Glück und flog über den Klebestreifen. Oh mein Liebster, in diesem Moment lief mein Leben wie ein Bilderbuch vorbei. Und als ich noch sah, wie die Gartenzwerge unsere lieben Freunde bei lebendigem Leib auffraßen. Wie furchtbar.«

Ferdinand:
»Und ›Marie-Antoinette‹ sitzt zu siebenter Stunde der Nacht an der leeren Tischrunde und kippt ihr siebentes Achterl Laudanum mit Champagner.«

Rosa:
»Ja, und ihre Mischung wurde immer brauner. Als ich dann den Abort endlich betrat, so sah ich den armen Diener Rudolf. Also ich sah vielmehr seinen Kopf, aufgespießt auf dem Hektor.
Und wieder schrieb Bram Stoker wie besessen in sein Buch und grinste.«

Ferdinand:
»Am nächsten frühen Morgen saßen wir, als wäre nichts geschehen, alle wieder da, schönst gedeckte Tische unter guten Eichen im Park, der schwammige Arzt, der Doge, ›Marie-Antoinette‹ glaubte biederlichst, weiter eine zu sein, aber ansonsten ein gedeihliches Morgenmahl.
Rudolfs dienerliche Handbekleidung schneiderte fürstliche Früchte zu bissgerechten Köstlichkeiten.
Was für ein schönes Fest!«

Rosa:
»Eine wahrlich nette Runde an diesem Morgen. Alle waren fröhlich gestimmt. Der Kaffee und das Mahl waren köstlich.
Und plötzlich erhob sich Bram Stoker voller Stolz und rief: ›Ich habe gerade einen Bestseller geschrieben!‹.«

Weihnachten, wie es wirklich ist

Leopold Fröhlich

Ich erzähle euch, wie Weihnachten wirklich ist. Woher ich das weiß, wollt ihr wissen? Nun ja, schließlich bin ich schon fünf Jahre alt, und da weiß man schon ganz genau, was sich zu Weihnachten alles abspielt.

Im Gegensatz zu meiner Schwester Klara kenne ich mich da aus. Die liegt ja nur in ihrem Bettchen und wenn sie nicht schläft oder schreit, plappert sie herum. Ihr kannst du noch alles erzählen. Du weißt schon.

Ende November geht's los. Der Papa bringt das Reisig für den Adventskranz. Ich muss die Zapfen aussuchen. Die rotbraunen gefallen mir am besten. Die größten findet man unter der Föhre vorm Haus. Da sitzen wir und binden Ast für Ast um den Strohkranz. Anschließend stecken wir die Kerzen auf den Adventskranz. Die dritte ist rosa, weil wir uns da schon so auf das Christkind freuen. Ich jedenfalls freue mich den ganzen Advent darauf. Wie jedes Jahr schaut der Kranz schön aus. Papa hängt ihn in der Küche an die Decke.

Etwas ganz Wichtiges hat hier Mama an die Wand geklebt. Den Adventskalender. Da ist hinter jedem Türchen ein Stück Schokolade, damit man weiß, wie lange man warten muss.

Anfang Dezember feiern wir dann immer das Fest des Heiligen Nikolaus. Wie jedes Jahr hat ausgerechnet der Papa an diesem Tag seinen Nachtdienst. Der Nikolaus kommt dann am Abend mit seinem großen Jutesack zu uns. Etwas unheimlich ist der schon. Der weiß nämlich Dinge, die ich angestellt habe, an die kann ich mich selbst nicht mehr erinnern. Endlich leert er dann seinen Sack aus. Schokolade, Nüsse und Mandarinen kommen da zum Vorschein. Blöd nur, dass ich ab jetzt mit meiner Schwester teilen muss. Die Mama passt da ganz genau darauf auf.

Die Oma hat mir aus Germteig einen Krampus gebacken. Der trägt in der einen Hand ein Ästchen und in der anderen eine Kette aus Papier. Lieb schaut er aus, mit seinen Rosinenaugen.

Dann ist wieder die Zeit, wo die Erwachsenen immer etwas unentspannt wirken. Immer diese Geheimnistuerei. Sie tun, als wollten sie etwas verstecken. Vor mir sicher nicht. Ich hab doch schon alles, na ja fast alles, entdeckt. Den braunen Reisekoffer, der plötzlich gut verschlossen im Schlafzimmer steht und den Christbaum, der, in ein Netz gewickelt, in der Garage lehnt. Dumm nur, dass der Koffer versperrt ist.

Mama steht jetzt bis spät abends in der Küche und backt Kekse. Vorsichtig legt sie die in Blechdosen. Aber wozu stellt sie diese hinauf auf den Küchenschrank? Ich muss euch sagen, die Adventszeit ist schon sehr arbeitsintensiv. Da muss ich die Strohsterne mit meinem Vater basteln und aus Stanniolfolie den Schmuck für den Christbaum falten.

Meine Mutter braucht mich zum Verzieren des Lebkuchens. Nach dem Glasieren sieht man kaum noch etwas von dem herrlich braunen Lebkuchen. Ständig habe ich klebrige Finger, die ich mir oft ablecken muss.

Ich würde gerne wissen, wie die beiden das früher hinbekommen haben, als ich noch nicht da war. Dann ist noch der Ausschneidebogen mit den Krippenfiguren. Da muss ich besonders aufpassen, damit ich keiner Figur den Kopf abschneide.

Die Tage werden schon kürzer und es wird zunehmend kälter. Papa schlichtet vor dem Kamin in schönen Reihen das Brennholz. Im Ofen knistert es lustig. Für den Heiligen Abend backt Mama den traditionellen Mohnstrudel. Knusprig braun und saftig leuchtet er hinter der Zuckerschicht hervor. Gerne würde ich mir ein Stück stibitzen, aber Mama gibt gut Acht darauf.

Die Eltern kommen vom Einkaufen zurück. Das Auto ist voll mit Lebensmitteln. Angeblich gibt es über die Feiertage, eine Ewigkeit lang, nirgends etwas zu kaufen.

Am Nachmittag des Heiligen Abend bereitet die Mutter eine Jause vor. Für mich hat sie eine große Schale schokobraunen Kakao gekocht. Die Erwachsenen trinken Tee. Der Mohnstrudel wird jetzt angeschnitten. Frisch schmeckt er am besten.

Nun dauert es nicht mehr lange bis zur Bescherung. Gespannt warten wir noch auf Tante Mitzi und Onkel Franz, die jedes Jahr zu Weihnachten kommen. Ohne die beiden würde die Bescherung nur halb so schön sein. Sicherlich haben sie auch tolle Geschenke dabei. Mama geht mit einer brennenden Kerze zu Oma Resi. Das ist unsere alte Nachbarin, die schon lange keinen Besuch mehr bekommen hat. Sie sagt zu ihr, das ist das Licht aus Bethlehem. Die alte Dame freut sich sehr über die Kerze. Papa meint, zu Weihnachten sollte niemand alleine sein.

In der Zwischenzeit hören wir Weihnachtslieder und die Mama bereitet

schon das Essen vor. Es gibt Fisch mit Kartoffelsalat. Auch einen bunten Keksteller stellt sie auf den detailverliebt geschmückten Tisch.
Endlich ist es soweit und die Gäste klopfen an der Tür. Nach der Begrüßung verschwindet Papa so unauffällig wie möglich im Wohnzimmer und verschließt die Tür. Nach wenigen Minuten läutet das Glöckchen und die Bescherung beginnt. Alle stehen um den Weihnachtsbaum.
Das Licht der Wachskerzen des Christbaumes erleuchtet stimmungsvoll das Wohnzimmer. Auch die Krippe steht darunter. Meine Schwester liegt in ihrem Körbchen und verschläft wieder alles.
Mama setzt sich zum Piano und spielt ›Stille Nacht‹. Anschließend liest Papa die Weihnachtsgeschichte vor. Danach werden die Geschenke verteilt. Ich bin der Erste, der etwas bekommt. Neugierig reiße ich das Papier von dem Geschenk und eine Legoeisenbahn kommt zum Vorschein.
Papa steckt der Mama den neuen Ring an den Finger und hält sie bei den Händen. Sie schauen sich in die Augen. Hab ich da jetzt ein Strahlen in Mamas Augen gesehen? Es scheint, als ob die beiden verliebt sind. In ihrem Alter!
Mama bitte alle zum Tisch. Gemeinsam essen wir jetzt den Fisch. Papa öffnet eine Flasche Wein. Ich bekomme Orangensaft. Nach dem Essen unterhält sich die Mama in der Küche mit ihrer Schwester über Mode und Kosmetik.
Onkel Franz genießt pfeifenrauchend auf der Terrasse die Stille der Heiligen Nacht. Papa kniet auf dem Boden und spielt mit der Legoeisenbahn. Ich muss ihm nur erklären, wie alles zusammengebaut gehört.
Nach einiger Zeit ruft uns Mama in die Küche, zum Kaffeetrinken. Ich setze mich in die Nähe des Kekstellers. Bald wird es Zeit, dass wir in die Mette gehen. Mama zieht mir den Pullover mit dem Norwegermuster an. Hab ich den etwa auch geschenkt bekommen? Ist mir gar nicht aufgefallen.
Klara beginnt jetzt auch aufzuwachen und weint gleich los. Alle sehen neugierig in das Körbchen und Mama hebt sie behutsam heraus, um ihr eine frische Windel zu geben, und sie zu stillen. Als wir alle fertig sind, gehen wir gemeinsam in die Kirche.
Mama hält Klara gut eingepackt im Arm. In der weihnachtlich geschmückten Kirche wird eine feierliche Christmette zelebriert.
Auf dem Heimweg treffen wir noch einige Leute, denen wir ein gesegnetes

Weihnachtsfest wünschen. An dieses stimmungsvolle Fest werde ich mich sicherlich als Erwachsener noch gerne erinnern.

Zwischen Tür und Angel

Marianne Schaefer

Bei Schusters im vierten Stock klingelte es Sturm.
»Jetzt reicht es aber!«, brauste Schuster auf und drückte seine Frau auf den Stuhl zurück. »Lass mich mal gehen! Wenn das wieder so ein lästiger Vertreter ist, dann soll er mich kennenlernen!«
Vor der Tür stand ein Mann mit einer braunen Aktentasche. Man sah ihm an, dass er für irgendwen mit irgendwas handelte.
»Wir kaufen nichts!«, schimpfte Schuster laut und bevor der Mann überhaupt sagen konnte, was er wollte, flog die Tür wieder zu. Als Schuster sein gemütliches Kaffeetrinken beendet hatte und im warmen Wintermantel das Haus verlassen wollte, stieß er im Treppenhaus auf mehrere Menschen. Sie bemühten sich um einen Fremden. Es war der Mann, der eben bei Schusters geklingelt hatte. Eines der Hosenbeine war hochgerutscht, aus den Schuhen triefte Schneewasser. Mit seinem braunen, schäbigen, viel zu dünnen Anzug war er an der Flurwand heruntergerutscht. Man hatte ihm den Kragenknopf geöffnet. Das Haar hing ihm wirr in die Stirn.
Als der Fremde Schuster erblickte, flackerten seine müden Augen auf, und noch ehe Schuster wegsehen konnte, hatte der Blick des Schwachen den Blick des Starken erfasst und hielt ihn wie mit einer Zange. Dieses Bild ertrug Schuster nicht. Schnell eilte er auf die Straße. Sein Gewissen hämmerte: wenn er dir nun gar nichts verkaufen wollte? Wenn er nur ein Glas Wasser nötig gehabt hatte? ›Unsinn!‹, beruhigte ihn eine innere Stimme. Wo käme man im Leben hin, wenn man nichts ablehnen durfte, nur, weil der Betroffene es sich vielleicht zu Herzen nahm!

Zwei Jahre waren seitdem vergangen. Der Betrieb, in dem Schuster arbeitete, hatte seine Pforten geschlossen, Arbeiter und Angestellte entlassen. Zu denen, die keine neue Arbeit fanden, gehörte auch Schuster. Er war ein tüchtiger Buchhalter, aber er war schon fünfzig Jahre alt und damit gehörte er zu den älteren Angestellten. Wo immer sich etwas regte, verschickte er seine Bewerbungen und legte beste Zeugnisse bei. Er möbelte sein Äußeres auf, trotzdem fand er nichts. Am Ende des Suchens nahm er das, was er längst hätte nehmen können, wovor ihm aber graute. Er landete bei einer Vertreterfirma. Das bedeutete, von Haus zu Haus gehen.

Es war an einem kalten Wintertag, als Schuster wieder einmal matt und mutlos von Straße zu Straße, von Haus zu Haus ging. Er war sehr erkältet und es wäre besser gewesen, im Bett zu bleiben. Aber jeder Fehltag war ein Verlust. Kaufmann - stand an der Tür. ›Kaufe man!‹, dachte Schuster und klingelte, er hatte an diesem Tag noch keinen Cent verdient. Eine Frau öffnete. Sie war sehr freundlich, sagte jedoch bedauernd: Es täte ihr leid …

Als Schuster schon einige Schritte gegangen war, rief ihm die Frau nach, ob sie ihm eine Tasse heißen Kaffee anbieten dürfe, bei diesem kalten Wetter!

›So etwas gibt es noch?‹, dachte Schuster. ›So etwas kommt wirklich und wahrhaftig noch vor?‹ Er stotterte einige Verlegenheitsworte, kehrte um - und saß bald darauf in der warmen Küche am Kaffeetisch.

»Sie wundern sich vielleicht über meine Einladung«, sagte die Frau, »früher hätte ich nicht so gehandelt, aber mein Mann - er kommt eben aus dem Dienst - ist selbst vor zwei Jahren von Tür zu Tür gegangen, weil er arbeitslos war und nichts fand. Abweisungen gab es ja täglich, aber ein Tag ist uns in besonderer Erinnerung geblieben. Einmal wollte er an einer Tür um ein Glas Wasser bitten. Angebrüllt hat man ihn und ihm die Tür vor der Nase zugeschlagen - ja, solche Menschen gibt es.«

Die Tür ging auf und ein Mann trat in die Küche, Schuster erkannte den Fremden von damals sofort.

»Der Herr ist Vertreter«, sagte die Frau. »Du hast doch nichts dagegen, dass ich ihn zu einer Tasse Kaffee eingeladen habe. Bei diesem schrecklichen Wetter …«

»Überhaupt nicht!«, sagte der Mann freundlich und gab Schuster die Hand.

»Ja, das Schneewetter frisst sich durch die Sohlen. Da tut ein heißer Schluck wirklich gut ...«

Sie kamen auf die Arbeit zu sprechen, und als Schuster erwähnte, dass er eigentlich Buchhalter sei, meinte Herr Kaufmann, das wäre ein Wink des Schicksals. Die Firma, in der er Abteilungsleiter sei, suche gerade einen solchen.

»Schicken Sie mir doch mal Ihre Papiere!«

Schuster war nicht fähig schnell zu handeln. Zwei Tage plagte ihn sein Gewissen. Endlich hatte er sich durchgerungen. Er schrieb einen Brief an

Kaufmann - ohne Papiere - und gestand sein Fehlverhalten ein.
»Lieber Herr Schuster«, schrieb dieser zurück, »auch ich habe Sie wiedererkannt. Schicken Sie mir getrost Ihre Bewerbung. Wir beide sind um ein Erlebnis reicher geworden, das uns - wie ich hoffe - zu Verbündeten macht.

Kurti

Ilona Penna

Kurti ist ein betagter, doch sehr weiser Mann. Seit über fünfzig Jahren übt er den Beruf des Schaffners aus. Viel hat er schon in seinem Schaffnerdasein erlebt und gesehen. Da war so manche Träne, die er trocknen musste, da waren Freud und Leid ganz nah beieinander. Nichts war ihm wirklich fremd. Denn Kurti besitzt ein großes Herz. Er gehört zu den Menschen, die noch zuhören können. Mit der Moderne dieser Zeit hat er nichts am Hut.

So manche Geschichte, die er erlebt hat, malt ihm ein Schmunzeln oder aber kleine Sorgenfalten ins Gesicht. Wenn er des Abends in seinem Kämmerlein sitzt, seine Pfeife anzündet und bei einem Glas Roten an den vergangenen Tag denkt, lässt er sein Erlebtes immer Revue passieren.

Den Mann mit der Zigarre, die dieser immer liebevoll seine ›kleine Braune‹ nannte, der jeden Mittwoch zum Bahnhof kam, nur um mit der alten Dampflok einmal hin- und wieder zurückzufahren, zaubert ihm ein Lächeln auf die Lippen. Drei Jahre lang beobachtete der Schaffner dieses Geschehen. Nach vielen morgendlichen Grüßen und ebenso vielen Fragen nach dem Befinden traute er sich, den sympathischen Herrn dann schließlich doch einmal zu fragen, weshalb dieser denn immer an demselben Tag in der Woche ohne auszusteigen hin und her fuhr.

Der Herr sah Kurti an und begann zu erzählen.

»Tja«, sagte er nachdenklich, »das ist so: Meine Frau, die Else, ist eine sehr böse Nörglerin. Alles, was ich tue, ist ihr in keiner Weise recht getan. Seit Jahren pflege ich sie, weil sie nicht mehr alleine gehen kann. Sie hat mir buchstäblich alles verboten, was mir nur den geringsten Spaß macht. Vierundzwanzig Stunden am Tag spannt sie mich mit sämtlicher Arbeit ein, damit ich ja keine Minute ohne sie verbringen kann. Selbst in der Nacht lässt sie mich nicht schlafen, aus Angst, ich könnte von der großen Freiheit träumen.«

Der Herr sah verklärt hinaus, während die alte Dampflok gemächlich an Bäumen, Flüssen und Blumen vorbeirollte. Kurti wurde ganz still. Er legte seine alte Hand auf die des Herrn und drückte diese verständnisvoll. Als hätte der Herr seine Gegenwart vergessen, erzählte er weiter.

»Ja, meine Else ist schon eine verbitterte, alte Frau, aber nichtsdestotrotz

würde ich sie nie im Stich lassen. Denn schließlich haben wir uns ja einmal das Versprechen gegeben, ›*in guten wie in schlechten Zeiten*‹. Sie müssen wissen, meine Else war einmal eine sehr schöne Frau. Ich konnte ja nicht ahnen, dass ihre schlechten Beine, die übrigens auch wunderschön waren, sie eines Tages zu einer solch boshaften Gestalt werden lassen würden. Sie hat mir sogar verboten, meine ›kleinen Braunen‹ zu genießen. Dabei sind meine Zigarren, meine einzige Freude noch im Leben. Sobald ich mir nur für zehn Minuten eine Auszeit genehmige, bekommt meine Else aus heiterem Himmel einen Asthmaanfall und steht immer kurz vor dem Erstickungstod. Ich bekam sehr schnell heraus, dass sie alles nur spielt, um mich zu quälen. Seit ungefähr drei Jahren nun kommt jeden Mittwoch eine Pflegehilfe, die meine Else wäscht und neu bettet. Seit diesem Tag gehe ich da regelmäßig aus dem Haus und fahre mit der mir so lieb gewordenen Dampflok einmal hin und wieder zurück. Dabei genieße ich meine ›kleine Braune‹ und habe wieder Kraft für mein böses Weib, das ich eben liebe, wie es ist.«
Das Rätsel war somit gelöst und die beiden Männer wurden richtig gute Freunde. Bis zu jenem Mittwoch, als der Herr mit der ›kleinen Braunen‹ nicht mehr kam. Bis heute weiß Kurti nicht, was mit ihm geschehen ist.
Er wischt sich verstohlen eine kleine Träne weg und taucht in seine nächste Geschichte ein. Da stand doch eines Tages ein bedrohlicher, brauner Koffer mitten auf dem Bahnsteig. Ach, was war das für eine Aufregung damals! Kurti wollte Feierabend machen und entdeckte auf dem leeren Bahnsteig diesen herrenlosen Koffer. Eigenartig sah dieser ja schon aus. Der braune Koffer trug fernöstliche Zeichen, die er nicht entziffern konnte. Aus dem Inneren des Koffers vernahm er ein Ticken. Kurti stand der Angstschweiß auf der Stirn. Mit seinem blütenweißen Taschentuch, das er immer in der rechten Hosentasche trug, wischte er sich den Schweiß von der Stirn. Dass der Bahnhof bereits leer war, hatte Kurti in seiner Aufregung nicht mehr wahrgenommen. Mit seinem Megafon befahl er, Ruhe zu bewahren und den Bahnsteig auch in aller Ruhe zu verlassen. Er lief in sein kleines Bahnhäuschen und alarmierte die Polizei. Natürlich war am anderen Ende nicht die Kriminalpolizei, sondern nur der Dorfpolizist Klaus, der stets übereifrig seine Aufgaben erledigte und so manchen Unfug viel zu ernst sah. Er hoffte, eines Tages zu den ganz Großen zu gehören.
Klaus kam mit Sirene und Blaulicht in seinem Käfer angerast und ließ über

sein Mikrofon verlauten, dass alle Bewohner in ihren Häusern bleiben sollten. Mit der Waffe in der Hand hätte man meinen können, er wäre direkt vom SEK ausgesandt worden. Nachdem Klaus keinen Verdächtigen ausfindig machen konnte, nahm er den braunen Koffer in Augenschein. Hier sah er seine große Chance. Vorsichtig nahm er den Koffer an sich und lud ihn in seinen Käfer. Noch vorsichtiger fuhr er zum Revier zurück. Er verständigte das Sprengeinsatzkommando und verteilte Flyer an die Dorfbewohner mit der Auflage, in ihren Häusern zu bleiben, bis die Sache geklärt war. Selbst Funk und Fernsehen hatte Klaus nicht vergessen. Mit der ganzen Crew und Hunderten von Kameras sowie zwanzig Journalisten kamen sie aus allen Richtungen, um der Entschärfung der Bombe beizuwohnen. Während das Klicken und Blitzen der Kameras schon fast einem Auftritt auf dem roten Teppich glich, gab Klaus mit hocherhobenen Haupt sehr wichtige Informationen an die Journalisten frei.

›Oh ja‹, denkt Kurti schmunzelnd und nippt an seinem Wein, ›unser Klaus ist schon ein Polizist durch und durch.‹

Als man endlich diesen vermaledeiten Koffer öffnen konnte, waren außer zwei löchrigen Socken, einem braunen alten Schal und, last but not least, außer der vermeintlichen Bombe in Form eines kupferfarbenen Weckers nichts drin. Kurti muss lächeln, als er sich daran erinnert, wie Klaus im Dorf verspottet wurde.

Doch das herzergreifendste Erlebnis war für den Schaffner die fünfjährige Anna. Kurti war auf dem Weg zur Bahnsteigkante, als er die kleine Anna, alleine und weinend, dort an der Dampflok stehen sah. Voll Sorge, sprach er die Kleine an.

»Ja, wer bist du denn, bist du ganz alleine hier?«

Anna schluchzte noch mehr und sagte mit glucksenden Lauten: »Ich bin so traurig, weil der Seppi, der Seppi hat mein Herz gebrochen.«

»Ach herrje«, sagte Kurti, »das ist natürlich ein großes Unglück. Was hat der böse Seppi denn gemacht?«, fragte er schmunzelnd.

Anna schluchzte noch lauter und sagte ungeduldig: »Der Seppi hat doch mein Herz zerbrochen und ich finde die andere Hälfte nicht mehr!«

Da sah Kurti, dass Anna in ihren kleinen Händen ein halbes Lebkuchenherz hielt. Er nahm die Kleine bei der Hand und ging mit ihr zum Kiosk. Dort kaufte er ihr ein neues und vor allem ungebrochenes Lebkuchenherz. Er konnte schließlich nicht mit ansehen, dass irgend so ein böser Kerl einer solchen kleinen Dame schon das Herz brach.

Braun

Wie der Tod

Hinter dem braunen Wald

Sabrina Nikolai

Wenn der Abend seinen Schatten wirft
und die Stille ihren Frieden sucht,
kommen leise die Gedanken.
Schleichend bahnen sie sich ihren Weg.

Müde sind deine Augen vom Tag,
doch erholen wollen sie sich nicht.
Die Stille um dich lässt dich brechen.
Zu nah ist der Bruch an deinem Herzen.

Ein Bruch, den niemand sieht,
ein Bruch, den niemand wahrhaben will.
Bemerken dich nicht,
lassen dich nur ihre Kälte spüren.
Eine Kälte, die schmerzhafter ist, als das Leben selbst.

Deine Gefühle werden dir egal,
das Leben erscheint dir trostlos.
Tief sitzt das nicht gesehen werden.
Gesehen von Menschen,
denen du dachtest wichtig zu sein,
Deine Augen schließen sich,
Nur ein Letztes mal spürst du es.

Das Kalte um dich herum.
Allein stehst du in einem Wald,
umzingelt von Bäumen.
Bäume, dessen Braun dich fast erdrückt.
Sie haben aufgehört zu leben.

Alles was geblieben ist,
sind der Stamm und die Zweige.

Tief ist die Nacht
und der Nebel um dich.

Deine Hand streckst du aus,
berührt die Rinde eines Baumes.
Du spürst seinen Kummer,
es könnte auch deiner sein.

Er spricht zu dir:
»Ich will leben, doch kann es nicht.
Ich will eins sein mit der Natur,
doch scheitere ich daran.
Ich lebe nicht mehr,
ich leide.«

Du ziehst erschrocken deine Hand weg,
läufst durch den wahren Anblick der braunen Bäume.
An einer Klippe bleibst du stehen,
denkst an die Worte des sterbenden Baumes.

Du weinst.
Du breitest deine Flügel aus,
springst und lässt deine Freiheit zu dir kommen.
Zu oft warst du der Käfig deiner selbst.
Zu oft hast du gespürt,
wie egal du den Menschen bist.

Zu oft bekamst du zu spüren,
wie uninteressant sie deinen Kummer fanden.
Nun bist du frei.
Frei und mit der Erde eins.
Du hast es geschafft.
Keine Trauer, keine Tränen um dich.
Den Menschen egal gewesen und endlich frei.

Du wirst wiedergeboren.

Um dich herum siehst du die Bäume.
Deine Seele wurde geboren,
in der Seele eines sterbenden braunen Baumes.
Hier wirst du deine Ewigkeit erleben.

Wirst die Menschen sehen,
wie sie sich quälen.
Hier wirst du eins
mit dem braunen Wald deiner selbst sein.

Das braune Hemd

Mike Merlin

Da saß sie nun. Eingehüllt in Erinnerungen, mitten unter all den Bildern, die um sie herumlagen wie Teile eines gigantischen Puzzles.

Heute hatte Marlene ihren Großvater beerdigt. Damit war auch der Letzte aus ihrer Familie von ihr gegangen, hatte sie in dieser Welt alleine gelassen. Sie erinnerte sich an all die vorigen Beerdigungen, die sie hatte arrangieren müssen. Zuerst ihre Mutter, die sehr früh hatte gehen müssen. Da war sie gerade mal Anfang zwanzig gewesen, eine hoffnungsvolle Studentin, die sich für Geschichte und Philosophie interessierte.

Sie hatte ihr Studium unterbrochen, um für ihren Vater da zu sein, der seiner Frau nur ein Jahr später folgte. Ihre Großmutter väterlicherseits hatte sie nie kennengelernt, genau wie die Eltern ihrer Mutter. Diese waren »auf der anderen Seite«, wie man so schön sagte. Die Mauer hatte ihre Familie, wie so viele andere auch, auseinandergerissen.

Nur ihr Großvater, der Vater ihres Vaters, war noch da. Er gab ihr ein Heim, als sie ihr Studium wiederaufnahm und am Ende auch mit Bestnoten abschloss. Er war ein netter, alter Herr, zumindest in ihren Erinnerungen. Immer freundlich, immer zuvorkommend.

Sie hatte nur ein einziges Mal Streit mit ihm gehabt. Und das hatte ausgerechnet mit ihrem Studium und der damit einhergehenden Neugier zu tun gehabt.

»Opa, wie war das damals, so im Krieg?«, hatte sie ihn gefragt. »Habt ihr wirklich nicht gewusst, was da auf euch zukam? Und was in Deutschland geschah?«

Er hatte nur gebrummt und ihr keine Antwort gegeben. Auf Nachfragen hin wurde er böse.

»Dass ihr immer noch auf dieser Zeit rumreiten müsst. Es ist vorbei. Vergesst es einfach.«

»Aber das können wir nicht, wir haben eine geschichtliche Verantwortung …«

»Papperlapapp, Verantwortung, wenn ich das schon höre.« Er war laut geworden, etwas, was sie an ihm nicht kannte. »Das ist vorbei, verstehst du? Auch wenn du Geschichte studierst, es ist vorbei! Immer wird Deutschland

nur auf zwölf Jahre reduziert.«
»Es sind eigentlich tausend!«, hatte sie erbost eingeworfen.
»Es reicht!«, hatte er da gebrüllt, war aufgestanden und hatte das Zimmer verlassen. Danach hatte Marlene nie mehr davon angefangen.
Und doch, es nagte an ihr. Warum war ihr Großvater so aufbrausend gewesen? Sie hatte das Thema ruhen lassen, war er doch der Letzte, den sie noch hatte.
Und jetzt war auch er gegangen. Am Morgen war er beigesetzt worden, neben seiner Margarethe. Es waren nicht viele gekommen, um ihm die letzte Ehre zu erweisen. Als der dunkelbraune Eichensarg sich langsam in die Erde senkte, hatte sie geweint. Geweint nicht nur, weil er fort war, sondern weil sie es jetzt bedauerte, die Gelegenheiten nie genutzt zu haben.
Nach dem Leichenschmaus war sie in sein kleines Häuschen zurückgekehrt, hatte das Blatt Papier mit seinem letzten Willen in die Hand genommen. Er hatte, wie es zu erwarten war, alles ihr vermacht, was er besaß. Es war nicht viel. Das kleine Haus, ein Sparbuch, ein wenig Geld auf dem Konto. Die Lebensversicherung, die er auf sie abgeschlossen hatte, würde es ihr ermöglichen, sich finanziell ein wenig zu entspannen. Zum Glück hatte er frühzeitig an seine eigene Beerdigung und auch an die Grabpflege danach gedacht und dafür Geld zur Seite gelegt.
Marlene seufzte. Sie konnte es nicht glauben. Nicht, dass ihr Großvater nicht mehr da war, sondern weil sie erst jetzt begriff. In einer Schachtel hatte sie die Wahrheit gefunden. Bilder. Zuerst die, wo er mit seiner Margarethe auf der Hochzeit zu sehen war. Sie war eine wunderschöne Braut gewesen, in ihrem weißen Kleid mit dem Schleier. Aber er …
Zuerst wollte sie es nicht wahrhaben, dachte, es war die Zeit, da mussten alle Männer das tragen. Das Sepiabraun der Bilder konnte auch täuschen, redete sie sich ein.
Doch je mehr Bilder sie betrachtete, desto unwohler wurde ihr. Vergilbte Aufnahmen aus einer verstaubten Zeit. Und auf jedem dieser Bilder trug er das Gleiche: Braun! Ironischerweise wirkte auch auf den Bildern in Schwarzweiß alles braun.
Sie nahm ihre Laptoptasche, holte ihr Notebook heraus, fuhr es hoch. Sie musste sicher sein, auch wenn sie es nicht glaubte. Mit einer Lupe, die immer in ihrer Tasche war und zu ihrer Standardausrüstung gehörte, betrachtete sie

alle Bilder. Jedes Detail, jede Falte seiner Kleidung nahm sie unter die Lupe. Ihre Fassungslosigkeit wurde immer größer.
»Ich muss das nun genau wissen!«, sagte sie zu sich selber und suchte nach dem Stammbuch, nach der Heiratsurkunde. Als sie alles gefunden und untersucht hatte, saß sie auf der Couch, bettete ihr Gesicht in ihre Hände und weinte. Alles hatte sie erwartet, aber nicht das!
»Warum? Opa, warum hast du mich so hintergangen?«, fragte sie das leere Haus.
Wieder und wieder betrachtete sie die Bilder. Es war eindeutig, ihre Recherche im Netz und in der Datenbank der Universität, in der sie arbeitete, belegten es. Doch sie arbeitete sich weiter durch die Papiere, bis sie es schließlich fand. Ganz unten, tief vergraben, zog sie ein kleines Büchlein heraus, daneben ein zweites, neueres. Zuerst sah sie in dem älteren nach, das mit Eselsohren und Flecken seine Geschichte zu erzählen schien.
»Mitgliedsnummer …«
Sie stockte, die Nummer war lächerlich klein. Sie blätterte weiter, sah sich die Zahlungsbestätigungen an, die säuberlich aufgeführt waren.
»1945!«
Sie konnte es nicht glauben! Bis zum letzten Tag hatte er brav seine Mitgliedsbeiträge bezahlt. Als sie das andere Büchlein aufschlug, wurde ihr übel.
»Nein«, wimmerte sie und sah erneut in den Karton. »Opa, was hast du getan?«
Langsam setzte sich das Puzzle zusammen. Ihr eigener Großvater war ein frühes Mitglied der NSDAP gewesen, bis zum Kriegsende. Eine Urkunde bescheinigte ihm, dass er ›entnazifiziert‹ sei. Die Partei wurde verboten, aber bereits 1964 war er in die neugegründete NPD eingetreten. Nach und nach ergab alles einen Sinn. Er in der braunen Uniform. Bilder, die ihn bei Aufmärschen der SA zeigten.
»DU VERDAMMTER DRECKSACK!«, schrie sie voller Wut. »Ich bin die Nachfahrin eines beschissenen Drecksnazis!«
Sie warf alles in den Karton zurück, rannte durch das Haus, räumte die Kleiderschränke aus. Und da hing es auf einmal. Das braune Hemd, immer noch mit den Abzeichen der verhassten Organisation. Marlene kauerte sich wimmernd auf den Boden. Was sollte sie tun? Wollte sie wirklich wissen, was ihr Großvater all die Jahre getan hatte? All diese langen zwölf Jahre? Oder viel-

mehr tausend? Und was danach gewesen war?
Folgte sie ihrem Beruf und der damit einhergehenden Neugier? Dann würde sie die Wahrheit erfahren, aber auch Schmerzen erleiden. Das war ihr klar. Konnte, wollte sie diese aushalten? Nach einer gefühlten Ewigkeit fasste sie einen Entschluss.
Hinter dem Haus war ein kleiner Garten. Die nächsten Nachbarn wohnten mehrere hundert Meter weg. Nach einer Stunde war sie so weit. Das leere Metallfass stand da, daneben ein Kanister mit Benzin, den sie sich an der Tankstelle besorgt hatte. Das Feuer loderte, als sie nach und nach alles, was an ihren Großvater erinnerte, den Flammen übergab. Die Parteibücher, die Bilder, Heiratsurkunde, das verhasste Buch, das ganz hinten im Regal gestanden hatte und vom Führer persönlich unterzeichnet worden war.
»Für meinen treuen Freund«, war die Widmung gewesen.
Als Letztes warf sie es ins Feuer. Es zischte, als die Flammen es verzehrten und nur ein Häufchen Asche übrigblieb. Die Asche vom braunen Hemd ihres Großvaters.

Brown Sugar

Verena Grüneweg

›Brown Sugar‹, das verdammte Lied von den Rolling Stones. Nicht einmal in einem dreckigen Bus entkommt Gladys dem Song. Sie hasst alles an ihm, Mick Jaggers Stimme, den Rhythmus und besonders den Text. Ihre Nachbarin Alice behauptet zwar, dass es in dem Lied in Wahrheit um Heroin geht, aber die alte Frau weiß es besser. Es ist Musik mit provozierenden Versen über Sklaven, Neger, die die Weißen als etwas Schlechtes darstellen.

Seit Jahrzehnten spielen sie es im Radio. Ein sogenannter Evergreen, von dem die Leute niemals genug bekommen. Millionenfach verkauft, genauso wie die Bücher oder Filme, in denen das angebliche Leid der Sklaven wiedergegeben wird. ›Roots‹ von Aley Haley, ›Onkel Toms Hütte‹ von Harriet Beecher Stowe, für Gladys Lügenmärchen und die reinste Propaganda gegen ihre weißen Urahnen. Dabei ging es den Negern doch damals gut! Sie brauchten sich um nichts sorgen, hatten ein Zuhause und Nahrung. Und das Baumwollpflücken auf den Feldern? Nun, harte Arbeit hat doch noch niemals jemanden geschadet, oder?

Als Gladys heute Morgen in den Bus einsteigt, erwarten sie lauter dunkle Gesichter. Kein einziger weißer Fahrgast teilt mit ihr die gleiche Reiseroute. Missmutig setzt sie sich neben einen Farbigen, da alle anderen Sitzplätze bereits vergeben sind und ihr keine andere Wahl bleibt. Bereitwillig steht der junge Mann auf und überlässt ihr den Platz am Fenster. Aber Gladys hält es keinesfalls für nötig, ein »Danke schön« auszusprechen. Warum auch? Schließlich muss sie hinnehmen, dass dieses verachtenswerte Subjekt neben ihr sitzt.

Eine Tatsache, die der alten Dame Unbehagen bereitet. Ein Farbiger, ein Mensch mit brauner Haut, der sich in der Nähe einer unbescholtenen weißen Frau aufhält - früher hatte es das nicht gegeben.

Aber heute interessiert es keinen, dass eine stolze Nation verunreinigt wird. Jeder bekommt mit jedem Kinder, egal welcher Hautfarbe er angehört. Für Gladys liegt es im Wesen der Menschen, das Gute als etwas Schlechtes zu sehen. Für die Neger war es ein Glück, dass sich die Weißen früher um ihr Wohl kümmerten.

Aber die heutige Generation glaubt lieber die Lügen, die ihnen durch die

Medien aufgetischt werden.
Stolz nennen die Neger ihre Bewegung gegen die weiße Unterdrückung ›Black Power‹. Dabei sind sie noch nicht einmal wirklich schwarz. Ihre Haut ist braun, ein dreckiges häufig dunkles Braun, aber auf keinen Fall schwarz! Dass die Farbe Braun minderwertig ist, kapieren sie nicht. Brown Sugar, warum nicht White Sugar? Als ob Braun etwas so Besonderes wäre. In Texas, im Süden der USA, sollten sie es doch besser wissen. Aber die Werte von einst sind auch hier kaum noch existent.
›Was für eine kranke Welt ist das?‹, denkt Gladys und runzelt die Stirn. Angewidert gleitet ihr Blick über die Hand des Mannes, die er neben ihre auf die Armlehne legt. Demonstrativ zieht sie ihre zurück und vergräbt sie in den Schoß. Für sie ist Weiß das Gute im Leben. Die Keuschheit eines weißen Brautkleides. Das weiße Licht, in das man geht, wenn Gott einen zu sich holt. Weiße Rosen, edel und wunderschön anzusehen. Oder reine weiße Wäsche, strahlend sauber! Aber nein, heute sind alle lieber tolerant und leben in einer Multikultigesellschaft. Mit lauter dunklen Hautfarben, die kein Mensch wirklich braucht. Jedenfalls nicht nach Gladys Meinung. Aber wer interessiert sich schon dafür, was eine alte Frau denkt?
Mürrisch öffnet sie die Handtasche und holt die Ohrstöpsel heraus. Die von Arthrose geplagten Hände tun sich schwer, die kleinen Dinger auszupacken und in die Ohren zu stopfen. Aber der Busfahrer hat das Radio lauter gedreht und ihr Sitznachbar singt mehr schlecht als recht den von ihr so verhassten Song mit. Seine Stimme klingt furchtbar und dabei braucht sie doch so nötig ihre Ruhe. Siebzig Jahre erträgt sie bereits diese kaputte Welt, klar, dass das Spuren hinterlässt. Vor allem die letzten zehn hatten keineswegs dazu beigetragen, dass ihr das Leben leichter fiel. Aus dem einst doch recht hübschen blonden zierlichen Mädchen mit heller Haut ist mittlerweile eine knochige ausgemergelte alte Frau geworden. Ihr Körper rächt sich immer öfters für das harte Leben, dem sie ihn aussetzte und auch jetzt spürt sie den stechenden Schmerz in ihrem Rücken. Die durchscheinende Haut ist mit blauen Äderchen und dunklen Altersflecken übersät und wer Gladys ansieht, schaut in ein von Gram gezeichnetes, faltiges Gesicht. Das lange schöne Haar, zwar jetzt grau, ist das Einzige, das von ihrer Jugend übriggeblieben ist. Aber niemand wird es bewundern können, denn sie trägt es stets zu einem strammen Knoten gebunden unter einem weißen Hut. Eigen-

tlich hatte sie vorgehabt, während der Reise ein Nickerchen zu machen. Aber allein der Blick auf die im Bus Anwesenden sorgt dafür, dass Gladys sich diesen Wunsch aus dem Kopf schlägt.
Endlich herrscht Stille. Nur ganz leise noch hört sie die Stimme neben sich. Der Neger hat sie wohl angesprochen, denn sie sieht eine Tüte mit Bonbons, die er ihr lächelnd hinhält. Natürlich lächelt sie nicht zurück oder nimmt gar eines der angebotenen Süßigkeiten! Das wäre ja noch schöner, einem vermeintlichen Gangster eine Einladung zu einem gegenseitigen Kontakt zu geben. Sie ist keinesfalls so naiv, an die Freundlichkeit dieses Ganoven zu glauben. Sicherlich erhofft sich der Neger einen passenden Moment, um ihr die Handtasche zu stehlen.
›*Mit Speck fängt man Mäuse, aber mich nicht mit einem Bonbon. Nein so dumm bin ich nicht*‹, denkt Gladys und zieht die Handtasche ganz nah an den Oberkörper. Demonstrativ dreht sie das Gesicht weg zur Fensterscheibe, in der sie beobachtet, wie das Lächeln auf dem Gesicht des Negers erlischt. Mit sich zufrieden registriert sie, wie er mit den Schultern zuckt und die Tüte in seine Jacke steckt. Gut so, er hat verstanden, dass sich eine anständige Frau wie sie, nicht von verlogenen Nettigkeiten beeinflussen lässt.
Eine lange Reise liegt vor ihr. Es wird mehrere Stunden dauern, bis der Bus den Zielort erreicht. Jedes Mal zieht sich die Zeit wie Kaugummi hin. Zu oft ist sie die Strecke bereits gefahren, aber zum Glück ist es heute ihre letzte Fahrt. Gelangweilt betrachtet sie die öde Landschaft, die, vereinzelt unterbrochen von Landstrichen mit grünen Wiesen, an dem Bus vorbeizieht. Ab und zu eine Ranch, aber nichts was Gladys´ Aufmerksamkeit verdient.
Die heiße Luft, geschwängert von unangenehmen Gerüchen, bereitet ihr Kopfschmerzen und Übelkeit. Dieser Geruch nach Kohl, Knoblauch und Schweiß, am liebsten würde sie Seife, Wasser und Handtücher verteilen. Allgemein sollte die Buslinie vor Antritt der Reise und aus Rücksicht auf die weißen Reisenden auf geduschte Fahrgäste bestehen. Neger kennen keine Hygiene und Waschen ist für sie ein Fremdwort. Das verändert auch der teure Anzug ihres Gegenübersitzenden oder das hübsche Kleid, welches die Frau neben ihm trägt, nicht. Die Nase rümpfend greift Gladys erneut in ihre Handtasche. Hektisch kramt sie darin herum, auf der Suche nach ihrer Bibel. Sie trägt sie stets bei sich, aber heute erweist sich die Suche als erfolglos. Keine Gottesverse werden sie auf dieser Reise begleiten. Sie hat das wert-

volle Buch zuhause auf dem Nachttisch liegen lassen. Zu spät aufgewacht zog Gladys in aller Eile das gestärkte weiße Kostüm und die dazu passenden Schuhe an. Zum Schluss setzte sie ihren Hut auf und trank einen Kaffee mit weißem Zucker. Obwohl die Zeit drängte, wollte Gladys dennoch nicht auf die schützenden Worte Gottes verzichten. Am Bett niederkniend betete sie hingebungsvoll, dass der Herr über die Gerechten wachen sollte. Dass er sie und ihren Sohn Earl auf den richtigen Weg führte und die Sünder von ihnen fernhielt. Leider vergaß sie dabei die Zeit. Als ihre Nachbarin klingelte, um sie zur Haltestelle zu fahren, brach sie überstürzt auf und ließ die Bibel liegen. Unverzeihlich für eine treue Dienerin, wie sie es eine ist und der Herr scheint sie jetzt für die Nachlässigkeit zu bestrafen. Jedenfalls glaubt Gladys das, als sie den Blick vom Fenster abwendet und durch den Bus schweifen lässt. Dunkle Haut, krause Haare und nicht ein einziges weißes Gesicht außer ihrem eigenen. Wie sehr wünscht sie sich in diesem Augenblick die Rassentrennung zurück.

Damals, als man Negern verbot, gemeinsam mit Weißen den Bus zu benutzen. Heutzutage war man vor ihnen nirgendwo mehr sicher. Restaurants, Fahrbetriebe, dieselbe Wohngegend, ja sogar die gleichen Schulen wie die weißen Kinder besuchten sie. Sie breiteten sich überall wie Heuschrecken aus. Sie waren, genau wie diese Plagegeister im Alten Testament, eine Geißel der Menschheit, der niemand mehr Herr wurde.

Sie mussten vom Teufel erschaffen worden sein. Wie sonst lässt sich ihr Reichtum erklären? Was bezeichnen sie nicht alles als ihr Eigentum? Smartphone, Häuser, dicke Wagen. Mittlerweile findet man die dunklen Gesichter sogar in hohen Ämtern. Es geht ihnen finanziell gut, im Gegensatz zu Gladys, die gerade mal so mit ihrer kargen Sozialhilfe über die Runden kommt. Alles ergaunert und keiner von ihnen verdient sein Geld durch harte Arbeit. Eine Tatsache, die sich nach Gladys´ Meinung, nicht verleugnen lässt! Schließlich gehen die meisten Schwerverbrechen auf das Konto der Afroamerikaner. Was für eine Bezeichnung - Afroamerikaner!. Neu, modern und human! Aber Neger bleibt Neger. So hatte Grandpa, ihr Daddy und jeder andere weiße guter Bürger in Virginia den Abschaum genannt.

Besonders Daddy benutze das Wort gern und sehr oft. In seinen Augen hatten die Neger an allem die Schuld. Dass er miese Tabakernten einbrachte, ständig pleite war und auch, dass er trank, verdankte er ihnen. Sie als seine

Tochter musste ihm doch recht geben. Schließlich sind die Worte eines Vaters wahre Worte.
Gut, Gladys musste zugeben, dass sie als Kind ein- oder zweimal mit einem farbigen Mädchen auf der Farm mit Puppen gespielt hatte. Aber Daddy hatte sie dabei erwischt und ihr beigebracht, dass es falsch war. Ein weißes Kind durfte sich nicht mit einem braunen abgeben. Dads Gürtel, der stets locker saß, unterstützte dieses Verbot, welches er ihr, während der Riemen auf ihrem Rücken tanzte, eindringlich erklärte.
Es waren die gleichen Worte, die auch die weißen Kapuzenmänner sagten, wenn sie ihren Vater nachts abholten. Heimlich beobachtete und belauschte Gladys ihre Gespräche. Sie war gut darin. Keiner bekam mit, wie sie das Kinderzimmerfenster öffnete und herausspähte. Wie Gespenster sahen die Männer in ihrer Verkleidung aus. Das Weiß der Laken, die sie sich über den Kopf zogen, leuchtete hell in der Dunkelheit so wie die Feuer, welche kurz, nachdem sie fortgeritten waren, in der Ferne sichtbar wurden. Wunderschöne Flammen, die den Nachthimmel in blutrotes Licht tauchten.
Gladys wünschte sich jedes Mal, dabei sein zu dürfen, wenn diese angezündet wurden. Aber das war leider Vergangenheit!
Jetzt sitzt Gladys zwischen diesen Negern im Bus. Langsam lehnt sie sich in ihrem Sitz zurück und behält dabei die Fahrgäste im Blick. Ihre Augenlider fühlen sich so schwer an und auch der Rücken beschwert sich über die ungesunde Sitzhaltung. Trotzdem, das ist kein Grund, unvorsichtig zu werden. Aber ein wenig nachdenken, in Erinnerungen schwelgen und damit die Fahrzeit überbrücken, wenigstens das erlaubt Gladys sich.
Mum sagte nie etwas dazu, wie Dad Gladys zu einem guten Mädchen erzog. Wie bei allen anderen für sie unschönen Vorfällen ignorierte sie die Schreie und das Weinen ihrer Tochter. Natürlich wusste sie, dass Daddy nachts in Gladys Zimmer ging. Sie musste ihn gehört haben, wenn er stampfend mit seinem schweren Körper die Treppen hoch zu ihrer Tochter lief. Er bemühte sich ja nicht einmal, leise zu sein. Aber das Verschweigen unangenehmer Tatsachen war Mummys Art, mit ihnen umzugehen!
Gladys erinnert sich nicht gerne daran, wie es war, wenn er sich zu ihr ins Bett legte und sie anfasste. Der Moment, wenn er seinen massigen Körper auf sie legte und in sie eindrang, rief selbst jetzt noch Beklemmung in ihr hervor. Es tat weh und sie fühlte sich wie eine Toilette, auf der er sein

Geschäft erledigte. Aber sich zu wehren, daran dachte sie nicht einmal im Traum. Mit den Jahren lernte sie, es hinzunehmen. Den Schmerz und den Ekel auszublenden. Es hatte ja auch was Gutes, denn der Tag danach war immer schön. Er beachtete sie und machte ihr hübsche Geschenke. Streichelte ihr liebevoll über den Kopf und sah sie mit zärtlichen Augen an. Daddy schenkte ihr seine Aufmerksamkeit, etwas, was es sonst niemals für Gladys gab. Meistens galt diese den vier Brüdern. Mit ihnen konnte er auf die Jagd gehen und Dinge tun, die nur Männern erlaubt waren. Umso mehr genoss sie seine Beachtung. Bis zu ihrem sechzehnten Lebensjahr, ab diesem Tag sollte sich alles für Gladys ändern.

Von einem Moment auf den anderen fühlte sie sich krank. Morgens, als sie aufstand, ging es ihr noch gut. Aber beim Frühstück überkam sie heftige Übelkeit. Das Rührei, die Pancakes, Bacon und auch der frische Orangensaft, kaum dass sie einige Happen davon aß, kamen sie wieder hoch. Sie rannte ins Badezimmer und übergab sich. Eine Magenverstimmung, die lange Zeit anhielt und bei der Gladys zunahm, statt dünner zu werden. Die Hosen wurden zu eng und der Bauch, der sich immer mehr nach vorne wölbte, ließ sich nur mit weiter Kleidung verstecken. Sie schämte sich für den unförmigen, keinesfalls schönen Körper. Kein Wunder, dass Dad sie nachts nicht mehr besuchte. Männer haben ihre Bedürfnisse und wie Daddy immer sagte, wurden sie krank, wenn eine Frau sich weigerte, diese zu befriedigen. Es blieb ihm ja kaum etwas anderes übrig, als sich ein anderes Mädchen zu suchen. Aber musste es ausgerechnet die kleine farbige Tochter eines Arbeiters auf der Tabakplantage sein? Ein dreizehn Jahre altes Negerkind! Wie konnte ein gottesfürchtiger Mann wie ihr Vater dieses missratene Geschöpf anfassen? Wie konnte Dad ihr nur so etwas antun und sie austauschen gegen dieses Ding?

Ohne es zu merken, schüttelt Gladys ihren Kopf. Selbst im hohen Alter und viele Jahre später merkt man ihr die Abscheu an. Ein Mädchen, welches ihr von einem der vorderen Sitzplätze zuwinkt, ähnelt der Kleinen von damals. Ihr Aussehen öffnet ungewollte Bilder in Gladys Verstand. Die Erinnerung daran, wie sie damals die beiden in der Scheune erwischte. Gladys´ Mum hatte sie geschickt, um Dad zum Essen ins Haus zu holen. Aber als sie das Scheunentor öffnete, blieb sie wie erstarrt stehen. Geschockt sah sie zu, wie er das Mädchen, das über einen Heuballen gebeugt lag, von hinten wie ein

Tier nahm. Sein Grunzen erklingt auch jetzt noch laut in ihren Ohren und wie damals verspürt sie den heftigen Zorn.
»Meine Brown Sugar, du bist so gut«, hatte er gestöhnt, während das Mädchen wimmerte. Erst als er fertig war, entdeckte ihr Dad sie und zog sich die Hose hoch. Die Negerin lief weinend davon, als ob sie die Sünde nicht gewollt und unschuldig wäre. Doch Gladys ist sich heute noch sicher, dass die Schlampe ihren Daddy verführt hatte und das Schluchzen nur Show war. Aber er rief diesem Miststück hinterher, sie solle bleiben, seine Brown Sugar. Eindeutig stand er unter einem Bann und die Negerin hatte ihn verhext. Hatte ihren Vater vom richtigen Wege weggeführt.
Aber Gladys sorgte dafür, dass er zurück zum Herrn fand. Gott führte ihre Hand und beschützte sie vor einer Strafe. Handelte sie doch in seinem Willen, indem sie die Hure erschlug und Daddy vom Heuboden stieß. Der Herr belohnte sie, indem er dafür sorgte, dass niemand vermutete, dass sie etwas damit zu tun hatte. Als die Leiche des Mädchens gefunden wurde, nahmen die Einwohner, einschließlich des Sheriffs an, dass ein Fremder sie vergewaltigt und getötet hatte. Den Sturz ihres Vaters hielten alle für einen Unfall. So was passierte häufiger bei Farmarbeiten, nichts Außergewöhnliches, das Skepsis hervorgerufen hätte. Gladys kam ungeschoren davon und hätte eigentlich ihr Leben unbesorgt weiter leben können. Aber da sie keine Schuldgefühle empfand, beging sie einen Fehler. Voller Stolz erzählte sie ihrer Mutter, was sie getan hatte. Mit leuchtenden blauen Augen, einem strahlenden Gesicht stand sie vor ihr und schilderte, wie sie ihren Vater vor den Verlockungen des Teufels bewahrte. Daddys Seele rettete, ihm half, den Weg in den Himmel zum Herrn zu beschreiten. Sie hatte Lob, den Stolz einer Mutter auf ihr Kind erwartet, doch statt ihr für den tatkräftigen Einsatz zu danken, jagte diese Gladys fort. Ihr Glück, das Mummy niemandem die Wahrheit erzählte. Aber das, was ihre Tochter getan hatte, gehörte zu den prekären Tatsachen. Und so behandelte sie ihr Wissen wie immer. Sie hüllte sich in Schweigen!
Mehr schlecht als recht schlug Gladys sich durch. Sie war als junge Frau Gefahren ausgesetzt, aus denen sie häufig nur haarscharf entkam. Ebenso behinderte sie der an immer mehr Umfang gewinnende Bauch bei den Jobs in den Bars und in den Truckstopps. Die Arbeit ging ihr nur schwer von der Hand und häufig zeigten sich die Chefs unzufrieden mit ihrer Leistung.

Meistens kündigten sie ihr schon nach wenigen Tagen. Mit wenig Geld, nicht mal annähend genug, um den Hunger zu stillen, war sie abhängig von der Gnade Fremder. Doch diese fand sie in den gottesfürchtigen Menschen, die genauso wie sie die Neger hassten.
Dann, eines Nachts, spürte sie einen heftigen Schmerz im Bauch. Todesangst stieg in dem Mädchen hoch und sie glaubte, sie müsse sterben. Ganz allein in einer Scheune lag sie weinend im Heu und wartete auf ihren Tod. Es gab niemanden, der ihr half oder erklärte, was passierte. Blut lief ihre Beine herunter und etwas zerriss sie innerlich. Bis sie am Ende der Kräfte, das, was sie quälte, herauspresste.
Ein qualvoller Schrei kam über Gladys´ Lippen, als es aus ihr herausglitt und auf den Boden fiel. Ungläubig beugte sie sich vor und betrachtete, was dort zu ihren Füßen im Heu lag. Ein Baby und Gladys konnte nicht verstehen, wo es hergekommen war. Vorsichtig hob sie das winzige Wesen hoch und schaute es an. Ein kleiner Junge lag hilflos in ihren Armen. Sprachlos betrachtete sie das Kind. Unfähig zu begreifen, dass sie es geboren hatte. Doch dann durchströmte sie Liebe und Dankbarkeit. Sie begriff den Grund seiner Existenz. Genau wie die Jungfrau Maria hatte sie in einer Scheune ein Kind Gottes auf die Welt gebracht. Für sie gab es keine andere Erklärung. Dieses Neugeborene war ein Geschenk, welches ihr der Schöpfer machte. Ein Wunder und sie gab ihrem Sohn den Namen Earl. Von da an erzählte sie jedem, ob er es hören wollte oder auch nicht, dass der Herr sie auserwählt hatte, die Mutter des Erlösers zu sein. Natürlich sah sie ihnen an, dass sie ihr kein Wort glaubten. Manche hielten sie sogar für eine fanatische Verrückte und sprachen es auch aus. Selbst der Pfarrer versuchte ihr einzureden, dass sie unter einer Wahnvorstellung litt und dass der Vater ein weltlicher Mann sei. Aber sie blieb felsenfest davon überzeugt, dass Earl Gottes Sohn sei.
Obwohl viele sie für sonderbar hielten, erlaubte man ihr, auf der Farm zu bleiben. Zuerst wollte niemand sie mit einem Neugeborenen zurück auf die Straße schicken. Dann aber, nach einigen Wochen, hatte der Farmbesitzer sich an sie gewöhnt und auch die andere Seite an Gladys kennengelernt. Sie war fleißig, freundlich und, was ihm am meisten gefiel, sie war eine Gleichgesinnte, was die Neger betraf. So fanden Mutter und Sohn auf der Ranch in Texas endlich ein Zuhause.
Gladys arbeitete auf den Feldern. Ab und zu half sie auch im Haus aus. Sie

lebte zufrieden in einer kleinen Wohnung über den Stallungen. Mehr brauchte sie nicht, um glücklich zu sein. Dass sie ein Kind hatte, störte niemanden. Es gab immer jemanden, der auf den kleinen Earl aufpasste, während sie ihre Aufgaben erledigte. Die alten Frauen nahmen sich gerne Earl an, denn er war ein liebes Kind, ruhig und zurückhaltend. Kein Schreihals, der ihre ständige Aufmerksamkeit einforderte. Gut, schön oder niedlich konnte man Earl nicht gerade nennen. Sein Kopf war zu groß, der Körper zu klein und zu rund. Die Hasenscharte machte ihn keinesfalls hübscher, aber ihr machte das nichts aus. Sie liebte ihn und für Gladys war er der perfekte Sohn. Sie freute sich darauf, eines Tages ihm die Worte seines Vaters zu lehren, und konnte es kaum abwarten, dass Earl alt genug dafür war.

Gladys lebte gerne auf der Farm. Der Besitzer ließ seine Arbeiter nach der Hautfarbe getrennt auf den Feldern arbeiten. Natürlich bekamen die weißen Baumwollpflücker mehr Lohn als die Schwarzen. Ihr Boss war eben ein gerechter Mann, der sie stark an ihren Vater erinnerte. Wenn es nicht anders ging, ließ er bei den Negern auch schon mal die Peitsche sprechen. Für sie ein ganz normales Verhalten. Was sollte er auch sonst bei diesem arbeitsscheuen Gesindel tun? Sie fand nichts Verwerfliches daran, ungeachtet der Meinung einige der Ortsansässigen, die sein Verhalten nicht guthießen. Immer öfter hörte sie in der Kirche, wie andere Besuchern über menschenunwürdige Zustände, die auf der Farm herrschten, sprachen. Aber ihr bereitete es keine Probleme, ihrem Boss beim Züchtigen der Neger zuzusehen.

Probleme dagegen machte ihr Earls Erziehung. Je älter ihr Sohn wurde, desto mehr wurde Gladys bewusst, dass er die Farbe Braun liebte!! Jedes Tier, Kleidungsstück oder Gegenstand, dass diese Farbe trug, zog ihn magisch an. Er musste es anfassen und weigerte sich strikt, die Finger davon zu lassen. Diese Faszination machte auch vor den Negerkindern nicht halt. Wann immer sich Earl die Gelegenheit bot, suchte er deren Nähe und widersetzte sich Gladys´ Befehlen. Statt mit seinesgleichen zu spielen, tobte er mit ihnen herum. Vielleicht lag es daran, dass sie ihn akzeptierten, im Gegensatz zu den weißen Kindern, die ihn nicht bei sich duldeten.

Häufig beobachtete Gladys, wie diese ihren Sohn bei den unzähligen Versuchen, mit ihnen zu spielen, fortjagten. Ihn als Monster beschimpften und sie empfand Mitleid mit ihrem Jungen. Dennoch brachte Gladys kein Verständnis für sein abnormes Verhalten auf. Schließlich hatte er eine gute Mutter, die für ihn sorgte und stets da war. Wozu brauchte er andere Kinder? So weh es ihr selber tat, sie durfte ihm diese Ungezogenheit keinesfalls durchgehen lassen. Gott forderte von ihr, dass sie seinen Sohn mit der Peitsche züchtigte und sie fügte sich seinem Willen.

Viele Jahre diente ihr die Gerte als verlängerter Arm. Die Angst vor dem Schmerz der Schläge zügelte Earl eine Weile. Aber er wurde älter und kam in die Schule. Am Anfang hatte Gladys noch gehofft, dass die Strenge der Lehrer helfen würde, ihn von den Negern fernzuhalten.

Aber ihre Hoffnung erfüllte sich nicht. Im Gegenteil! Die einzige Schule im Ort war eine gemischte Schulform. Viele Lehrer zeigten sich liberal und statt den Kontakt beider Hautfarben zu unterbinden, forcierten sie ihn. Ausflüge oder das gemeinsame Lernen waren erwünscht und so war es nur eine Frage der Zeit, dass Earl seiner Leidenschaft erlag. Doch Gladys war wachsam und als sie ihn händchenhaltend mit einem dunkelhäutigen Mädchen erwischte, wusste sie, was zu tun war. Betend drückte sie ihn unter das Wasser im See und reinigte ihn im Namen des Herrn. Es war anstrengend, ihn festzuhalten, während er um sich schlug und nach ihr trat. Meistens war sie völlig erschöpft, wenn er endlich Ruhe gab und sie ihm erlaubte, wieder an die Wasseroberfläche zu tauchen. Auch die Peitsche richtig auf seinen Rücken tanzen zu lassen, fiel ihr von Jahr zu Jahr schwerer.

Das Alter begann an ihr zu nagen und der Körper weigerte sich, ihr zu gehorchen.

Earl war ein kräftiger erwachsener Mann geworden und kaum noch zu bändigen. Er wehrte sich gegen ihre Erziehung und sehr bald konnte sie nur noch verzweifelt dabei zuschauen, wie ihr Sohn ins Verderben rannte. Die Brown Sugars der Nachbarschaft verdrehten ihm den Kopf. Hüftschwingend mit kurzem Röckchen liefen sie an ihm vorbei und er trottete wie ein Hund hinterher. Mit puterrotem Kopf bat er sie bettelnd um ihre Liebe. Aber sie lachten ihn aus und ließen Gladys´ Sohn stehen. Die Eltern der Mädchen scheuchten ihn fort, wenn er stundenlang vor dem Haus verharrte, darauf hoffend, einen Blick auf die Angebetete zu erhaschen.

Aber er ließ sich nicht davon abschrecken. Weiterhin verfolgte er heimlich die Negermädchen am Tage sowie in der Nacht. Verborgen hinter Büschen und Scheunen starrte er sie an und besorgt sah seine Mutter die Gier in Earls Gesicht. Sie erkannte, dass er immer mehr ihrem Daddy glich und sie wusste, dass sie ihn verlor! All das Beten, das Flehen, um die Hilfe des Herrn blieb erfolglos. Der Herrgott schien sie nicht zu hören und Gladys fand keine Antwort auf ihre Fragen.

Aber über eines war sie sich sicher, bald konnte nichts mehr ihren Sohn davon abhalten, eine Dummheit zu begehen.

Eines Nachts wachte sie auf und hörte, wie die Haustür zuschlug. Schnell zog sie den Morgenmantel über und lief zum Schlafzimmerfenster. Sie öffnete es leise und beobachtete, wie ihr Sohn sich aus dem Haus stahl und davonschlich. Aus der Ferne erklangen Musik, Trommeln und tiefe Stimmen, die laut sangen. Wahrscheinlich feierten die Neger wieder einmal irgendeinen heidnischen Brauch. Die Mädchen würden hingebungsvoll zu der Musik tanzen und mit ihrem sündigen Körper die zusehenden Männer in den Irrsinn treiben.

Genau dorthin führte auch Earls Weg und sie beeilte sich, ihm zu folgen. Schnell lief sie die Treppe herunter und lief ihm nach. Doch als sie beim Fest ankam, gab es keine Spur von Earl. Aber sie wusste, wo sie ihn finden würde.

Sie rannte zur alten Scheune, die verlassen am Ende der Farm stand. Außer Atem riss sie mit letzter Kraft das Scheunentor auf und sah ihren Sohn, wie er sich laut stöhnend mit einer wimmernden Negerin vergnügte.

Genauso wie Gladys einst ihren Vater erwischte!

Der Bus hält an, das Ziel ist erreicht. Gladys schrickt aus ihren Gedanken hoch. Es fällt ihr schwer, zurück in die Gegenwart zu kehren. Im ersten Moment realisiert sie kaum, dass sie in dem Bus ist und nicht auf der Farm.

Immer noch etwas verwirrt nimmt die alte Frau ihre Handtasche und steht vom Sitz auf. Umständlich tritt sie in den Gang und langsam schieben sie die anderen Fahrgäste mit nach vorne zum Ausstieg. Die Enge und die Nähe zu ihnen ist ihr unangenehm. Sie fühlt sich erdrückt von den Körpern und versucht, die hasserfüllten Blicke, die ihr zugeworfen werden, zu ignorieren.

Einige der dunklen Gesichter kommen ihr bekannt vor und bei längerem Nachdenken fällt ihr auch ein, wieso. Wenn sie sich die Falten und das graue Haar wegdenkt, weiß sie, wer gemeinsam mit ihr gereist ist.

Diese Neger im Bus haben auf der gleichen Farm wie Gladys und Earl gelebt. Es sind die Eltern der Mädchen, die ihren Sohn ins Verderben trieben, die ihr als Mutter nichts anderes übrig ließen, als dafür zu sorgen, dass seine Seele gerettet und reingewaschen wurde.

Jetzt, zehn Jahre später, trifft sie erneut auf das Böse! Leise betend steigt sie aus dem Bus und fühlt augenblicklich, wie Gott die Hände schützend über sie ausbreitet.

Gemeinsam mit den anderen Fahrgästen betritt sie das riesige Gebäude. Grau und respekteinflößend blickt es auf die Ankommenden herab. Gladys fühlt weder Angst noch Ehrfurcht, zu oft hat sie diesen Augenblick schon erlebt. Es ist der Ort, an dem Earl seit Jahren verweilt.

Es geht nur langsam voran. Nacheinander werden die Besucher abgetastet und gebeten, ihre Papiere vorzulegen. Akribisch die Handtaschen durchsucht und vereinzelt Fragen gestellt. Erst nach dem der alten Frau wohl bekannten Procedere dürfen die Besucher weiter gehen.

Mehrere Reihen von Stühlen stehen in dem sonst kahlen, wenig einladenden Raum, den sie betreten. Keiner von ihnen sagt ein Wort, während sich einer nach dem anderen hinsetzt. Starr richten sie die Gesichter nach vorne zur Glaswand, die diesen Raum von einem zweiten trennt. Anspannung liegt in der Luft, jeder schaut auf die Tür und wartet darauf, dass sie sich öffnet. Nur Gladys begutachtet interessiert das Inventar.

Ganz besonderes Augenmerk legt sie auf die Liege, die mitten in dem Raum steht. Beruhigt sieht sie die Gurte, die an dieser befestigt sind. Eine gute und stabile Konstruktion. Sie werden Earl festhalten, wenn er sich wieder einmal gegen das Unvermeidliche wehrt. Es gibt keinen Grund, sich Sorgen zu machen, aus ihnen kann er sich nicht befreien. Was ihr misslang, wo sie als Mutter versagte, das wird heute der Schöpfer in seine Hand nehmen. Zu lange hat sie auf diesen Tag gewartet. Der Tag, an dem sie das letzte Mal hierher kommt und Abschied von ihrem Sohn nimmt.

Ihr kleiner unschuldiger Junge, zu schwach, um gegen die Sünde anzukämpfen. Er war dem Teufel, der sich hinter der braunen Haut verbirgt, in die Falle getappt. Nein es ist nicht ihre Schuld, sie hatte alles versucht, um ihn zu retten. Aber sie scheiterte, denn es blieb nicht bei der einen Negerin damals in der Scheune. Viele folgten, Earl schien unersättlich zu sein. Wie hasste sie die Frauen, die das Gute in ihrem Kind zerstörten. Aber noch mehr hasste sie sein Gejammer, wenn sie nicht mehr auftauchten. Einfach verschwanden, ihn zurückließen, obwohl er seine Brown Sugar doch so sehr liebte. Wenn die Negerinnen schreiend aus der Scheune in die Nacht flüchteten, war Gladys sofort zur Stelle und führte sie ihrer gerechten Strafe zu. Sie handelte mit Gottes Willen. Er lenkte ihre Hand mit dem Messer, welches dem Schreien der Flittchen ein Ende bereitete. Auch die Schaufel, mit der sie ihnen mühevoll das Grab grub, hatte der Herr für die Huren ausgesucht.

Niemand auf der Farm oder im Ort half den Eltern bei der Suche nach dem vermissten Kind. Sie waren sowieso in dieser Welt überflüssig. Dass Gott diese Negerinnen erschaffen hatte, war ein Fehler, den Gladys beseitigte. Nur ein einziges Missgeschick unterlief ihr, indem sie die Hautfarbe eines Mädchens im Dunkeln nicht erkannte. Keine Brown Sugar, sondern die weiße Tochter eines Anwaltes. Niemals konnte sie damit rechnen, dass Earl an der Kleinen Interesse zeigte, es entsprach nicht seinem sonstigen Beuteschema.

Sie musste hinter ihrem Sohn aufräumen, der einzige Gedanke, der sie in dieser Nacht antrieb und sie unüberlegt handeln ließ. Ein Moment der Schwäche, der Eigenentscheidung, der Gladys dazu brachte, ihr von hinten die Kehle durchzuschneiden. Ein fataler Irrtum, wie sich sehr bald herausstellte. Dieses Mal unterstütze die ganze Bevölkerung die Suche der Eltern nach ihrem verschwundenen Kind. Es wurde sogar ein Aufruf in den Medien gestartet. Alle Hinweise der Ermittlung führten zu der Farm und schlussendlich zu Earl. Die Falle schnappte zu, als sie auf die Ranch kamen und die Spürhunde losließen. Sehr schnell hatten diese die Witterung aufgenommen, welche sie zu dem Garten hinter den Stallungen, über denen Gladys wohnte, führte. Tagelang gruben sie in der Erde und hoben jedes einzelne Grab aus. Als sie damit fertig waren, kannte das Entsetzen der Menschen kein Ende. Zwanzig Mädchenleichen wurden geborgen und der Hass gegenüber ihrem Mörder loderte in der ganzen Stadt. Ein Schuldiger musste schnellstens gefunden werden, bevor die Meute eskalierte.

Aber sie brauchten nicht lange zu suchen. Die Obduktion fand die DNA eines Mannes in den Überresten der Mädchen. Earls Sperma, das Geschenk der Sünde, lieferte den Beweis, dass er der Serienkiller war. Gladys beließ alle in dem Glauben. Es war nicht so, dass sie sich vor der weltlichen Gerechtigkeit drücken wollte, doch sie wusste, Gottes Wege waren unergründlich.

Gladys verstand seinen Plan, das Schicksal, welches er für sie beide bestimmte. Ungerührt vernahm sie das Urteil am Ende des Prozesses - die Todesstrafe wegen zwanzigfachen Mordes! Er wollte seinen Sohn zurück und der Tag, an dem das geschehen soll, war heute gekommen.
Schluchzen, aber auch Applaus, ertönt, als Earl in Hand - und Fußfesseln hereingeführt wird. Sein Gesicht ist angstverzerrt und hilfesuchend gleitet sein Blick durch die Reihen der Zuschauer. Als sich ihre Augen treffen, hebt Gladys die Hand und winkt ihm aufmunternd zu. Sie lächelt, während sie zuschaut, wie die Wärter ihren Sohn auf die Bahre legen und festschnallen. Es ist gut, was gleich passiert! Wenn er das doch auch nur einsehen würde. Das Paradies im Himmel erwartet ihn und sie hat ihm den Weg dorthin geebnet. All die Opfer ihrerseits und das Bangen um die Reinheit seiner Seele! Lang genug hat sie über Earl gewacht, sie ist zu alt dafür! Jetzt übernimmt der Allmächtige diese Aufgabe. Der Vater holt sein Kind zu sich und sehr bald darf es bei all den weißen Engelchen, wo keine Brown Sugar ihn zu der Sünde verführte, leben.
Die Giftspritze wird vorbereitet und Earl spricht seine letzten Worte. Leise dringen sie durch ein Mikrophon in den Raum, seine wiederholten Beteuerungen, dass er unschuldig ist und niemanden ermordet hat.
Gut, wenigstens lügt er nicht. Aber das hat Earl ja nie getan, er hat immer die Wahrheit gesagt. Sie schämt sich für die Tränen, die über seine Wangen laufen und das Flehen um Gnade. Gladys hat kein Verständnis für das Gejammer. Er sollte doch glücklich sein, seiner Mutter dankbar für das Geschenk, das er ihr zu verdanken hat.
Sie atmet auf, als sie ihm schließlich das Gift verabreichen. Endlich verstummt Earls Stimme und atemlose Stille breitet sich im Raum aus. Acht lange Minuten brechen an, bis es endlich wirkt und das Herz ihres Sohnes zum letzten Mal schlägt. Acht Minuten, in denen Gladys leise ein Gebet sprich, indem sie Gott dafür dankt, dass er sie führte. Es ist vorbei, ihr Kind ist tot.
Nachdem den Zeugen dieses mitgeteilt wird, erheben sich alle von den Stühlen. Es ist Zeit zu gehen und Gladys läuft aus dem Raum, ohne noch einmal zurückzublicken. Erleichtert, aber auch glücklich, verlässt sie den Todestrakt des Gefängnisses.
Als sie aus dem Gebäude schreitet, atmet sie tief durch und nach zehn

langen Jahren steigt sie das letzte Mal in den Bus. Die gleichen braunen Gesichter wie auf der Hinfahrt schauen ihr entgegen. Beobachten jeden ihrer Schritte, während sie zu ihrem Platz läuft und sich hinsetzt. Doch es ist ihr egal, sie sind ihr völlig gleichgültig. Die Augen der alten Frau strahlen, denn sie freut sich auf die Heimkehr und auf das Wiedersehen mit ihrem Kind. Nicht lange und die komplette Familie wird vereint sein. Bald schon, bald ist es so weit. Es wird die einzige Sünde sein, die sie jemals begeht. Doch der Heiland wird ihr diese verzeihen, war sie ihm doch immer eine treue Dienerin.

Das Glas Wasser und die Tabletten liegen auf dem Nachttisch für ihre Rückkehr bereit. Nur wenige Stunden noch, dann wird Gott auch sie zu sich in den Himmel holen. Der einzige Ort, an dem sie nie wieder braune Haut sehen und das Lied ›Brown Sugar‹ von den Rolling Stones hören muss.

Wiederkehr

T.B. Ems

Lange bevor Dimitri seine Augen aufschlug, hörte er das dumpfe Trommeln und den monotonen Singsang, der zu ihm drang. Er wurde erweckt. Ausgesuchte Männer aus seinem Clan hatten sich in der Höhle eingefunden und mit dem Ritual für seine Wiederkehr begonnen. Sein Verstand war hellwach und er dachte an die letzten Tage zurück, bevor er sich in die tiefe Höhle unter einem Berg, der zu den Ausläufern der Westkarpaten gehörte, begeben hatte. Seit Jahrhunderten war diese Höhle, in der eine Quelle entsprang und deren Wände aus braunem und rötlichem Fels mit Gold durchzogenen Adern waren, sein Zuhause. Es war allein seine Entscheidung gewesen, in einen hundertjährigen Schlaf zu sinken, obwohl seine Familie ihn angefleht hatte, noch zu warten. Er war schwer verletzt worden und war dem Wahnsinn nahe. Näher als jemals zuvor in seinem unendlich langen Leben. Das Blut der Soldaten und Krieger hatte nur noch bitter und schal geschmeckt, ihn nicht mehr genährt. Er hatte genug von den Kriegen und Fehden gehabt. Genug von den Schlachtfeldern, auf denen die Leichen aufgespießt und erschossen, gestorben und ihr Blut wie Bäche in die Erde floss. Es waren nicht seine Kriege und Kämpfe gewesen.

Sein eigener Kampf hatte begonnen, als ein Fürst sein Dorf angreifen ließ und die Hälfte seiner Familie von den Soldaten ermordet wurde, bevor sie die Häuser und Ställe niedergebrannt, die jungen Frauen und das Vieh mitgenommen hatten. Dimitris Rache war fürchterlich gewesen. Er hatte die Soldaten bis zu der Burg ihres Herrschers verfolgt und wenn sich die Gelegenheit ergab, einen von ihnen zu töten, wurden ihre Kehlen von seinen scharfen Zähnen aufgerissen und von ihm ausgesaugt. Wurden die Leichen gefunden, hatten einige Soldaten gedacht, ein wildes Tier hätte sie angegriffen und so zugerichtet. Viele von ihnen glaubten etwas anderes und hatten sich furchtsam bekreuzigt. Das Wort Vampir war hinter vorgehaltener Hand zu hören gewesen und in den Augen der Krieger hatte Angst und Furcht gelegen.

Er hatte sich nachts in die Burg des Fürsten gestohlen, den Wachen und

Soldaten mit seinem Schwert die Bäuche auf- und die Kehlen durchgeschlitzt. Mitten in dem Kampf, in dem er wie ein Berserker auf sie eingeschlagen hatte und ihr Blut auf die dunklen Mauern spritzte, hatte er eine junge Frau die geschwungene Treppe hinunterkommen sehen. Sie war schlank und hochgewachsen, ihr langes, fliederfarbenes Kleid blutverschmiert. Ihre goldblonden Haare hatten sich von den Spangen gelöst und fielen zerzaust an ihr hinunter. Sie hatte ein schweres Schwert in beiden Händen gehalten und ihn mit zornigen Augen hasserfüllt angesehen. Dimitri war irritiert von ihrer Schönheit und dem Schwert in ihren Händen gewesen, das sie kaum hatte halten können. Die Soldaten hatten ihre Chance genutzt und ihn niedergerungen, mit Dolchen und Schwertern auf ihn eingestochen, mit ihren Fäusten auf seinen Körper eingeschlagen, bis er zusammengekauert liegenblieb.

Er hatte die Augen geschlossen und das mörderische Tier in sich gesucht, das langsam aus der Tiefe aufstieg. Seine Augen hatten begonnen, feuerrot zu glühen. Mit einem durchdringenden Schrei hatte er sich losgerissen, unbarmherzig auf die Soldaten eingeschlagen, die ihn festgehalten hatten. Einige waren gegen die Burgmauer gekracht, andere hatten versucht, zu fliehen, als sie die wutverzerrte Fratze und die glühenden Augen gesehen hatten, in denen in solchen Momenten die Grausamkeit und Rohheit seines Wesens loderten. Erbarmungslos hatte er einen nach dem anderen getötet. Als er zu der Treppe hochsah, auf der die schöne Frau gestanden hatte, war diese verschwunden. Diesem Zwischenfall hatte der Fürst zu verdanken, dass er ungesehen fliehen konnte.

Er und fünf seiner Männer waren aus der Burg galoppiert, als wenn der Teufel darin wüten würde. Eine schwarze, offene Kutsche mit der Fürstin und ihrer Tochter darin hatte nur Minuten später ebenfalls die Burg verlassen. Die junge Frau hatte zurückgesehen und die ersten lodernden Flammen bemerkt, die Gefangenen und die Tiere gesehen, die durch das Tor gerannt und auf einer Anhöhe stehen blieben. Die Menschen hatten zugesehen, wie die Burg in Flammen aufgegangen war. Ihre Drohungen und Beschimpfungen gegen den Fürsten hatte nur seine Tochter hören können, so wie auch die Jubelschreie und einen Namen. Dimitri! Dimitri Untaru, hatten sie triumphierend gerufen und in die Hände geklatscht. Plötzlich war er durch das Tor getreten, der Hüne, der wie ein Berserker kämpfen konnte.

Der die Soldaten und Wachen ihres Vaters mit einem Hieb getötet hatte. Dessen Hand das Schwert mit einer Leichtigkeit halten und damit erbarmungslos zuschlagen konnte. Der Mann, den sie tot sehen wollte.

Sein markantes Gesicht war zu einer wilden Fratze entstellt gewesen, deren lange, scharfe Zähne in dem Feuer um ihn herum aufblitzten. Ihre Blicke hatten sich getroffen. Obwohl ihre Familie vor ihm hatte fliehen müssen, er die Burg niedergebrannt und ihr damit die Heimat genommen hatte, war da ein wildes Verlangen in ihr gewachsen, das sie hatte spüren können. Magisch war sie davon angezogen worden, ohne dass sie sich dagegen wehren konnte. Doch der Hass auf ihn loderte seitdem in ihr und sie hatte geschworen, ihn zu töten.

Dimitri hatte sich zurückverwandelt, die wutentstellte Fratze war gewichen und die scharfen Zähne hatten sich zurückgezogen. Er hatte alle Gefangenen und die Frauen aus seinem Dorf sowie das Vieh gerettet. Hinter ihm hatte sich das Feuer durch die Burg gefressen und alles verbrannt, was in ihr war. Den Blick auf die junge Frau in der Kutsche geheftet, hatte er regungslos dagestanden. Diese Frau hatte etwas in ihm berührt. Er hatte das Verlangen und den grenzenlosen Hass in ihren Augen gesehen. Mit langen Schritten war er zu seinem Volk gegangen und hatte sie den weiten Weg zurück nach Hause gebracht.

Seine Wunden waren nicht so geheilt, wie er es gewohnt war, und die Erschöpfung und Müdigkeit hatten ihn nicht mehr losgelassen. Er war unaufmerksamer geworden und hätte einige Male den Tod gefunden, wenn er von den Menschen, die mit ihm gingen, nicht gerettet und beschützt worden wäre. Sie hatten ihm ihr Blut angeboten, was er halsstarrig abgelehnt hatte. Schlafen! Er hatte nur noch schlafen wollen.

Mit fünf Männern aus seinem Dorf war er zu der Höhle gegangen, in der er seit Jahrhunderten lebte. Sie hatten versprochen, die Lieder und die Worte, die ihn aufwecken würden, von Vater zum Sohn, von Generation zu Generation weiterzugeben. Er hatte sich in den Steinsarg gelegt, der dort genau so lange stand, wie er die Höhle bewohnte. Die Männer hatten die schwere Platte von dem erdigen Boden aufgehoben und auf den Sarg gelegt. Dimitri hatte die Augen geschlossen und ihren Gesang und die Worte, die immer dringlicher und lauter geworden waren, nur noch dumpf gehört. Kurz darauf war er in einen todesähnlichen Schlaf gefallen, den er so verzweifelt herbeigesehnt hatte.

***

Dimitri schlug die Augen auf. Wieso dachte er an diese schöne Frau aus der Burg? Er sah ihren Blick. Das Verlangen und der Hass in ihren Augen fielen ihm wieder ein. Er war erweckt worden. Einhundert Jahre waren vorbei, ohne dass Feinde in die Höhle gekommen waren, ihn aus den Steinsarg gezerrt und getötet hatten.

Wieso fiel ihm ausgerechnet die Frau ein, sobald er wieder denken konnte? Er fegte die Gedanken weg. Vorsichtig bewegte er seine Hände, dann die Arme und zuletzt die Beine. Um den geöffneten Steinsarg standen fünf junge Männer, die ihn neugierig und angstvoll zugleich anstarrten. Er versuchte zu lächeln und setzte sich ruckartig auf. Die Männer stolperten erschrocken einen Schritt zurück. Einer von ihnen war mutig genug, wieder näher zu kommen. Mit zusammengekniffenen Augen sah er Dimitri an.

»Die Alten haben überliefert, dass du Blut zu dir nehmen musst, sobald du aus deinem Schlaf geweckt wurdest.«

Der Vampir sprang pfeilschnell aus dem Sarg und stand nah vor dem jungen Mann. Er roch seinen Atem und seinen Duft. Der gutaussehende junge Mann gehörte zu seiner Familie. Es war keine Angst in seiner Aura zu erkennen, nur Neugierde und so etwas wie unbändiger Lebensmut. Noch nie hatte Dimitri jemanden getroffen, der so viel Lebensenergie, Frohsinn und Stärke in sich hatte wie dieser Jüngling, der höchstens zwanzig Lenze zählte.

»Das stimmt mein junger Blutsverwandter«, sagte er mit rauer Stimme. Janosch reichte ihm unerschrocken sein Handgelenk.

»Du kannst von mir trinken«, sagte er mit fester Stimme und sein Körper richtete sich gerade auf.

Bevor Dimitri etwas antworten konnte, schnitt der Junge mit einem scharfen Dolch tief in sein Fleisch und das Blut tropfte auf die trockene braune Erde. Der Geruch des Blutes war so stark, dass Dimitris Zähne herausfuhren. Er zog den Arm zu sich und legte seine ausgetrockneten Lippen auf die Wunde. Gierig trank er. In seinem Körper schien etwas zu explodieren. Unbändige Lebenslust und Kraft durchströmte ihn. Er sah vor seinem geistigen Auge das Leben des jungen Janosch vorbeiziehen. Er war gutmütig, tapfer und edel. Er hatte viele Freunde und eine Familie, die ihn abgöttisch liebte. Diese Liebe erwiderte er bedingungslos. Als der Junge zu schwanken begann, riss

er sich mit Gewalt von ihm los, damit er ihm keinen Schaden zufügte. Würde er zu viel von seinem Blut nehmen, könnte Janosch krank werden und es würde viele Tage dauern, bis er sich erholte.
Die anderen vier Männer kamen näher. Ihre Angst verblasste und sie verbeugten sich vor Dimitri.
»Wir sind deine Nachkommen, Dimitri Untaru. Auch wir sind bereit, unser Blut zu geben, damit du zu Kräften kommst.«
Der Vampir verbeugte sich ebenfalls vor ihnen. Sie waren mutige, ehrliche und lebensfrohe junge Männer. Der Zusammenhalt in ihrem Dorf war unbeschreiblich groß, sie verehrten die Alten, die in ihrer Mitte lebten und ehrten ihre Ahnen. Nachdem er von den jungen Männern getrunken hatte, dankte er ihnen. Janosch, der sich auf die harte Erde gesetzt hatte, stand auf und ging aus dem hohen Höhlenraum. Kurz darauf kam er mit zwei Rucksäcken zurück. Er öffnete den ersten und nahm fünf Flaschen mit roten Traubensaft und Brote, die dick mit Wurst und Käse belegt waren, heraus.
»Wir müssen uns stärken, sonst machen wir beim Abstieg ins Dorf hinunter schlapp«, sagte er in befehlsgewohnten Ton und Dimitri erkannte zum zweiten Mal, dass Janosch das Sagen in der Gruppe hatte.
Sein Bruder Adrian und seine Vetter griffen zu, setzten sich an die Höhlenwand und lehnten sich an die dicken Wurzeln, die aus der Erde heraus wuchsen und sich miteinander verschlangen. Den zweiten Rucksack reichte er Dimitri.
»Darin ist Kleidung, wie man sie heute trägt. Ich hoffe, sie wird dir passen.«
Neugierig nahm er die dunkle Cargohose, ein weißes T-Shirt und ein schwarzes Sweatshirt mit Kapuze heraus. Die schwarze Lederjacke und die Springerstiefel sah er sich genauer an.
»Was ist das?«, murmelte er fragend und eine steile Falte zwischen seinen stechend braunen Augen erschien, als er eine Flasche mit einer cremigen Flüssigkeit fand. Adrian grinste ihn an.
»Damit kannst du deine Haare und den Körper waschen.«
Dimitri öffnete den Verschluss und roch daran. Ohne ein weiteres Wort stopfte er alles zurück in den Rucksack und ging tiefer in die Höhle hinein.
Er hörte die Quelle, bevor er den kleineren Höhlenraum betrat. Alles war genauso wie damals, bevor er sich zum Schlafen hingelegt hatte. Das klare Wasser lief an der ausgewaschenen Felswand entlang und sammelte sich in

einem kleinen Teich. Links vor ihm wurde es zu einem schmalen Bach, der vierhundert Fuß entfernt und fünfzig Fuß unter seiner Höhle durch die Felsen ins Freie sickerte und den Berg hinunterfloss. In diesem kleineren Höhlenraum waren Löcher in der hohen Felsdecke, durch die hunderte von Fledermäuse flogen. Das spärliche Licht spiegelte sich in dem klaren Wasser und ließ es facettenreich schimmern. Die Wände waren mit Goldadern durchzogen, doch nie hatte jemand in den vielen Jahrhunderten diese Höhle entdeckt und ausgebeutet. Es war seine Höhle. Sein Zuhause. Sein Rückzugsort. Seit vielen Jahrhunderten beschützten seine Familie und er diesen Ort. Später kaufte er das große Stück Land, unter dem sich die Höhle befand und setzte mit dem Dorfältesten und dem Landesvater einen Vertrag auf. Es wurde geschrieben, dass das Land der Familie Untaru gehörte, sie es nie verkaufen dürften, sondern es von Vater zum Sohn vererben mussten. Seine Nachkommen hüteten das Geheimnis, das tief in dem Berg versteckt war. Sie verehrten den Vampir, der ihr Urahn war. Seine Nachkommen, die unter dem Berg der westlichen Karpaten das Land bewohnten, verweigerten jedem Fremden den Zutritt zu dem Berg und beschützen die Höhle und den Vampir.

***

Maja saß in dem kleinen, aber gemütlichen Zimmer über der Gastschenke, die in der Mitte des Dorfes stand. Sie war seit einer Woche dort und stieg jeden Tag in die Berge, um den Höhleneingang zu finden. Sie lebte allein dafür, ihre Urgroßmutter Mariella zu rächen, und suchte deshalb nach dem Vampir, der vor einhundert Jahren die Burg niedergebrannt und Schmach und Schande über ihre Familie gebracht hatte. Mariella selbst hatte bis zu ihrem Tod nach dem Blutsauger suchen lassen, ohne eine Spur von ihm zu finden. Er hatte ihr das Herz mit einer ungestillten Liebe entflammt und die Heimat genommen. Dafür sollte er büßen.

An ihrem Totenbett hatte sie ihrer Familie das Versprechen abgerungen, dass sie nie aufhören würden, nach dem Vampir zu suchen und ihn zu töten, sollten sie ihn finden. Maja hatte in der Vergangenheit des Dorfes geforscht und herausgefunden, dass es Geschichten und Legenden über den Vampir Dimitri Untaru gab. Er hätte die Frauen aus dem Dorf, die in der Burg gefangen gehalten wurden, befreit und wäre kurze Zeit später in eine Höhle gegangen, um dort einhundert Jahre zu schlafen. Seine Nachkommen

würden die Höhle und ihn beschützen. Zwischen vergilbten Briefen und Dokumenten, in denen sie in dem kleinen Bürgerhaus stöberte, fand sie den Vertrag, der von Untaru, dem damals Dorfältesten und dem Landesvater unterzeichnet worden war. Bevor sie entdeckt wurde, verließ sie hastig das Haus, in das sie sich geschlichen hatte. Die Dorfbewohner beäugten sie misstrauisch und ihre Fragen beantworteten sie nur vage oder gar nicht.
Nach Majas Berechnungen müsste der Vampir wach sein. Die Zeit war vorüber und sie konnte endlich Mariella rächen. Sie hatte einen geweihten Dolch bei sich, den sie ständig unter ihrer Kleidung trug.
Jedes Mal, wenn sie auf den nahe gelegenen Berg hochwandern wollte, wurde sie von den Männern aus dem Dorf abgefangen und man verweigerte ihr den Aufstieg. Sie versuchte, die Dörfler auszutricksen. Doch immer, wenn sie vor dem Berg stand, tauchten sie plötzlich auf und versperrten ihr den Weg. Schroff erklärten sie ihr, dass der Berg für Fremde nicht zugänglich sei und sie umdrehen musste. Zornig und blind vor Wut musste sie zurückgehen. Maja war sich sicher, dass der Vampir dort oben seine Höhle hatte.
Sie änderte ihren Tages- und Nachtablauf. Sie schlief tagsüber und ab der Abenddämmerung saß sie mit einem Infrarotfernglas an dem Fenster in ihrem gemieteten Zimmer und sah bis zum Morgengrauen zu dem Berg hinüber. Eines Abends sah sie, wie fünf junge Männer das Dorf verließen und auf den Berg stiegen. Angespannt hielt sie das Nachtfernglas an ihre Augen und beobachtete jeden ihrer Schritte.
Auf halber Höhe des Berges verschwanden sie plötzlich zwischen knorrigen Bäumen und dicht gewachsenen Büschen. Unruhig und aufgeregt blickte sie auf den Fleck und ließ ihn nicht mehr aus den Augen. Als es kurz vor Mitternacht war, sah sie eine Bewegung. Sofort war sie hellwach. Schnell zählte sie die Männer, die auf dem Berg auftauchten.
»Sechs! Es waren fünf und jetzt sind es sechs!«, stieß sie aufgeregt hervor und ihr Körper spannte sich an. »Er ist bei ihnen. Dimitri Untaru ist erwacht und kommt mit den Männern hinunter ins Dorf.«
Leise hatte sie die Worte geflüstert und eine eiskalte Ruhe legte sich über sie. Maja starrte durch das Fernglas den Vampir an. Als er plötzlich und abrupt stehen blieb, glaubte sie, dass er sie entdeckt hätte und mit finsteren Blick zu dem Fenster mit dem weißen Vorhang sah, hinter dem sie saß. Erschrocken

nahm sie das Fernglas herunter, stand von dem Holzstuhl auf und ging einen Schritt nach hinten in das Zimmer. Ihr Atem ging schnell und ihre Gedanken wirbelten in ihrem Kopf umher. Majas Herz klopfte hart gegen ihre Brust, das nach ihm rief.
»Nein«, stöhnte sie qualvoll auf. Sie wusste, was geschehen war. Genauso, wie bei Mariella, erkannten ihr Herz und ihre Seele, dass der Vampir ihr Gefährte war. »Nein, das darf nicht sein. Ich gehöre nicht zu dir. Du bist der Feind meiner Familie und ich werde dich töten«, wimmerte sie unglücklich und bemerkte nicht die Tränen, die heiß über ihre blassen Wangen liefen.
Mit zitternden Händen und weichen Knien ging sie zurück an das Fenster. Sie bemerkte die Menschen, die sich auf dem kleinen Marktplatz angesammelt hatten. Fackeln waren in einem Kreis aufgestellt und angezündet worden. Blumen standen in hohen Vasen und Eimern daneben. Eine Fahne wurde an dem hohen Mast am Brunnen aufgezogen. Sie war alt und verblichen, doch sie identifizierte das damalige Dorfbanner, das sie aus Mariellas Aufzeichnungen kannte. Krüge mit Wein und Bier, Platten mit Brot, Wurst, Käse und Obst standen auf aufgestellten Tischen. Verwirrt stellte Maja fest, dass sie das Treiben auf dem Platz nicht bemerkt hatte. Plötzlich wurde es totenstill. Die Menschen verstummten, hielten inne und sahen gebannt auf den Weg, der auf den Berg führte. Schemenhaft erkannte Maja, dass die Männer ins Dorf kamen. Sie schüttelte ihre Starre und die Traurigkeit ab, zog hastig ihre Stiefel und die gefütterte Jacke an, in deren Innenseite der geweihte Dolch steckte und lief aus dem Zimmer.

***

Als Dimitri einen hasserfüllten Blick auf sich spürte, der tief in seine Seele drang, blieb er stehen. Er sah hinunter in das Dorf und suchte es mit seinen übermenschlich geschärften Sinnen ab. Er fand sie hinter einem der dunklen Fenster. Zuerst war er verwirrt, weil er glaubte, die Tochter des Fürsten stand dahinter. Doch sofort wurde ihm klar, dass es unmöglich war. Sie konnte nicht mehr leben und doch hatte diese fremde Frau die gleiche Ausstrahlung und in seiner Brust schmerzte und pochte laut sein Herz.
›Gefährtin‹, war sein nächster Gedanke. Der Hass der Frau wich einer unglücklichen Traurigkeit. Janosch berührte seine Schultern.
»Ist alles in Ordnung?«
Dimitri sah ihn an, nickte nur und lief mit den Männern weiter. Je näher sie

dem Dorf kamen, umso stärker spürte er die Frau, die seine Gefährtin war und ihn dennoch abgrundtief hasste. Er spürte ihre Entschlossenheit, ihn zu töten.
Die Menschen liefen auf den Vampir zu, warfen sich auf dem Boden oder verneigten sich tief vor ihm. Die fünf Männer, die ihn erweckt hatten, standen im Halbkreis um ihn, bereit, die Waffen zu ziehen. Sollte einer von ihnen versuchen, ihrem Herr Leid zuzufügen, würden sie ihn töten.

Dimitri sah Maja, die in der Mitte des Platzes stand und ihn mit fiebrigen Augen ansah. Die Ähnlichkeit mit Mariella war verblüffend. Er löste sich von den Menschen, die ihn unterwürfig und ergeben ansahen. Langsam ging er auf sie zu. Maja zitterte und schluckte den harten Kloß in ihrer Kehle hinunter. Ihr Herz und ihre Seele schrien und verzehrten sich nach ihm. Unaufhörlich liefen die Tränen über ihr wunderschönes Gesicht. Dimitri trat zu ihr und nahm sie in seine Arme. Maja ließ es geschehen und schmiegte sich wie eine Ertrinkende an ihn. Er sog ihren betörenden Duft ein und schloss die Augen.
»Ich verstehe dich, geliebte Gefährtin«, flüsterte er ihr zu. »Du musst es tun. Es ist unser Schicksal.«
Sie schmiegte sich enger an ihn. Genoss seine Nähe und ihre Seele jubelte glücklich. Ihr Herz schlug hart und schwer gegen die Brust und die heißen Tränen der Traurigkeit und Verzweiflung wollten nicht versiegen. Er hob ihr wunderschönes Gesicht an und seine sinnlichen Lippen fanden die ihren. Der Kuss schmeckte bitter und süß zugleich. Als Maja den Dolch in sein Herz stieß, zog er sie fester in seine Arme. Sie schmeckte sein Blut auf ihren Lippen und weinte hemmungslos.
»Schhht … es ist alles gut, meine Geliebte«, raunte er in ihr Ohr. »Wir werden uns in einem anderen Leben wiedersehen. Nichts wird uns dann im Wege stehen und unsere Liebe wird unter einem guten Stern erblühen.«
Dimitri schwankte. Sein Volk machte einige Schritte auf ihn zu. Janosch und die anderen Männer zogen ihre Waffen. Der Vampir fiel auf die Knie. Er hob gebieterisch seinen rechten Arm und seine Stimme donnerte laut und herrisch über den Platz, als sie sich auf Maja stürzen wollten.
»Sie hat getan, was sie tun musste. Sie trifft keine Schuld. Lasst sie in Frieden gehen.«

Die Männer blieben stehen und sahen voller Entsetzen das viele Blut, das um ihn herum zu einer großen, roten Pfütze wurde. Maja stürzte zu ihm, setzte sich auf den blutgetränkten Boden und nahm ihn in ihre Arme. Sein Kopf lag auf ihrem Schoß und ihre bitteren Tränen benetzten sein markantes Gesicht.

»Es tut mir leid. Es tut mir so unsagbar leid«, stammelte sie hilflos und unendlich traurig.

»Wir werden uns wiedersehen, meine Gefährtin.«

Seine Stimme war nur noch ein Flüstern, dann begann sich sein Körper aufzulösen. Starr vor Entsetzen sahen die Menschen zu und konnten nicht begreifen, warum ihr gerade erst erweckter Vampir und Urahne vor ihren Augen starb und verging. Adrian wollte sich in blinder Wut auf Maja stürzen, doch sein Bruder Janosch holte ihn ein und hielt ihn fest.

»Fass sie nicht an«, sagte er mit rauer Stimme zu ihm.

Adrians Augen funkelten wild und Tränen stiegen in ihnen auf.

»Sie hat ihn getötet. Sie hat Dimitri getötet«, weinte er haltlos und sein Bruder nahm ihn in den Arm.

»Dimitri hat gesagt, wir sollen ihr nichts antun und sie gehen lassen«, antwortete er ihm. »Sein Wort hat für uns mehr Wert als unsere Wut auf diese Frau.«

Er sah die Menschen an, die er seit seiner Geburt kannte und liebte. Er sah in ihren Augen Mordlust und Hass aufflackern. Fassungslos schüttelte er den Kopf. Laut, dass jeder ihn hören und verstehen konnte, rief er: »Ihr alle habt gehört, was Dimitri Untaru gesagt hat. Es ist nicht ihre Schuld und wir sollen sie gehen lassen. Wir werden uns an seine Worte halten und ihm so Ehre erweisen.«

Die Menschen starrten lange ihn, dann Maja an, die zusammengekauert auf dem staubigen Boden lag und bitterlich weinte. Janosch ging zu ihr und half ihr auf.

»Es tut mir so leid«, stammelte sie und sah Janosch und die anderen jungen Männer an.

»Es ist nicht deine Schuld. Das sagte Dimitri und ich denke, er hatte recht.«

Er sah erst Maja, dann seinen Bruder und dann die Leute aus seinem Dorf an. Dimitri wusste, was sie vorhatte, und dennoch ging er zu ihr und nahm sie in den Arm.

»Mit welchem Recht dürfen wir über diese Frau urteilen?«, rief er laut und sah sie alle fragend an. Einige der Männer nickten Janosch nach ein paar Minuten zu, wandten sich von ihm ab und gingen in ihre Häuser. Ihre Frauen folgten ihnen zögerlich. Der kleine Marktplatz leerte sich langsam. Es blieben nur die fünf jungen Männer und Maja zurück.

»Geh deine Sachen holen, wir werden dich noch heute Nacht hier wegbringen«, sagte er eindringlich zu ihr. »Adrian und Markus, begleitet sie und passt auf sie auf«, rief er seinem Bruder und einem der jungen Männer zu.

Stunden später stieg Maja aus dem Zug, der sie in die Hauptstadt gefahren hatte. Blass, mit verquollenen roten Augen und unendlich traurig lief sie auf den überfüllten Bahnsteig entlang. Es würden viele Jahre vergehen, bis sie Dimitri Untaru in einem anderen Leben wieder begegnen würde. Sie glaubte an seine Worte und hielt sich an ihnen fest. Sie waren ihre ganze Hoffnung, an die sie sich klammerte. Langsam und zaghaft stahl sich ein winziger Freudenstrahl in ihr Herz. Sie würde eines Tages, in einem anderen Leben mit ihm zusammen und glücklich sein.

Die Aktentasche

T.B. Ems

Die Kopien der Fotos, auf denen der Safe und der teurere Schmuck abgelichtet waren, und die beglaubigten Urkunden, welche die Echtheit und den Wert des Schmuckes bestätigten, lagen in seiner abgewetzten, alten Aktentasche. Kopien von den Plänen der Biedermeiervilla des alten Grafen Friedrich von Stein waren ebenfalls darin. Sechs Jahre hatte er diese braune Aktentasche aus echtem Leder. Genauso lange arbeitete er als Versicherungskaufmann bei einer bekannten Versicherungsgesellschaft.

Lars Becker hatte sich die Aktentasche von seiner ersten Provision gekauft. Teuer war sie gewesen, doch das war ihm egal. Sie sollte sein Begleiter werden, wenn er den Reichen und Adeligen Versicherungen aufschwatzen würde, die sie so nicht brauchten. Zwei Fächer hatte sie, in denen er locker die Ordner mit den Angeboten der Gesellschaft unterbringen konnte. Für wichtige Unterlagen gab es ein Fach mit Reißverschluss. Dort waren die brisanten Kopien verstaut, die Marina am späten Nachmittag in sein Büro gebracht hatte. Sie hatte einige Papiere in den Händen gehalten und dazwischen die Kopien hineingelegt, als sie in sein Büro gehuscht war und ihm alles auf den Schreibtisch gelegt hatte. Sie hatte kein Wort zu Lars Becker gesagt, doch an der Tür ihren hübschen Kopf umgedreht und ihm zugezwinkert. Dann war sie auch schon wieder draußen.

Schweißperlen liefen Lars Becker den Rücken hinunter und seine Hände zitterten leicht, als er aus dem Hochhaus hinaus auf die belebte Einkaufsstraße trat. Er sah hinauf in den achten Stock, dort wo die Räume der Gesellschaft waren. Auch er hatte dort oben sein Büro. Nicht so pompös und groß, wie das der anderen Angestellten, die alle in der Hierarchie über ihm standen.

Sein Büro glich eher einer Besenkammer, in der ein Schreibtisch und einige Regale an der Wand Platz fanden. Kunden und Besucher, die er sehr selten hatte, empfing er deshalb in der riesigen Empfangshalle, in der es zwei ausladende Sitzgruppen gab.

Am Eingang an der Rezeption saß Marina Krieger, die alle ankommenden Telefonate weiterleitete oder auch nicht, wenn einer die hohen Herren keine Zeit oder keine Lust zum Telefonieren hatte oder außer Haus war. Sie er-

innerte sie an ihre Termine, schickte Geburtstagskarten und teure Geschenkkörbe oder Blumen an ausgewählte Kunden und brachte den Besuchern Kaffee und Kekse. Niemand aus der achten Etage wusste, dass er und Marina ein Paar waren. Und das sollte auch so bleiben.
Mit schnellen Schritten lief er durch die Stadt. Die braune Aktentasche hielt er mit beiden Händen fest an seine Brust gedrückt. Immer wieder sah er sich um, immer darauf gefasst, dass einer aus der achten Etage ihn rufen und ihm dann die Aktentasche aus den Händen reißen würde. Doch nichts geschah.
Lars Becker atmete tief durch und sein Puls beruhigte sich. In seiner Wohnung legte er die Aktentasche auf den Wohnzimmertisch und öffnete die Fenster, damit der muffige Geruch hinaus konnte. Er schenkte sich einen Scotch ein und setzte sich auf das beige Ledersofa. Das hatte er vor einigen Wochen mit Marina in einem bekannten Möbelhaus ausgesucht und gekauft. Obwohl es nicht sehr teuer war, hatte es sein mühsam Erspartes aufgebraucht. Becker nahm einen Schluck von dem Scotch, der ihm warm die Kehle hinunterlief. Er starrte die braune Aktentasche an, in der seine und Marinas Zukunft lag.
Weshalb sie sich vor einigen Monaten mit ihm eingelassen hatte, konnte er bis heute nicht verstehen. Marina Krieger war eine klassische Schönheit. Rote Locken fielen auf ihre Schultern, die Figur weiblich und an den richtigen Stellen rund und weich. Sie war einen Meter fünfundsechzig, ohne die hohen High Heels, die sie in der achten Etage trug. Ihre Kostüme und Kleider waren geschmackvoll und sahen teuer aus. Ihre Stimme hatte einen rauchigen Ton, der Männerherzen höher schlagen ließ, versprach er doch Verheißung und regte ihre Phantasien an.
Marina schminkte sich dezent und wenn sie am PC saß, setzte sie sich eine Gucci Brille auf, deren verzierte Bügel ein Mix aus Gold und Braun waren. Die markante Brille betonten ihre ozeanblauen Augen, in die sich Lars Becker sofort verliebt hatte, als er das erste Mal in sie hineinblickte. Das war vor einem Jahr, damals, als sie bei der Versicherungsgesellschaft anfing.
Vor vier Monaten hatte sich Marinas Verhalten ihm gegenüber geändert. Sie hatte ihm ab und zu einen Kaffee in sein winziges Büro gebracht, ihn öfters angesprochen, wenn er durch den Empfangsraum gegangen war und irgendwann hatte sie ihn spontan in ein Café eingeladen, als sie gemeinsam im Aufzug nach unten fuhren. Noch am selben Abend war sie mit zu ihm ge-

gangen und hatte die Nacht in seinem Bett verbracht. Seitdem waren sie ein Paar.

In der Arbeit wurde Lars Becker die meiste Zeit von ihr nicht beachtet. Die einzige Bedingung, die sie an ihn gestellt hatte, war, dass niemand erfahren sollte, dass sie ein Paar waren. Es machte ihm nichts aus und es störte ihn nicht. Sollten doch die hohen Herren ihr geifernd nachsehen, wenn sie aus ihren pompösen Büros stöckelte. Sollten sie an ihren verführerischen Lippen hängen, wenn sie mit ihnen sprach. Sie gehörte ihm, lächelte er in sich hinein, wenn er sie beobachtete. Er nahm das Glas und trank den Scotch in einem Zug aus, dann öffnete er die braune Aktentasche.

Lars Becker sah sich den Grundriss der Biedermeiervilla an. Er war so vertieft darin, dass er heftig zusammenschrak, als es an der Tür klingelte. Hastig schob er die Fotos und Blätter zusammen und warf sie in die Aktentasche. Marina sah ihn ungeduldig an, als er öffnete und schob ihn zur Seite.

»Hast du schon einen Blick darauf geworfen?«, fragte sie, als sie an ihm vorbei ins Wohnzimmer stöckelte. Sie setzte sich auf das neue Sofa und schaute ihn erwartungsvoll an. Becker war irritiert und sah sie mit offenen Mund an.

»Hallo Marina, gibt es heute keinen Begrüßungskuss oder wenigstens eine Umarmung für mich?«, fragte er verunsichert.

Er verstand nicht, warum sie sich so gleichgültig benahm. Für einen kurzen Moment sah er Unmut in ihrem Gesicht, doch dann stand sie lächelnd auf und schmiegte sich an ihn.

»Entschuldige Liebster, aber ich konnte die ganze Zeit nur daran denken, dass du die Unterlagen und Fotos in deiner Aktentasche hattest, als die hohen Mitarbeiter in ihren Büros saßen. Ich war froh, als du das Gebäude verlassen hast und dich niemand aufhielt.«

Sie gab ihm einen Kuss und strich ihm über das helle Haar. Lars Becker war kein Mann, bei dem eine Frau zweimal hinsah. Er war sehr schlank, fast schon hager. Gerade eins siebzig groß und seine helle Haut und das dünne Haar, ließen ihn kränklich aussehen. Seine Anzüge waren von der Stange, ebenso die weißen Hemden. Die drei Paar schwarze Schuhe, die er besaß, waren ebenfalls nicht teuer gewesen, aber dennoch bequem. Er wusste, dass er mit dem feinen Zwirn der anderen Mitarbeiter nicht mithalten konnte.

Vielleicht war das auch der Grund, dass er nur die Kunden bekam, die alle unter Sechzigtausend im Jahr verdienten. Doch jetzt sollte alles anders werden. Mit den Unterlagen und den Fotos in seiner Aktentasche wollte er den größten Coup seines Lebens landen.

Marina nahm Lars an der Hand und setzte sich mit ihm auf das beige Sofa. Becker fischte die Papiere aus der Aktentasche und breitete sie wieder auf dem Glastisch aus. Er nahm wieder den Grundriss der Villa in die Hand und Marinas Finger wanderte darüber.

»Hier ist der Hintereingang, der in einen kleinen Vorraum führt, von dort kommt man in die Küche«, sprach sie hastig und fuhr mit dem Finger weiter. »Diese Tür ist die einzige, die nicht gesichert ist. Die Putzfrau hat einen Schlüssel, aber das Schloss kann man leicht knacken. Du musst auf dem Grundstück dennoch vorsichtig sein. Überall sind Bewegungsmelder, die mit hellen Halogenscheinwerfern verbunden sind. Sie werden jeden Abend um neunzehn Uhr aktiviert. Läufst du in einen dieser Bereiche hinein, wird es auf dem Grundstück taghell werden.«

Marina zeigte auf fünf verschiedene Stellen auf dem Grundriss. Lars Becker nickte und versuchte sich alles zu merken. Woher sie diese Informationen hatte, hatte sie ihm nie erzählt und er fragte nicht nach.

Der Plan war einfach und genial zugleich. Am Samstagabend würde Friedrich von Stein von seinem Freund und Anwalt Michael von Braams abgeholt werden. Von Braams war zu der Eröffnung einer peruanischen Ausstellung eingeladen worden und der Graf würde ihn begleiten. Das würde um kurz nach zwanzig Uhr sein.

Von diesem Zeitpunkt an wäre niemand mehr in der Villa. Die Angestellten des Grafen bewohnten keinen der Räume und lebten auch nicht in dem Gesindehaus auf dem Grundstück. Das hatte von Stein in geräumige Gästezimmer umbauen lassen. Lars Becker würde ungesehen in die Villa gelangen, den Safe in der Bibliothek öffnen, dessen Code Marina auf die Rückseite der Fotografie geschrieben hatte, auf der er abgebildet war.

»Es ist ganz einfach«, sagte Marina und ihre Augen funkelten gierig. »Du gehst rein, öffnest den Safe, nimmst den Schmuck, die Uhren und das Bargeld und verschwindest wieder.«

Lars Becker schluckte hart und seine Hände bebten.

»Und du bist sicher, dass sich niemand in der alten Biedermeiervilla aufhalten wird?«, fragte er leise und strich sich das dünne Haar aus der Stirn.

»Absolut, Schatz. Das Ganze ist narrensicher. Der Graf hat mindestens fünf Millionen in dem Wandsafe liegen. Am Sonntag bekommt er Besuch von einem windigen Immobilienmakler. Friedrich von Stein will in Andalusien ein kleines Schloss mit vierzehn Zimmern und einem Garten, der so groß wie ein Park ist, kaufen und bar bezahlen.« Marina zündete sich eine Zigarette an und sog den Rauch genüsslich ein. Sie schloss für einen Moment die Augen und sah dabei völlig entspannt aus. »Wie genau dieses Geschäft ablaufen soll, weiß ich nicht. Jedenfalls sollen das Finanzamt und vor allem seine drei geschiedenen Frauen und die Noch - Ehefrau nichts davon erfahren«, erklärte sie mit ruhiger Stimme und lächelte.

Fünf Millionen! Der Schmuck und die Uhren waren Becker egal, das Geld jedoch nicht. Er wollte es haben und dann mit Marina am weißen Strand in der Karibik liegen und das Leben in vollen Zügen genießen. Raus aus der grauen Stadt, weg von der Versicherungsgesellschaft, in der er keine Zukunft und Aufstiegschancen hatte. Leben! Das wollte er, und zwar in Saus und Braus. All das würde er mit der Frau, die er liebte, erleben. Er würde Marina auf Händen tragen, ihr jeden Wunsch von den Augen ablesen. Alles würde er für sie tun. Und das war auch der Grund, warum er in ungefähr sechsundzwanzig Stunden in die alte Biedermeiervilla einbrechen würde.

Ausgemacht war, dass zwei Monate nach dem Raub Marina bei der Gesellschaft kündigen würde. In der Südsee würde sie ein Haus für sich und Lars Becker kaufen und es nach ihrem Geschmack einrichten lassen. Er selbst würde noch ein halbes Jahr in seiner kleinen Wohnung bleiben und weiterhin bei der Versicherungsgesellschaft arbeiten, bis er ihr dann folgen würde. Bis dahin hätte er einen gefälschten Pass, so dass Lars Becker auf immer und ewig von der Bildfläche verschwinden würde. Mit zärtlichem Blick sah er seine Freundin an und strich ihr sanft über die roten Locken. Marina Krieger sah ihn an und lächelte. *Bald ist es soweit*, dachte sie, *dann werde ich mit dem Mann, den ich liebe, für immer zusammen sein.*

Samstagabend

Das Grundstück lag im Dunkeln, als der hagere Mann ganz in Schwarz durch den Garten huschte. Er fand die Hintertür auf Anhieb und stemmte sich dagegen. Die Tür sprang aus und Lars Becker hielt den Atem an. Das Geräusch war nicht sehr laut gewesen, doch in der Stille der Nacht hörte es

sich an, als ob jemand einen Holzstamm gegen die Tür gerammt hätte.
Alles blieb ruhig und Becker zog die schwarze Mütze über sein Gesicht. Zwei Löcher hatte er für die Augen ausgeschnitten und in der Hand hielt er mit verkrampften Fingern seine Aktentasche. Darin befand sich ein zusammengelegter Rucksack, der auseinandergefaltet von seinem Nacken bis zum Gesäß hinunter reichte. In ihn und in die braune Aktentasche wollte er die Millionen hineinlegen. Leise schlich er durch den schmalen Vorraum und befand sich kurz danach in der Küche. Wieder hielt er den Atem an und lauschte angestrengt. Nur sein eigener Atem war zu hören.
Die Tür zur Bibliothek war angelehnt und lautlos schlüpfte er in den Raum. Lars Becker blieb neben der Tür stehen und sah sich in dem dunklen Zimmer um. Mit zitternden Händen nahm er die kleine Taschenlampe aus der Hosentasche und schaltete sie ein. Der helle Lichtkegel irrte durch die Bibliothek. Ein großer Ohrensessel stand, mit dem Rücken zu ihm, vor dem Kamin. Er sah einen großen Schreibtisch und einen bequemen Bürostuhl aus Leder. Auf dem ausladenden Schreibtisch lagen Papiere und Ordner, die Becker nicht interessierten. Der van Gogh hing an der Wand dahinter.
Leise schlich er auf ihn zu. Die Aktentasche legte er auf den Stuhl, dann nahm er behutsam das Bild ab. Der Wandsafe war kein supermodernes Teil und Becker nahm an, dass der Graf nicht sehr oft so viel Bargeld in ihm aufbewahrte. Die Kombination zum Öffnen hatte er auswendig gelernt. Mit klammen Fingern tippte er auf dem Zahlenfeld den Code ein, der das elektrische Schloss entsperrten würde. Das kleine Display über dem Eingabefeld leuchtete grün auf und ein einzelner Ton war zu hören. Die Tür entriegelte und öffnete sich einen Spalt. Becker öffnete sie ganz und leuchtete mit der Taschenlampe hinein. Ihm stockte der Atem, als er die aufgereihten Fünfhunderter in Bündel gepackt in dem Safe liegen sah. Marina und er hatten ausgerechnet, dass die gesamten Bündel zirka elf bis zwölf Kilo wiegen und locker in dem mitgebrachten Rucksack und der Aktentasche passen würden.
Hastig öffnete Lars Becker seine braune Aktentasche und zog den Rucksack heraus. Schnell stopfte er die Bündel in die Aktentasche, bis sie prall gefüllt war. Dann nahm er den Rucksack und füllte ihn mit den restlichen Millionen. Ein Klicken ließ ihn erschrocken herumfahren und als die Deckenbeleuchtung anging, kniff er die Augen zu. Er war vollkommen geblendet und es dauerte einen Moment, bis er erkannte, was sich geändert hatte. Der

ältere Herr mit den grauen Haaren stand in einem braunen Morgenrock vor dem Schreibtisch und zielte mit einer Pistole auf ihn. In der anderen Hand hielt er ein schnurloses Telefon.
»Hände hoch«, sagte er mit ruhiger Stimme und seine Augen fixierten Becker scharf.
»Hören Sie, ich …«, stotterte Lars Becker.
»Ich sagte Hände hoch. Wird`s bald oder wollen Sie lieber, dass ich Ihnen ein Loch in die Stirn schieße?«
Zitternd hob Becker die Hände. Der Schweiß lief ihm in Strömen über das verdeckte Gesicht und brannte in seinen Augen.
Plötzlich ging alles sehr schnell und die Situation änderte sich ein weiteres Mal. Die Tür zur Bibliothek wurde aufgestoßen und Marina Krieger und ein Mann kamen hereingestürmt. Lars Becker starrte seine Freundin ungläubig an. Graf Friedrich von Stein sah ebenfalls die beiden Neuankömmlinge an.
»Was hat das zu bedeuten, Michael?«, fragte er völlig überrascht den Mann neben Marina.
Er sah die Pistole erst, als der Anwalt auf ihn zielte und abdrückte. Der Graf fasste sich an die Brust, aus der Blut herausquoll und einen Fleck, der schnell größer wurde, auf dem Morgenrock hinterließ.
»Michael«, flüsterte Friedrich von Stein benommen und sank auf den Boden.
Lars Becker konnte sich nicht bewegen, er war starr vor Schreck und Angst. Das feuchte Röcheln und Husten des Grafen dröhnte in seinen Ohren. Den zweiten Schuss nahm er nur noch am Rande wahr, bevor er zusammensackte und leblos auf dem Teppich liegenblieb. Eine Blutlache unter seinem Kopf tränkte den gemusterten Teppich unter ihm. Marina sah den Anwalt an und ein kleines Lächeln huschte über ihre vollen Lippen. Mit schnellen Schritten ging sie hinter den Schreibtisch, nahm den Rucksack und steckte die restlichen Geldbündel, die noch im Safe waren, hinein. Anschließend nahm sie das Geld aus der Aktentasche und warf es ebenfalls in den Rucksack. Sie schnallte ihn auf ihren Rücken und stieg vorsichtig über den toten Lars Becker, bedacht darauf, nicht in sein Blut zu treten.
Michael von Braams, Anwalt und Freund des Grafen und Verlobter von Marina Krieger, nahm den Rotschopf in die Arme und zog sie eng an sich.
»Verschwinde jetzt, ich werde die Polizei anrufen, sobald du das Grundstück verlassen hast. Wir treffen uns dann später bei dir«, flüsterte er hastig ihr zu

und küsste sie danach leidenschaftlich. Marina Krieger löste sich von ihm und verließ die Villa.

Kommissar Martin Beier vernahm Michael von Braams in dem Gästezimmer, das er im ersten Stock bewohnte, während im Erdgeschoss die Spurensicherung ihre Arbeit aufgenommen hatte.
»Ich bin wach geworden, als ein Schuss fiel«, erklärte er dem Beamten. »Ich lief daraufhin zu Friedrichs Räume und klopfte an. Als er nicht ›herein‹ rief, öffnete ich die Tür zu seinem Schlafzimmer und sah, dass das Bett leer war.«
Kommissar Beier nickte und schrieb auf seinem Notizblock. Weil der Anwalt nicht weiter erzählte, sah der Beamte auf.
»Was haben Sie dann getan, als sie das Bett leer vorfanden?«, fragte er und blickte wieder auf sein Notizblock.
»Ich ging die Treppe hinunter. Dann hörte ich den zweiten Schuss und kurz drauf sah ich, wie ein vermummter Mann aus der Bibliothek stürzte und zur Küche lief.« Michael von Braams schluckte hart und wischte sich mit der Hand über das Gesicht.
Über zwei Stunden wurde der Anwalt von dem Kommissar befragt. Er stellte immer wieder die gleichen Fragen, verpackte sie nur anders. Dann entließ er den Anwalt. Die Spurensicherung war mit ihrer Arbeit fertig und der Kommissar ließ sich den Ablauf schildern. Wie es aussah, war in die Biedermeiervilla eingebrochen und der Safe geöffnet worden. Der Leiter der Spurensicherung kam zu dem Ergebnis, dass es zwei Einbrecher gewesen waren. Der Tote, der neben dem Schreibtisch lag und der Graf wurden mit einer Waffe erschossen, die nicht auffindbar war. Die musste der Täter mitgenommen haben. Im Safe lagen teure Uhren und Schmuck und ein Bündel mit Fünfhunderteuroscheinen. Wie es aussah, hatte der zweite Täter nicht viel mitgenommen. Der Kommissar war der Meinung, dass Graf Friedrich von Stein die Einbrecher gehört haben musste und hinunter in die Bibliothek gegangen war. Zuvor hatte er seine Pistole aus dem Nachttisch, das Telefon und die Waffe mit nach unten genommen. Die Einbrecher waren von ihm überrascht worden und einer der Täter hatte den Grafen erschossen, bevor er selbst die Waffe auf sie hatte richten können. Unklar war noch, weshalb der eine Einbrecher den anderen erschossen hatte. Der Graf wurde von seinem Anwalt identifiziert, der tote Einbrecher hatte seinen

Ausweis in der Geldbörse und auch auf der Innenseite der braunen Aktentasche, war der der Stempel der Versicherungsgesellschaft zu sehen, bei der Lars Becker gearbeitet hatte.

Zwei Monate später
Marina Krieger und Michael von Braams lagen eng umschlungen in einem Hotelzimmer in der Karibik und küssten sich leidenschaftlich. Der Anwalt hatte seine Kanzlei aufgegeben. Als Grund ließ er durchsickern, dass ihn der gewaltsame Tod seines Freundes Graf von Stein so sehr zusetzte, dass er nicht mehr in der Lage sei, seine Mandanten im vollen Umfang zu betreuen und zu beraten.
Drei Wochen nach dem Tod von Lars Becker kündigte Marina Krieger ihre Stelle bei der Versicherungsgesellschaft. Zuvor befragten der Kommissar und seine Beamten die Mitarbeiter der achten Etage. Sie wollten wissen, ob einer von ihnen Lars Becker näher kannte oder mit ihm befreundet war. Alle verneinten und stellten dabei fest, dass dieser Lars Becker von ihnen kaum beachtet worden war. Kommissar Beier und sein Team tappte nach wie vor im Dunkeln. Die Mitarbeiterbefragungen legte er als erledigt in die Akte. Kommissar Beier fand heraus, dass Lars Becker ein Einzelgänger gewesen und wegen seines Erscheinungsbildes kaum aufgefallen war. Weder konnten sie jemanden finden, der Becker besser kannte, noch brachte die Suche nach dem zweiten Einbrecher sie weiter. Es gab keine Fingerabdrücke und keine DNA Spuren, mit der man den Mörder von Lars Becker und Graf Friedrich von Stein identifizieren konnte. Von den fünf Millionen, die in dem Wandsafe gelegen hatten, erfuhr der Kommissar nie etwas. Davon wussten nur Michael von Braams und Marina Krieger.

Der endgültige Abschied

Isabella Bauch

Es war ein gewöhnlicher Tag, so wie immer. Der Himmel hing voller grauer Wolken, ein typischer Herbsttag eben. Marie hatte ihren freien Tag, da sie noch eine für sie sehr wichtige Aufgabe zu erledigen hatte. Es sah nach Regen aus, aber sie ließ sich von ihrem Vorhaben nicht abbringen. Viel zu wichtig war diese Angelegenheit, als dass sie hätte aufgeschoben werden können. Marie musste noch einmal Abschied nehmen. Abschied von ihrer geliebten Mama, deren Grab nach nunmehr zwanzig Jahren Ruhezeit eingeebnet würde, weil es die Friedhofssatzung der Stadt so vorgab. Es handelte sich um ein Einzelgrab, bei dem die Liegefrist nicht verlängert werden konnte. Schon die ganze Zeit schob Marie den Gang zum Friedhof vor sich her. Sie wusste ja sehr genau, wie schwer es ihr fiel, ein letztes Mal am Grabe ihrer innig geliebten Mama zu stehen.

Zum Glück musste sie diesen Weg heute nicht alleine gehen. Sie wurde von ihrem Mann, mit dem sie seit über 34 Jahren zusammen war, und ihrem jüngsten Sohn, der seine Oma leider nie kennenlernen durfte, begleitet. Auf der Fahrt zum Friedhof kam die Sonne ein wenig hinter der geschlossenen Wolkendecke hervor.

»Wenn Engel reisen, lacht der Himmel«, sagte Marie zu ihrer Familie, während die Sonnenstrahlen sie ein wenig blendeten. Es war sehr still im Auto, niemand gab einen Kommentar zu ihrer Feststellung ab.

›Auch gut‹, dachte sie sich und vertiefte sich in ihren Gedanken. Sie wusste ja genau, dass Besuche auf dem Friedhof alle immer sehr traurig stimmen. Sie hatte ihre Lieben auch nicht darum gebeten, mitzufahren. Diese Entscheidung hatte jeder für sich alleine getroffen. Im Hintergrund spielte das Radio melancholische Lieder, welche noch mehr auf das Gemüt schlugen. Dabei konnte Marie sehr gut abschalten. Sie lauschte den Tönen der Musik und bemerkte nicht einmal, dass kleine Tränen aus ihren Augen kullerten. Nach einer halben Stunde, welche Marie wie eine halbe Ewigkeit vorkam, hatten sie ihr Ziel endlich erreicht.

Der große Waldfriedhof hatte schon immer etwas Mystisches an sich, was Marie ein wenig schaudern ließ. Auf dem Weg zu Mamas Grab kamen sie an sehr vielen Gräbern vorbei. Alte Ruhestätten, um die sich keiner mehr kümmerte, weil es keine Angehörigen mehr gab. Gräber von gefallenen Soldaten ließen an vergangene Kriege erinnern. Ganz schlimm war es für Marie, an den Kindergräbern vorbeizugehen. Wenn sie all die schönen Blumen, Spielzeuge, oder auch hübschen weiße Engel auf den Gräbern der Kinder sah, versetzte es ihr einen Stich mitten ins Herz.

›Warum nur, lieber Gott, mussten die Kinder so früh diese Welt wieder verlassen?‹

Das waren Maries Gedanken. Sie fand es sehr schlimm, dass Kinder so aus der Lebensmitte gerissen wurden, obwohl sie noch nicht einmal richtig gelebt hatten. Eine sehr tiefe Traurigkeit überkam sie, schon wieder!

Der Waldfriedhof bot ob aller Traurigkeit ein sehr schönes Bild. Das Laub der Bäume schillerte in den schönsten Farben. Einige Blätter hingen noch an den Bäumen und trugen teilweise ihr grünes Kleid. Andere wiederum verliehen den braunen Wegen ein anderes Gewand. Die Farbpalette reichte von Orange bis hin zu hell-und dunkelbraunen Tönen. In Gedanken versunken vernahm Marie hinter sich ein Rascheln. Dieses Geräusch kam ihr sehr bekannt vor, aber sie hatte es schon sehr lange nicht mehr vernommen.

›Das hört sich doch an, als ob jemand mit seinen Füßen das Laub vor sich herschiebt‹, dachte sie für sich und schaute nach hinten. Hans, ihr Sohn, war der Verursacher. In Gedanken versunken, seinen Blick auf den Boden gerichtet, schlurfte er durch das Laub. ›Soll ich Hans zur Ordnung rufen? Schließlich sind wir hier an einer Stätte der Trauer und Stille, wo man nicht alles machen kann, was einem gerade in den Kopf kommt. Aber erkläre das einem Teenager, der gerade mal fünfzehn Jahre jung ist.‹

Sie dachte in diesem Augenblick an ihre eigene Kindheit und die Ermahnungen ihrer Eltern zurück, wenn sie auch mal Dinge tat, welche ihr einen Riesenspaß bereiteten.

›Nein, ich rufe Hans nicht zur Ordnung. Soll er doch das Laub in Bewegung bringen, wenn es ihn glücklich macht.‹

Peter, Maries Ehemann, sprach kein Wort und ließ den Dingen ihren Lauf. Er war sowieso ein stiller und ruhiger Mensch. Keiner konnte Peter so schnell aus der Fassung bringen.

Endlich standen sie vor Mamas letzter Ruhestätte. Ein schönes braunes Holzkreuz, nur mit dem Namen, dem Geburts- und Sterbedatum versehen, stand in der Mitte des Grabes, rechts und links verziert mit schönen Thujen.

Ein kleines Gebinde auf der tief braunen Erde verlieh dem Grab einen besonders schönen Anblick. Marie liebte den Duft der nassen Erde. Sie atmete gleichmäßig ein und aus und sog den Duft in sich auf. Zu dritt nahmen sie nun ein letztes Mal Abschied von Mama Emma. Liebevoll war sie von ihren Kindern »Emily Erdbeer« genannt worden, eine Figur der Glückwunschkartenfirma »American Greetings«, die dies als Franchise vertrieb. Im Laufe der Zeit wurden auch Puppen, Poster und zahlreiche andere Produkte durch Lizenznehmer angeboten. Marie, Peter und Hans reichten sich die Hände und schauten liebevoll auf das Grab ihrer Mutter, Schwiegermutter und Oma herab. Bevor Marie das Wort ergriff, holte sie tief Luft, schaute auf das in die Jahre gekommene braune Holzkreuz und nahm den Duft der dunkelbraunen nassen Erde in sich auf.

»Liebe Mama«, sprach sie. »Wir haben uns heute ein letztes Mal hier an deiner Ruhestätte versammelt, um Abschied zu nehmen. Abschied von deinem Grab, welches zwanzig Jahre eine Gedenkstätte und Zufluchtsort für uns war, als die Trauer drohte, uns in tiefe Depression zu stürzen. In unser aller Herzen lebst du weiter, bis auch wir unsere letzte Reise antreten, um dann in einer anderen Welt wieder vereint zu sein.«

Marie hielt inne. Sie verspürte einen Druck in ihren Händen. Peter und Hans drückten diese fest zusammen. Ein Ausdruck ihrer Liebe und Verbundenheit. Ein Zusammenhalt, wie es in einer Familie auch sein sollte.

»Heute habe ich dir Hans mitgebracht, dein Enkelkind, welches du im realen Leben leider nicht mehr kennenlernen durftest. Er kam vier Jahre nach deinem Tod zur Welt. Zum ersten und letzten Mal wird er heute an deinem Grab stehen, um gemeinsam mit Hans und mir um dich trauern.«

Während Marie diese Worte sprach, sank Hans total in sich zusammen. Weinen konnte er nicht, aber Marie sah, dass er um seine Fassung rang. Das Schlucken fiel ihm schwer, und nur mit Mühe konnte er seine Tränen verbergen.

›So kenne ich mein Kind überhaupt nicht‹, dachte sich Marie. Der Anblick ihres Sohnes ging ihr schwer ans Herz. Um ihren Mann Peter war es nicht besser bestellt. Nur mühevoll konnte auch er seine Tränen verbergen. Marie setzte ihr kleine Rede fort.

»Geliebte Mama, du hattest es nicht leicht in deinem Leben. Vom Glück und Mann verlassen, ist es dir großartig gelungen, mich und meine drei Geschwister großzuziehen. Neben deiner Arbeit hast du immer die Zeit gefunden, dich unserer kleinen Sorgen und Nöten anzunehmen. Selbst dann noch, als wir längst erwachsen waren. Du hast eine sehr große Lücke in unserem Leben hinterlassen. Wir hätten dich alle noch so sehr gebraucht. Deine Unterstützung und deine Hilfe. Am meisten aber fehlt uns deine mütterliche Liebe und dein wärmendes Herz, deine liebevollen Umarmungen und ein tröstendes ›Ich liebe dich, mein Kind‹.«

Marie brach es fast das Herz, ihre Kehle fühlte sich an wie zugeschnürt. Peter und Hans standen wie versteinert an dem Grab. Der Händedruck aller wurde immer fester. Marie bemerkte eine große Spannung in ihren Händen. Es tat schon fast weh. Mit Tränen in den Augen schaute sie zu ihrem Mann und Sohn. Beide waren sehr ergriffen und traurig. Mit gesenktem Kopf redete sie weiter.

»Mama, könntest du nur mit mir reden! Dann wüsste ich, du hättest meine Worte verstanden. Doch leider ist dies nicht möglich. Aber wenn du mich verstehen solltest, so gib mir bitte ein Zeichen.«

Mit einem Male wackelten die Thujen neben dem alten braunen Holzkreuz hin und her. Es war so, als ob diese für Mama antworten würden. Marie bekam eine Gänsehaut, als sie dann noch einen kühlen Luftzug in ihrem Kreuz spürte. Sie blickte zu ihrem Mann und Sohn. Sie rührten sich nicht. In diesem Augenblick war Marie klar, dass Mama sie verstand, und dies ihre Antwort war.

›Zwischen Himmel und Erde verbindet uns Menschen mehr, als wir überhaupt wissen‹, dachte Marie bei sich. Nun wusste sie, Mama würde sie niemals verlassen, ihre Seele würde immer bei ihr und der Familie sein, um sie zu beschützen.

»Wir werden dein Grab nun verlassen und wünschen dir weiterhin auf deiner langen Reise alles Liebe und Gute. Deine Seele wird immer mit unseren Herzen verbunden sein.«

Marie, Peter und Hans ließen ihre Hände los. Sie ging zum braunen Kreuz und streichelte zärtlich und liebevoll über das kleine Dach.

»Lebe wohl geliebte Mama. Wir sehen uns wieder, wenn auch ich meine lange Reise antreten werde. Dann bin ich auch endlich angekommen. Angekommen in Liebe und für immer und ewig bei dir. Ich liebe dich.«

Mit Tränen in den Augen schaute Marie gen Himmel und winkte nach oben, in der Hoffnung, dass ihre Mama ihren letzten Gruß mitbekommen hat. Ihren Blick auf das Grab gerichtet, vernahm Marie ein leises Rascheln der Thujen und sie wusste es. Die Familie machte sich auf den Heimweg, an vielen Gräbern vorbei. Zwischen den hohen alten Bäumen lugte die Sonne ein wenig hervor. Noch einmal war das Geräusch zu vernehmen, welches Marie schon lange nicht mehr gehört hatte. Dieses Mal war es noch intensiver und lauter. Sie schaute auf den mit Blätter bedeckten Weg und stellte fest, dass sie nun alle das braune, welke Laub mit ihren Füßen vor sich herschoben.

›Mein Gott, das macht ja richtig Spaß‹, dachte sie für sich und machte fröhlich mit. In diesem Augenblick war ihr klar, dass man auch als erwachsener Mensch ab und zu das Kind in sich herauslassen muss. Ob ihre Mama dies vom Himmel aus sah, fragte sie sich.

Es wurde windig. Die restlichen Blätter an den Bäumen und auf dem Boden wirbelten durch die Luft und zeigten sich in ihrer ganzen herbstlichen Pracht und Schönheit. Die nasse braune Erde auf dem Weg legte sich um ihre Schuhe. Ein allerletztes Mal atmete Marie diesen wundervollen Duft ein.

Braun

Wie die Liebe

Deine Erde

Karin Pfolz

Bring mir die Erde, auf der du gehst,
die das Wasser des Meeres berührt,
das du so liebst.

Bring mir die Erde, die du siehst,
wenn die Sonne dich erwärmt,
deren Licht du brauchst.

Bring mir die Erde, auf der wächst,
was du mit mir teilst
und uns ernährt.

Bring mir die Erde, wo du erwachst,
wo ich sein will,
weil sie dein Haus umgibt.

Bring mir die Erde, die deine ist,
damit ich dich spüren kann.

Steinpilze

Bo Sauer

»Darf ich dir ein Glas Rotwein einschenken? Ich denke, der ist gerade der richtige zum Hauptgang.«

Ohne eine Antwort abzuwarten, erhebt sich Jakob aus seinem Stuhl, nimmt die Rotweinflasche von der Anrichte und geht um den Tisch herum. Ihm gegenüber sitzt Magdalena und legt gerade den Löffel auf den Unterteller der vor ihr stehenden Suppentasse. Beide haben soeben als Vorspeise eine deftige Kartoffel-Sauerkraut-Suppe genossen, mit kleinen angebräunten Speckwürfeln verfeinert.

Jakob entkorkt die dunkle Flasche und schenkt ein wenig von dem roten Wein in das hochstielige, bauchige Rotweinglas.

»Koste mal, ein trockener Burgunder. Ich hoffe, du magst ihn.«

Magdalena nimmt einen kleinen Schluck.

»Hm, der ist wunderbar, danke.«

Jakob schenkt noch einmal nach und geht dann wieder hinüber zu seinem Platz. Er füllt sein eigenes Glas und prostet seinem Gast zu.

»Ich freue mich sehr, dass du meine Einladung angenommen hast. Ich koche sehr gern und wollte dich schon seit geraumer Zeit zum Essen einladen, hatte bisher aber nicht den Mut dazu.«

Magdalena lächelt verschmitzt.

»Ich wusste ja gar nicht, dass du so schüchtern bist«, kokettiert sie.

Vor knapp einem halben Jahr hatten sie sich kennengelernt. Jakob war regelrecht über sie gestolpert. Wie so oft hatte er mal wieder in der alten Buch-handlung am Markt herumgestöbert, um zu sehen, was es so Neues auf dem Buchmarkt gab. Er hatte sich dort auch schon so manche Anregung für seine eigenen Arbeiten geholt. Jakob ist nämlich Schriftsteller, noch recht jung und auch nicht gerade erfolgreich. Aber für ein paar Veröffentlichungen hat es schon gereicht. Bücher sind sein Leben, und wenn er gerade nicht selbst Geschichten oder Gedichte schreibt, stöbert er in Buchläden und lässt sich von der dort herrschenden Atmosphäre inspirieren.

Und so hingen seine Augen mal wieder fest an den übereinandergestapelten Buchrücken im hohen Wandregal vor ihm. Er hatte seinen Kopf leicht gebeugt und bewegte sich langsam am Regal entlang, um prompt jemanden

anzurempeln, der hinter ihm stand. Mit einem »Entschuldigung« auf den Lippen hatte er sich umgedreht, und schaute in das bezauberndste Gesicht, welches er je gesehen hatte.
»Es tut mir leid«, stammelte er etwas unbeholfen. »Ich habe Sie gar nicht bemerkt.«
Das wunderschöne Gesicht lächelte ihn an.
»Ach, ist schon gut. Ich habe wohl auch nicht aufgepasst, als ich die Bücher hier einräumen wollte. Haben Sie etwas gefunden?«
Das Gesicht zeigte auf das Regal.
»Nein, nein, ich wollte nur etwas schauen.« Er verschwieg lieber, dass er auch nach neuen Anregungen gesucht hatte. »Sind Sie neu hier? Ich habe Sie hier noch nie gesehen.«
»Ja, ich habe erst vor kurzem hier angefangen. Ich studiere noch und da kann ich das Geld für eine paar Stunden Aushilfe in der Woche ganz gut gebrauchen.«
Von da an kam Jakob fast täglich in den Buchladen. Er freute sich jedes Mal darauf, Magdalena zu treffen und ein wenig mit ihr zu plaudern. Schon nach wenigen Tagen war ihm klar, er hatte sich in sie verliebt.
Jakob versteckt sein Gesicht hinter dem erhobenen Weinglas, sodass sein leichtes Erröten durch den tiefroten Wein nicht erkennbar ist. Ohne weiter auf Magdalenas Bemerkung einzugehen, steht er auf, nimmt die leeren Suppentassen und verschwindet in der Küche. Magdalena sieht ihm amüsiert hinterher und lauscht den geschäftigen Geräuschen, die aus der offenen Tür an den kleinen Esstisch dringen. Auf einem Tablett bringt Jakob zwei große, flache Teller, auf denen schon jeweils ein Stück Fleisch angerichtet ist. Dazu noch zwei Schüsseln mit Gemüse und Kroketten, sowie eine Sauciere mit einer dunklen Soße.
»Hm, das duftet aber lecker.« Magdalena hebt ihren Kopf und schiebt ihn leicht nach vorne. »Das riecht ja nach Pilzen.«
»Ja, ich habe mir gedacht, Pilze passen ganz gut zu dem Wildschweinbraten. Ich habe getrocknete Steinpilze dazu verwandt, selbst gesucht.« Jakob stellt Teller und Schüsseln auf den Tisch und reicht Magdalena die Sauciere. »Ich hoffe, es schmeckt dir.«
»Wie kommst du denn dazu, Pilze selber zu sammeln? Ich könnte das nicht. Wahrscheinlich würde ich nur giftige oder ungenießbare finden.«

Magdalena schaut interessiert zu Jakob herüber.

»Das habe ich als Kind bei meinen Verwandten in Niedersachsen gelernt. In den Ferien war ich meist dort und bin mit meiner Cousine öfters in den Wald geradelt, um Pilze zu sammeln. Die haben wir dann zur Sammelstelle gebracht und verkauft und so unser Taschengeld etwas aufgebessert. Und von Oma Trude hab ich gelernt, die kleingeschnittenen Pilze auf Fäden zu ziehen und zum Trocknen aufzuhängen. Trockene Pilze eignen sich hervorragend zum Kochen.«

»Oh, bitte, erzähl mir doch mehr davon. Hm, was ist das für eine leckere Soße.«

Magdalena hat ein Stück Fleisch auf die Gabel gespießt, in die Soße getunkt und in ihrem Mund verschwinden lassen. Genüsslich verzieht sie ihr Gesicht.

»Gern, wenn ich dich damit nicht langweile.«

Jakob nimmt noch einen Schluck Wein und beginnt zu erzählen.

»Jakob, Jakob, aufstehen. Es ist gleich vier Uhr.«

Das schlanke Mädchen stand am Bett und rüttelte den scheinbar fest Schlafenden. Ein wirrer Haarschopf schälte sich langsam aus dem Kissen.

»Was …, es ist doch noch ganz dunkel.« Langsam richtete sich der Junge im Bett auf.

»Na klar, wir müssen ja auch noch im Dunkeln losfahren, damit wir im Wald sind, bevor es richtig hell wird. Sonst haben vor uns die Anderen schon alle Pilze weg gesucht. Komm, steh endlich auf.« Simone, Jakobs Cousine, zog mit einem Ruck die Bettdecke weg, so dass ihm nichts anderes übrigblieb als aus dem Bett zu steigen. »Los, Mama hat uns gestern Abend noch ein paar Brote eingepackt, Schmalzstullen mit Salz drauf. Die können wir unterwegs essen. Ich hol schon mal die Fahrräder und die Körbe aus dem Schuppen.«

Damit war sie verschwunden. Jakob beeilte sich mit der Morgentoilette, es wurde eher eine Katzenwäsche, und nach kurzer Zeit war er auch schon im Hof. Simone, die zwei Jahre älter war, stand schon mit den Fahrrädern bereit. Auf jedem Gepäckträger war ein großer Spankorb festgeschnallt.

»Hier, das Messer.« Simone gab Jakob ein kleines feststehendes Messer, das in einer abgegriffenen Lederscheide steckte. »Verlier es bloß nicht, das ist das beste Messer für die Pilze. Und jetzt los. Die Schmalzbrote sind im Korb.«

Simone sprang auf ihr Fahrrad und radelte vom Hof. Sie hatten es nicht weit,

um in den großen, das Dorf halb umschließenden Wald zu kommen. Es fing schon an zu dämmern. Ab und zu war ein erstes, noch scheues Zwitschern eines Vogels zu hören.
»Komm, heute fahren wir noch ein Stück weiter. Ich habe gestern mitbekommen, dass es in der Nähe des großen Fuchsbaus eine Menge Steinpilze geben soll. Die holen wir uns heute.«
Simone fuhr an dem ersten Feldweg Richtung Wald vorbei. Einige Minuten später bog sie dann in einen schmalen, grasbewachsenen Weg ein, der nach vielleicht zweihundert Metern unter mächtigen Buchen und Eichen endete.
»Hier lassen wir unsere Räder zurück. Wir müssen nur noch ein paar Minuten zu Fuß gehen, dann sind wir beim Fuchsbau.«
Jakob war es nicht ganz geheuer im noch dunklen Wald.
»Zum Fuchsbau? Und wenn der Fuchs dort herumschleicht und uns angreift?«
»Ach was«, Simone machte eine wegwerfende Handbewegung, »der hat doch selbst Angst, wenn er uns wahrnimmt, und wird verduften. Da, jetzt sind wir gleich da. Komm, noch unter den kleinen Fichten durch, dann nach rechts. Jetzt nur aufpassen, dass wir auch keine Pilze übersehen.« Sie krochen gebückt über den moosigen Waldboden. »Hier ist einer.«
Jakob zog das Messer und wollte den Pilz dicht über dem Waldboden abschneiden.
»Halt!« Simone packte seinen Arm. »Den lass stehen, das ist ein Bitterröhrling, der sieht zwar so ähnlich aus wie ein Steinpilz, ist aber ungenießbar. Ich glaube, da vorn auf der Lichtung stehen richtige, ich kann schon ein paar sehen.«
Plötzlich standen sie auf einer etwa tennisplatzgroßen Lichtung.
»Wow«, Jakob bekam seinen Mund gar nicht mehr zu. »Hier wimmelt es ja nur so von Pilzen.«
Tatsächlich war der Waldboden der Lichtung übersät von großen, kräftigen Pilzen mit dunklen Hüten auf mächtigen, hellen Stielen.
Simone hatte sich schon niedergekniet und einen ersten Pilz abgeschnitten. Mit strahlendem Gesicht hob sie ihre Beute hoch.
»Steinpilze, wie ich es vermutet habe. Die ganze Lichtung ist voller Steinpilze. Mensch, da verdienen wir uns heute ja dumm und dämlich.«
Und so robbten sie über den Boden und schnitten emsig Pilze. Innerhalb

einer knappen Stunde hatten sie die großen Körbe bis oben hin mit ausgesuchten und bereits geputzten Pilzen gefüllt. Mittlerweile war es auch schon hell geworden im Wald und Jakob bekam Hunger. Sie packten ihre Brote aus, setzten sich ins Moos und aßen genüsslich ihre Schmalzbrote.
»Die größten und schönsten verkaufen wir aber nicht, die nehmen wir Oma mit«, ließ Jakob mit leichtem Schmatzen verlauten.
»Ja, und Oma wird die Pilze dann trocknen.«
Simone sortierte schon die schönsten Pilze aus.
»Wie, trocknen, wie soll das denn gehen«, fragte Jakob.
»Wirst du schon sehen.«
Oma Trude freute sich sehr, als die beiden mit den schönen Pilzen heimkamen.
»Wo habt ihr denn diese Prachtexemplare gefunden? Die eignen sich ja wunderbar zum Trocknen.«
Und schon schnitt sie die Pilze in walnussgroße Stücke und zog sie mit einer großen Nadel auf eine dicke Schnur. Die gut einen Meter langen Schnüre wurden dann auf dem Dachboden aufgehängt.
»So, jetzt einige Tage trocknen, dann sind sie gut geeignet zum Kochen.«
Oma Trude erklärte dem staunenden Jakob alles ganz genau.

Magdalena legt ihr Besteck auf den Tisch.
»Und heute machst du das genauso wie deine Oma. Toll. Ich muss schon sagen, du kannst richtig gut kochen. Mir hat das Essen jedenfalls vorzüglich geschmeckt, vor allem diese Steinpilzsoße. Danke.«
Sie hebt das Glas und trinkt mit einem zarten Lächeln den letzten Schluck des Rotweins aus. Jakob schaut hinüber und kann sich kaum von Magdalenas Gesicht losreißen.
›*Wie schön sie ist, wenn sie so lächelt. Wie sage ich ihr nur, wie sehr ich sie mag?*‹
Es wird ihm ganz warm ums Herz.
»Darf ich dir noch etwas Wein einschenken?«
Er steht auf und geht langsam um den Tisch herum.
›*Komm, sei kein Frosch!*‹ Eine innere Stimme redet ihm gut zu. *Jetzt oder nie!*
›*Sag es ihr, dass du sie magst!*‹
Ohne etwas nachzuschenken, stellt er die Flasche auf den Tisch.
»Ich … ich möchte dir etwas sagen.«

Zögerlich kommen die Worte aus seinem Mund. Magdalena erhebt sich und tastet nach seiner Hand. Dicht steht sie vor ihm und schaut ihn mit großen, strahlenden Augen an.
»Was möchtest du mir sagen?«
»Ich … ich möchte … Wow, du hast ja ganz dunkelbraune Augen!« Jetzt ist es Jakob, der sie mit weit aufgerissenen Augen anstarrt. »Ich habe bisher immer nur deine braunen Haare bewundert. Aber diese Augen … diese braunen Augen sehen ja aus wie Steinpilze!«
Magdalena lacht schallend auf. Ihr Gesicht rückt noch näher an das von Jakob heran. Tief blickt sie ihm in die Augen.
»Und das ist es, was du mir sagen wolltest?«
Ihr helles Lachen reißt Jakob aus seiner Erstarrung. Langsam entspannt er sich. Dann lächelt er verlegen und schaut verliebt in die tiefbraunen Augen, die so nah sind. Leise flüstert er ihr in ihr Ohr.
»Ich will dir etwas ganz anderes sagen«, und schließt sie in seine Arme.

Die braune Maus

Mike Merlin

»Schatz, was soll ich anziehen?«
Erwartungsvoll sah Petra zu ihrem Mann, der auf dem Bett saß.
»Das Braune«, kam es lapidar als Antwort.
»Bitte? Nein! Auf keinen Fall! Ich gehe nicht auf die Silvesterparty in einem braunen Kleid!«
»Ach Schatz, bitte«, nörgelte Manfred. »Du weißt doch, ich finde, du siehst in Braun zum Anbeißen aus.«
Sie schnaubte. Braun, immer nur braun. Sie verstand nicht, was er an dieser Farbe so anziehend fand. Demonstrativ griff sie in den Kleiderschrank und warf ein schwarzes Kleid auf das Bett. Es war eines ihrer Lieblingskleider, figurbetont, samtig schimmernd, endete es weit über dem Knie.
Er stand auf, schüttelte den Kopf, griff an ihr vorbei und reichte ihr ein anderes Kleid. In Braun! Es war weiter geschnitten, das Unterteil ging bis zum Knie. Dazu holte er aus der Schublade einen braunen Spitzenslip mit passendem Büstenhalter, dazu braune Strumpfhalter mit den dazugehörenden Strümpfen. Sie seufzte.
Um des lieben Friedens willen zog sie es an, aber war den ganzen Abend nicht zu genießen. Eigentlich war sie sogar stinksauer und goss ihrem Göttergatten mit Absicht ein Glas Rotwein über die braune Hose und das braune Hemd.
Als sie schließlich daheim im Bett lagen und er nah an sie heranrückte, drehte sie sich demonstrativ um.
»Nein! Tut mir leid, aber ich habe rasende Kopfschmerzen.«
Brummend ließ er von ihr ab und löschte das Licht. Bald schon schnarchte er leise, Petra tat er schon fast wieder leid. Aber sie war es satt. Lautlos vergoss sie ein paar Tränen, bis sie dann auch einschlief.

Drei Tage später musste Manfred überraschend auf Geschäftsreise und sie hatte endlich Zeit, sich mit Marlene, einer alten Freundin, zu treffen. Voller Vorfreude plünderte sie ihren Kleiderschrank und zog sich an. Im Spiegel betrachtete sie sich.
»Ja, so muss eine Frau aussehen«, sagte sie zu sich selber und brach in das

Café auf, in dem sie sich treffen wollten.
Marlene nahm Petra in den Arm.
»Gut schaust du aus«, lächelte sie ihre Freundin an und war schockiert, als Petra unvermittelt in Tränen ausbrach. »Was ist denn?«, fragte sie sanft.
»Ach, es ist furchtbar.«
»Jetzt setz dich erst einmal. Was ist denn? Was mit Manfred?« Ihr Blick wurde schärfer. »Betrügt er dich etwa?«
Petra schüttelte den Kopf.
»Nein, aber manchmal wünsche ich mir, es wäre so. Es ist … ach, es ist albern.«
Das ließ Marlene nicht gelten.
»Nun komm, Butter bei die Fische. Erst anfüttern und dann sterben lassen, das gilt nicht.«
Petra musste lachen, trotz ihres Kummers. So war Marlene, einfach gerade heraus. Ausreden konnte sie nicht leiden, das brachte wohl ihr Beruf als Anwältin mit sich.
»Nun gut. Es ist … wie soll ich sagen? Also, es geht eigentlich nur um eine Farbe.«
»Um was??«
Petra drehte eine Serviette zwischen den Fingern.
»Es hat eigentlich harmlos begonnen. Wir sind mittlerweile seit acht Jahren verheiratet, aber in den letzten beiden Jahren hat er sich verändert, mein Manfred. Am Anfang war es so …«, sie sah sich um, dann beugte sie sich vor und fuhr leise fort. »Also, er wünschte sich, dass ich im Bett braune Dessous trage. Also Korsagen, dann Strümpfe, dann Strings, Strumpfhalter, aber eben immer nur braun.«
Marlene kratzte sich am Kopf.
»Ich bin ja nicht unerfahren, aber von so einem Fetisch hab ich noch nie gehört.«
»Ja, das dachte ich am Anfang auch, hielt es für einen Fetisch. Aber damit war noch nicht Schluss. Alle meine Schuhe mussten auf einmal braun sein, meine Hosen, Blusen, Shirts, Mantel, Jacken … einfach alles. Die Bettwäsche, Tischdecke, Teppiche.«
»Was geht denn mit dem ab?«
Petra zuckte mit den Schultern.

»Wart ab, es wird noch besser. Zuerst hab ich es ja noch, also bei den Dessous, mit anderen Farben versucht. Rot, Blau, Schwarz, Flieder, Rosé, alles, was es gibt. Aber das hat ihn kalt gelassen. Aber kaum hatte ich sie in Braun an …«
Sie verdrehte genüsslich die Augen.
»Dann wurde er zum Sexgott?«, fragte Marlene mit offenem Mund.
Petra wurde rot.
»Ja, so kann man es nennen. Er konnte immer … wollte immer, und vor allem länger …« Sie sah, wie Marlene sie neidisch betrachtete.
»Doch, wie gesagt, es wurde noch schlimmer. Als die Möbel alle gegen braune getauscht waren, also Couch, Bett, Bad, Küche, wurde es mir allmählich zu viel. Dass er sein neues Auto in Braun gekauft hatte, mit brauner Innenausstattung, gut, hab ich gesagt, seine Sache. Aber dann hat er das Haus braun streichen lassen. Ich frag mich, welches Rindvieh auf dem Bauamt das genehmigt hat. Das einzige braune Haus zwischen all den weißen!« Sie nahm einen Schluck Kaffee. »Weißt du, wie ich mir vorkomme? Wie eine graue Maus, nur eben in Braun!«
Marlene sah sie erschüttert an.
»Und was hast du vor?«
»Ich glaube, ich stelle ihn zur Rede, wenn er wieder da ist. Entweder ändert sich das, oder ich …«
Sie brach ab, als ihr die Konsequenz ihrer Worte klarwurden.
»Du redest von Scheidung?«
Petra nickte.
»Ja.«
Marlene überlegte.
»Du, sag mal, du hast gerade erwähnt, dass diese Braunphase plötzlich anfing. Wann war das?«
Petra dachte nach.
»Warte, das war … ja, kurz nach diesem Unfall, als er im Labor etwas in die Augen bekommen hat.«
»Ich frage mich …« Marlene sah an Petra vorbei, man sah ihr an, wie es in ihr arbeitete. Petra beugte sich leicht vor.
»Was?«
»Ach, nix weiter. Aber weißt du was? Ich hab eine Idee. Wie wäre es, fahr

mit mir ein paar Tage fort. Wellness. Du und ich.«
Petra starrte sie perplex an.
»Ist das dein Ernst?«
»Ja. Ich hab noch Urlaub, bin alleine, Manfred ist nicht da. Also?«
»Wie soll das gehen? Wird doch alles ausgebucht sein.«
»Das werden wir sehen.«
Sie zog ihr Handy aus der Tasche und begann, zu telefonieren. Nach wenigen Minuten grinste sie.
»Los, ab, Koffer packen, wir fahren in einer Stunde.«
»Du bist verrückt.«
»Ja! Und es wird Zeit, dass du es auch mal wirst. Ruf deinen Sexgott an und sag ihm, dass du Wellness machst, Pauschalangebot für zehn Tage.«
Petra kannte ihre Freundin gut genug, um zu wissen, dass jeder Widerstand sinnlos war, und folgte dem Befehl. Und so waren sie wenige Stunden später in einem erstklassigen Wellnesshotel und ließen sich ausgiebig verwöhnen.

Die Zeit ging viel zu schnell vorbei. Aber letztlich musste Petra wieder zurück. Zurück in ihr braunes Dasein. Sie sah aus dem Fenster. Eigentlich hätte alles Weiß sein müssen, aber der Schnee wollte sich dieses Jahr nicht sehen lassen, stattdessen herrschten fast Frühlingstemperaturen. Das besserte Petras Laune kein bisschen.
Doch als sie vor ihrem Haus anhielten konnte sie kaum glauben, was sie sah. Das Haus erstrahlte in einem blendenden Weiß. Vergeblich suchte sie nach dem braunen BMW ihres Mannes. An dessen Stelle stand das gleiche Modell in Feuerrot da. Sie rieb sich die Augen. Doch, eindeutig, das war sein Nummernschild.
Marlene sprang aus dem Wagen, lächelte sie an.
»Nun komm.«
Zögernd betrat sie das Haus. Die braunen Tapeten waren verschwunden, stattdessen war alles so tapeziert, wie Petra es sich immer gewünscht hatte. Die Couch war einer mattschwarzen Ledergarnitur gewichen, die Küche war in Mintgrün gehalten. Sie ging ins Schlafzimmer. Auch dort waren ihre Lieblingsfarben überall und sie riss den Kleiderschrank auf. Kein Stück mehr der braunen Kleider zu sehen. Auch die Schublade mit den Dessous war bunt, wie Petra es sich erträumt hatte.

Als sie sich umdrehte, stand Manfred mit zwei Gläsern Sekt in der Hand da.
»Willkommen zu Hause, mein Schatz«, lächelte er sie an.
Petra schluckte. Er sah so verdammt gut aus in der Bluejeans und dem weißen Hemd, das er bis zur Brust aufgeknöpft hatte, sodass man den Ansatz der Brustbehaarung erkennen konnte.
»Und danke für deine Hilfe, Marlene.«
»Was zum Geier ist hier los?«
Petra wurde schwindelig.
»Ach Süße, lass es dir erklären«, begann Marlene.
»Nein, das muss ich tun«, unterbrach Manfred sie. Er nahm seine Frau in die Arme, nachdem er die Gläser abgestellt hatte.
»Also, du erinnerst dich an den Unfall?«
»Ja, und ob«, murmelte sie. Tagelang war ihr Mann mit roten Augen durch die Gegend gelaufen und ihr gesagt, er habe Glassplitter bei einem missglückten Versuch in die Augen bekommen.
»Es war kein Unfall, es war ein missglücktes Experiment. Wir haben versucht, Kontaktlinsen zu entwickeln, mit denen man mittels eines Chips vernetzt werden kann. Es sollte so sein, dass man damit auf seinem Bildschirm bei der Arbeit gesehen werden kann, ohne im Büro zu sein.«
»Ich verstehe nicht«, flüsterte Petra.
»Es ist technischer Schnick - Schnack«, erwiderte Manfred. »So ähnlich wie Virtual Reality. Linsen mit integrierter Halbleitertechnologie, die per Smartphone vernetzt werden sollten. Ich hatte mich als Tester zur Verfügung gestellt. Extrabonus inbegriffen. Auf jeden Fall, am Anfang ging es gut, aber dann kam eine Nebenwirkung. Alle Farben wurden zu Braun.«
»Wie bitte?«
»Ja, egal, welche Farbe etwas hatte, es wurde zu Braun. Alles, außer eben Braun selber. Das erschien dann, je nach Lichteinfall, in der Farbe, die man sich vorstellte.«
»Moment!«
Das musste Petra verdauen, sie sah zu Marlene.
»Also, wenn ich in braunen Strapsen vor dir stand …«
»War es für Manfred Rot, Schwarz oder was immer er sich vorstellte.«
Er nickte.
»Ja, das Haus war Montag Blau, Dienstag Grün, Mittwoch Gelb und so

weiter. Deine Kleider hatten für mich die Farben, die ich mir wünschte, auch die Dessous.«

»Ja, verstanden. Aber warum hast du nix gesagt, du Ekel?«

Sie wusste nicht, ob sie ihn verprügeln oder eher lachen sollte.

»Ich durfte nicht. Was eigentlich als Hilfe für die Arbeit gedacht war, entpuppte sich als Hilfsmittel für Farbenblinde. Also, da ich die Testperson war, musste ich sie bis letzte Woche tragen. Dann war die Phase zu Ende.«

»Du hättest es mir sagen müssen!«

»Er durfte nicht!« Marlene nahm ihre Hand. Petra schüttelte sie ab. »Aber wieso wusstest du davon??«

»Du weißt, dass ich Rechtsanwältin bin. Ich habe den Vertrag ausgearbeitet. Daher wusste ich Bescheid, zumindest in groben Zügen. Nur das mit dem Sexgott …«

Sie schnalzte mit der Zunge.

»Nun«, begann Manfred wieder, »Teil des Vertrages war, dass die Firma alles so herrichtete, wie ich es wollte. Wir wollten wissen, ob es funktioniert. Und, dank Marlene, mussten sie auch am Ende alles wieder so machen, wie DU es immer haben wolltest.«

Jetzt begriff Petra. Marlene hatte sie bewusst entführt, damit Manfred alles für sie hatte umändern lassen können. Sie griff nach den Sektgläsern und schüttete beide in sich hinein, dann gab sie ihrem Mann einen Kuss.

»Du verdammtes Arschloch«, flüsterte sie ihm ins Ohr. »Weißt du eigentlich, dass du kurz vor der Scheidung warst?«

»Ja, und darum habe ich Marlene gebeten, mir zu helfen.«

Sie küsste ihn lang und innig.

»Du Idiot … weißt du, dass ich dich liebe?«

»Ich hoffe es«, grinste er und zwinkerte der Freundin seiner Frau zu.

Marlene begriff und erhob sich.

»Ich lass euch mal allein, dich und den Sexgott«, winkte sie in der Tür und verschwand. Vor dem Haus konnte sie nur noch das leidenschaftliche Stöhnen hören. Als ein brauner Lieferwagen anhielt, lief sie darauf zu, sah dem gutaussehenden Paketdienstfahrer in die Augen, der in seiner braunen Arbeitskleidung vor ihr stand.

»Ich hoffe, Sie sind auch ein Sexgott in Braun«, grinste Marlene ihn an, als sie ihn an die Hand nahm, mit ihm in ihr Auto stieg und in Gedanken Manfred für die neuen Kontaktlinsen dankte.

Jori

Sandra Karin Foltin

Tief atme ich ein und aus, während ich den breiten Weg im Park entlanggehe. Es ist eine Allee, die Bäume spenden Schatten. Obwohl es noch früh am Nachmittag ist, ist es schon heiß und viele Menschen sind unterwegs. Familien mit Kindern, Jogger, alte Leute und die Hundebesitzer. Ich gehe mit meinem schokoladenbraunen Labrador Jori spazieren. Jeden einzelnen Schritt genieße ich, vor einem Jahr war das nicht denkbar.

Es ist sehr passend, dass mein Hund braun ist, denn in meiner schlimmen Zeit war Schokolade mein wichtigster Seelentröster. Und fröhliche Farben nervten mich, ja, machten mir sogar Angst. Aber ich wende meine Gedanken wieder dem wunderbaren Spaziergang zu.

Andere Hundebesitzer grüßen mich, nach den wenigen Wochen kennt man sich schon. Gestern habe ich sogar mit einer Frau gesprochen, die einen Chihuahua an der Leine hatte. Jori ist ein Gentleman und war sehr brav, obwohl der Hund neben ihm winzig war. Viele fragen mich, ob er wirklich ein Labrador ist, die wären doch meistens schwarz und nicht braun. Stolz kann ich ihnen sagen, dass er einer ist, obwohl es mir eigentlich egal ist, welche Rasse er ist, solange er nur bei mir ist.

Erst vor zwei Monaten bin ich wieder nach Hause gezogen. Mein Vater ist sehr krank, und seit es mir bessergeht, kann ich meiner Mutter helfen. Die beiden haben ein Haus mit Garten, das ist für Jori auch besser als meine kleine Wohnung im Keller. Meine Eltern sind beide sehr froh, dass ich wieder da bin. Für mich ist es ein komisches Gefühl. Damals bin ich direkt nach dem Abitur abgehauen, nach meinem Unfall. Na ja, nachdem ich aus dem Krankenhaus gekommen war. Ich konnte es hier nicht mehr aushalten und bin sehr überstürzt weggezogen. Vater und Mutter hätten mich beinah mit ihrer Liebe erdrückt. Nichts durfte ich alleine machen, immer war einer von ihnen um mich. Ich liebe meine Eltern sehr, aber das war einfach zu viel. Ich fühlte mich sowieso nicht mehr wie ein richtiger Mensch.

Also bin ich erst zu meiner ältesten Schwester gezogen, am anderen Ende des Landes. Niemandem durften meine Eltern sagen, wo ich war. Daran hielten sie sich, auch, wenn es ihnen schwerfiel. Meine Schwester und ihre Familie nahmen mich auf und richteten mir eine winzige Wohnung in ihrem

Keller ein. Wohnküche, kleines Schlafzimmer und Minibad. Ich war ihnen sehr dankbar, mir reichte es völlig. Ich wollte sowieso keinen Besuch. Am liebsten war ich allein.

Das war vor acht Jahren. Jetzt bin ich wieder hier, in meiner Heimatstadt. Alles ist mir so vertraut, und trotzdem fühle ich mich wie eine Fremde hier. Die Leute kenne ich nicht. Obwohl ich schon den einen oder anderen früher gesehen habe. Noch gehe ich ihnen aus dem Weg, ich fühle mich dem noch nicht gewachsen, obwohl Jori mir Sicherheit gibt. Mit ihm ist die Angst lange nicht so groß. Der Park hier ist mein Lieblingsort, hier sieht alles aus wie in meiner Kindheit. Hier fühle ich mich fast zuhause. Wenn Jori und ich am Spielplatz vorbeikommen, mache ich ihn fest, auch wenn er die Leine nicht mag. Aber ich kann die Mütter verstehen, die Angst vor einem fremden Hund haben. So mache ich das auch heute. Als ich mich wieder aufrichte, sehe ich ihn. Felix!

Er steht an der Rutsche auf dem Spielplatz mit einem kleinen Jungen, der genauso aussieht wie er. Ein Schmerz, heiß und scharf wie ein Messer, fährt durch mein Herz. Ich bleibe stehen, unfähig mich zu bewegen. Jori winselt nervös und stupst mich mit der Schnauze an. Aber ich kann Felix nur anstarren, kann nicht meinen sensiblen Hund beruhigen. Weil ich nicht reagiere, fängt Jori an zu bellen, alarmiert und laut. Natürlich sieht Felix auf und entdeckt mich.

»Ist ja gut«, murmele ich Jori zu, der dann endlich Ruhe gibt.

Felix scheint auch hin- und hergerissen, nimmt dann aber den Jungen an der Hand und kommt zu mir herüber. Es sieht zögerlich aus. Meine Hände schwitzen und das Herz rast. Jori winselt, er merkt sofort, dass etwas nicht stimmt, meinem braunen Beschützer kann ich nie etwas vormachen. Dann steht Felix vor mir und mustert mich gründlich.

»Hallo Laura«, er blickt auf den Jungen herunter. »Das ist Malte. Malte, das ist meine Freundin Laura.« Ergänzend setzt er hinzu: »Das war sie mal.«

Ich zucke leicht zusammen, gehe in die Hocke und sage zu Malte:

»Hallo, ich freue mich, dich kennenzulernen. Deinen Vater kenne ich schon ganz lange, aus der Schule.« Malte sieht verwirrt aus, nickt aber. Dann wendet er sich an Felix: »Können wir gehen?«

Er nickt, sieht mich dann an.

»Ich könnte ihn nach Hause bringen, und dann einen Kaffee mit dir trinken,

ich hätte einige Fragen.«
Er zieht die Augenbrauen hoch, ist aber zufrieden, als ich nicke. Wir brauchen nichts weiter zu sagen, jeder von uns weiß, wo wir uns treffen werden.
Ich bin sehr aufgeregt, diese Begegnung hatte ich am meisten gefürchtet. Felix, meine große Liebe.
Wir kennen uns seit der fünften Klasse Gymnasium. Gleich von Anfang an mochten wir uns und waren bald unzertrennlich. Alles unternahmen wir zusammen, waren die besten Freunde. Bis zu jenem bedeutsamen Abend, drei Wochen nach meinem fünfzehnten Geburtstag. Ich war Babysitten bei unseren Nachbarn. Das machte ich, seit ich dreizehn war. Die Eltern kannten mich gut und wussten, dass sie sich auf mich verlassen konnten. Als ich ihnen erzählte, dass ich, wenn Florian im Bett war, gerne noch mit Felix bei ihnen für eine Matheklausur lernen wollte, waren sie einverstanden. Schließlich kannten sie Felix auch gut.
An dem Abend lief alles, wie es sollte, Florian war brav und ließ sich gut ins Bett bringen. Nach der Gutenachtgeschichte schlief er sofort ein. Kaum, dass ich wieder unten war, klopfte Felix ans Fenster und ich ließ ihn herein. Wie versprochen hatte er seine Mathesachen dabei und fing gleich an. Wir hatten das Licht im Zimmer gedimmt, nur über dem Tisch war es richtig hell. Das erste Mal sah ich ihn in diesem Licht, und das erste Mal fiel mir auf, dass er kein Junge mehr war, sondern dabei war, ein Mann zu werden. Seit fünf Jahren sahen wir uns jeden Tag, und ich hatte es nicht gewusst, aber jetzt war es sonnenklar. Bevor ich nachdenken konnte, hatte ich es ausgesprochen.
»Ich liebe dich!«
Felix hob den Kopf und sah mir in die Augen, um abzuschätzen, ob das ein Scherz sein sollte. Aber ich konnte ihm nur in die Augen sehen, und er erkannte, dass ich die Wahrheit gesagt hatte. Er grinste.
»Du hast lange gebraucht, um das zu merken. Ich liebe dich schon lange.«
In dieser Nacht schliefen wir das erste Mal miteinander. Es war ungeschickt und schnell, weil wir nervös waren, es war für uns beide das erste Mal. Danach, als wir uns wieder anzogen, sagte Felix:
»Ich liebe dich, Laura. Wir bleiben immer zusammen. Was hältst du davon?«
Was für eine Frage, natürlich sagte ich ja!

Eine Woche später hatte er mir einen kleinen Ring besorgt, ein ganz filigraner silberner Ring, drei Stränge geflochten. Ich trage diesen Ring immer noch an meinem linken Ringfinger.
Als ich im Café sitze, spiele ich mit diesem Ring, wie ich es oft tue, wenn ich nervös bin. Jori legt mir beruhigend den Kopf auf den Schoß. Geistesabwesend streichele ich ihn, wie immer gibt sein braunes Fell mir Kraft.
Dann endlich, da ist er. Felix setzt sich, ohne ein Wort zu sagen, zu mir an den Tisch. Er mustert mich und ich sehe ihn an. Er ist ein richtiger Mann geworden, trägt einen Vollbart.
»Hallo«, sage ich leise. »Du siehst gut aus.«
»Hallo«, es klingt fast abweisend. Fragend sieht er mich an. Er wartet auf eine Erklärung.
»Malte sieht dir sehr ähnlich«, sage ich, um Zeit zu gewinnen.
Er nickt ungeduldig.
»Warum bist du so plötzlich nach deinem Unfall verschwunden? Ohne ein Wort? Ich dachte, du wirst aus dem Krankenhaus entlassen, aber du warst weg. Monatelang haben wir um dich gebangt, dann wirst du endlich wieder wach, und verschwindest einfach. Deine Eltern haben mir erzählt, dass sie mir nichts sagen dürfen. Warum?«
Ich sehe einen Schmerz in seinen Augen, der so tief ist wie meiner. Das hatte ich nicht erwartet. Aber er hat eine Familie, also darf ich ihn nicht verunsichern, er soll glücklich sein, deswegen bin ich ja weggegangen, damit er glücklich wird. Ohne mich, denn mit mir ist es nach dem Unfall ja nicht mehr möglich. Wie flüssiges Eis strömt der Schmerz durch meinen Körper. Jori winselt, beruhigend streichele ich seinen Kopf. Seine braunen Augen mustern mich. Felix darf nichts merken, also lächele ich ihn an.
»Ich musste einfach weg hier, aber für dich ist doch alles gut geworden. Du hast eine Familie, so wie du es immer wolltest. Und dein Sohn ist wunderschön. Ich gratuliere dir.«
Um nichts in der Welt darf er merken, was mich diese Worte kosten. Felix sieht mich verständnislos an. Jori fängt an zu bellen, so ein Mist.
»Ich muss gehen Felix, tut mir leid.« Ich erhebe mich, mein Hund drängelt, zieht an meinem Ärmel.
Felix packt mich am Arm.
»Nein, du gehst jetzt nicht. Ich will Antworten!«

Joris Bellen wird schrill und ich kann Jasmin riechen, bunte Farben tanzen vor meinen Augen. Resigniert lege ich mich auf den Boden, möglichst weit von Tisch und Stuhl entfernt. Joris wird ruhiger, aber er hört nicht auf, er lässt mich nie im Stich. In solchen Situationen sind seine besorgten, braunen Augen das letzte, was ich sehe.
Der erste Sinn, der wieder da ist, ist das Hören. Das Erste, was ich höre, ist, wie immer, Joris Bellen. So weiß ich, dass ich nicht alleine bin. Ganz langsam kehrt mein Bewusstsein zurück, ich kann sehen, dass viele Menschen um mich herum sind. Rettungsassistenten und Felix. Er starrt mich mit großen Augen an. Die Müdigkeit ist bleiern und zwingt mich, wieder die Augen zu schließen. Aber ich schäme mich auch. Wie bei jedem großen Anfall ist meine Hose nass. Ich hoffe nur nass. Natürlich darf Jori mit in den Krankenwagen. Ich schlafe ein, Joris braune Schnauze immer an meiner Hand. Als ich im Krankenhaus wach werde, sehe ich Schwester Ilse, die mir fröhlich zuzwinkert.
»Na, wieder unter den Lebenden?«
Meine Stimme ist immer rau nach einem Anfall.
»Na ja, geht so. Hatte ich schon Besuch?«
Wieder zwinkert die Krankenschwester.
»Ist noch da, der Besuch.«
Sie zeigt auf Felix, der neben meinem Bett sitzt. Jori sitzt neben ihm und hat seine Schnauze auf sein Knie gelegt, jetzt kommt er zu mir. Fast verlegen, als hätte er seine Pflicht verletzt. Ich streichele sein braunes Fell und fühle mich besser. Felix sieht mich durchdringend an.
»Das ist es? Deswegen hast du mich verlassen?«
Meine Kehle ist wie zugeschnürt und Tränen laufen mir über die Wangen, zurückhalten kann ich sie nicht. Ich nicke und zwinge mich zu sprechen.
»Nach dem Schädel - Hirn - Trauma hatte ich Epilepsie, jeden Tag mehrere solche Anfälle. Es war furchtbar. Ich konnte überhaupt nicht mehr aus dem Haus gehen. Also bekam ich schlimme Depressionen. Ich wusste doch, du wolltest eine Familie, also bin ich weggegangen, damit wenigstens du glücklich werden kannst.« Ich muss schlucken, bevor ich weitersprechen kann. »Und es hat ja funktioniert. Dein Sohn ist wunderschön. Ich freue mich für dich. Ich hoffe, du bist glücklich.«
Felix sieht mich an, als ob ich den Verstand verloren hätte.

»Was meinst du mit glücklich? Weißt du denn gar nicht, dass ich nur mit dir glücklich sein kann? Ich liebe dich, seit wir elf Jahre alt waren, das hat sich nicht geändert.«
»Aber du hast doch einen Sohn. Malte sieht dir so ähnlich«, stammele ich.
»Malte ist mein Neffe, und ja, er ist mir ähnlich, nicht nur vom Aussehen, das hält meine Schwester mir ständig vor. Wie konntest du nur glauben, dass ich ohne dich glücklich sein kann? Für mich gibt es keine andere Frau, niemals. Hast du denn jemanden?«
Besorgt sieht er mich an. Mir fällt das erste Mal auf, dass seine Augen dieselbe Farbe haben wie das Fell meines Hundes.
»In meinem Leben gibt es nur Jori, er ist mein Epilepsiehund. Vor ihm war mein Leben wie ein Gefängnis, ich traute mich nicht vor die Tür wegen der vielen Anfälle. Aber jetzt warnt Jori mich rechtzeitig vor. Dadurch bin ich viel weniger gestresst und die Häufigkeit der Anfälle hat nachgelassen. ER ist sehr, sehr wichtig für mich. Aber es hat nie jemand anderen als dich gegeben.«
Schneller als ich gucken kann, steht Felix auf und kommt zu mir. Sein Kuss ist ein Versprechen und ich weiß, alles wird gut.

Ohne Worte

Michaela Kaiser

Ich lehnte mich in die Kissen und zog sie an meine Seite. Sofort schmiegte sich ihr schlanker Körper an mich und sie legte den Kopf auf meine Schulter. Ein Bein stahl sich über meine Beine und sie sah mich mit ihren unergründlichen Augen an. Lange Wimpern umrahmten die dunklen Augen, die so tief wie ein Bergsee schienen. Dann seufzte sie und die Lider schlossen sich. Ich fuhr ihr durch die kastanienbraunen Locken. Haare, so seidig und zart wie Daunen, samtig und federweich. Ich liebte diese Haare und ich liebte es, wenn sie mir erlaubte, sie zu kämmen. Dann nahm ich sie, Strähne für Strähne, ließ sie liebevoll durch meine Hände gleiten und fuhr mit dem Kamm hindurch, bis sie von allen Verknotungen befreit waren. Dann nahm ich die weiche Bürste und bürstete, bis die Haare glänzten. Die Farbe war unglaublich intensiv, ein tiefes, sattes Braun mit schillernden Goldtönen darin. Bei einem bestimmten Lichteinfall glänzten sie auch etwas rötlich. Wenn sie gute Laune hatte, dann hielt sie still und genoss es. Wenn sie allerdings schlechte Laune hatte, dann durfte ich ihr mit der Bürste nicht zu nahekommen. Sie war eine launische Diva, aber ich liebte sie trotzdem.

Sie bewegte sich leise und drückte sich noch enger an mich. Sie streckte sich und verbarg ihren Kopf in meiner Halsbeuge. Ich vernahm ihren sanften Atem im Genick und hörte die kleinen Laute, die sie machte, wenn sie an mir roch und mit der Zunge über meine Ohrläppchen strich. Ich fuhr mit der Hand ihren Rücken hinunter, fühlte die einzelnen Wirbel, die sich spitz durch die Haut drückten. Ich dachte manchmal, sie wäre zu dünn. Doch schien dies ihr Wohlfühlgewicht zu sein, denn sie konnte essen, so viel sie wollte, sie nahm nicht an Gewicht zu. Das lag sicher auch daran, dass sie selten so stilllag, wie jetzt. Sie war eine quirlige Teufelin, liebte lange Wanderungen mehr als ausgiebige und faule Nachmittage.

Ich langte mit der Hand bis zum letzten Wirbel im Rücken hinunter, dann strich ich wieder hinauf bis zum Nacken. Ich liebkoste ihren Hals, ihre Ohren, streichelte die Wangen und die Augenbrauen. Mit einer Drehung dehnte sie sich und lag nun auf dem Rücken. Präsentierte mir ihren nackten Bauch und die Brust. Ich liebkoste die weiche, zarte Haut am Unterbauch und die Leistengegend. Dort konnte ich am ehesten ihren Pulsschlag spüren,

schwach, aber regelmäßig.
Ich fuhr über die Innenseiten der Oberschenkel, dort war sie ein wenig kitzlig und ihr Bein zuckte unkontrolliert. Ich fuhr mit dem Finger über die kleinen Nippel bis zu den Armbeugen, die ebenso haarlos waren wie die Leisten. Ich ließ meine Hand über ihren Brustkorb gleiten. Wenn ich die Hand stillhielt, dann konnte ich ihren Herzschlag spüren, schwach, aber beruhigend regelmäßig. Dabei hoben und senkten sich ihre Rippenbögen mit jedem Atemzug, dehnten den Brustkorb, zogen ihn wieder zusammen. Sie hatte es besonders gerne, wenn ich sie mit beiden Händen im Brustbereich massierte, dabei dehnte und streckte sich noch ein bisschen mehr. Mit einem zufriedenen, tiefen Grunzen öffnete sie die Augen und sah mich erwartungsvoll an. Ich wusste, was sie nun wollte, und ich würde es ihr geben. Ich griff über sie hinweg, zum Nachttisch, dort lag, was ich brauchte, um sie glücklich zu machen …
Mit einem Ruck flog die Schlafzimmertüre auf und mein holdes Eheweib stand im Rahmen.
»Da bist du ja! Ich brauch deine Hilfe, kommst du bitte? Und untersteh dich, den Hund schon wieder im Bett zu bürsten!«

Natürlich braune Haut

Petra Weise

»Heute lerne ich ihn kennen!«, jubelt die Stimme meiner Freundin Iris aus dem Telefon.

»Wen?«, will ich wissen.

»Na, den Torsten! Meine Internetbekanntschaft.«

»Ich weiß nicht, mir wäre das zu gefährlich.«

»Wieso denn gefährlich?«, wundert sich Iris.

»Du weißt ja gar nicht, was das für ein Typ ist.«

»Eben! Deshalb lerne ich ihn heute kennen.«

»Und wenn es nun gar nicht sein richtiges Foto ist?«

Torsten sieht auf seinem Bild auf dem Internet-Portal hinreißend toll aus. Dunkelbraune Haare, hellbraune Augen, ein freches Lachen und irrsinnig breite Schultern, ein Typ zum Verlieben.

»Wenn es in Wirklichkeit ein alter Kerl so um die 40 ist oder noch älter?« Iris antwortet nicht. »Und wenn es nun ein Vergewaltiger ist oder gar ein Mörder?«, gebe ich zu bedenken.

»Du spinnst! Sag mir lieber, was ich anziehen soll!«

»Ganz klar deine engen schwarzen Jeans und den roten Pulli.«

»Der Pulli ist mir zu grell und außerdem viel zu hochgeschlossen.«

Nun muss ich lachen. Iris will ihre schönen vollen Brüste zeigen, aber gleichzeitig nicht so auffallen.

»Dann nimm das dunkelgrüne Shirt mit dem spitzen Ausschnitt! Das ist nicht zu gewagt und Grün passt supertoll zu deinen rotbraunen Haaren.«

»Gut«, stimmt Iris zu. »Du kommst doch mit?«

»Wie sieht denn das aus, wenn du zum Date mit einer Freundin kommst?«

»Allein trau ich mich nicht. Du kannst an einem Tisch in der Nähe einen Sekt oder Kaffee trinken, auf meine Kosten natürlich. Und dann sagst du mir, wie du ihn findest.« Die Idee gefällt mir überhaupt nicht. »Und wenn der Typ Ärger macht oder langweilig ist, dann lasse ich ihn sitzen und wir zwei machen uns einen lustigen Abend.«

»Also ich weiß nicht.«

»Aber ich weiß es«, bestimmt Iris. »Neun Uhr bei mir, abgemacht?«

»Abgemacht.«

»Ich muss nur noch meine Haare färben und waschen und mich schminken«, beendet Iris das Gespräch und legt den Hörer auf.
Iris macht viel Theater um ihr Aussehen. Dabei ist sie auffallend hübsch. Ihr Puppengesicht mit vollen Lippen und großen braunen Augen umrahmen rotbraune Locken. Ich beneide sie um ihre schlanke Figur mit den extrem langen Beinen und vollen Brüsten. Ihr Problem ist eine Pigmentstörung, die große weiße Flecken auf ihren Beinen und dem gesamten Körper hinterlässt. Ärgerlich für Iris ist der breite weiße Streifen auf ihrer Stirn und die weiße Haarsträhne darüber. Sie fällt in ihrem dunklen Haar sofort auf. Das Färben ist bisher immer schiefgegangen, da die weiße Strähne keine Farbe annimmt oder seltsame Tönungen fabriziert. Den Fleck auf der Stirn kaschiert Iris mit dunkelbraunem Make-up und den Locken, die sie sich ins Gesicht zieht.

»Wie siehst du denn aus?«, schreie ich entsetzt, als mir Iris die Tür öffnet. Ihr Gesicht leuchtet wie ein orangefarbener Lampion mit einem undefinierbaren Muster. Die Haut unter dem einen Auge ist dunkelbraun, unter dem anderen schlohweiß. Um den Kopf hat sie ein Tuch geschlungen.
»Lass mich!«
Iris rennt in ihr Zimmer und wirft sich auf das Bett mit dem Gesicht zur Wand. Ich setze mich zu ihr und streichle ihren Rücken. Iris wackelt mit der Hand, ich ergreife sie sofort und drücke sie.
»Was ist denn passiert, Süße?«
Statt einer Antwort schluchzt sie herzzerreißend. Ich lege mich neben sie aufs Bett und streichle wieder ihren Rücken, der auf und nieder bebt. Nach mehr als fünf Minuten gehen die lauten Schluchzer in leises Weinen über.
»Nun erzähl!«, bitte ich.
»Nie wieder kann ich mich unter Menschen trauen! Nie, nie wieder!«, schreit Iris. Ihre Stimme klingt völlig verzweifelt. Ich weiß nicht, was ich machen soll, wie ich ihr helfen kann.
»Hat dich Torsten abserviert?«, vermute ich.
Das löst einen neuen Heulkrampf bei Iris aus.
»Dieser Mistkerl!«, denke ich.
Ich hatte schon vermutet, dass diese Internetbekanntschaft schiefgeht. Er sieht einfach viel zu gut aus, sicher hat er einen ganzen Harem von Internet-Liebschaften, die wie Iris darauf hoffen, ihn endlich kennenzulernen.

»Nahein!«, heult Iris. »Er wartet auf mich, hat er mir eben noch einmal geschrieben. Aber so kann ich nicht rausgehen.«
Sie setzt sich auf und schaut mich anklagend an. So aus der Nähe ist ihr Gesicht regelrecht entstellt. Die Haut leuchtet unnatürlich grell orange mit hellen und dunklen braunen Flecken, vor allem auf der Stirn und auf dem Hals. Langsam zieht Iris das Handtuch vom Kopf. Ich halte mir vor Schreck die Hand vor den Mund, als ich die orange leuchtende Strähne zwischen fleckig rotbraunen Locken sehe.
»Nein, so kannst du wirklich nicht rausgehen.« Das Jammern wird wieder lauter. »Hast du eine Allergie?«, frage ich besorgt.
»Wieso?« Iris starrt mich entsetzt an. »Meinst du, ich vertrage den Selbstbräuner nicht?«
»Selbstbräuner?« Ich schüttle den Kopf. »Warum tust du dir diesen Unsinn an?«
»Ich will doch schöne natürlich braune Haut haben.«
»Natürlich schön mit unnatürlicher Hilfe, das passt«, antworte ich bissig.
»Deinen Sarkasmus kannst du stecken lassen!«, faucht Iris. »Halte mir jetzt bloß keinen Vortrag über vornehme Blässe statt Bauarbeiter-Bräune! Das nervt! Du hast schließlich keine hässlichen weißen Flecken.« Iris verändert ihre Tonlage. Sie fleht: »Hilf mir! Ich bitte dich.«
Selbstbräuner sollen erheblich gesünder sein als Sonnenstrahlen oder gar das Licht im Sonnenstudio. Sonne verträgt Iris sowieso nicht, weil die weißen Flecken auf ihrer Haut sofort knallrot werden. Vielleicht hat deshalb der Selbstbräuner so schlimme Farben verursacht.
Ich schaue mich im Zimmer um und finde die Tube mit einem Rest der braunen Paste schließlich im Mülleimer. Das Präparat scheint in Ordnung zu sein, von Nebenwirkungen steht nichts auf dem Beipackzettel. Also klappe ich den Laptop auf und google nach ›Schaden bei Selbstbräuner‹. Leider finde ich nur Werbung und den Hinweis, dass Selbstbräuner gesund für die Haut sind. Für weiße Pigmentflecken wird er sogar explizit empfohlen. Endlich entdecke ich den Tipp, bei Flecken ein Peeling zu benutzen, das Präparat lange einwirken zu lassen und den Vorgang zu wiederholen. Ich erzähle Iris sofort davon. Doch sie heult wieder los. »So was habe ich gar nicht.«
»Aber ich«, sage ich schnell. »Ich laufe rüber zu mir und hole die Maske. Du duschst inzwischen, seifst dich ein und wäschst dir gründlich die Haare.«
Als ich schließlich neben Iris im Bad stehe, sehe ich das gesamte Ausmaß des

Schadens: Sämtliche weiße Hautflächen sind orange und haben einen dunkelbraunen Rand, der sich deutlich von der hellbraunen Körperfarbe abhebt. Ich helfe Iris beim Einreiben und rubble das Peeling kräftig und mit kreisenden Bewegungen in die Haut.
»Iris, im Internet steht, dass ein Peeling zwar hilft, aber dass die Haut erst nach drei bis fünf Tagen wieder ganz normal aussieht.«
Iris heult wieder los. »Was mache ich jetzt?«
»Ganz einfach: Du gehst trotzdem hin!«
»Bist du verrückt geworden?«
»Torsten hat dein Foto gesehen und nicht einmal nach dem weißen Fleck auf deiner Stirn gefragt, auch nicht nach der weißen Haarsträhne. Das ist ihm offensichtlich völlig gleichgültig. Also wird er sich auch nicht über dein buntes Gesicht aufregen.« Ich lache.
Iris lacht nicht.
»Du ziehst dich an, schminkst dich, richtest deine Haare und wir gehen los!«
Iris schüttelt den Kopf. »Du hast deinen Spaß und ich den Schaden.«
»Ach was! Wenn Torsten nicht da ist, dann ist er ein Dummkopf. Und wenn er dich auslacht, ebenfalls.«
Iris schaut mich unsicher an, immerhin lächelt sie jetzt.
»Und wenn er Humor hat, habt ihr gleich ein supertolles Einstiegsgespräch.«

Arm in Arm gehen wir auf das Café zu. Direkt am Fenster sitzt ein Mann mit braunen Locken, eindeutig Torsten. Wir winken ihm lachend zu. Noch bevor wir an der Tür sind, öffnet sie sich von innen, Torsten kommt heraus und geht an uns vorbei.
»Was war das jetzt? Hat er uns nicht gesehen?« Iris will ihm schon nachrufen. Ich kann sie gerade noch daran hindern.
»Übersehen kann er uns nicht, besonders dich nicht, du leuchtest wie ein Kürbis.« Schon pruste ich los.
»Dabei ist heute gar nicht Halloween«, stimmt Iris lachend zu.
»Nein, aber wir gehen jetzt da rein, bestellen Sekt und verschrecken noch mehr Leute.«
Ich packe Iris am Arm und ziehe sie hinein in die vollbesetzte Gaststube. Nun war der ganze Ärger und Kummer völlig vergebens, aber meine Freundin hat ihren Humor wiedergefunden.

Schokokuss

Denise Träbing

Nichts, gar nichts. Nicht mal ein winziges Zittern. Sie hätte es sich denken können, natürlich. Aber hieß es nicht immer, die Hoffnung stirbt zuletzt? Ziemlich masochistisch, diese Hoffnung. In Muriels Fall würde es nämlich ein quälend langsamer Tod werden.

Seufzend stieg Muriel von der Waage und schob sie mit dem Fuß unter das Schränkchen im Badezimmer. Aus den Augen, aus dem Sinn. So leicht war das nur leider nicht, denn es gab ja noch den Spiegel. Sie kletterte in Leggings und kombinierte diese mit einem langen Flatterkleid. Bei einer Körpergröße von einem Meter siebzig sah das sogar recht ansehnlich aus. Das Outfit würde ihr bei ihrer Arbeitskollegin und Freundin Luna gleich wieder ein Kopfschütteln einbringen. Die konnte nicht verstehen, weshalb Muriel ihre Figur ständig zu verstecken versuchte.

Ja, sie wusste selbst, dass sie maximal als füllig durchging. Und es war auch nicht so, dass die Pfunde ungünstig verteilt wären. Ein hübscher praller Busen, leicht ausladende Hüften, dazu ein runder Hintern. Am meisten haderte Muriel mit ihrem Bauch. Vor Monaten hatte sie ihm den Kampf angesagt, aber er war ein harter Gegner. Zudem hatte sie das Gefühl, allein der Gedanke ans Abnehmen schlug ins Gegenteil um. Sogar dieses Zeug aus der Apotheke hatte sie sich besorgt, es zum Ersatz des Mittagessens gemacht. Ekelhaft, genau wie ihre Stimmung. Luna hatte sie erlöst, indem sie es sich geschnappt und in den Müll geworfen hatte. Danach hatte sie Muriel zum Italiener um die Ecke geschleift und ihr eine fetttriefende Lasagne bestellt.

Für einen Augenblick nahm Muriels Gesicht einen traurigen Ausdruck an. Nicht wegen des schlechten Gewissens. Nur kurz schweiften ihre Gedanken in die Vergangenheit. Zu dem Punkt, an dem alles begonnen hatte, der ihr Leben verändern sollte und ihr Kleidergröße zweiundvierzig bescherte. Schnell schüttelte sie den Kopf, vertrieb die Bilder. Sie schnappte sich ihre Handtasche und verließ die Wohnung.

»Guten Morgen, mein Herz. Fit für den neuen Tag?« Luna lachte ihr gutgelaunt entgegen.

»Aber immer doch.«

»Hatte Arno nicht auch ein Meeting für heute Morgen anberaumt?«

»Jepp, neun Uhr.«

Muriel sah auf ihre Armbanduhr. Noch knapp zwanzig Minuten. Genug Zeit, um sich noch einmal mit ihrem Werbeslogan auseinanderzusetzen. Diese Kampagne für einen Autohersteller war wichtig für die Agentur. Der Film war im Kasten, die Musik ausgesucht. Nun musste der passende Text dazu. Nach einer Weile lehnte sie sich zufrieden in ihrem Schreibtischstuhl zurück.

»Kommst du?« Luna steckte den Kopf zur Tür rein.

»Schon unterwegs.«

Auch aus den anderen Büros, die sich links und rechts der Fensterfronten angliederten, pilgerten die Kollegen zu dem langen ovalen Tisch, der in der Mitte des Raumes stand. Der Teppich verschluckte die Schritte, während das Durcheinander der Unterhaltungen anschwoll. Die beiden Frauen setzten sich nebeneinander. Muriel sah sich um und ihr Blick blieb an einem Gesicht hängen, das ihr fremd war. Sie konnte sich nicht abwenden. Fasziniert scannte ihr Hirn die optischen Details. Männlich, groß, gut gebaut, nein, sehr gut gebaut, dunkelbraune Haare, sie mochte Männer mit dunkelbraunem Haar. Neugierig wartete sie, dass er sich umdrehte. Als er es tat, trafen sich für eine Sekunde ihre Blicke. Durch Muriels Körper ging ein Ruck. Wellenartig breitete er sich in ihrem Inneren aus, brachte ihr Herz aus dem Rhythmus. Seine blauen Augen hatten etwas in ihr berührt, das seit langer Zeit nicht mehr berührt worden war.

Luna boxte sie in die Seite. Auch sie hatte ihn entdeckt. Im nächsten Moment kam jedoch Arno, Chef der Agentur, an den Tisch. Die Gespräche wurden zu einem Murmeln, bevor sie gänzlich verstummten. Muriel wartete gespannt, als wer sich der Neue entpuppen würde.

»Vorab eine Neuigkeit. Ab Montag bekommen wir Zuwachs. Ich darf euch Julian Sprengel vorstellen. Er wird unser Team ab sofort tatkräftig im Grafikbereich unterstützen.«

Er hieß also Julian. Hübscher Name. Passte zu ihm. Muriel konnte nicht verhindern, dass ihr Herz, bei der Aussicht, ihn jeden Tag zu sehen, einen kleinen Hüpfer machte. Gleichzeitig rief sie sich zur Vernunft. Der Typ interessierte sich ganz sicher nicht für Frauen wie sie. Diese Sorte Mann stand auf schlank und sportlich wie sie alle. Muriel nahm sich vor, ihm nicht zu viel Aufmerksamkeit zu schenken.

Das klappte hervorragend. Zumindest solange er nicht da war. Denn am

Montag platzierte man ihn direkt in das Büro ihr gegenüber, und da die Räume nur durch Glaswände voneinander getrennt waren, hatte sie acht Stunden freie Sicht. Acht Stunden, in denen sie wie üblich ab und an ihre Schublade einen Spalt aufzog und sich ein Stück Schokolade gönnte. Muriel seufzte, als sie das leere Papier knisternd zerknüllte und in den Mülleimer beförderte. Ja, sie haderte mit ihrer Figur, kämpfte mit ihrem Selbstbewusstsein, aber dieses süße braune Glück, brauchte sie wie die Luft zum Atmen. Herrje, das klang total bescheuert. Ein Schokoladenjunkie. Egal, sie liebte Schokolade, auch wenn es hieß, dass ihr Idealbild eines Körpers auf diese Weise nicht unbedingt näher rückte. Ganz verzichten konnte sie nicht, hatte es versucht und war gescheitert. Junkie eben. Nachher im Spiegel würde ihr dennoch ein vorwurfsvolles Gesicht entgegenblicken und Muriel mit neuen alten Vorsätzen ins Bett gehen.

»Muriel, würdest du bitte in mein Büro kommen? Ich habe einen potentiellen Kunden hier und würde gerne deine Meinung hören.«

Sie nickte und folgte ihrem Chef. Im Büro wollte sie sich gerade vorstellen, als ihr Blick auf Julian fiel, der ebenfalls anwesend war. Er musterte sie unverhohlen, seine Mundwinkel zuckten leicht. Ihr versagte die Stimme. Ganz toll, noch auffälliger geht es wohl nicht. Muriel räusperte sich und täuschte einen Hustenanfall vor. Dann nahm sie einen zweiten Anlauf, mit lässigem Gesichtsausdruck und dem freundlichsten Lächeln, das sie zu bieten hatte. Julian ignorierte sie, mit der bestmöglichen Selbstbeherrschung, die sie aufbringen konnte. Seine Nähe machte sie nervös. Ihr fehlten die schützenden Glasscheiben. Sie sehnte sich nach der Tafel Schokolade in ihrer Schublade.

Zum Glück dauerte das Gespräch nicht lange, schnell waren sie sich einig. Der Kunde verabschiedete sich und Muriel konnte es kaum erwarten, den Raum zu verlassen.

»Muriel, nur noch eine Sache. Ich hätte gerne, dass du und Julian das Projekt gemeinsam leitet. Ich denke, ihr seid ein gutes Team. Enttäuscht mich nicht.«

»Ich … also … ja klar, kein Problem.«

Kein Problem, und ob es eins war, ein riesengroßes sogar.

Für einen Moment hatte sie vergessen, was sie eigentlich vorhatte. Gehen, sie wollte gehen.

»Hey, hast du Zeit? Wir könnten gleich einige Ideen durchgehen.« Julian stand in der Tür und versperrte ihr den Weg.

Muriel starrte ihn nur an. Damit musste sie als Erstes aufhören. Sie verpasste sich einen imaginären Tritt in den Hintern.

»Gib mir zehn Minuten. Ich komme rüber, ehm, komm du doch besser in mein Büro.« Bei dir gibt es keine Schokolade, fügte sie in Gedanken hinzu.

Die Tage vergingen und Muriel musste feststellen, wie gut sie und Julian harmonierten. Er entpuppte sich als toller Zeichner, Teamplayer und lustiger Kerl. Von Beginn an fiel es ihr leicht, mit ihm zu arbeiten. Er wirkte nicht nur sympathisch, er war es auch. Sie genoss die gemeinsame Zeit mit ihm mehr, als sie sich eingestehen wollte und vor allem mehr als ihr guttat.

»Bist du sicher, dass du nicht mitkommen willst?«

Es war der dritte Tag, an dem er sie überreden wollte, mit ihm und ein paar anderen Mittagessen zu gehen.

»Ja, bin ich.«

»Es liegt an mir, oder?« Er machte ein betroffenes Gesicht.

»Nein, ich …«

»Was ist es dann? Ich hätte gedacht, du wärst einem guten Essen nicht abgeneigt.«

Fassungslos, mit offenem Mund starrte sie ihn an. Jegliche Farbe war aus ihrem Gesicht gewichen. Der Boden unter ihren Füßen geriet ins Wanken. Seine Worte brannten wie Feuer auf ihrer Seele. Wie hatte sie sich so in ihm täuschen können. Er hatte nie den Eindruck hinterlassen, als würde es ihn kümmern, wie kräftig sie war. Sie hatte wirklich gedacht, eine bessere Menschenkenntnis zu besitzen. Aber sie hatte sich bereits einmal in einem Menschen getäuscht. Und Dominik kannte sie damals fast fünf Jahre. Sie waren alle gleich, oberflächlich, ignorant. Der Schmerz träufelte wie Benzin auf die Flammen und fachte sie weiter an.

»Muriel?«

»Geh, bitte!«

»Hab ich was Falsches gesagt? Ich … tut mir leid. Ich dachte nur …«

»Was? Dass ich mit der Figur automatisch gern esse? Dass es bei mir eh nicht mehr drauf ankommt?«

»Quatsch, du verstehst das völlig falsch.«

»Geh einfach und schließ die Tür.« Ihre Stimme war leise, aber bestimmt.

»Mensch, jetzt sei doch nicht gleich eingeschnappt.«

»Raus!« Selbst erschrocken von der Heftigkeit in ihrer Stimme, zuckte sie zusammen. Julian schaute ebenfalls verdattert, fing sich aber schnell und schloss die Tür.

Als er nicht mehr zu sehen war, stützte sie die Ellenbogen auf dem Tisch ab und legte den Kopf in ihre Hände. Stille Tränen benetzten ihre Haut. Warum konnte sie sich nicht endlich so akzeptieren, wie sie war? Weshalb ließ sie zu, dass Sätze, wie der von Julian, sie verletzten? Wieso konnte sie nicht vergessen? Weil Dominik ihr in der schlimmsten Zeit ihres Lebens das Herz gebrochen hatte. Er hatte etwas in ihr zerstört, das bis heute nicht geheilt war. Julian konnte nichts dafür. Vielleicht hatte er es wirklich nicht so gemeint. Aber ihre Empfindlichkeit sorgte dafür, dass sie es negativ aufnahm. Alles in ihr ging sofort in Verteidigungsposition. Muriel seufzte. Sie war ein hoffnungsloser Fall. Frustriert griff sie sich ihre Tasche und verließ das Büro. An Arbeiten war nicht mehr zu denken und Julian wollte sie heute auch nicht mehr über den Weg laufen. In ihrer Wohnung hinter verschlossener Tür atmete sie auf. Hier konnte sie sie selbst sein. Na ja, zumindest solange sie die Waage im Badezimmer ignorierte. Sie widerstand dem Drang nach Schokolade, holte sich stattdessen einen Apfel und kuschelte sich mit einer Wolldecke auf die Couch. Während sie durch das Nachmittagsprogramm zappte, klingelte es an der Tür. Nur widerwillig stapfte sie durch den Flur. Sie blinzelte perplex, als sie durch den Türspion sah.

»Was tust du hier?«

»Mich offiziell bei dir entschuldigen. Ich scheine dich verletzt zu haben. Das war nicht meine Absicht.« Julian sah ehrlich geknickt aus und hielt eine Flasche Wein und eine Packung Schokoküsse in die Höhe.

»Komm rein.« Seine Anwesenheit in ihrer Wohnung sorgte für ein angenehmes Kribbeln in ihrem Magen. Sie freute sich, dass er sich extra den Weg gemacht hatte, zu ihr zu kommen, um sich zu entschuldigen. »Mir tut es auch leid«, gab sie zu, nachdem sie ihm einen Platz angeboten hatte. »Ich habe ein bisschen überreagiert. Schwieriges Thema.« Muriel entkorkte den Wein und schenkte jedem ein Glas ein. »Auf das Vergeben und Vergessen?«

Julian stieß schweigend an, betrachtete sie mit einem Ausdruck, den sie nicht deuten konnte. Unsicher hielt sie sich an ihrem Glas fest und nippte schnell noch einmal. Die Stille breitete sich aus. Sie konnte ihn nicht ansehen, wusste, dass er sie noch immer beobachtete.

»Muss ein ziemlicher Idiot sein.«

»Wer?«, fragte sie verwirrt.
»Der Typ, der dich so verletzt hat.«
Muriel schluckte trocken. War das so deutlich? Oder riet er einfach ins Blaue hinein? »Er mochte die alte Muriel lieber.«
Julians Augenbrauen zogen sich fragend nach oben. Statt zu erklären, was sie meinte, holte sie ein Fotoalbum und schlug eine der ersten Seiten auf. »So sah ich noch vor drei Jahren aus.« Er stand auf und nahm neben ihr Platz. Ihre Oberschenkel berührten sich leicht.
»Das warst du? Ziemlich mager, warst du krank?«
In seinem Ton lag so viel echte Unschuld, dass sie lachen musste.
»Nein, das war volle Absicht. Es gab keinen Tag, an dem ich keinen Sport getrieben habe. Mein damaliger Freund …« Sie ließ den Satz unbeantwortet.
»Was ist passiert?«
Sie überlegte hin und her, ob sie ihm ihre Geschichte anvertrauen sollte. Er war noch ein Fremder und doch spürte sie eine gewisse Vertrautheit. Julian sollte verstehen, warum sie war, wie sie war.
»Vor zwei Jahren hat meine ältere Schwester Selbstmord begangen. Sie litt unter Depressionen. Ich kann mich kaum noch an eine Zeit erinnern, in der sie fröhlich war. Manchen Leuten vergeht der Appetit, wenn sie trauern. Ich suchte darin Trost. Nach einer Weile merkte ich allerdings auch, was ich mir die Jahre zuvor abverlangt hatte. Auf so vieles hatte ich verzichtet, nur um den perfekten Körper zu haben. Da ich von der Veranlagung her dazu neige, eher kräftiger zu sein, war es ein ständiger Kampf. Irgendwie war ich meiner Schwester deshalb sogar dankbar. Ich fühlte mich mit ein paar Kilos mehr auf der Waage wohler. Ich liebe Schokolade. Endlich erlaubte ich mir, sie zu essen. Dominik war da anderer Meinung. Er ekelte sich regelrecht vor mir. Das war damals ein ziemlicher Schlag. Wir waren fünf Jahre zusammen. Niemals hätte ich ihn so oberflächlich eingeschätzt. Er hat mich sitzen lassen, ohne mit der Wimper zu zucken. Danach nahm ich noch mehr zu. Es hat gedauert, um mich aus dem Loch herauszuziehen.«
»Dann sitzt aber doch jetzt die wahre Muriel vor mir. Warum immer noch so selbstkritisch?«
»Weil mein Kopf mir ständig sagt, dass Männer nur die schlanke Version von mir mögen.«
»Du musst dich mögen, dann tut es auch dein Umfeld. Und außerdem«, Juli-

an beugte sich ein wenig vor, »weißt du eigentlich, wie hübsch du bist? Da ist ganz sicher nirgends ein Gramm zu viel.«
Seine Hand legte sich sanft auf ihren Oberschenkel. Hitze breitete sich von dort in ihrem Körper aus. Vor Schreck zuckte sie zurück, brachte Abstand zwischen sich und ihn.
»Hey, ich habe nicht vor, dir weh zu tun. Du raubst mir den Verstand. Vom ersten Moment an hattest du mich. Aber du hast mich kaum beachtet. Ich dachte mir, okay, die steht nicht auf dich.«
»Und was denkst du jetzt?« Sie nahm sich, ohne groß darüber nachzudenken, einen der mitgebrachten Schokoküsse und biss genüsslich hinein. Ihre Lippen schlossen sich um die Schokohaube.
Julian konnte seinen Blick nicht von ihr lösen. »Verrätst du es mir?«, meinte er mit rauer Stimme.
Muriel bewegte sich nicht. Die Unsicherheit war zurückgekehrt. »Ich kann nicht, es geht nicht.« Bevor er nach ihrer Hand greifen konnte, sprang sie auf. »Du solltest gehen.«
Er blieb einen Moment sprachlos sitzen. »Nicht alle sind wie er«, sagte er mit einem Mal. »Du musst nur zulassen, dass ich es dir beweisen kann.« Nun stand er ebenfalls auf, kam auf sie zu.
Automatisch wich sie vor ihm zurück. Ich kann nicht. Die Worte hallten in ihrem Kopf wider, ließen sich nicht abstellen.
»Du hast keinen Grund dich zu verstecken. Es geht dir gut? Dann lebe es.« Er kam näher, Schritt für Schritt. Wenn er die Hand ausstreckte, könnte er sie berühren.
»Wenn du mich nicht gleich küsst, muss ich Wein und Schokoküsse augenblicklich konfiszieren.«
Sein Schmunzeln und das Glitzern in seinen Augen ließen Muriels Magen Achterbahn fahren. Er meinte es ehrlich, sie konnte es sehen. War sie bereit, ihm zu vertrauen? Ihr Puls beschleunigte sich, als ihr Blick an seinen Lippen hängen blieb. Sie sehnte sich danach, sie zu küssen. Trotzdem rührte sie sich nicht von der Stelle.
»Du hast es so gewollt.« Julian trat zum Tisch und schob sich einen der Schokoküsse in den Mund. »Überlege gut.« Ein weiterer landete zwischen seinen Zähnen. Das Glitzern seiner Augen wurde zu einem herausfordernden Funkeln. Nummer drei verschwand.

»Dir wird gleich schlecht«, kommentierte sie seine Aktion.
»Ich wüsste, wie wir das verhindern könnten.«
Sie begann aus vollem Herzen zu lachen und endlich setzten sich ihre Füße in Bewegung. Vor ihm angekommen, nahm sie ihm die Süßigkeit aus der Hand und biss ein Stück davon ab. Den Rest hielt sie ihm hin. Mit dem Mund nahm er es ihr ab, seine Lippen fuhren weich über ihre Finger. Ein wohliger Schauder überrollte sie. Mit dem Daumen streichelte er ihre Wange, hob anschließend ihr Kinn ein Stück an. Sie schloss die Augen. Seine Lippen legten sich zärtlich auf ihre. Als sich ihre Zungen vorsichtig berührten und eine tiefe Sehnsucht in ihr freisetzten, verstummten die Stimmen in ihrem Kopf. Nur ein letzter Gedanke huschte vorbei, bevor sie sich ihm endgültig hingab. Nie hatte ein Schokokuss besser geschmeckt.

Sweet Brown Candy

Bo Sauer

Langsam rollte der alte, dunkelblaue Ford Kombi über den ausgefahrenen Schotterweg, der mit unzähligen Schlaglöchern übersät war. Der zähe Nebel hatte sich regelrecht in die tief hängenden Äste der rechts am Wegesrand stehenden Birken festgekrallt. Hinter den Birken musste sich ein Wald anschließen. Immer wieder tauchten einzelne dunkle Bäume aus den Nebelfetzen hindurch auf, hauptsächlich Birken und Kiefern, die typischen Bäume für die hiesige Heidelandschaft. Links vom Weg hing ein undurchdringliches Grau über einer wohl eher ebenen Fläche. Nur ab und zu zeugte ein dunkler Fleck im Nebel von einem niedrigen Busch oder Gesträuch.

DutzAls Justus vor einer halben Stunde die Straßenkarte studiert hatte, waren ihm der Wald und die gegenüberliegende Heidefläche sofort ins Auge gesprungen. Jetzt, im Nebel des späten Nachmittags, konnte er den Wald und die Heide nur erahnen. Zusätzlich erschwert wurde die Sicht durch die sich auf der Windschutzscheibe niederschlagende Nässe des Nebels. Justus hatte die Scheibenwischer angemacht. Das tiefe Licht der Nebelscheinwerfer kroch unter das zähe Grau vor ihm. Es reichte gerade so aus, dass er den Schotterweg nicht verfehlte.

Hier muss doch gleich die Abzweigung nach links kommen, dachte er, und sein Gesicht rückte noch näher an die Frontscheibe heran, während sich seine Hände am Lenkrad verkrallten. *Es kann doch nicht mehr weit sein.* Plötzlich tauchte vor ihm auf der linken Seite ein riesiger Findling auf, hinter dem ein kantiger Pfosten mehr schräg als senkrecht nach oben im Nebel verschwand. Ein verwittertes Brett zeigte mit seiner spitz zugeschnittenen Kante nach links. Justus ließ seinen Kombi langsam ausrollen und versuchte, die verblichenen Buchstaben auf dem Brett zu entziffern.

Heidehof, ja das ist es, hier muss ich abbiegen. Vorsichtig umschiffte er den riesigen Kieselstein und bog in einen schmalen Wiesenweg ein. Nach vielleicht hundert Metern hatte er den kleinen Hof erreicht. Vor ihm erhob sich ein dunkles tiefgezogenes Reetdach aus dem Nebel. Braun und nass vom Nebel schütze es die kleine Kate aus verwittertem rotem Klinker.

Justus hielt an und schälte sich aus dem Fahrersitz. Er schaute sich um, konnte aber durch den Nebel nicht viel erkennen. Da, gegenüber der Kate

schien ebenfalls ein kleines Gebäude zu stehen. Er wandte sich wieder der Kate zu und ging langsam auf die hell gestrichene Tür zu, welche die Hauswand in der Mitte teilte. Die Farbe blätterte schon an vielen Stellen ab, wie auch an den kleinen quadratischen Sprossenfenstern, die rechts und links der Tür mit ihren dunklen Scheiben die Wand durchbrachen.
Jetzt will ich doch mal sehen, ob ich hier richtig bin. Justus holte aus seinem Anorak einen langen, rostig-braunen Schlüssel mit einem kleinen Bart am Ende. Er suchte das Schlüsselloch, steckte den Schlüssel tief hinein und drehte ihn um. Mit einem seufzenden Kreischen öffnete sich der innen liegende Riegel und Justus konnte die Tür nach außen aufziehen. Vorsichtig betrat er das Haus, mit einer Hand nach einem Lichtschalter tastend.
Wow, hier sieht es ja richtig gemütlich aus. Justus war überrascht, als er nach und nach die kleinen, niedrigen Stuben durchschritt. Überall standen nostalgisch anmutende Möbelstücke und Polstersessel. In der etwas größeren Küche, die offensichtlich als hauptsächlicher Wohnraum benutzt worden war, entdeckte er sogar in der Ecke einen alten Stangenherd, der mit Holz, Kohle oder Torf befeuert werden konnte.
Was ihn aber am meisten berührte, waren die vielen gerahmten Bilder und Fotos an den Wänden. Pferde, einzelne stattliche Pferde, Pferdeköpfe, hier und da auch mal eine ganze Herde. Es waren fast ausschließlich braune Pferde, hochbeinige edle Tiere. Dass sein Onkel etwas mit Pferden zu tun gehabt haben musste, hatte Justus bei der Testamentseröffnung erfahren. Was war er damals überrascht, als er von einem fremden Notar eingeladen wurde, an der Verlesung eines Testamentes teilzunehmen. Von der Existenz eines Onkels hatte Justus bis dahin keine Ahnung gehabt. Und dann stellte sich heraus, dass er der noch einzige lebende Verwandte und somit Alleinerbe des Heidehofes war.
Allerdings war der letzte Wille an eine Bedingung geknüpft. Er sollte sich um das letzte Pferd des Hofes kümmern, eine schon etwas betagte Zuchtstute. Jetzt, angesichts der vielen Bilder, fiel es ihm plötzlich wieder ein. Das Pferd! Die Stute, sie musste noch hier sein. Justus trat aus dem Haus und sah sich um. Der Nebel hatte sich zum Abend hin etwas gelichtet und so konnte er schnell das gegenüberliegende Stallgebäude ausmachen. Ein größeres Gebäude als die Kate, aber ebenso alt und verfallen und auch mit einem dunklen, tief hängenden Reetdach bestückt.

Justus ging hinüber. In der Mitte ein großes zweiflügliges Dielentor, dessen ursprüngliche Farbe kaum zu erkennen war. Nur ein einfacher Holzriegel versperrte das Tor. Er zog den Riegel aus der dicken Eisenkrampe und zog den rechten Torflügel weit auf. Hinter dem Tor führte eine schmale, mit Steinplatten ausgelegte Tenne weit in den Stall hinein. Rechts erkannte Justus eine kleine, türlose Kammer, in der zahlreiche Riemen und Zaumzeug hing, an der Wand unter einem kleinen Fenster stand eine Werkbank mit zahlreichem Werkzeug darauf verstreut. Auf der linken Seite öffnete sich die Tenne zu einer kleinen offenen Nische, in der Heu auf dem Boden verstreut lag. Vermutlich war es von oben heruntergerutscht, Justus erkannte oben in der Decke eine dunkle Öffnung, aus der noch einige Heusträhnen heraushingen.
Plötzlich hörte er ein leises Klirren und Schaben. Es kam aus der hinteren linken Ecke. Justus ging vorsichtig über die Steinplatten in den hinteren Teil des Stalles und stand plötzlich vor einer ab Brusthöhe nach oben durch senkrechte Stangen vergitterten Pferdebox.
Ein leises Schnauben und dann sah er sie, die Stute. Wie ein dunkler Schatten hatte sie sich ängstlich an die hintere Stallwand gedrückt. Nur die großen, hellen Augen waren deutlich aus dem Dunkeln der Box zu erkennen.
Langsam gewöhnten sich seine Augen an das dämmerige Zwielicht. Justus erschrak, als er den eingefallenen Körper mit dem verdreckten Fell sah. Er schob die Gittertür der Box auf und zwängte sich vorsichtig hinein. Das Pferd schnaubte ängstlich und versuchte sich noch enger in die Ecke zu drücken.
»Ruhig. Ganz ruhig. Es ist alles gut. Ich will dir nichts tun.« Mit leiser Stimme sprach Justus auf die Stute ein. »Alles wird gut. Ich werde mich um dich kümmern.«
Ohne sich weiter dem Tier zu nähern, sah er sich um. Der steinerne Futtertrog war bis auf ein paar dünne Heufäden leer. *Jedenfalls ist genug Wasser da*, ging es ihm durch den Kopf als den kleinen Wasserautomaten an der Wand erkannte, der immer dann Wasser spendete, wenn das Tier mit seiner Nase in den Napf tauchte, und dabei den blechernen Hebel des Ventils betätigte.
»Tja, ich will doch mal schauen, ob ich noch etwas Futter für dich finde. Heute Abend kann ich nicht mehr viel für dich tun. Aber morgen werde ich dich mal ganz genau untersuchen.«
Mit diesen Worten schob er sich aus der Box, die Gittertür offenlassend.

Gegenüber stand eine große Holzkiste auf dem Tennenboden mit einem großen Deckel. Justus hob den diesen an. *Ha, hab ich es mir doch gedacht, hier ist noch etwas Hafer.* Sogar eine große Blechschaufel lag in der Kiste. Er schöpfte eine große Portion Hafer und schüttete sie in den Futtertrog. Dann holte er noch einen Arm voller Heu.

»So, alles Weitere morgen.«

Justus verließ den Stall, verriegelte das Tor und ging wieder zur Kate hinüber. Es war mittlerweile Abend geworden und er entschloss sich, die Nacht hier zu verbringen. Hinter der Küche fand er eine kleine Kammer mit einem Bett. Daneben gab es sogar ein winziges Badezimmer. Müde von der anstrengenden Fahrt durch den Nebel legte er sich nieder und war bald eingeschlafen.

Am nächsten Morgen kochte sich Justus einen Kaffee. Er hatte noch etwas Holz in der Ecke neben dem Herd gefunden und damit ein Feuer entfacht. Draußen war es hell, keine Spur mehr von Nebel. Es sah durch das kleine Küchenfenster in den Hof.

Na, die Fenster könnte ich auch mal putzen. Er schmunzelte, als er die verdreckten Scheiben sah. Draußen am Stall stand ein Torflügel offen. *Hab ich das Tor gestern nicht richtig zugemacht?*, ging es ihm durch den Kopf. Plötzlich trat eine schlanke Gestalt aus dem Stall, kurze dunkle Haare, Jeans, die Waden in braune Stiefel gezwängt, obenrum einen derb gestrickten braun-bunten Pullover. Die Gestalt schloss das Tor und wollte vom Hof verschwinden. Schnell war Justus an der Haustür und schwang sie nach außen auf. Die Schlanke im Pullover war schon an der Tür vorbei und drehte erschrocken den Kopf, als sie hinter sich die quietschende Tür hörte. Justus schaute in ein wunderschönes Gesicht, mit großen braunen Augen, die ihn weit aufgerissen anstarrten.

»Was machst du denn hier?« Justus war der Erste, der seine Sprache wiederfand. »Was hast du da drüben im Stall gemacht?«

Die braunen Augen fixierten ihn immer noch stumm, während er seinen Blick über das zierliche Persönchen schweifen ließ. Unter dem Pullover war deutlich die leichte Wölbung einer Brust zu erkennen. Ein Mädchen, na klar, so ein schönes Gesicht konnte nur zu einem Mädchen gehören. Justus schaute fasziniert in das abgründige Tief der braunen Augen.

»Ich wollte … ich wollte doch nur …« Das Mädchen stotterte verlegen, während eine leichte Röte ihr Gesicht überzog. »Ich wollte nur einmal nach Candice sehen.« Ihr Gesicht entspannte sich, blieb aber ernst. »Ich habe erst gestern erfahren, dass Kristian nicht mehr da ist. Einer muss sich doch um Candice kümmern.« Sie schaute Justus fest ins Gesicht. »Übrigens, ich bin die Valeska vom Hof dahinten.« Sie machte eine wegwerfende Handbewegung. »Und wer bist du?«

»Ich …«, er war ein wenig verwirrt, »ich bin Justus. Kristian war mein Onkel, von dem ich aber bis vor kurzem gar nichts gewusst habe. Ich bin wohl sein einzig noch lebender Verwandter, jedenfalls hat er mir in seinem Testament diesen Hof vermacht.«

»Du hast gar nicht gewusst, dass es Kristian gab? Mir hat er manchmal von einem Neffen erzählt, den er aber auch noch nie gesehen hatte.« Das Mädchen musterte ihn interessiert.

»Du hast meinen Onkel gekannt? Dann kannst du mir sicherlich einiges über ihn erzählen. Ich habe gerade Kaffee gekocht, möchtest du vielleicht auch eine Tasse haben?«

Valeska schaute ihn an, suchte seine Augen. Dann lächelte sie.

»Ja, danke, warum nicht? Kristian konnte jedenfalls vorzüglich Kaffee kochen.«

Sie folgte Justus in die Küche, nahm sich wortlos einen großen Becher aus dem Regal und schenkte sich einen Kaffee ein.

»Ich habe mich immer ein wenig um Kristian gekümmert, wenn ich mal wieder zuhause war. Ich mache eine auswärtige Ausbildung als Pferdewirtin, oben in Holstein, habe gerade Urlaub und bin gestern erst spät abends heimgekommen. Habe da auch erst erfahren, dass Kristian verstorben ist. Ich wusste, dass er Candice noch als letztes Pferd auf dem Hof hatte, und da wollte ich mal sehen, wie es der Stute geht. Ich mag Pferde sehr.« Sie lachte leise. Justus betrachtet das schlanke Mädchen, sie gefiel ihm von Minute zu Minute besser.

»Und Kristian mochte wohl auch Pferde sehr gern.« Justus zeigte auf die vielen Bilder an der Wand. »Ich war schon gestern erstaunt über die vielen Pferde.«

»Ja, er war ein regelrechter Pferdenarr, wollte unbedingt eine kleine Zucht haben. Kristian mochte insbesondere die edlen Braunen. Candice ist das einzige Pferd, das ihm geblieben war. Der Hof ging zuletzt immer schlechter und er musste ein Pferd nach dem anderen verkaufen.« Valeska blickte ernst auf ihren Kaffeebecher in der Hand. Dann schaute sie verstohlen über den Becherrand auf Justus. »Und du, was wirst du jetzt mit dem geerbten Hof machen? Verkaufen? Für die alten Gebäude wirst du nicht mehr viel bekommen. Und die kleinen Wiesen in der Heide sind auch nicht viel wert.«

Ihre Frage riss ihn aus seinen Träumen.

»Oh, ich weiß nicht so recht. Ich studiere noch in Hannover. Und von Pferden versteht ich auch noch nicht so viel.« Justus musste lachen. »Aber was ich gestern so durch den Nebel erkennen konnte, dann scheint es hier ja eine ganz passable Gegend zu sein. Und mit so einer netten Nachbarin, da überlege ich es mir doch glatt und bleibe hier.«

Seine Augen funkelten verschmitzt. Valeska musste lachen.

»Tja, jedenfalls kannst du einen ganz guten Kaffee kochen.« Ihr schien es sichtlich zu gefallen, hier mit ihm einen Kaffee zu schlürfen. »Was studierst du eigentlich?«

»Tiermedizin, letztes Semester. Im Moment habe ich aber Ferien. Das passt doch eigentlich ganz gut zu Pferden, meinst du nicht?«, scherzte Justus, um dann plötzlich ernst zu werden. »Ich hab mir gestern Abend nur kurz Candice anschauen können, sie sah ziemlich abgekommen aus. Ich will sie gleich mal aus dem Stall holen und gründlich untersuchen. Ich glaube, ich könnte deine Hilfe gut gebrauchen.«

»Na klar, mache ich doch gerne. Ist sicherlich auch gut, wenn ich dabei bin. Candice kennt mich gut und hat Vertrauen zu mir. Weiß nicht, ob du allein mit ihr klar kommen würdest.«

»Ja, das habe ich gestern Abend schon gemerkt, da war sie ziemlich verstört und verängstigt.«

Nachdem sie ihren Kaffee ausgetrunken hatten, holte Valeska die Stute am langen Halfter aus dem Stall und band sie unter dem weit überhängenden Reetdach an einen Pfosten. Sie streichelte sanft die Nüstern und sprach beruhigend auf Candice ein. Justus hatte sich aus der Asservatenkammer einen kleinen Striegel geholt und begann die Stute vorsichtig vom gröbsten Schmutz zu befreien. Dabei konnte er ihren Körper ausgiebig begutachten. Er konnte nichts Auffälliges erkennen, alles war in Ordnung, die Stute musste nur erst wieder ausgiebig zu Kräften kommen. Valeska beobachtet genau, wie behutsam Justus mit dem Pferd umging.

Gut macht er das, als hätte er nie etwas anderes gemacht, dachte sie. Candice schien auch zu spüren, dass der Fremde ihr nur Gutes tun wollte. Sie wurde immer ruhiger und zutraulicher, so dass Valeska ihr beruhigendes Tun einstellen konnte. Sie ertappte sich dabei, immer wieder verstohlen auf Justus und seine sanft kreisenden Bewegungen zu schauen. *Da könnte man ja fast eifersüchtig werden.* Sie erschrak über ihre Gedanken, wollte sie verdrängen, konnte aber nicht verhindern, dass sich ein warmes, wohliges Gefühl in ihrer Brust ausbreitete.

»Du machst das toll«, brach es plötzlich aus ihr heraus. »Ich könnte es nicht besser, du scheinst ein Händchen dafür zu haben.«

»Ich mag grundsätzlich Tiere, sonst hätte ich nicht das Studium gewählt. Bisher hatte ich nur noch nichts mit Pferden zu tun. Aber ich muss zugeben, das hat schon was, so ein edles Ross.« Justus schielte über den Pferderücken zu ihr hinüber und lächelte fein.

»Du, wenn du hierbleibst, du könntest doch den Traum von Kristian wahrmachen, und eine kleine Pferdezucht aufbauen. Candice ist doch noch im besten Alter.« Valeska konnte ihre Sätze nur abgehackt herausbringen, sie war zu aufgeregt. »Und ich … ich würde dir dabei helfen«, stammelte sie, und ihre Wangen färbten sich dunkelrot.

Justus richtete sich auf und schaute sie aufmerksam an.

»Und wie soll das gehen? Dazu benötigen wir erst einmal einen passenden Deckhengst. Und hier …« er zeigte mit seinem Arm in die Runde, »hier müsste so einiges ausgebessert und repariert werden.«

»Ach, das kriegen wir schon hin, ich habe doch jetzt vier Wochen Urlaub. Und ich bin es gewohnt anzupacken. Und das mit dem Deckhengst, da rede ich mal mit meinem Vater. Der kennt hier einige Gestüte, ich denke, da ist sicherlich ein passender Hengst dabei.«

Justus schaut lange in ihr vor Aufregung gerötetes Gesicht.

»Das würdest du alles für mich machen?«

»Nein, für Kristian mache ich das, für Kristian.«

Und das Herz signalisierte ihr durch dumpfes Pochen, dass sie gerade nicht die ganze Wahrheit gesprochen hatte.

In den nächsten Wochen werkelten und putzten sie gemeinsam Haus und Hof. Justus besserte Zäune aus, strich Türen und Fenster, dichtete an einigen Stellen das Dach, während Valeska sich im Haus zu schaffen machte. Gemeinsam versorgten sie die Stute, päppelten sie auf und freuten sich, als Candice das erste Mal wieder auf die frisch eingezäunte Pferdekoppel durfte. Zwischendurch fanden Justus und Valeska immer auch Gelegenheit, in der den Hof umgebenden Heidelandschaft umherzuwandern. Sie kamen sich immer näher, und jedem war schon bald klar, sie hatten sich verliebt. Nur behielt jeder für sich sein eigenes süßes Geheimnis. Candice hatte sich durch die gute Pflege zu einem wahren Schmuckstück entwickelt, und so war es auch gar nicht schwer, bei den umliegenden Gestüten einen passenden Deckhengst zu bekommen. Als der stattliche Braune das erste Mal mit Candice zusammengebracht wurde, schien die Stute gleich Gefallen an dem edlen Hengst gefunden zu haben. Und bald konnte Justus sein im Studium Erlerntes in der Praxis am eigenen Pferd exerzieren. Der Deckakt war erfolgreich. Als Justus sich in Hannover auf seine Abschlussprüfung vorbereiten musste, und auch Valeska wieder zu ihrem Ausbildungsbetrieb zurückmusste, konnte Candice auf dem Hof von Valeskas Vater unterkommen.

Es war ein warmer Augusttag, als Justus seinen Ford durch blühende Heideflächen zum Heidehof lenkte. Er hatte sein Zeugnis mit summa cum laude abgeschlossen und für sich beschlossen, auf dem Hof zu bleiben und eine kleine Tierarztpraxis aufzumachen. Und nebenbei wollte er den Traum von Kristian erfüllen. Er war sich sicher, er würde die Richtige finden, die mit ihm zusammen die kleine Zucht aufbauen würde. Bei dem Gedanken an Valeska wurde ihm warm uns Herz. Seine Liebe zu ihr war in der letzten Zeit noch mehr gewachsen und er war sich seiner Gefühle sicher. Bald schon wollte er sie fragen, ob sie seine Frau werden wollte. Als er in den Hof einbog, sah er überraschend das Stalltor sperrangelweit aufstehen. Er stieg aus und bevor er sich umschauen konnte, kam plötzlich Valeska aus dem Stall gestürmt.

»Es ist so weit. Das Fohlen muss gleich kommen. Schön, dass du da bist, du musst mir helfen.«

Dann sprang sie davon, um einige Riemen zu holen. Justus ging den Stall. Candice lag in ihrer Box auf der Seite, ihr runder Leib wölbte sich ausladend nach oben. Schweiß bedeckte ihren Körper und sie schnaubte immer wieder vor Schmerzen. Ohne weiter zu überlegen, krempelte sich Justus seine Hemdsärmel hoch, und behutsam und sanft untersuchte er schon die Stute, als Valeska zurückkam.

»Hol noch etwas frisches Stroh. Das Fohlen kommt gleich. Der Muttermund ist schon offen.« Justus tastete den Geburtskanal ab. »Candice, du Gute. Wir schaffen das. Gleich ist dein Fohlen da. Es wird alles gut.«
Als hätte die Stute ihn verstanden, schien ein leichtes Schnauben die Antwort auf seine beruhigenden Worte zu sein.
»Da, die Beinchen sind schon zu sehen. Valeska komm, wir müssen jetzt nach und nach ganz sachte ziehen, bei jeder Wehe.«
Gemeinsam zogen sie langsam und vorsichtig das Fohlen aus dem Mutterleib, bis es zuletzt mit einem Schwall Blut und Flüssigkeit ganz von allein auf das aufgeschüttete Stroh herausglitt.
»So, schön mit dem Stroh abreiben«, raunte er Valeska zu, während er bereits das Fohlen von der Nabelschnur trennte. *Was für ein erhabenes Gefühl*, ging es ihm durch den Kopf. Einem kleinen Geschöpf ins Leben zu verhelfen. Er schaute auf Valeska herab, die das kleine Fohlen behutsam mit Stroh abrieb. Es war wie Candice ein braunes Fohlen, und soweit er erkennen konnte, eine Stute.
»Ist sie nicht süß?. Ich nenne sie nach ihrer Mutter, Sweet Brown Candy, das passt wunderbar. Sie ist die Erste unserer kleinen Zucht.«
Valeska schaute mit strahlenden Augen auf. Ihre Augen trafen sich, und ein Hitzeschwall durchflutete sein Herz. Justus konnte sich nicht mehr zurückhalten. »Valeska, ich liebe dich so sehr, möchtest du meine Frau werden?«
Heiß stieß er die Worte aus. Ihre braunen Augen brannten sich förmlich in sein Gesicht.
»Jaaaa, ich liebe dich doch auch.«

Wundervolle braune Augen

Andreas Petz

»Dann treffen wir uns heute Abend im Dance-Club!«, bestätigte Eduard und fuhr mit einem Grinsen im Gesicht fort. »Dort kann ich dir endlich meine Freundin Jessica vorstellen. Ich freu mich drauf.«

»Na, ich bin gespannt auf die Frau, die dich gezähmt hat«, lachte Ingo.

Nie hätte er zu träumen gewagt, was ihm an diesem Abend passieren würde. Die beiden Freunde trennten sich und jeder ging gedankenversunken seiner Wege. Eduard freute sich darauf, Ingo seine Freundin vorzustellen, auf die er sehr stolz war. Drei Wochen zuvor hatte er sie erst kennengelernt und seitdem hatten sich die Freunde, die vorher fast jeden Tag zusammen verbracht hatten, kaum noch gesehen. Ingo war sehr gespannt auf die Frau, die es geschafft hatte, seinen Freund Eduard so zu verzaubern, dass er nur noch Augen für sie und kaum noch Zeit für ihn, seinen besten Freund, hatte. Eifersüchtig war er nicht, nur neugierig, und so ein klein wenig träumte er davon, ebenfalls eine tolle Frau kennenzulernen. Dann, da war er sich sicher, würden sie bestimmt zu viert viel Spaß haben.

Kurz nach acht Uhr am Abend stand Ingo vor dem Dance-Club. Er hatte sich etwas verspätet, weil er nicht genau gewusst hatte, wo der Club lag. Schließlich hatte er die kleine Seitenstraße und den versteckten Eingang gefunden. ›Was soll's?‹, dachte er, ›je später der Abend, desto schöner die Gäste.‹ Er musste bei dem Gedanken schmunzeln.

Sich neugierig umschauend betrat er den schon ziemlich gut gefüllten Club. Er empfand es als ungewöhnlich, dass so ein Tanzclub um diese Zeit schon so gut besucht war. Musik und laute Unterhaltung drangen an sein Ohr, als er sich durch die vielen jungen Menschen bewegte. Aufmerksam durchsuchten seine Augen den Raum, der in unzählige Nischen unterteilt war, die sich um eine großzügige Tanzfläche reihten. Als er um die Hälfte der Tanzfläche gegangen war, winkte ihm plötzlich aus einer der Nischen die Hand seines Freundes zu. Er hob zum Zeichen, dass er ihn gesehen hatte, zuerst den Kopf und dann ebenfalls seine Hand und bewegte sich in Richtung des versteckten Platzes. Als er näherkam, blieb er plötzlich stehen. Neben seinem Freund saßen zwei Frauen, die sich unglaublich ähnlich waren. Zwei wundervolle Wesen mit traumhaften Gesichtern und langen blonden Haaren.

Sein Freund stand auf und ging auf ihn zu.
»Alles in Ordnung?«, fragte er verwundert. Ingo zögerte und blickte wie gebannt auf die beiden Frauen, dann nickte er verträumt.
»Ja, ja, klar! Alles in Ordnung.« Eduard legte seinen Arm um ihn, führte ihn an den Tisch, wo die beiden Frauen saßen und sagte: »Darf ich euch vorstellen, mein bester Freund Ingo.« Und zu Ingo meinte er, indem er zuerst auf die eine und dann auf die andere Frau zeigte: »Meine Freundin Jessica und ihre Zwillingsschwester Jennifer.«
»Hi!«, sagte Ingo und wollte den beiden seine Hand zur Begrüßung reichen, aber Eduard schob ihn an den freien Platz neben Jennifer und drückte ihn mehr oder weniger auf die Bank. Ingo konnte seine Augen kaum von Jennifer wenden, sie war unglaublich schön.
Jessica und Jennifer standen gleich darauf auf und gingen Hand in Hand zur Tanzfläche. Eduard schaute, ebenso wie Ingo, den beiden verträumt hinterher, dann drehte er sich mit einem Strahlen im Gesicht zu Ingo um.
»Na, was sagst du? Sind das nicht die beiden schönsten Frauen, die du je gesehen hast?«
Aber Ingo konnte nicht antworten, er war sprachlos. Sein Blick hing an den beiden Zauberwesen, die über die Tanzfläche schwebten. Erst als Eduard ihn mit dem Ellbogen puffte, nickte er als Antwort auf Eduards Frage.
»Komm mit!«, forderte Eduard ihn nun auf und schleppte ihn ebenfalls zur Tanzfläche. Als sie bei den Frauen angekommen waren, sagte er zu seiner Freundin Jessica: »Dürfen wir beide abklatschen?«
Er nahm Jessica, ohne eine Antwort abzuwarten, aus den Händen von Jennifer und tanzte mit ihr davon. Mutig legte Ingo seine Hand in Jennifers und fing mit einem schüchternen »Darf ich bitten!«, an, mit ihr zu tanzen.
›Wie kann Eduard die beiden nur auseinanderhalten?‹, fragte sich Ingo und schaute dabei Jennifer ins Gesicht. Ihre Augen strahlten ihn in einem wundervollen, tiefen Braun an und Ingo wurde klar: ›Es sind die Augen, die die beiden unterscheiden‹.
»Du hast einzigartige braune Augen!«, flüsterte er Jennifer zu.
Über Jennifers Gesicht huschte ein Lächeln und sie antwortete: »Danke!«
Die beiden tanzten fröhlich weiter und einige Zeit später fragte Jennifer: »Kannst du mir erklären, was du damit meinst, mit den einzigartigen braunen Augen?« Ingo war über die Frage etwas überrascht und fand sie merkwürdig,

deshalb fragte er nach: »Wie meinst du das?«
Jennifer zögerte etwas, dann sagte sie: »Im Gegensatz zu meiner Schwester bin ich seit meiner Geburt blind. Deshalb weiß ich nicht, wie braun aussieht, aber ich wüsste es gerne.«
Ingo konnte vor Überraschung nicht weitertanzen und blieb stehen. Blind!? Dieses zauberhafte Wesen und blind? Er konnte es kaum glauben, es war ihm nicht aufgefallen. Er hatte immer geglaubt, dass die Augen eines Blinden milchig - weiß waren, aber da hatte er sich scheinbar geirrt. EMoserine andere Frage erschien ihm in diesem Moment viel wichtiger zu sein. Wie erklärt man einer Blinden die Farbe Braun?
Wie im Traum nahm er Jennifers Gesicht vorsichtig in seine Hände und küsste sie ganz sanft. Jennifer wich nicht zurück. Sie genoss die Zärtlichkeit. Dann flüsterte Ingo ihr ins Ohr: »Ich kann dir die Farbe deiner Augen nicht erklären, aber sie sind noch viel schöner als dieser Kuss!«
Jennifer nickte und sie küssten sich noch einmal. Danach dachte Jennifer: »Wie auch immer Braun ausschaut, es muss wirklich wunderschön sein.«

Brownie auf Brautschau

Alexandra Innocenti

Sollte ich je gezwungen sein, eine Bekanntschaftsanzeige in einem dieser einschlägigen Schmierblättchen zu schalten, müsste sie lauten: Männlich, ledig, jung, sucht attraktive, langbeinige und sensible *Sie* für gewisse Stunden. Gründung einer gemeinsamen Nachkommenschaft nicht ausgeschlossen. Übergröße kein Hindernis. Nur erstgemeinte Zuschriften mit aussagekräftigem Foto. Chiffre-Nummer blablabla usw.

Allerdings habe ich keine große Lust auf so ein Blind Date. Man weiß ja nie, wer sich hinter diesen unpersönlichen Kontaktanzeigen verbirgt. Seien wir ehrlich: Nur Individuen, die im normalen Leben keinen Partner abbekommen, lassen sich auf anonyme Verabredungen ein. Oder solche, die nichts Gutes im Sinn haben. Die Welt ist voll von erschreckenden Berichten über gewaltbereite Vertreter des weiblichen Geschlechts, die nach dem Beischlaf ihrem bedauernswerten Kopulationspartner nach dem Leben trachten. Die meisten von ihnen sind skrupellose Kannibalinnen. Ja, richtig gelesen! Wir Männer müssen ständig auf der Hut sein, um unser Leben nicht als *Antipasto* in einem femininen Magen-Darm-Trakt zu beschließen.

Nun ja, dafür ist aber der Sex fantastisch. Vor allem die älteren Semester sind hierbei tonangebend. Fast alle reifen Mädels stehen auf stundenlange Streicheleinheiten und liebevolle Begattungsakrobatik. Am besten gefallen mir die zärtlichen Pausen dazwischen, in denen man sich auch über andere Dinge des Lebens unterhalten kann. Hach, ich merke schon, bei diesen heißen Gedanken geraten meine Gefühle wieder in Wallung. Ich glaube, ich werde mich sogleich in ein neues Abenteuer stürzen. Wie heißt es so schön – no risk, no fun!

Es ist ein milder Spätsommerabend, genau richtig, um auf Freiersfüßen zu wandeln. Ein echter Casanova wie ich wartet geduldig, bis das Zwielicht der Dunkelheit weicht. In der Zwischenzeit tausche ich meinen dunklen, zu eng gewordenen Anzug gegen einen frischen braunen mit dezenten geometrischen Mustern. Ich halte mich ungern mit Selbstbeweihräucherung auf, aber hey - in dem neuen Outfit sehe ich hammermäßig aus. Wer wird mir schon widerstehen können?

Nach der Körperpflege gönne ich mir etwas Ruhe, anschließend stärke ich mich mit einem kleinen Snack und laufe eine Weile ziellos durch die Gegend. Das ist so etwas wie mein Einstimmungsritual. Ich bin total aufgekratzt und gehe im Geiste alle möglichen Eventualitäten durch. Ich hoffe inbrünstig, dass ich eine sexgeneigte Dame für meine feurige Libido finde. Wenn nicht, gehe ich entweder testosterongeladen bis unter die Schädeldecke ins Bett, oder aber mein Stelldichein artet zu einem Selbstmordkommando aus. Letzteres wäre mir eindeutig lieber, denn zum Glück bin ich jung und ziemlich schnell. Von all meinen Geschwistern habe nur ich die langen Beine meines Papas geerbt. Sollte meine Sexpartnerin sich also als ein weiblicher Michael Meyers entpuppen, werde ich ihr einfach davonrennen.

Auf meinem Streifzug durch die mondhelle Nacht komme ich an einer efeubewachsenen Villa vorbei. Wenn ich mich nicht täusche, habe ich vor einigen Tagen ein wunderschönes brünettes Mädchen hineinspazieren sehen. Ich konnte zwar nur einen flüchtigen Blick auf sie erhaschen, doch die Kleine war eine wahre Augenweide. Obwohl sie etwas stämmig gebaut ist, hat sie dennoch eine gut proportionierte Figur und schöne muskulöse Beine. Dem harmonischen Bewegungsablauf nach scheint sie in meinem Alter zu sein. Gut möglich, dass sie noch Jungfrau ist.

Immerhin bin ich auch erst seit kurzem sexuell aktiv: Dies ist mein erster Sommer als Beglücker der Damenwelt. Hoffentlich bin ich der Einzige, dem sie aufgefallen ist. Auf Rivalen habe ich jetzt wirklich keinen Bock. Oh Mann, wenn ich diese Prinzessin rumkriegen würde, wäre das mein absolutes Sexhighlight. Ein Date mit einer solchen Schönheit hat gute Chancen, in die Annalen der Geschichte einzugehen. Ich denke, ich werde mal mein Glück versuchen. Vielleicht hat sie ja Lust auf einen prickelnden Tagesausklang.

In der Hoffnung, mir einen Zutritt ins Innere des Anwesens zu verschaffen, laufe ich einmal rund um das Haus und werde nicht enttäuscht: Im Erdgeschoss finde ich ein angelehntes Fenster vor. Ich nutze die Gelegenheit und gelange auf diesem Weg hinein.

Offenbar befinde ich mich in einer Art Abstellraum. Ganz schön unordentlich hier. Der kleine Raum scheint recht stiefmütterlich behandelt zu werden. Die bis unter die Decke reichenden Metallregale quellen förmlich über von unbrauchbaren, weggesperrten und vergessenen Haushaltsgegenständen, Decken und Kissen. Auch auf dem Boden stehen alle möglichen Dinge rum: Koffer, Ventilatoren, alte Stühle und ein beachtliches Sortiment

an Farbeimern versperren den freien Durchgang zur Tür.
Die Dame des Hauses scheint keinen gesteigerten Wert auf Ordnung zu legen. Und meine Traumfrau ist natürlich auch nirgends zu sehen, was bestimmt auf den penetranten Geruch von Lavendel zurückzuführen ist, der einem an der Wand befestigtem Duftsäckchen entströmt. Von dem Gestank wird mir ganz flau im Magen. Nichts wie raus hier, bevor mein vorhin verzehrter Snack eine Rückwärtsrolle hinlegt. Nicht, dass ich mich jemals erbrochen hätte. Allerdings möchte ich auch nicht herausfinden, ob ich es könnte. Hurtig verlasse ich diesen unsympathischen Raum und atme erst einmal tief durch. Erst jetzt bemerke ich, dass ich die ganze Zeit die Luft angehalten habe. *Okay, Brownie,* mache ich mir Mut. Mal sehen, wie es in den anderen Räumen aussieht.
All meine Sinne sind aufs Höchste konzentriert. Zum einen muss ich meine schöne Spielgefährtin finden. Da ich mich allerdings auf ungewohntem Terrain befinde, gilt für Eindringlinge wie mich höchste Wachsamkeit. Zögernd schiebe ich mich vorwärts und luge um die Ecke.
Vor mir sehe ich einen langen, spärlich möblierten Flur. Die Wände sind schneeweiß getüncht und mit Fotokollagen der Hausbesitzer behängt. Mehrere offenstehende Türen führen in diverse Räume, die ich von meinem Standpunkt aus nicht einsehen kann. Ein schmaler, gemusterter Läufer liegt auf den Terracottafliesen und reicht von hier bis zur Haustür ganz hinten am Ende des Ganges. Ich erschrecke: Eine adulte Zitterspinne torkelt an der Wand entlang auf der Suche nach einem strategisch günstigen Platz für ihr Netz.
Ich hasse diese Viecher. In ihrer filigranen Zartheit sehen sie aus, als ob sie kein Wässerchen trüben können, dabei sind sie ausgesprochen gefährliche Killermaschinen. Hoffentlich hat dieses Monster mich nicht bemerkt. Zu meinem Leidwesen brennt auf einem Sideboard eine kleine Tischlampe, deren Lichtschein vom Spiegel darüber reflektiert wird und mit der Dunkelheit in den abgehenden Zimmern um die Vorherrschaft kämpft.
Diese Helligkeit gefällt mir nicht. Ich halte mich lieber im Finstern auf, wo ich hervorragend sehen kann, ohne selbst gesehen zu werden. Doch man kann eben nicht alles haben. Am besten, ich verschwende nicht allzu viel Zeit in diesem Teil des Gebäudes, sondern husche auf dem schnellsten Weg in den ersten der abgedunkelten Räume.

Offensichtlich ist das hier ein Wohnzimmer. Die von mir angekreidete Unordnung scheint sich nur auf den Abstellraum zu beschränken, in diesem Raum jedenfalls herrscht peinliche Sauberkeit. Ich flitze in den Schatten des großen Vitrinenschranks und scanne von hier aus die Umgebung. Die Luft scheint rein zu sein.
Ich verlasse meine Ecke und gehe Richtung Couch. Ein schneller Blick dahinter lässt mich feststellen, dass meine Traumfrau sich offenbar gut versteckt oder gar nicht hier drinnen lebt. Zur Sicherheit laufe ich noch eine Runde durch den Raum und überprüfe sämtliche in Frage kommenden Möglichkeiten. Hinter dem monströsen Nussbaumschrank – nichts. Unter der Couch auch nichts. Hinter dem Fernseher und den bodenlangen Gardinen: nada.
Dasselbe gilt für unter und hinter den Bücheregalen.
»Hallo?«, rufe ich zaghaft und verharre bewegungslos in der Mitte des Zimmers. »Ist da jemand?« Außer dem Ticken der großen Standuhr ist kein Laut zu vernehmen. Trotzdem versuche ich es erneut. »Hallo?«
Nach einer geschlagenen Minute gebe ich auf. Enttäuschung macht sich in mir breit. Hoffentlich ist der Kleinen nichts zugestoßen. Ich stelle mir meine Angebetete verletzt, gefangen und verängstigt in einem Staubsaugerbeutel vor oder zermatscht unter einem Hausschuh. Mein Herz blutet bei diesen grausamen Gedanken. Andererseits will ich die Hoffnung nicht aufgeben. Meine letzte Eroberung fand ich in einem Reihenhaus unter der Küchenspüle.
Mit diesem Ziel vor Augen begebe ich mich in den nächsten Raum, nicht ohne beim erneuten Betreten des Flurs nach der Zitterspinne Ausschau zu halten. Diese hat ihren Platz an der Flurwand verlassen und baumelt stattdessen über dem Sideboard von der Decke herab. An einem unsichtbaren Faden gekettet, veranstaltet sie gewagt anmutende Kunststücke vor dem Spiegel.
Mit Grausen wende ich mich ab. Ich kann alle Arachnophoben verstehen. Auch ich würde nicht mit dem Gesicht voran in dieses Teil hineinlaufen wollen. Ein Herzinfarkt ist bei solch einer unerquicklichen Begegnung bestimmt nicht ausgeschlossen.
Argwöhnisch beobachte ich, wie sich das filigrane Exemplar mit seinem eigenen Faden amüsiert. Ich glaube nicht, dass sie mich erspäht hat, viel zu

sehr ist sie von ihrem Programm als Alleinunterhalter beansprucht. Ich düse also in den nächsten Raum.
Eine Gästetoilette. Ich glaube kaum, dass sich mein brünetter Schatz hier wohlfühlen würde, schaue aber zur Sicherheit hinter Klo und Tür. Fehlanzeige. Nichts wie weiter.
Ich gelange in eine äußerst großzügig geschnittene Wohnküche. Eine riesige Küchenzeile nimmt eine ganze Wand in Anspruch. In der Mitte des Raumes befindet sich die Kochinsel, Linkerhand steht ein wuchtiger Tisch mit acht Stühlen. Das ist lustig, denn acht ist meine Glückszahl. Und tatsächlich sagt mir mein Instinkt, dass ich mich endlich auf der richtigen Spur befinde.
Der leuchtende Vollmond streckt seine Fühler durch das Bleiglasfenster und verwandelt die simple Küche in einen Ort der Magie. Die Schatten weichen dem Licht und ziehen sich in die dunkelsten Ecken zurück. Wie verzaubert bleibe ich in der Mitte des Raumes stehen. Auf einmal bemerke ich, dass ich regelrecht in Mondlicht bade und mich kontrastreich von dem hellen Untergrund abhebe. Sicherheitshalber trete ich aus dem Lichtkreis. Vielleicht bilde ich es mir nur ein, doch im Raum herrscht plötzlich eine knisternde Spannung, die fast greifbar ist. Ein unleugbares Gefühl des Beobachtetseins lässt mein Herz höherschlagen. Als ich unter der Kredenz eine Bewegung wahrnehme, werde ich total hibbelig. Trotzdem halte ich einen vorsichtigen Sicherheitsabstand ein. Man weiß ja nie, in welcher Stimmung sich die Dame befindet.
»Wer bist du?«, flüstert eine körperlose Stimme.
»Ähm, hi!«, antworte ich freudig überrascht. Die erste Kontaktaufnahme ging von IHR aus, das ist schon mal ein gutes Zeichen. »Gestatten, mein Name ist Otto, aber meine Freunde nennen mich Brownie.«
»Hallo Brownie, ich bin Xana. Schön dich kennenzulernen. Komm doch näher, damit ich dich besser sehen kann.«
Oh Herr im Himmel, meine Gebete wurden erhört! Xana. Welch schöner Name, und er passt perfekt zu ihrer samtigen Stimme. Auch wenn ihr letzter Satz ein wenig nach dem bösen Wolf aus Rotkäppchen klingt, höre ich an ihrer Sprechweise heraus, dass sie mir wohlgesonnen ist. Ach was, das ist die Untertreibung des Tages. Die Schnecke ist total scharf auf mich. Und wer wäre das nicht? Ich wische mir mein Grinsen aus dem Gesicht und trete feierlich näher. Xana hält sich noch bedeckt und mustert mich stumm aus ihrer

dunklen Ecke heraus. Was sie sieht, scheint ihre Zustimmung zu finden, denn sie bequemt sich endlich aus ihrem Versteck und stakst mir hüftschwingend entgegen. Mir stockt vor Bewunderung der Atem. Das silberne Mondlicht tanzt auf ihrem festen Körper und lässt ihre Augenpaare verführerisch aufglitzern. In ihrem zweireihigen Blick lese ich zurückhaltendes Verlangen, gepaart mit Neugierde und betörender Unschuld. Eine unwiderstehliche Mischung, entsprungen aus einem Märchenbuch für Erwachsene. Sie berührt mich leicht mit ihrem Bein und lächelt mich so schüchtern an, dass mein Herz sich augenblicklich in schmelzende Butter verwandelt. So was Süßes habe ich wirklich noch nie gesehen.

»Du bist wunderschön«, wispere ich benommen. »Sag, mein Herzblatt, hast du schon was vor heute Nacht?«

»Was denn zum Beispiel?«

»Wenn du willst, dann zeige ich es dir«, antworte ich weltmännisch.

»Hey, du gehst aber ganz schön ran.« Xana trippelt verlegen auf und ab und kichert nervös. Sie versucht, kokett zu wirken, dabei drückt ihr ganzes Verhalten Schüchternheit aus. »Denkst du, ich bin so leicht zu haben?«

»Nein, das denke ich nicht. Ich weiß nur, dass du mich um den Verstand bringst. Willst du Babys mit mir machen?«, stoße ich ohne nachzudenken hervor.

Xana atmet hörbar ein und wendet sich ab. Oh Mist, hoffentlich war das jetzt nicht zu offensiv. Ich muss ganz offensichtlich noch viel lernen. Die Frauenwelt ist ziemlich kompliziert. Was der einen gefällt, kann die andere abstoßen oder gar in Wut versetzen. Ich wage kaum, mich zu bewegen.

Mein Schwarm räuspert sich.

»Ich habe noch nie …«, setzt sie tapfer an und verstummt.

Ich wusste es! Und da sage noch einer, dass Träume Schäume sind. In diesem meinem ersten Jahr als Playboy hatte ich ganze fünf Mal Sex, viermal mit wirklich ansehnlichen MILF und einmal mit einer bejahrten Dame, die meine Oma hätte sein können. Den reifen Ladys ist eines gemeinsam: Sie waren meine Lehrerinnen und ich ihr williger Schüler. Diese Lehrzeit war wichtig für meine sexuelle Entwicklung. Jetzt bin ich an der Reihe, mein Wissen weiterzugeben. Eine Jungfrau in die Welt der Liebe einzuführen ist ein Privileg, das nur wenigen Auserwählten gewährt wird.

»Oh Baby. Du hast mich eben zum glücklichsten Mann auf Gottes Erdball

gemacht«, stöhne ich voller Vorfreude.
Xana ringt noch einige Sekunden mit ihren Hormonen und gibt sich schließlich einen Ruck. »Versprich mir, dass wir es langsam angehen lassen, ja?«, haucht sie und lockt mich mit einem verführerischen achtfachen Augenaufschlag in ihre Wohnhöhle.
Eine alte Regel besagt, dass ein wahrer Gentleman genießt und schweigt. Verzeiht mir deshalb, dass ich nicht näher auf die vergangenen Stunden mit Xana eingehe. Ich könnte es nicht einmal, selbst wenn ich wollte. Das Zusammensein mit ihr muss sich erst einmal in meinem Innersten setzen. Ich glaube, ich habe mich verliebt. Anders kann ich diese Gefühle nicht beschreiben. Wie betäubt verlasse ich ihren trichterförmigen Wohnraum und taumle ausgelaugt unter der Kredenz hervor. Die Frau hat mich geschafft, so viel steht fest. Schlaf ist alles, an was ich denken kann.
Ich wanke auf die Türe zu, als ich Xana zischen höre: »Brownie! Zurück!«
Zu spät. Gleißendes Licht flutet die Küche, eine monströse Frau tapst barfuß herein und hätte mich um ein Haar mit ihren käsigen Riesenpranken zerquetscht. Der Boden vibriert wie bei einem Erdbeben der Stärke fünf. Ein Wunder, dass das Geschirr nicht klappernd aus den Regalen fällt. Ich erstarre vor Entsetzen, ziehe meine Beine an und kauere mich unter den Küchentisch. Die buntesten Horrorgeschichten über die Begegnung mit Menschen fallen mir ein. Von Kältesprays wurde gerüchteweise berichtet, das unsereins zu starren Eisspinnen erstarren lässt. Oftmals ersticken wir qualvoll in Staubsaugerbeuteln, werden zerquetscht, verbrannt und was weiß ich noch alles. Bei den Menschen gibt es einen Spruch: *Neapel sehen und sterben.* Bis vor einer Minute hätte ich gesagt: *Mit Xana spinndeln und sterben*, doch jetzt, in Anbetracht eines möglichen Todes, bin ich erfüllt von purem Überlebenswillen. Xanas Warnruf ignorierend, nehme ich alle acht Beine in die Hand und stürme auf die Türe zu.
Das Geräusch eines auf den Fliesen zerspringenden Wasserglases vermischt sich mit dem hoch frequentiertem, stakkatoartig ausgestoßenem Geschrei der Hausherrin. Ohne Zweifel ist mein Fluchtversuch aufgeflogen. Die panischen Laute der Arachnophobikerin überschlagen sich auf den höchsten Spitzen und bringen vermutlich Hunderte von vorbeifliegenden Fledermäusen von ihrem Kurs ab. Ich stoppe in vollem Lauf und versuche mich so klein wie möglich zu machen. Getrampel nähert sich und untergräbt meine

Hoffnung auf ein für alle akzeptables Ende.
»Was ist denn los, mein Liebling?«
Ein hünenhafter Mann steht in der Türöffnung. Er starrt die schreiende Frau an und lässt seinen stechenden Blick hektisch durch die Küche schweifen. Die Spinnentraumatisierte weist mit zitterndem Finger in meine Richtung.
»Da …«, stößt sie weinend hervor und zeigt anklagend auf mich.
Gerne würde ich ihr sagen, dass sie mir mit ihrem Gekreische eine Höllenangst einjagt, mir zudem tierisch auf die Nerven geht und dass ich an ihr sowieso kein Interesse habe. Allerdings vermute ich, dass sie meine Beschwichtigungsversuche einzig und allein als Affront werten würde. Ich richte mein Augenmerk auf den potentiellen Spinnenfänger, der bereits einige Blätter Küchenrolle abwickelt und sich mir auf bedrohlich anmutende Weise nähert.
»Das haben wir gleich …«
»Brownie! LAUF!«, ertönt Xanas Stimme unter der Kredenz.
Und ich laufe. Mit einer Geschwindigkeit von 50 Zentimetern pro Sekunde sprinte ich auf die Türe zu. Im letzten Moment schlägt der Hüne dieselbe zu und hindert mich daran, dieses Irrenhaus zu verlassen. Ich schlage einen Haken und rase in die entgegengesetzte Richtung. Die Angstfrau kreischt so laut, dass sich meine Tasthaare sträuben. Sie zieht sich panisch einen Stuhl heran und besteigt diesen schluchzend wie ein zum Untergang Verurteilter die Reling der sinkenden Titanic. Ich rase hektisch um die Stuhlbeine und versuche vergeblich, die geflieste Wand hochzuklettern. Noch nie in meinem Leben hatte ich solche Angst wie in diesem Augenblick. Das Schreien hinter mir gerinnt zu einem hohen Wimmern. Wie gerne hätte ich mich an diesen Ausbund der Angstartikulation angeschlossen. Aus den Augenwinkeln bemerke ich hektische Zeichen unter der Kredenz. Xana versucht zu gestikulieren, dass ich mich in ihre Behausung zurückziehen soll. Doch das kommt nicht in Frage. Es würde unser beider Tod bedeuten. Heroisch stelle ich mich der Bedrohung und lenke die ungastlichen Zweibeiner vom Zuhause meiner Angebeteten ab. Ich haste um die Kochinsel herum und drücke mich schwer atmend in die Ecke unter einer Schranktür. Leider hat die Natur mich zwar zu einer der schnellsten Spinnen der Welt gekürt, doch leider kann ich ein hohes Tempo nicht lange durchhalten. Nach einem Sprint muss ich rasch pausieren, damit meine Körpersäfte wieder ungehindert fließen können.
»Wo ist sie?«, fragt die Hausfrau zwischen lauten Schluchzern.

»Ich weiß es nicht. Ich glaube, sie ist hinter der Kochinsel.«

Wer ist eigentlich *SIE*? Das würde mich wirklich mal interessieren. Ich meine, ich bin ein Männchen, ja? Ein adultes Exemplar der *Eratigena atrica,* zu deutsch Winkelspinne. Ein Männchen! Ein todgeweihtes Männchen wohlgemerkt, wenn nicht bald ein Wunder geschieht.

»Auf was wartest du dann noch? Töte das Mistvieh endlich!«, befiehlt die Frau skrupellos.

Die Alte ist lustig! Warum kann sie nicht verstehen, dass ich nichts von ihr will? Es ist doch nicht meine Schuld, wenn ihr mein Äußeres nicht zusagt. Mir gefallen Zweibeiner auch nicht, aber deshalb will ich sie noch lange nicht ermorden. Was ist eigentlich mit der Spezies Mensch los, dass sie so respektlos mit anderen Lebewesen umgeht?

»Warte kurz, ich hole eine Taschenlampe.« Der heroische Ehemann will die Küche verlassen.

»Wohin gehst du? Du kannst mich doch nicht mit diesem Ding alleine lassen«, greint die Hexe von ihrem Stuhl herunter.

»Was ist denn hier los? Wisst ihr eigentlich, wie spät es ist?«, ertönt auf einmal eine schlaftrunkene Stimme.

Ich wage einen Blick durch meine angezogenen Beine und sehe ein weiteres menschliches Wesen in der Küche stehen. Offenbar ist die Person unbemerkt während des Tumults hereingekommen. Jetzt heißt es also drei gegen einen. Meine Chancen, diesen Ort lebend zu verlassen, sinken gegen Null. *Auf Wiedersehen, Xana. Wir sehen uns auf der anderen Seite …*

»Oh Lea!«, stöhnt die Frau auf ihrem Stuhl und fängt auf Kommando aufs Neue zu Weinen an. »Gott sei Dank. Da ist eine riesige Spinne hinter der Kochinsel. Hilf Papa bitte, sie wegzumachen. Aber sei vorsichtig!«

Ein genervtes Augenrollen von Seiten dieser Lea beantwortet die Aufforderung der Arachnophobikerin. »Mach nicht so einen Stress, Mama.«

Ich drücke mich so nah an die Holzleiste, dass ich farblich mit ihr verschmelze und schiele von unten herauf auf die neue potentielle Angreiferin. Ein dunkelhaariges Mädchen im Teenageralter tritt neben den Hünen, der offenbar ihr Erzeuger ist, und späht mit zusammengezogenen Brauen in meine Richtung.

»Was, und davor hast du solche Angst?« Sie lacht ungläubig auf. »Mensch Mama, du solltest echt mal eine Therapie machen.«

Das Mädchen wirkt wundersamerweise nicht so bedrohlich wie erwartet. Trotzdem verharre ich bewegungslos in meiner Position. Wenn sie denken, ich sei tot, lassen sie mich vielleicht in Ruhe. Doch meine Hoffnung erfüllt sich nicht.

»Papa, reich mir doch bitte mal ein Glas und einen Bierdeckel. Danke.« Das braunhaarige Mädchen nähert sich bewaffnet mit dem Gewünschten und kniet sich vor mir auf den Boden. »Und jetzt leuchte mal mit meiner Handytaschenlampe«; sagt sie an den Vater gewandt. »Ja. Genau so.«

Ein gleißendes Licht droht, meine Augäpfel zu versengen.

»Scheiße, die Augen leuchten ja!«, stößt der Mann erstaunt aus.

Ja Bello, denke ich mir. *Da hast du vollkommen recht. Da ich nachtaktiv bin, habe ich hinter der Netzhaut eine reflektierende Schicht, die für eine optimale Lichtausnutzung der Augen sorgt. Ist wie bei euren geliebten Katzen. Und jetzt nimm das dumme Licht aus meinem Gesicht.* Ich erschrecke fast zu Tode, als ich von irgendetwas Hartem angestupst werde. Panisch ziehe ich mich noch mehr zusammen, doch ich werde unbarmherzig vorwärts geschoben, so dass ich nicht mehr auf den Schutz der gleichfarbigen Holzleiste zählen kann.

»Was ist, hast du sie? Nun hau schon drauf, oder willst du sie etwa laufen lassen?«

Hexe, wer sonst. Und ich hatte sie schon fast vergessen. *Noch ein bisschen Geduld,* würde ich ihr am liebsten zu rufen. *Gleich bekommst du deinen Willen, du mieses, gemeines Luder!* Ich überlege kurz, ob ich die Flucht wagen soll, doch meine Beine gehorchen mir nicht. Vor Todesangst bin ich wie gelähmt. Ich schäme mich fast, welch leichtes Spiel meine Angreifer haben, doch ich kann nichts gegen meine Schockstarre unternehmen. Schutzlos liege ich vor dem Mädchen auf den Fliesen und harre dem sicheren Tod. Ihr Körper füllt mein ganzes Gesichtsfeld aus. Ich bemerke, wie sie die Hand hebt und auf mich niedersinken lässt. Ich schließe alle Augen und ergebe mich meinem Schicksal. Gleich verwandle ich mich in unansehnlichen Brei. *Nicht hinsehen, Xana*, bete ich lautlos. *Du sollst mich nicht als zermatschtes Etwas in Erinnerung behalten.*

»So, das wär´s«, sagt Lea zufrieden.

Ich verstehe nicht. Was meint sie damit? Wieso höre ich eigentlich noch ihre Stimme? Und weshalb fühle ich keinen Schmerz? Bin ich so schnell gestorben, dass ich den Übergang vom Leben in den Tod nicht mitbekommen habe? Bin ich jetzt ein Spinnengeist, verdammt dazu, auf immer und ewig in der Zwischenwelt herumzuspuken? Oh Gott, das darf doch alles nicht wahr sein!

»Sei vorsichtig mit dem Bierdeckel«, rät der Mann. »Nicht, dass sie dir noch auskommt …«

»Ja ja«, winkt der Zweibeiner namens Lea ab. »Okay, Spinni. Jetzt noch hier drauf mit dir und dann hast du es geschafft.«

Spricht die etwa mit mir? Ich öffne zaghaft ein Auge. Dann noch eins. Irgendwie sehe ich das Mädchen auch mit acht offenen Augen unscharf, verzerrt. Und ihre Stimme klingt seltsam gedämpft. Was geht hier vor sich? Etwas wird unter mein Abdomen geschoben, dann werde ich hochgehoben und auf den Tisch gestellt. Ich traue mich noch immer nicht, mich zu bewegen.

»Was ist mit ihr, ist sie tot?«, fragt der Mann.

Sein dicker Finger nähert sich meinem Gesicht. Bevor er mich berührt, wird er aber von etwas Unsichtbares aufgehalten. Er klopft mit dem Fingernagel dagegen, es hallt unangenehm um mich herum. Jetzt erst realisiere ich, dass ich unter einem umgestülpten Glas gefangen bin.

»Nein, er ist nicht tot, nur verängstigt«, erklärt das Mädchen.

»Woran merkst du denn, dass es ein Männchen ist?« Der Mann beugt sich vor, schiebt sein Gesicht in mein Blickfeld und glotzt mich durch das Glas an. Ich komme mir vor wie ein Ausstellungsstück in einer Vitrine.

»Also erstens findet man fast immer die Männchen der Winkelspinne, da sie zu dieser Jahreszeit auf Brautschau gehen und sich dabei in Häuser oder Garagen verirren. Und außerdem haben die männlichen Winkelspinnen extrem lange Beine, länger als die der Weibchen. Auch bei diesem Kandidaten kann man sehen, dass seine Beinlänge dem Dreifachen der Körperlänge entspricht. Bei den Weibchen ist es nur das Doppelte, dafür ist ihr Körper aber etwas größer. Wenn er sich endlich von seinem Schock erholt und sich entknotet, wirst du sehen, was ich meine.«

»Ich habe ihn schon ausgebreitet gesehen. Er ist so groß wie mein Handteller«, erzählt der Mann seiner Tochter.

»Ja, er ist ein wahres Prachtexemplar«, stimmt Lea zu. »Schau nur die Muster auf seinem Rücken.«

Beide gaffen mich durch das Glas hinweg an. Ich glotze zurück, man sieht ja nicht alle Tage einen Menschen so nahe vor sich. Einige Sekunden beäugen

wir uns gegenseitig, dann kommt wieder Bewegung in das Stillleben. Das Mädchen nimmt meinen Bierdeckel mitsamt dem auf mich gestülpten Glas und trägt mich damit aus der Küche.
»Wohin willst du?«, kreischt die Hexe uns nach.
»Ich bringe ihn raus.«
»Damit das Biest bei der nächsten Gelegenheit wieder reinkommt? Sieh zu, dass du das Mistvieh entsorgst, so wie es sich gehört!« »
Das mache ich doch gerade«, flötet Lea und geht mit mir Richtung Haustüre.
»So, mein Kleiner. Ich bringe dich jetzt raus aus diesem Irrenhaus. Hast nochmal Glück gehabt heute, was? Meine Mutter hasst alle Krabbeltiere, aber bei Spinnen bekommt sie die blanke Panik. Da schaltet bei ihr etwas aus im Gehirn. Wenn du schlau bist, kommst du nicht wieder, denn das nächste Mal bin ich vielleicht nicht da, um dich zu retten.«
Das muss sie mir nicht zweimal sagen. Ich werde nie mehr wieder irgendeine menschliche Behausung betreten. Xanas dieser Welt, vergebt mir. Aber mein Leben ist mir doch mehr wert als der schönste Beischlaf. Lea trägt mich bis ans Ende der Auffahrt, bückt sich und stellt mich in meinem gläsernen Gefängnis auf den Boden. Dann lüpft sie das Glas und tritt einen Schritt zurück.
»Ciao, Spider. Und pass auf dich auf, ja?«
Ich strecke vorsichtig Bein für Bein, wiege mich leicht hin und her, um meine Muskulatur zu erwärmen, und drehe mich dann einmal im Kreis. Die Welt ist während meines Horrorerlebnisses nicht stehengeblieben, wie befürchtet. Mond und Sterne beleuchten uns mit blassen Strahlen, am Horizont zeichnet sich gar ein oranger Lichtschein ab. Ein auffrischender Wind spielt raschelnd mit den Blättern der Bäume und die Tiere der Nacht kommunizieren lautstark untereinander. Im Garten nebenan beginnen zwei Katzen gerade einen wilden Revierkampf, und in der Ferne höre ich Motorenlärm. Alles wie immer und doch so schön …
Ich schaue ein letztes Mal meine Retterin an und entscheide mich, das Abenteuer an dieser Stelle zu beenden. Ich laufe zügig auf eine Hecke zu, doch nach einigen Metern bleibe ich kurz stehen und drehe mich um. Lea steht noch immer an derselben Stelle. Ich weiß nicht, ob sie mich sehen kann oder nur zufällig in meine Richtung blickt, doch ihre Anwesenheit wirkt beruhigend auf mich. Wie mein menschlicher Schutzengel bewacht sie meinen

Rückzug. Ich hebe zaghaft mein Vorderbein zum Gruß und düse dann unter die schützenden Zweige der Thujapflanzen. Hier bleibe ich lange bewegungslos sitzen. Mein Adrenalinrausch weicht einer bleiernen Müdigkeit. Was für eine Nacht! Ich glaube, ich werde erst mal ein ausgiebiges Nickerchen machen, bevor ich diesen Ort für immer verlasse. Die Augen fallen mir zu und ich ergebe mich dem Schlaf. Meine letzten wachen Gedanken gelten Xana. Vielleicht werden wir uns eines Tages wiedersehen. Vielleicht werde ich sogar unsere wunderschönen Spiderlinge kennenlernen. Und vielleicht haben sie auch so lange Beine wie ihr Papa … Vielleicht …

Die andere Frau

Evelyn Kühne

Hand in Hand liefen sie den hölzernen Steg entlang. Vor ihnen ging ein in weiß gekleideter Boy, der sie zu ihrem Bungalow bringen sollte. Hinter ihnen zog ein zweiter Angestellter einen Wagen mit ihrem Gepäck. Der Steg war in einem großen Halbkreis mitten ins Meer gebaut, wie an einer Perlenschnur lagen an ihm die kleinen runden Bungalows.

Vor dem kleinen Häuschen mit der Nummer 25 stoppte der Angestellte, schloss die Tür auf und sie betraten ihr Zuhause für die nächste Zeit. Julia holte tief Luft, der Ausblick war einfach fantastisch. Die Terrassentüren waren weit geöffnet und gaben den Blick auf das azurblaue Meer frei, welches sanft an die Pfeiler ihres Bungalows plätscherte. Der Raum wurde von einem riesigen Bett beherrscht, mit einem Himmel darüber, der mit leichten weißen Tüchern behangen war. Sanft bauschten sich die Vorhänge in einer zarten Brise.

»Na, was sagst du? Schön oder schön?«, schaute er sie fragend an.

»Schön? Das reicht nicht, wunderschön, ich weiß gar nicht, was ich sagen soll.«

»Dann sag einfach nichts.«

Langsam streifte er ihr T-Shirt nach oben und zog sie aufs Bett. Später lagen sie schweißnass auf den zerwühlten Laken.

Julia schlief friedlich neben ihm, doch Frank war innerlich aufgewühlt. Der lange Flug, die ganze Aufregung der Fahrt, all das steckte ihm in den Knochen. Leise, um sie nicht zu wecken, erhob er sich und trat auf seine Terrasse. Alles war so gebaut, dass man von seinem Nachbarn praktisch nichts sah. Außer dem allgegenwärtigen Plätschern der Wellen herrschte Totenstille, fast so, als wären sie ganz allein auf der Welt.

Er betrachtete das Wasser prüfend, stieß sich ab und sprang mit kühnem Schwung hinein. Die Erfrischung währte nur kurz, sicher waren es 25 Grad Wassertemperatur. Mit gleichmäßigen Kraulbewegungen schwamm er zu einer ein Stück entfernt angebrachten Badeplattform. Er zog sich nach oben und betrachtete von hier aus die vielen kleinen Häuschen. Auf manchen Terrassen sah er bunt gekleidete Menschen liegen, doch die meisten lagen leer und verlassen in der Hitze.

Gemächlich schwamm er nach einer Weile zurück, war kurz unsicher, zu welchem Häuschen er musste, entschied sich dann aber für einen der Bungalows. Dort ignorierte er die seitlich angebrachte Leiter, umfasste die Planken mit den Händen und zog sich hoch. Sein Blick fiel auf zwei kaffeebraune Waden und wanderte erschrocken höher. Über einem dunkelblauen Kittel blickte er ins Gesicht einer jungen Frau. Sie hatte ihre üppigen Haare streng nach hinten gebunden und schaute ihn aus braunen Augen mit einer Mischung aus Erschrecken und Belustigung an. Neben ihr stand ein Eimer mit Putzutensilien, mit denen sie anscheinend gerade die Terrasse gereinigt hatte. Das Bett hinter ihr war leer und stand mit seinem Kopfteil an der anderen Seite. Somit war er eindeutig am falschen Bungalow.
Mehr als ein unsicheres »Sorry« bekam er nicht heraus, ließ sich wieder ins Wasser gleiten und wandte sich auf gut Glück ein Häuschen weiter nach links. Er spähte erst vorsichtig ins Innere des Bungalows und erblickte dort seine schlafende Frau auf dem Bett. Mit nassen Füßen tapste er über den Dielenboden zum Badezimmer, welches neben der Eingangstür lag und schlüpfte unter die kalte Dusche. In Kopfhöhe war ein Fenster angebracht, welches zum Steg hinaus zeigte. Alles lag auch hier verlassen im gleißenden Sonnenschein.
Doch da schob sich in sein Gesichtsfeld die junge Frau von der Nachbarterrasse. Sie schob einen Wagen mit Badetüchern vor sich her und ging mit wiegenden Hüften Richtung Land. Ihre nackten Füße steckten in Flipflops, doch sie lief, als wäre sie auf einem Laufsteg bei einer Modenschau. Fasziniert beobachtete er das Spiel der Muskeln unter der schokobraunen Haut ihrer Waden. Ihre breiten Hüften schwangen geradezu aufreizend hin und her. Man sah ihr deutlich an, dass sie viel zu Fuß ging.
Als sie seinen Blicken entschwunden war, wurde ihm bewusst, wie sehr er sie angestarrt hatte. Julia räkelte sich verschlafen auf dem Bett und fast schuldbewusst wandte er sich wieder seiner Frau zu.
Die nächsten Tage verbrachten sie mit Lesen, Schwimmen, Schlafen, mit Dingen, die man bei einem Badeurlaub machte. Ab und zu schweiften Franks Gedanken zu der dunkelhäutigen Frau, doch er traf nicht mehr auf sie. Bis sie eines Mittags in der drückenden Mittagshitze am Pool im Schatten einer riesigen Palme lagen. Er war in ein Buch vertieft und blickte durch Zufall auf. Da sah er sie wieder, wie beim ersten Mal schob sie ihren Reini-

gungswagen vor sich her und lief stolz Richtung Steg.
Spontan sprang Frank auf, murmelte etwas von »Ich muss was aus dem Zimmer holen« und verschwand. Mit großen Schritten eilte er hinter ihr her und erreichte sie, als sie gerade eine der Türen aufschloss. Atemlos stand er vor ihr und sah sie lachend an. Nach einem Moment der Verwirrung huschte ein erkennendes Lächeln über ihr Gesicht. Er sagte auf Englisch etwas zu ihr, über das Wetter und wie toll es hier sei. Ihm fiel einfach nichts anderes ein. Wieder war da der spöttische Zug um ihren Mund.
Tief atmete er ihren Geruch ein, der so ganz anders war als der von Julia. Von ihrer Schläfe löste sich ein Schweißtropfen und rann langsam ihren Hals hinab, Richtung Schlüsselbein, bis er schließlich zwischen ihren Brüsten verschwand. Sie sagte die ganze Zeit nichts, sah ihm nur gelassen ins Gesicht, doch er war sicher, dass sie ihn verstand. Da hörte er hinter sich seinen Namen, Julia stand ein Stück entfernt auf dem Steg und winkte ihm unsicher zu. Er verabschiedete sich hastig und lief zu seiner Frau.
Auf ihren fragenden Blick hin murmelte er etwas von schmutzigen Handtüchern, die er tauschen lassen wollte. Sie legten sich wieder auf ihre Liegen und er hing seinen Gedanken nach. Wenn er die Augen schloss, sah er ihr Gesicht deutlich vor sich. Die großen braunen Augen, der volle sinnliche Mund, er konnte sogar ihren Geruch heraufbeschwören. Selbst am Abend, als Julia und er sich liebten, schob sich vor die Züge seiner Frau das andere Gesicht und er stellte sich vor, wie es wohl wäre diese Frau zu lieben. Würde sie ebenso stöhnen, sich mit ihrer dunklen Haut unter ihm biegen, sich ihm hingeben?
Doch wieder vergingen Tage, bis er sie erneut sehen sollte. Er lag fast immer am Pool, von dort hatte man den besten Blick, doch sie kam einfach nicht. Mehrfach bat ihn Julia, doch mit zum Schnorcheln oder Wasserski fahren zu kommen, doch er schob immer andere Gründe vor. Schließlich hatte sie ihn aber doch zu einem Ausflug überredet, mit dem hoteleigenen Glasbodenboot sollte es zur nächstgrößeren Insel und zu einem Besuch des Marktes gehen.
Schon beim Betreten des Bootes sah er sie, zusammen mit einer anderen Angestellten saß sie seitlich neben dem Ruderhaus und beide Frauen schwatzten angeregt miteinander. Sie trug heute ein buntes Kleid und hatte ein ebensolches Tuch um ihren Kopf geschlungen. An ihren Ohren baumel-

ten schwere goldfarbene Ohrringe, die Handgelenke waren mit Armreifen geschmückt. Sie setzten sich weiter nach hinten, auf die für die Touristen vorgesehenen Plätze. Julia sah ihn lachend an und drückte einen Kuss auf seine Wange. Komischerweise war ihm das unangenehm, er war sicher, die andere Frau hatte es gesehen. Während der halbstündigen Fahrt musste er sie immer wieder ansehen. Auch Julia entging das nicht.

»Sag mal, ist was mit der Frau? Du schaust immer so rüber, da wird man ja direkt eifersüchtig.«

Sie war um einen leichten Tonfall bemüht, doch die Erregung in ihrer Stimme war ihm nicht entgangen.

»Welche Frau meinst du denn, ich hab nach vorn zum Kapitän geschaut.« Frank bemühte sich sichtlich darum, seine Stimme beiläufig klingen zu lassen.

An der Insel angekommen wandten sich alle Touristen nach links Richtung des Marktes. Die dunkelhäutige Frau und ihre Begleiterin nahmen die andere Richtung. Unentschlossen sah Frank ihnen nach.

»Vielleicht sollten wir auch erstmal dort langgehen, wir brauchen ja nicht das zu machen, was die Anderen tun, sozusagen abseits der Touristenpfade. Was denkst du?«

Ohne ihre Antwort abzuwarten, ging er hinter den Frauen her. Er musste einfach wissen, wo sie wohnte oder wo sie hinwollte.

Julia blieb wie angewurzelt stehen und betrachtete die sich langsam entfernenden wiegenden Hüften der beiden Frauen.

»Sag mal Frank, was ist eigentlich los mit dir? Denkst du, ich bin blind, du starrst diese andere Frau an, wie … wie … ich weiß nicht, wie ich sagen soll. Wir wollten auf den Markt und du rennst hinter irgendwelchen Hotelangestellten her, ignorierst mich! Und dabei sind wir in unseren Flitterwochen.«

Er spürte den Schmerz in ihrer Stimme, dass er sie verletzt hatte, und war trotzdem hilflos, wusste nicht, was er tun sollte. Er zuckte entschuldigend mit den Schultern und ging einen Schritt auf sie zu, drehte sich dann aber noch ein letztes Mal nach der dunkelhäutigen Schönheit um. Diese kleine Geste reichte Julia, sie holte tief Luft und lief mit schnellen Schritten Richtung Bootsanleger. Er zögerte nur einen Moment, um hinter ihr herzulaufen. Diese Sekunde genügte ihr, um seinen Blicken zu entschwinden. Er suchte den Kai ab, doch Julia blieb verschwunden.

Unsicher machte er sich auf den Weg zum Markt, konnte sie aber auch dort nicht entdecken. Später am Anlieger machte er sich bereits Sorgen, als sie nicht auftauchte. Vielleicht hatte sie sich verlaufen, doch der Kapitän teilte ihm mit, seine Frau wäre mit einem anderen Boot bereits zur Insel zurückgefahren. Er stürmte über den Steg zu ihrem Bungalow, doch der Raum war leer.

Später beim Abendessen sah er seine Frau. Sie saß abseits an der Bar und hatte ein großes Glas mit einer klaren eisgekühlten Flüssigkeit vor sich. Sie behandelte ihn, als ob er Luft wäre, alles was er sagte, prallte an ihr ab. Ihr Verhalten traf seinen Stolz, er war sich keiner Schuld bewusst. Was war letzten Endes denn schon geschehen, im Grunde gar nichts.

Und so vergingen die letzten Tage ihrer Flitterwochen mit eisigem Schweigen. Er fuhr noch einmal zu der Insel, auf der die andere Frau wohnte. Sie hieß Mala, das hatte ihm der Bootsführer gesagt. Er ging in die Richtung, die sie beim letzten Mal eingeschlagen hatte. Nach einigen Minuten tauchten am Straßenrand mehrere einfache Hütten auf, vor denen kleine dunkelhäutige Kinder kreischend spielten. Neugierig sahen sie ihn an. Und dann sah er sie, Mala hängte Wäsche über einen Strick, der zwischen zwei Palmen gespannt war. Ein Mann kam auf sie zu und küsste sie zärtlich auf den Mund. Der Anblick ging ihm durch und durch. Was hatte er erwartet, dass sie hier lebte und nur auf ihn wartete?

All dies war nun fast zwei Monate her. Mittlerweile waren sie wieder im nasskalten Deutschland angekommen. Julia war von seinem Verhalten tief getroffen. Erst langsam näherten sie sich wieder einander an. Immer noch schlief er im Gästezimmer, Umarmungen ließ seine Frau noch immer nicht zu.

Frank versuchte, geduldig zu sein, ließ ihr die Zeit. Doch jeden Abend lag er auf seinem Bett, schloss die Augen und erinnerte sich an den Duft der dunkelhäutigen Frau, an das Spiel ihrer Wadenmuskeln. Selbst den Schweißtropfen, der langsam ihren Körper entlang rann, sah er deutlich vor sich.

Braun

Wie im Märchen

Das Lebkuchenmännchen

Linda Marie Haupt

Liliane erwacht, als eine plötzliche Windbö die Hängematte im Garten zum Schwingen bringt. Sie zieht die leichte Wolldecke bis zum Hals nach oben. Noch immer schaukelt die Hängematte leicht hin und her. Sie schließt erneut die Augen und träumt ein wenig vor sich hin.
Liliane muss sich finanziell keine Sorgen machen. Sie wohnt auf dem Land in einem kleinen Häuschen, das sie sich urgemütlich hergerichtet hat. Ein kleiner Garten mit bunten Blumenbeeten und einer Ecke, in der sie ein wenig Gemüse anbaut. Dazu ein paar Hühner und Enten und ein kleiner Teich. Ach ja, nicht zu vergessen ihre drei Katzen - Lilly, Marlon und Felix. Sie liebt ihre Tiere – alle! Doch ihre Katzen sind für sie etwas Besonderes. Sie spüren, wenn es ihr nicht gut geht., trösten sie und geben ihr wieder neue Kraft.
Ja, es geht ihr gut – eigentlich. Sie hat alles, was man zum Leben braucht – fast alles. Denn sie lebt alleine in dieser Idylle. Harald, Ihr Mann, gerade vier Jahre älter als sie selbst, war ganz plötzlich, mit gerade mal 55, vor fünf Jahren gestorben. Sie vermisst ihn so sehr. Er war ihre erste große Liebe gewesen.
»Harald«, flüstert sie leise. Dann schiebt sie ihre trüben Gedanken zur Seite und schwingt sich aus der Hängematte. Nein, sie will sich keiner Traurigkeit hingeben! Was wollte sie noch heute?
Richtig, backen! In zwei Monaten wird Weihnachten sein und sie hat bisher noch nie Lebkuchen gebacken. Das wird sie heute tun, damit es zu Weihnachten nur nicht schiefgeht.
So eilt sie in die kleine Küche, in der sie schon alles vorbereitet hat.
»Ok, habe ich auch alles?«
Sie schaut noch einmal. Ja, alles da. Eier, Butter und die Backmischung. Den fertigen Teig lässt sie, wie beschrieben, zwei Stunden ruhen. Dann beginnt ihre eigentliche Arbeit. Sie rollt den Teig aus und bringt ihn langsam in Form. Nach und nach modelliert sie Körper, Arme und Beine. Beim Gesicht gibt sie sich besonders viel Mühe. Sogar Haare bekommt ihr Lebkuchenmännchen, lange Locken. Und zum Schluss: Liliane wird ein wenig rot und grinst still in sich hinein.
Zum Schluss bekommt er auch noch das, woran man einen Mann erkennt!

»So, fertig, nun wollen wir mal sehen, was aus dir wird«, schmunzelt Liliane und schiebt den Lebkuchen in den vorgeheizten Backofen. Fünfzehn Minuten soll er nun backen. Liliane ist sehr gespannt, ob er gelingen wird.
Sie geht ins Wohnzimmer, um noch schnell eine Tasse Kakao zu genießen. Nach etwa zwölf Minuten hört sie etwas aus der Küche. Sie horcht. Ein Wimmern? Woher soll das kommen? Sie lauscht angestrengt. Da, schon wieder!
»Komisch.«
Liliane schüttelt den Kopf und begibt sich schnell, aber vorsichtig in die Küche. Schon wieder! Es ist ein Wimmern und es kommt … aus dem Backofen!
»Na, jetzt spinne ich wohl schon?«, murmelt Liliane und öffnet den Ofen. Augenblicklich verstummt das Geräusch. Nichts mehr zu hören. Und das Lebkuchenmännchen sieht klasse aus, goldbraun, richtig zum Anbeißen. Mit allem Drum und Dran.
»Echt toll geworden«, denkt Liliane und ist ein wenig stolz auf ihr Werk. »Gut, jetzt bringe ich dich zum Abkühlen in die Speisekammer und morgen werde ich testen, ob du auch so gut schmeckst, wie du aussiehst.«
Sie verschwendet keinen Gedanken mehr an das merkwürdige Geräusch. Liebevoll versorgt sie noch ihre Katzen, dann geht sie zu Bett.
In der Zwischenzeit in der Speisekammer: Nachdem Liliane sie verlassen hat, geschieht Merkwürdiges. Der Teig auf dem Blech beginnt zu wachsen. Er wird größer und größer, fällt auf den Fußboden. Arme Beine Kopf, lange, dunkle Locken bilden sich. Langsam wird deutlich, was hier geschieht: Aus dem Lebkuchenmännchen wird ein Mensch! Ein lebendiger Mensch, noch dazu ein Mann. Ein Bild von einem Mann. Schlank, nicht zu viele, aber auch nicht zu wenige Muskeln. Richtig knackig sieht er aus und er kann sogar sprechen, denn Liliane hatte sich mit seinem Mund viel Mühe gegeben. Am Ende der Nacht ist die Verwandlung vollkommen und aus dem Lebkuchenmännchen ist ein realer, junger Mann mit einem goldbraunen Teint geworden.
Gleich in der Früh eilt Liliane fröhlich vor sich hin summend zur Speisekammer. Das Lebkuchenmännchen soll ihr zum Frühstück schmecken. Sie öffnet die Tür und … ihr stockt der Atem.
»Das gibt es doch nicht«, haucht sie, einer Ohnmacht nahe. »Da wird ja der

Hund in der Pfanne verrückt, oder eher wohl ich«, schüttelt sie den Kopf.
Was dort vor ihr steht, das ist ER. Ihr Traummann. So, wie sie ihn sich in ihrem Herzen immer gewünscht hat. Sie staunt ihn noch immer mit großen Augen an. Dann geschieht es. ER schreitet zu ihr und nimmt sie zärtlich in seine kräftigen Arme. Liliane versteht nicht, was hier vorgeht, doch in diesem Moment ist es ihr auch ganz egal. Sie genießt den Augenblick und hofft, dieser wird nie mehr enden.
Ein wenig später, als Liliane den Müll rausbringen will, fällt ihr die Packung mit der Fertigbackmischung aus der Tüte. Sie hebt sie auf und als sie genauer schaut, liest sie: ›FERTIGBACKMISCHUNG – *so backen Sie sich ihren Mann.*‹
Nun begreift sie, was passiert ist.
Sie beginnt zu lachen und denkt: ›Da ich ihn mit so viel Liebe hergestellt habe, ganz nach meinen Wünschen, wird er sicher mein Traummann sein und bleiben. Das war zwar nicht geplant, aber unverhofft kommt oft.‹
Strahlend läuft sie zu ihrem Traummann zurück; fest entschlossen, ihr Glück festzuhalten.
Und ihr, liebe Frauen? Habt ihr euren Traummann schon gefunden? Nein? Fragt Liliane, sie weiß sicher noch, wo es die Fertigbackmischungen zu kaufen gibt!

Des einen Freud, des andern Leid

Ilona Penna

So traurig saß der kleine Spatz,
in seinem Nest und weinte.
»Was ist mit dir, du kleines Ding?«,
die bunte Specht-Frau meinte.
»Mein Federkleid, Frau Specht ist braun,
ich schäme mich so sehr.«
»Ach kleiner Kerl«, sagt sie zu ihm,
»komm einmal zu mir her.
Es war einmal, vor langer Zeit,
ein kleiner Spatz wie du,
der war so traurig, weil er trug,
zum Kleide keine Schuh.
›Mein hübsches braunes Federkleid‹,
sprach er zum Papagei,
›will Schuhe haben, wie der Mensch,
am besten auch noch zwei.‹
Da sprach der bunte Papagei:
›Mein Freund so sei zufrieden,
wer fliegen kann, braucht keine Schuh´,
so hat es Gott entschieden‹.«

Die verzauberte Geige

Asmodina Tear

Der kühle Herbstwind zerwühlte ihr schulterlanges hellbraunes Haar, als Angela durch den Wald ging. Das früher üppige Grün der Bäume war merklich verblasst und das Erwachen der üblichen Herbstboten schien ihnen mehr zuzusetzen als noch in den Jahren zuvor. Das junge Mädchen fröstelte und zog das schneeweiße Samtkleid enger um ihre Beine, trotzdem blieb sie einige Sekunden lang stehen, um dem Gesang der Vögel zu lauschen. Dissonante, teilweise kratzende Noten drangen an ihr Ohr und dennoch lächelte sie. Vogelgesang war die einzige Form von Musik, welche Angela in ihrem jugendlichen Alter von sechzehn Jahren hören durfte.

Zuhause untersagten die Eltern ihr jegliche Möglichkeit dieses alltäglichen Genusses, bestraften hart, wenn sie dagegen verstieß und ließen ihre Tochter sogar vom Musikunterricht in der Schule befreien, was Angela Hohn und Spott seitens ihrer Klassenkameraden einbrachte. Den Grund für dieses Verhalten kannte das junge Mädchen nicht, und wenn sie danach fragte, wurden die Streitereien noch schlimmer. Nur zufällig gehörte Gesprächsfetzen hinter verschlossenen Türen gaben ansatzweise Auskunft und demnach hielten ihre Eltern Musik für die schlimmste legale Droge der Menschheit, welche nicht nur schleichend süchtig machte, sondern in der Vergangenheit bereits einige Familienmitglieder in den Wahnsinn getrieben hatte.

Das junge Mädchen verdrehte die Augen, diese Theorie stammte aus dem neunzehnten Jahrhundert, das wusste sie, denn infolge jener alarmierenden Aussage hatte Angela selbst zu recherchieren begonnen, hatte Familienchroniken und wissenschaftliche Bücher der Psychologie studiert und erfahren, dass die Meinungen ihrer Eltern einfach beschränkter Natur waren. Es stimmte, dass ihre Vorfahren größtenteils dem Wahnsinn verfallen waren, ehe sie einen frühen und oftmals tragischen Tod starben. Doch gerade nach modernen Erkenntnissen war die Musik allenfalls der Tropfen gewesen, der das Fass am Ende zum Überlaufen gebracht hatte, jedoch niemals der wahre Grund. Trotz dieser guten und letztlich richtigen Argumentation blieben ihre Eltern unnachgiebig und hielten sie weiterhin von jeglicher Art von Musik fern.

Angela seufzte. Wie gerne würde sie ungestört verschiedenen Klängen lauschen oder auch ein Instrument spielen, doch so wie es aussah, würde dieser Traum noch sehr lange unerfüllt blieben und dann würde es zu spät sein, etwas daraus zu machen. Tränen kullerten über die Wangen. Warum mussten die Gedanken erwachsener Menschen zuweilen so engstirnig und vorurteilsbehaftet sein? Man sagte immer, als Erwachsener würden Kopf und Herz mehr verstehen, doch momentan hatte Angela eher einen gegenteiligen Eindruck.

Plötzlich merkte sie, wie das Rauschen des Windes sich veränderte, es war nicht länger jenes disharmonische, konstante Geräusch, sondern wurde nach und nach zu einer regelrechten Melodie. Angela hob den Kopf, wie konnte das sein? Oder war es nur eine kurzzeitige Einbildung? Unsicher schaute das junge Mädchen sich um, doch auf den ersten Blick wirkte alles wie immer, außer … ihre Augen musterten den Stamm eines alten Baumes, er war uralt, innen bereits hohl und arbeitete seit mehreren Jahren an seinem eigenen Verfall. Aber ein helles Licht durchbrach die ansonsten dunkle Baumhöhle. Was mochte das sein?

Mit zitternden Knien ging das junge Mädchen zielstrebig darauf zu, während die Melodie liebkosend durch ihre Haare strich, selbst den beißenden Duft von Ammoniak ignorierte sie. Angela holte tief Luft und griff zögernd danach, um im nächsten Moment wie vom Blitz getroffen zurückzuweichen. Jenes seltsame Licht war das helle Leuchten einer Geige. Wie kam ein solches Instrument in den Wald und noch dazu in einen alten Baum? Ehrfürchtig nahm sie die Geige heraus und betrachtete sie, das helle, säuberlich gebeizte Holz glänzte in der Sonne und keine Delle, nicht ein Kratzer verunstaltete die Perfektion des glatten Korpus, während der Kopf aufwändig in Form der römischen Waldgöttin Diana geschnitzt war. Bei nochmaligem Hineinsehen erkannte das junge Mädchen die Umrisse eines Bogens und nahm ihn ebenfalls heraus. Es war ihr ein Rätsel, wie beides dorthin gelangen konnte, zumal die Geige von einer besonderen Aura umgeben war, fast schien es wie ein geheimnisvoller Zauber.

Angela strahlte, eigentlich war sie zu alt für solche Phantasien, doch ein Teil ihres Herzens wollte es glauben. Behutsam strichen ihre Finger über die vier Saiten und eine fremde Geborgenheit stieg in ihr auf, obwohl sie zum ersten Mal ein Musikinstrument anfasste. Wie in Trance legte Angela die Geige auf ihren Arm, nahm den Bogen in die andere Hand und begann zu spielen. Sie konnte sich nicht erinnern, diese Melodie jemals gehört zu haben und doch schien sie vertraut. Für den Bruchteil einer Sekunde schloss das junge Mädchen die Augen, überließ sich einzig allein dem lang entbehrten Genuss der Musik.

Doch auf einmal spürte Angela, dass sie nicht mehr allein war, und öffnete leicht verwundert die Augen. Vor ihr stand ein androgynes Wesen mit schulterlangen, silberfarbenen Haaren und schokoladenbraunen Augen. Seine vollen Lippen lächelten sanft, was seine Gesichtszüge noch weicher wirken ließ. Ohne den Blick eine Minute von Angela zu nehmen, streckte er einladend die Hand aus, ohne sie zu berühren. Das junge Mädchen zuckte zusammen, wer oder was war das und was wollte es von ihr? Beinahe hätte sie die Geige fallen lassen und ihr melodisches Spiel nahm ein abruptes Ende. Mit klopfendem Herzen stellte Angela das Instrument wieder an seinen Platz und lief ohne einen Blick zurück nach Hause.

Vielleicht hatten ihre Eltern doch Recht und der Genuss von Musik machte wahnsinnig. Eine andere Erklärung für das, was sie heute gesehen hatte, gab es nicht. Tränen brannten in Angelas Augen, von Kindesbeinen an hatte man sie auf Normalität gedrillt, damit sie möglichst unkompliziert durchs Leben gehen konnte und nun sah es aus, als ob alles vergebens gewesen war. Ihre Seele hatte trotzdem den Weg durch die Tür gefunden und sich dem abnormalen Denken hingegeben, ebenso schien ihr Herz den gleichen Pfad beschreiten zu wollen, denn auch, wenn das junge Mädchen sich gewaltsam sträubte, schlug es einige Takte schneller, wenn sie sich das Abbild jenes Wesens in Erinnerung rief. War es nun ein Mann oder eine Frau? Genau hatte Angela es nicht erkennen können, doch es war das faszinierendste Geschöpf, dem sie jemals begegnet war. Jene Menschen, die sie im Alltag traf oder auf Fotos sah, empfand das junge Mädchen zwar als hübsch und ansehnlich, hatte sich jedoch niemals zu ihnen hingezogen gefühlt. War das ein Produkt des beginnenden Wahnsinns oder waren das echte Gefühle?

Das junge Mädchen wusste es nicht und schüttelte entschlossen den Kopf. Noch würde sie ihr heutiges Erlebnis vor den Eltern geheim halten und kein Wort darüber verlieren, sie würden sich nur unnötige Sorgen machen und übertriebene Panik verbreiten. Vorerst würde Angela selbst auf weitere Anzeichen einer psychischen Krankheit achten und bei Bedarf entsprechende Maßnahmen treffen. Sie seufzte erleichtert und lächelte, während sie den

Schmerz in ihrem Innern gekonnt ignorierte, was dieser sich jedoch nicht komplett gefallen ließ. Trotz der guten Lösung saß Angela beim gemeinsamen Abendessen teilnahmslos auf ihrem Stuhl und bekam kaum einen Bissen herunter.

»Was hast du, Kind?«, erkundigte die Mutter sich besorgt und strich ihr liebevoll über die Wange.

Verkniffen presste Angela die Lippen zusammen und murmelte »Nichts«, was ihren Vater beunruhigt aufspringen ließ.

»Hast du etwas angestellt oder Musik gehört?«, fragte er mit drohender Stimme und fixierte seine Tochter mit einem durchdringenden Blick, als wolle er sie gleich schlagen.

Verängstigt schüttelte sie den Kopf und unterdrückte die Tränen, während die Mutter versuchte, ihren Ehemann mit guten Worten zu bremsen, was jedoch erfolglos blieb. Im Gegenteil, innerhalb weniger Minuten mündete der Streit in jene immer wiederkehrende Debatte über die Schädlichkeit der Musik. Das junge Mädchen schluchzte kaum hörbar, stand auf und ging in ihr Zimmer. Sie spürte einen vibrierenden Schmerz in ihrer Brust und machte sich im Stillen bereits Vorwürfe ob ihrer falschen Reaktion im Wald. Jene Kreatur hatte nicht versucht, sie zu bedrohen, sondern freundlich gelächelt, und im Gegenzug war sie weggelaufen, sie hatte nicht einmal versucht, mit dem Wesen zu sprechen.

Mit tränenfeuchten Augen setzte Angela sich auf ihr Bett, sie hatte einen Fehler begangen und sich genauso verhalten, wie ihre Eltern es vorgelebt hatten. Gedankenverloren öffnete sie das Fenster, um frische Luft einzulassen, die nächtliche Kühle trocknete zwar ihre Tränen, beruhigte jedoch nicht das Herz. Würde sie ihn jemals wiedersehen? Angela bezweifelte es, sie blickte melancholisch in den Sternenhimmel und fuhr zusammen, als die Sterne plötzlich wie von selbst ein skurriles Abbild formten, dessen Lichtkegel mitten in ihr Zimmer fiel. Schnell wandte Angela sich um und stieß einen unterdrückten Freudenschrei aus: Auf ihrem Bett lag die Geige. Jene Geige, welche sie mutlos im Wald zurückgelassen hatte. Dieses Mal zögerte das junge Mädchen nicht und nahm das Instrument sofort, wieder stieg jene zärtliche Geborgenheit in ihr auf und ließ ihre Finger leicht erzittern. Trotzdem schwenkte Angela den Bogen und spielte eine Melodie aus Sehnsucht, Trauer, Verlust des eigenen Selbst und bewahrte dennoch stets jenen vagen

Hoffnungsschimmer. Erst nach einigen Minuten spürte sie, wie die vertraute Welt um sie herum verschwand und stattdessen einem wunderschönen Märchenwald Platz machte, der gänzlich unberührt von Menschenhand schien. Das Grün der Bäume wirkte frischer, die Erde unglaublich sauber, und nach und nach versammelten sich kleine Waldtiere, um dem Spiel zu lauschen. Angela lächelte verlegen, zwang sich aber, sich nicht irritieren zu lassen. Erst ein herzlicher Applaus brachte das junge Mädchen in die Wirklichkeit zurück und sie sah jenes Wesen nicht weit entfernt von sich auf einem Stein sitzen. Seine Augen hatten nichts von ihrer Güte verloren, dennoch schaute sie peinlich berührt zu Boden, als es auf sie zukam und ihr freundlich die Hand reichte.

»Ich bin Shirokin«, stellte er sich mit einer leichten Verbeugung vor. »Willkommen in meinem Reich.«

»Angela«, erwiderte das junge Mädchen schüchtern, während der eindeutig männliche, wohltuende Klang seiner Stimme ihr einen Schauer über den Rücken jagte. »Was meinst du mit ›in meinem Reich‹?«

Im nächsten Augenblick hätte sie sich für ihre eigene Neugier ohrfeigen können. Doch ihr Gegenüber lachte nur.

»Ich bin der Prinz jenes Elfenreiches, in dem du dich gerade befindest«, erwiderte er und legte wie selbstverständlich den Arm um ihre Schultern. »Alle Bewohner dieses Reiches freuen sich über deine Ankunft.«

Tatsächlich erkannte Angela, wie sich zu den Waldtieren immer mehr sonderbare Kreaturen gesellten. Einige waren klein und niedlich, während andere ihr direkt ins Gesicht schauen konnten und die Hände auf ihre Schultern legten.

»Ich wäre gerne dein Freund«, sagte der Elfenprinz, als habe er ihre Gedanken gelesen, und sein Blick ging tiefer als jemals zuvor.

Angela zögerte, was mochte die Freundschaft zu ihm mit sich bringen? Was hatte diese Geige zu bedeuten? Konnte sie in die Menschenwelt zurückkehren und wenn ja, wollte sie das überhaupt? Erschrocken stellte das junge Mädchen fest, dass die emotionale Distanz zu ihrem bisherigen Leben, welche sie in den letzten Jahren empfunden hatte, mit jeder Sekunde größer und größer wurde. Unsicher reichte sie Shirokin die Hand und ließ sich in eine liebevolle Umarmung sinken, während die Kreaturen um sie herum regelrechte Freudentänze aufführten.

»Komm, ich zeige dir alles«, sagte er und Angela nickte.
Gemeinsam spazierten sie durch den Wald, der so grün und ursprünglich schien. Es gab wenige kranke Bäume oder auch verletzte Tiere, alles schien miteinander im Einklang zu sein und keiner bedrohte die Zukunft des anderen.
»Wie im Paradies«, hauchte sie.
»Nein«, erwiderte Shirokin leicht verbittert und ihre Blicke trafen sich. »Es ist die Art, wie wir mit der Natur und der Erde umgehen. Wir leben mit ihr in einem respektvollen Miteinander und danken für ihre Gaben, was ihr Menschen längst verlernt habt«. Der Elfenprinz hielt die Geige in der Hand. »Ich habe dieses Instrument als ein Tor zwischen den Welten erschaffen und verzweifelt gehofft, dass es einen besonderen Menschen zu uns bringen würde. Jemand, der versteht«. Ein Lächeln erhellte seine Gesichtszüge und er blieb stehen. »Ich bin sehr glücklich, dass du es warst.«
»Was meinst du damit?«, fragte Angela und versuchte, ihren rasenden Herzschlag zu ignorieren.
»Du musst dich nicht sofort entscheiden«, sprach Shirokin. »Aber es wäre ein Segen für das Land und ein großes Glück für mich, wenn du bleiben würdest.«
Ehe das junge Mädchen reagieren konnte, berührte der Elfenprinz mit seinen Lippen ganz sachte die ihren.
Als die Nacht sich auf das Land herniedersenkte, führte Shirokin sie zu einem Bett, welches aus nichts anderem als samtweichen, mannsgroßen Blättern und lieblicher Erde bestand, welche sich auf seinen Wink hin wie ein Kokon über sie legte. Zu Angelas Verblüffung konnte sie problemlos atmen und fühlte in seinen Armen außerdem eine Wärme, die das junge Mädchen zuvor nicht gekannt hatte. Die Menschenwelt war unglaublich kalt und gefühllos, das wurde Angela in jenen Minuten überdeutlich klar, und bevor sie die Augen schloss, fiel ihre Entscheidung.
Sie würde hier im Elfenreich bleiben, hier gab es Musik, Natur und die lang vermisste Liebe. Vielleicht würde sie die Eltern vermissen, doch Shirokin gab ihr Sicherheit, während die Menschenwelt langsam in Stücke brach.

Drei flauschige Freunde

Erich Röthlisberger

In Brunos Kinderzimmer lagen Spielsachen kreuz und quer herum. Der Dreikäsehoch entpuppte sich als kleiner Chaot. Am Boden verstreut lagen Bauklötze, Autos, ein nagelneuer Harry Potter Zauberkasten, Schienen von der Eisenbahn und vieles mehr.
Schon oft hatten ihn seine Eltern gebeten, für Ordnung zu sorgen. Doch Bruno fehlte die Zeit, um aufzuräumen. Denn der Junge spielte nur mit seinen beiden braunen Teddybären. Die anderen Spielwaren bedeuteten ihm nichts.
Murrli und Burrli, so hießen die beiden Braunbären, waren immer mit ihm unterwegs. Egal, ob er draußen mit dem Fahrrad unterwegs war. Verschmitzt schauten sie beim Lenker aus dem Korb, wo die Fahrt hinführte. Abends nach dem Essen spielte er mit den Zweien die verrücktesten Spiele. Dabei drehte er einen von beiden am Arm haltend in der Luft, drehte sich um die eigene Achse und jauchzte fröhlich: »Murrli, Murrli, fliegt nach Amerika ins ferne Land. Flieg Murrli, flieg!« Zum Glück kriegte Murrli die Drehungen nicht mit. Ihm wäre sicher ganz übel geworden.
Musste Bruno ins Bett, ging das nicht ohne die beiden Freunde. Burrli durfte meistens links und Murrli rechts im Arm liegen. Nachdem die Mutter die Gutenachtgeschichte vorgelesen, dem Sohnemann einem Kuss auf den Mund gegeben hatte und anschließend das Zimmer verlassen wollte, tadelte Bruno sie: »Aber Mama! Du darfst doch nicht einfach so gehen. Murrli und Burrli können bestimmt nicht schlafen. Bitte wünsche ihnen auch gute Nacht.«
Die Mutter kraulte einem nach dem anderen die Stirne und bat sie, nun schnell einzuschlafen, dass auch Bruno rasch die Augen schließe und in der Nacht schöne Träume hätte. So geschah es jeden Abend. Bruno schlief erst, wenn die Mutter die Teddys auch zum Schlafen aufforderte. Für alle war dieses Prozedere sehr stimmig. Nur einer war dabei betrübt. Wurrli war jedes Mal traurig, weil ihm niemand Beachtung schenkte. Doch wer war Wurrli?

Vor einigen Wochen, als Bruno Geburtstag gefeiert hatte, war das Geschenk seines Opas ein weiterer, dritter Plüschbär gewesen. Leider hatte der kleine

Junge keinen Gefallen an dem Teddy gefunden und ihn, als seine Großeltern das Fest verlassen hatten, achtlos in eine Ecke geschmissen. Wurrli war ein Eisbär und schneeweiß. Für Bruno halt kein richtiger Bär. Denn Bären sind nun einmal braun. Fertig.

So geschah es, dass mitten in der Nacht von unter der Kommode her ein leises Jammern zu hören war. Bruno schlief bereits tief und fest. Er hörte nichts. Aber Murrli und Burrli vernahmen das Klagen. Schnell schlüpften sie unter dem Arm ihres großen Spielkameraden hervor, kletterten das Bett hinunter und tapsten zur Kommode hin.

»Hallo?«, flüsterte Murrli. »Wer ist unter der Kommode? Wer weint da so?«, wollte er wissen.

Schnief, schnäuz, schnief, ertönte es aus dem Dunkeln.

»Ich bin's, der weiße Eisbär Wurrli. Ich bin so traurig. Mit mir spielt niemand. Keiner liebt mich und nimmt mich in den Arm. Nur weil ich weiß bin und nicht braun, wie ihr es seid.«

»Komm doch mal hervor«, baten Murrli und Burrli gleichzeitig. Und schon krabbelte ein weißer Plüschteddy unter dem Möbelstück hervor.

Freudig begrüßten die beiden braunen den weißen Bären. Es dauerte nicht lange, bis sie zu dritt im Zimmer spielend lachend zusammen die Nacht verbrachten.

Am Morgen fand Bruno die drei Bären am Boden liegend. Sicher hatte er sie in der Nacht auf den Boden geworfen, dachte er sich. Einen um den andern am Arm hebend, hob er sie auf und legte sie sachte auf das Bett. Außer den Eisbären. Den warf er achtlos in eine Ecke.

In den folgenden Nächten wiederholte sich das Ganze immer wieder. Murrli und Burrli baten Wurrli zu sich, um gemeinsam spielend die nächtlichen Stunden zu verbringen.

Leider fand Bruno nach wie vor keinen Gefallen an seinem dritten Plüschbären. Bis er eines Tages mit seinen zwei braunen Brummgesellen ›Vater und Mutter‹ spielen wollte.

Bald merkte der Knabe, dass den Eltern ein Kind fehlte. Hatten doch auch seine richtigen Eltern einen Sohn. Nämlich ihn. Und gerade so wie sie eine glückliche Familie waren, wollte er mit den Teddys ›Familie‹ spielen.

Da kam ihm plötzlich der rettende Einfall: Wurrli konnte doch den Sohn spielen!

Die Idee musste sofort in die Tat umgesetzt werden. Bruno suchte den dritten Bären und begann mit den drei Plüschteddys, zwei braunen und einem weißen einen ganzen Nachmittag zu spielen. Von diesem Moment an gehörte auch Wurrli zu der lustigen Gruppe.

Bruno hatte festgestellt, dass es keine Rolle spielte, ob ein Spielkamerad weiß, braun oder sonst anders farbig war. Ausgelassen und friedlich kann man mit allen Freunden spielen!

Ole, der kleine Igel

Denise Träbing

Auf einer Lichtung am Waldesrand lebte der kleine Igel Ole gemeinsam mit seiner Mama und den vier Geschwistern in einem Unterschlupf aus Ästen. Aus seinem Wurf war Ole der jüngste und auch kleinste Igel. Zudem war er ein wenig ängstlich. Wenn sich am Abend die Sonne am Horizont rötlich färbte und seine Geschwister aufgeregt durcheinanderredeten, wurde sein kleines Igelherz ganz schwer. Er mochte die Dunkelheit nicht. Und ganz oft wünschte er sich, ein anderer zu sein. Ein Vogel, der mit seinen Flügeln über Wald und Wiesen schweben konnte. Ein Eichhörnchen, das von Baum zu Baum sprang.

»Hallo, mein kleiner Ole. Träumst du wieder vor dich hin?« Mama Igel stupste ihren Sohn sanft mit der Nase an.

»Ja, Mama. Wäre es nicht toll, ein Reh zu sein. Dann hätten wir lange Beine und würden schnell wie der Wind über die Felder springen.«

»Ach, mein süßer Ole. Wann wirst du endlich akzeptieren, dass du ein Igel bist? Was ist denn nur so schlimm daran?«

»Wir sind klein, langsam und schlafen den ganzen Tag, während draußen die Sonne scheint und die Blumen blühen«, brummte Ole und blickte in die Dunkelheit hinaus.

»In jedem von uns steckt etwas Besonderes, auch wenn man es auf den ersten Blick nicht sieht.«

»In mir nicht«, widersprach Ole.

»Doch mein kleiner Liebling, auch in dir. Lerne dich selbst zu mögen. Du wirst sehen, wie viel schöner das Leben ist. Und jetzt komm, du musst was essen.«

Widerwillig trottete Ole hinter seiner Mama ins Freie. Draußen warteten bereits die anderen und konnten es kaum erwarten, den Waldboden nach Nahrung abzusuchen. Wie immer ignorierten seine Geschwister ihn. Sie fanden ihn merkwürdig, und wenn sie nicht gerade einen Bogen um ihn machten, dann ärgerten sie ihn. Die Igelmama sammelte ihre Kinder um sich. Gemeinsam machten sie sich auf den Weg. Es sollte das letzte Mal sein, dass die kleinen Igeljungen ihre Mama sahen. Von nun an hatte Ole niemanden mehr, der ihn vor seinen Brüdern in Schutz nahm und ihm Mut zusprach.

Als er wieder einmal allein und ängstlich durch den Wald tapste, geschah etwas Sonderbares. Nicht weit von ihm entfernt flackerte ein Licht auf. Aufgeregt beobachtete Ole, wie es näher und näherkam.
»Mein lieber kleiner Ole.«
»Mama, bist du das?«
»Ja, mein Schatz.«
Das Licht tanzte um ihn herum. Und genau, wie es seine Mama immer getan hatte, stupste es ihn an seine Nase. Es sah aus, wie eines dieser Himmelslichter, die die Menschen in bunten Farben in die Luft schossen. Nur verschwand es im Gegensatz zu ihnen nicht.
»Warum kommst du nicht zu uns zurück, Mama?«
»Ich bin immer bei euch.« Oles Nase juckte. Das tat sie oft, seit seine Mama nicht mehr da war. »Du und deine Brüder, ihr müsst euch vertragen.«
»Sie mögen mich nicht.«
»Sie erkennen nur noch nicht, wie mutig du bist.«
»Ich bin mutig?«
»Ja, natürlich. Du weißt es nur selbst noch nicht. Jetzt geh schlafen, es wird Zeit. Ich liebe dich, mein Schatz.«
Das Licht entfernte sich von ihm, flog höher und höher. Ole sah zu, wie es über den Bäumen schwebte und sich am Himmel mit den Sternen vereinte. Mit der Wärme, die seine Mama in seinem Herzen hinterlassen hatte, trat er den Rückweg zur Höhle an. Zwar wusste er nun, dass sie nie wiederkehren würde, und doch tat es nicht mehr so sehr weh. Ole kuschelte sich in seine Ecke und schloss die Augen.
»Ole. Ole, wach auf. Es wird Zeit. Denk daran, was ich dir gesagt habe. Du bist mutig, und du bist etwas Besonderes.«
»Ja, Mama«, murmelte der kleine Igel. Verschlafen öffnete er seine Augen. Tageslicht strömte durch die Äste. Seine Geschwister schliefen tief und fest. Warum hatte Mama gewollt, dass er aufwachte? Und dann roch er es. Es roch nicht wie immer. Nach Wald, frischen Pilzen, Blättern oder anderen Tieren. Irgendetwas stimmte nicht. Er streckte seine Nase in die Höhe und schnupperte. Der Gestank tat weh und brannte ihm in den Augen. Um ihn herum war es mucksmäuschenstill. Angestrengt lauschte er. Alles was er hörte, war das leise Knacken von Holz. Eine Erinnerung blitzte vor ihm auf. Die Stimme seiner Mama. Sie erzählte von einer großen Gefahr, dem Feuer.

Ole hatte in seinem jungen Leben noch nie ein Feuer gesehen, trotzdem glaubte er, dass es sich hier um eins handelte. Er sah auf seine schlafenden Geschwister. Sollte er sie wecken? Was, wenn er sich irrte? Sie würden mit ihm schimpfen. Sei mutig, hörte er seine Mama sagen. War er es wirklich, mutig? Der Gestank wurde stärker, das Knacken lauter. Und endlich nahm Ole all seinen Mut zusammen und weckte die anderen Igel. Wie er geahnt hatte, wollten sie nicht auf ihn hören.
»Ich rieche nichts«, sagte der eine Igel.
»Ich höre nichts«, meinte der Nächste.
»Wer hat immer als Erstes was zu essen gefunden?«, fragte der kleine Igel plötzlich. Einen langen Augenblick war es still im Unterschlupf.
»Du«, kam es ganz leise.
»Seht ihr? Meine Nase ist etwas Besonderes. Und wer hat euch stets vor dem Uhu gewarnt?«
Wieder sahen sich seine Geschwister an. »Du.«
»Seht ihr? Meine Ohren sind etwas Besonderes.«
Mit pochendem Herzen marschierte Ole aus der Höhle und lief auf die Wiese, ließ den Wald hinter sich. Als er sich umdrehte, sah er, dass seine Geschwister ihm folgten. Und noch etwas konnte er sehen. Über dem Wald ragte eine riesige Rauchwolke in den Himmel. Flammen schlugen empor. Staunend betrachteten auch die anderen vier Igel das Geschehen. Niemand traute sich, etwas zu sagen. Eine Weile standen sie einfach nur da und schwiegen.
»Du hast uns gerettet.« Hatte sich Ole verhört? »Ja, Ole ist ein Held. Er hat die besten Ohren und die beste Nase der Welt.« Plötzlich riefen alle durcheinander und tanzten um Ole herum. In dieser Nacht kuschelten sich alle Igel um den jüngsten von ihnen. Nie wieder wollten sie ihn ärgern. Und Ole? Er war zum ersten Mal froh, ein Igel zu sein. Mit den besten Ohren und der besten Nase der Welt. Aber eigentlich war es gar nicht wichtig, etwas Besonderes zu sein. Es reichte schon, wenn man einfach nur man selbst war.
Bevor er die Augen schloss, sah er zum Himmel. Dort leuchtete ein Stern heller als alle anderen.

Sunyva - Der Plan

Artur Belja

»Wir müssen einen ruhigeren Ort finden!«, meinte Zobrael zu Metrion, als er an ihm vorbeiging.

Die große Versammlung der Obersten war wie so oft ohne Ergebnis geblieben. Erst diskutierten alle herum, bis ihre Mägen knurrten, dann folgte das allbekannte Fressgelage, anschließend kam die Vorführung der neuen Zaubersprüche. Zumeist konnte man keine wirklich nützlichen Sprüche finden, doch ab und zu war unter den wirren Zaubern auch ein neuer nützlicher dabei. Jeder Zauberer strebte danach, einen außergewöhnlichen Zauber zu erfinden, um sein Abbild in dem großen Splittersaal zu verewigen.

Metrion und seine Mitstreiter hatten dieses Mal nicht so zugeschlagen, dass sie vor Völle keinen klaren Gedanken mehr fassen konnten.

In Tauroka, der Zaubererhochburg, herrschte ein reges Treiben, welches durch die immer öfter eintreffenden Nachrichten von unbekannten Angriffen durchzogen wurde. Es schien, als würde Temulin die offene Konfrontation wählen. Die Schneise der Zerstörung bahnte sich ihren Weg direkt auf Tauroka zu. Auch wenn es offensichtlich war, dass eine Gefahr direkt auf die Zauberer zusteuerte, blieben sie unbeeindruckt. Schließlich gab es in Evoluna keine Gefahr, die ernsthaft die Völker Evolunas gefährdete, außer das eine Mal, wo der große Schwall aus Evoluna verbannt worden war.

Zu dieser Zeit waren Temulin und Metrion noch zwei junge Zauberer gewesen, die mit der Hilfe eines Menschenjungen den Schwall in seine Schranken gewiesen hatten. Seit diesem Ereignis gab es nur kleine Territorialkämpfe zwischen den einzelnen Volksgruppen Evolunas. Doch diese endeten meist friedlich und ohne große Verluste.

Metrion schlich sich heimlich aus der Zaubererhochburg und folgte den geheimen Wegdeutungen, die Auria, eine seiner Zaubererkolleginnen, für ihn hinterlassen hatte. Der Wegdeutungszauber konnte nur von ausgewählten Zauberern gesehen werden, so wurde garantiert, dass Metrion und seinen Mitstreitern keiner folgen konnte, der außerhalb der Gemeinschaft stand. Die Zeichen wurden immer lichter, so war es klar, dass Metrion bald den heutigen Treffpunkt erreichen würde.

»Na, so allein?«, rief plötzlich eine bekannte Stimme hinter ihm.

Metrion drehte sich um. In braune Kuttengewänder gekleidet standen Pirimia und Loic hinter ihm und lächelten.
»Jetzt nicht mehr!«, schmunzelte Metrion.
Die drei folgten weiter den Zeichen, die sie tiefer in den Broxwald führten. Im Broxwald lebten neben Dalinen auch die Noxe, die mit den Edelanen die Schätze des Broxwaldes hüteten. Der Broxwald glich einem Ort, an dem selbst die Blätter der Bäume sowie Sträucher und Blumen eine rostbraune Färbung hatten. Nur die vereinzelt auftretenden Kristalle brachten etwas Farbe in diesen sonst so tristen Wald.
Metrion und seine Begleiter hüteten sich davor, von den Edelanen entdeckt zu werden. Nicht, dass die drei etwa Ärger mit den Edelanen bekommen hätten, viel eher hätten die kleinen Wichtel versucht, ihnen ihre Kristalle vorzuführen, was für Metrion und seine Freunde die Zeit eines Mondzyklus bedeutet hätte. Schließlich wuchsen im Broxwald überall Kristalle, selbst an den unvorstellbarsten Stellen. Viele dieser Kristalle waren bei Zauberern hochbegehrt, da man mit ihrer Hilfe neue Zauber erfinden konnte. Der Broxwald schien verlassen, doch die Ruhe täuschte. Die drei Zauberer standen unter ständiger Beobachtung. Die Noxe hüteten ihre Bäume. Die Baumgeister ließen ihren Baum nie alleine, schließlich wurde mit jedem neuaufkeimenden Oxbaum ein neuer Nox geboren.
Metrion konnte in der Ferne ein unscheinbares Flimmern erkennen. Die drei waren fast da. Als sie das Flimmern erreichten, hörte der Wegdeutungszauber mit einem Mal auf. Metrion streckte seine Hand aus und auf einmal verschwand sie in der durchsichtigen Barriere. Owel hatte seinen berühmten Tarnzauber angewendet, der die sechs vor neugierigen Blicken abschirmte. Pirimia und Loic folgten Metrion und durchschritten die Barriere, in deren Mitte schon Owel und Auria auf sie warteten.
»Wo ist Zobrael?«, fragte Loic.
»Du kennst ihn ja …!«, setzte Owel an.
»Das Beste kommt immer zum Schluss!«, unterbrach Zobrael, als auch er am geheimen Treffpunkt eintraf.
*

Ladora öffnete zaghaft die Augen. Sunyva beobachtete, wie Mala Taaz weiter ins Verhör nahm. Die Traumwächterin war misstrauisch.
Auch wenn Sunyva viel zu gern beim Gespräch gelauscht hätte, war sie im-

mer noch damit beschäftigt, Ladoras Gefangene in die Freiheit zu entlassen. Fast alle hatten ihr Gedächtnis verloren und so musste Sunyva ihnen helfen, sich erneut zu erinnern.
Malas Gespräch dauerte weiter an.
Es war wirklich nicht einfach für die junge Regenbogenprinzessin, doch sie schaffte es, alle in die Freiheit zu entlassen. Endlich gönnte sich Sunyva eine kleine Pause. So saß sie nun mit den beiden Spinoakindern am Ufer und wartete auf das Resultat von Malas Verhör.
Taaz schlug sich gut. Auch wenn sein Auftrag lautete, Sunyva zu töten, waren die Gefühle, die er für sie hegte, ehrlich.
Mala erkannte seine Gefühle für Sunyva, doch auch, dass Taaz etwas verheimlichte. Die Unterredung der beiden war zu Ende. So gesellten sie sich zum Rest der kleinen Gruppe.
Sunyva traute sich nicht, zu fragen. Taaz, der hinter Mala ging, zwinkerte nur kurz. Jetzt war Sunyva gelassener.
Mala kam nicht dazu, etwas zu sagen, da genau in diesem Augenblick Ladora wieder zu sich kam. Die Nixe versuchte erfolglos, sich aufzurichten, was ihr trotz mehrfacher Anläufe nicht gelang. Die fünf beobachteten aus respektvollem Abstand Ladoras klägliche Versuche.
»Sie ist nicht mehr die Alte«, meinte Sunyva.
Mala schaute sie misstrauisch an.
»Das kannst du nicht wissen!«, fügte sie hinzu.
Auch wenn Ladoras Körperfarbe nun eine andere war, hatten die anderen immer noch Angst vor ihr. Ladoras Gefangene kehrten, nachdem sie ihr Herz zurückbekommen hatten, zu ihren Lieben zurück. Nur Mala und die anderen vier blieben.
»Vater!«, rief das Spinoamädchen erfreut.
Evron war, nachdem er einigen anderen geholfen hatte, wieder zurück.
»Wir können jetzt gehen, Kinder!«, meinte er. Während seine zwei Sprösslinge sich bereit machten, ging Evron zu Sunyva. »Danke, dass du sie gerettet hast!«, meinte er mit sanfter Stimme.
Sunyvas Augen füllten sich mit Tränen. Sie hasste Abschiede.
»Gerne!«, brachte sie noch heraus, bevor sie der Spinoa hochhob und umarmte.
Endlich am Boden angelangt verabschiedeten sich auch die beiden Kinder

von Sunyva und so zogen die drei ihrer Wege. Taaz hatte sich am Rand der Kuppel hingesetzt und traute sich nicht, Sunyva zu trösten. Währenddessen behielt Mala die Nixe weiter im Auge. Sunyva schaute die Traumwächterin auffordernd an.
Wiederwillig folgte Mala der stummen Aufforderung. Wieder ließ sie ihre Haare wachsen. Die Haare breiteten sich am Boden entlang aus, bis sie bei Ladoras Körper ankamen. Malas Haare begannen, den Oberkörper der Nixe von hinten zu stützen, bis Ladora sich aufsetzen konnte.
Die vorher dunkelblauen Schuppen von Ladoras Fischflosse glänzten jetzt in einem goldbraunen Ton. Selbst ihre Hautfarbe war nun strahlend und voller Leben.
»Wer seid ihr?«, fragte Ladora. Es schien, als konnte auch sie sich an nichts erinnern.
Die drei zögerten, zu antworten.
Ladora versuchte, sich zu den Dreien zu drehen, doch wurde sie von Malas Haaren daran gehindert.
»Bitte tut mir nichts!«, rief die Nixe mit angsterfüllter Stimme.
Während Mala immer noch zögerte, ging Sunyva zu der Nixe. Malas Haare versuchten, Sunyva noch zu hindern, doch es war zu spät. Sunyva kniete neben der Nixe und schaute ihr in die Augen, ohne dass etwas passierte.
»Sie ist wirklich keine Gefahr mehr!«, erklärte Sunyva.
Unzufrieden kam Mala näher, schließlich lag da einer ihrer größten Feinde. Schutzlos, wie Ladora nun war, konnte sie sich über Sunyvas Zuspruch ersichtlich freuen.
Mala stand nun neben ihrer Prinzessin und schaute auch auf die Nixe herab. Ladoras hellbraune Augen waren voller Tränen der Reue. Auch wenn sie sich nicht an die letzten Geschehnisse erinnern konnten, waren ihre früheren Taten in ihr eingebrannt und warteten darauf, sie einzuholen. Natürlich erinnerte sie sich an Mala und an die Bosheiten, die sie ihr angetan hatte. Die Traumwächterin bemerkte zwar die Veränderung, doch auch ihr schossen im gleichen Moment die früheren Erinnerungen durch den Kopf.
Die Gefühle der Schuld ließen den See der tausend Tränen pulsieren. Es schien, als würde in seiner Mitte ein Feuer lodern, welches den See in ein bernsteinfarbenes Licht tauchte. Das Wasser leuchtete in einem so warmen Licht, als würde man in der Sonne liegen. Was keiner der vier wusste, war,

dass Ladoras Schuld sich nun in Hoffnung verwandelte. So glänzte das Schwellwasser in einem zarten Bernsteinton und erhellte die Gedanken aller Anwesenden.

»Ich danke dir, dass du mich aus der Dunkelheit geholt hast. Nie hätte ich gedacht wieder das Licht in mir zu spüren«, sagte Ladora mit schwermutiger Stimme.

Die Nixe hielt Sunyvas Hand, Tränen liefen ihr übers Gesicht. Mala schaute auf die Nixe herab und kämpfte immer noch mit sich. Sie konnte die Ehrlichkeit in Ladoras Worten spüren.

»Geschehenes kann man nicht rückgängig machen, doch man kann seine zukünftigen Handlungen darauf aufbauen!«, meinte Ladora.

Taaz traf die Aussage der Nixe. Auch er stand an einem Scheideweg, an dem er entscheiden musste, welchen Weg er wählen würde. Sunyva schaute die schluchzende Nixe an.

»Wieso warst du so verbittert, wenn du doch nicht böse bist?«

Sunyva konnte nicht alle Erläuterungen Ladoras verstehen, schließlich war sie noch zu jung. Doch was Sunyva auch mit ihren jungen Jahren verstand war, dass die Enttäuschung und Furcht zusammen mit einer unerwiderten Liebe zu einem solch angsterfüllten Handeln führten. Sunyvas Schwärmerei war noch lange nicht zur Liebe geworden. Doch das wusste sie nicht, dass Liebe noch um einiges stärker war als die Gefühle, die sie gerade für Taaz empfand.

So trug die Regenbogenprinzessin das Glück der kindlichen Unschuld immer noch in sich.

Gefühle waren in Evoluna weit verbreitet und um einiges stärker als hier bei uns Menschen, trotzdem schafften es alle, in Frieden zusammen zu leben. Na gut, schließlich gab es noch die Valme, die alle negativen Gefühle absorbierten, da sie sich von ihnen ernährten.

»Bist du dir sicher, dass das Böse nicht wieder Überhand gewinnen könnte?«, fragte Sunyva.

Ladora schaute sie schwermütig an.

»Du hast mein Herz mit Licht geflutet, es kann nie mehr von der Dunkelheit gezogen werden. Dies Wasser soll allen Bewohnern Evolunas als Schutz dienen und kein Unglück soll sie und euch mehr ereilen!«, sprach die Nixe, und das Wasser des Sees der tausend Tränen leuchtete abermals auf. »Ich bitte

dich mein Kind, kannst du mir verzeihen?«, fügte Ladora noch hinzu und versuchte, sich zu Mala zu drehen.
»Ich verzeihe dir!«, sagte die Traumwächterin und berührte Ladoras Schulter. Die Traumwächter waren eines der friedlichsten Völker Evolunas. Und auch wenn sie große Krieger waren, verfügten sie über ein umso größeres Herz.
Taaz hielt sich im Hintergrund und beobachtete wie Mala und Sunyva der Nixe zurück ins Wasser halfen. Kaum war Ladora in ihrem See, zerfiel die Kuppel über ihnen.
»Wir müssen jetzt weiter!«, gab Mala den Startbefehl.
»Lebt wohl Freunde!«, rief Ladora ihnen nach.
*
»Hat jeder seine Aufgabe verstanden?«, fragte Metrion in die Runde.
Pirimia und die anderen nickten bejahend. So war das Geheimtreffen ohne großartige Diskrepanzen vorübergegangen. Einer nach dem anderen verließ Owels Tarnbarriere und kehrte nach Tauroka zurück. Es verwunderte nicht, dass keinem ihr Fehlen aufgefallen war. Selbst die Späher auf den Zwirbeltürmen waren damit beschäftigt, die nahende Gefahr nicht aus den Augen zu verlieren.
Weit hinten bei der Ebene der Arnunen konnte man Temulin samt seiner Gefolgschaft ausmachen. Es waren um die zwei Dutzend Männer. Über der kleinen Gruppe, die dort rastete, schwebte eine schwarze Rauchschwade. Keiner der ältesten Obersten traute sich, Späher zu entsenden. Schließlich lagen zwischen Temulin und ihnen die drei Bannkreise der Freundschaft, die bis jetzt keiner überwinden konnte, dem es nicht gewährt war. Und selbst wenn es ihm gelingen würde, diese zu durchbrechen, lagen noch weitere Hindernisse zwischen ihm und Tauroka. Viele der Einwohner Taurokas drängten auf die südliche Mauer, wo sie der Verbannung Temulins zuschauen wollten.
Metrion und die anderen seiner Verbündeten hatten somit freie Hand. Auria und Owel holten einige Bannkristalle aus der Kristallkammer, während Pirimia und Loic aus dem Reservatenlager die restlichen Zutaten für Zobraels geheimen Vernichtungszauber besorgten.
Zobrael und Metrion hingegen suchten sich ein ruhiges Plätzchen, wo sie mit der Zubereitung des Zaubers begannen. Das ruhige Plätzchen, welches Metrion im Auge hatte, war sein eigenes Gemach, welches er als privilegierter

Oberster alleine bewohnte. Während die zwei auf die anderen warteten, begannen sie mit den Vorbereitungen. Metrion holte seine letzten Reserven an Kristallsalz und Einhornstaub aus seiner Utensilien-Schatulle. In der Zwischenzeit räumte Zobrael die Möbel und die Teppiche beiseite. In einer kleinen Kristallschüssel vermischten die beiden anschließend das perlmuttschimmernde Pulver zu gleichen Teilen. Die Mischung begann noch mehr zu schimmern, als die beiden Zauberer noch einige Tropfen von der Takantinktur darauf tröpfelten. Im gleichen Augenblick stürzten auch die anderen vier durch die Tür.

»Habt ihr alles bekommen?«, fragte Zobrael.

Pirimia und Auria nickten, während Owel und Loic Metrion halfen, seine schwere Utensilien-Schatulle auf die Seite zu schieben. Die sechs stellten sich kreisförmig um die Kristallschüssel auf. Jeder nahm sich einen Bannkristall. Anschließend legten sie die Kristalle in die Schüssel mit der Zauberpulvermischung. Sie zückten ihre Dolche. Einer nach dem anderen sagte seine Phrase auf und stach sich in den Finger, opferte einem Tropfen Blut.

Ich bin die Geborgenheit im Licht.
Ich bin die Liebe, die alles bricht.
Ich, das Vertrauen.
Ich, der Mut.
Ich, die Stärke, die bricht die Wut.
Mit Blut wird es nun begossen
und mit Hoffnung wird dieser Bund geschlossen.

Jeder der sechs ließ einen Tropfen Blut in die Kristallschüssel fallen. Mit jedem weiteren Tropfen leuchtete die Schüssel in einer neuen Farbe auf, bis mit dem letzten Tropfen das Pulver in einem strahlenden Gold erstrahlte. Einer nach dem anderen füllte mehrere Messerspitzen des goldschimmernden Pulvers in einen kleinen Stoffbeutel. Jeder hatte in seinem Beutel eine andere Kräutermischung, die mit dem Pulver auf eine andere Weise reagierte. Am Ende war die Kristallschale fast leer und so legte Zobrael einige Broxscheitel hinein, die er mit »Flamas!« entzündete. Das Holz des Broxbaumes entflammte rasch auf und strömte einen harzig und zugleich erdigen Geruch aus.

Pirimia war als Geborgenheit die Erste, die ihren Dolch in die flammende Schale mit den rosapurpurnen Flammen legte. Anschließend folgten Auria mit Liebe, Owel und Loic mit Vertrauen und Mut und Metrion mit Stärke. Als Letzter der Zaubererrunde war Zobrael an der Reihe, der als Hoffnung seinen Dolch ablegte. Die Flammen schimmerten von Rosa über Lila bis hin zu einem tiefen Dunkelblau.

Von draußen war Geschrei zu hören. Die Wasserspeier schrien ihren alles durchdringenden Sirenenschrei. Die steinernen Fratzen waren überall, an den Mauern, den Türmen sowie den Hausdächern verteilt. Nie erklangen ihre Stimmen in Evoluna, schließlich gab es bis jetzt keinerlei Gefahr, die einer Warnung bedurfte. Die steinernen Dämonengesichter und Figuren glichen denen, welche wir in unserer Welt an Kirchen und alten Burgen finden. In früher Zeit verbreiteten sie auch in unserer Welt ihren Gesang, der für menschliche Ohren unhörbar war.

*

»Wo gehen wir hin?«, fragte Taaz.

Mala schritt zügig voran. Die drei hatten die Ebene Farawell zum Teil passiert, ohne dass sie auf Grings gestoßen waren. Mala blickte zurück und deutete Taaz mit einer klar verständlichen Handbewegung, dass er ruhig sein sollte. Auf den Bäumen und Sträuchern waren unzählige kleine handgroße Nester auszumachen, die leer zu sein schienen. Still und hastig rannte die kleine Gruppe weiter Richtung Krallgebirge.

Pitt der Einwanderer

Angelika Groß

Ganz langsam öffnete er die Augen, irgendetwas blendete ihn. Er brauchte ein paar Minuten, bevor er richtig wahrnahm, was so hell in seinen Augen leuchtete. Ein süßer Duft stieg ihm in die Nase. War er gestorben und schwebte auf die Wolken zu? Verwundert schaute er aus halbgeschlossenen Augen auf das gelbe Paradies. Ein Rapsfeld, darüber ein hellblauer Himmel mit weißen Schäfchenwolken, einfach wunderbar. Nur etwas störte ihn. Aua, was pickte ihn denn da?

»Hallo, aufwachen, mach mal die Augen auf, oder meinst du, du bist im Himmel?«

Ganz langsam öffnete Pitt seine Augen und staunte. Da war etwas Braunes, Stinkendes mit einem spitzen Schnabel und meckerte mit ihm. Er setze sich hin und sagte:

»Ich heiße Pitt, ganz einfach Pitt und ich bin ein …«

»Du brauchst nichts zu sagen, ich sehe, was du bist.«

»Dann ist es ja gut, wie ist denn dein Name?«

»Immer noch von und Sie, wenn ich bitten darf, außerdem tut das nichts zur Sache. Die Frage ist eher, was du hier in meinem Revier suchst. Keine Lügen, verstanden, da verstehe ich keinen Spaß, keinen Spaß. Tztztztztz. Es ist ungehörig, Erwachsene so anzuglotzen, ich fresse dich schon nicht auf, aber …«

»Ich würde dir auch nicht schmecken, ich bin viel zu dürr, deshalb auch sehr trocken. Außerdem haben Sie sich immer noch nicht vorgestellt.«

»Papperlapapp, mich kennt hier jeder in der Gegend, ich habe hier das Sagen, sonst niemand. Was machst du eigentlich da, so klein, allein …«

»Keine Ahnung, wie ich hier gelandet bin, vielleicht hat mich jemand entführt oder verschleppt.«

Nachdenklich kratzte Pitt sich am Kopf, schüttelte diesen hin und her, verstand einfach nicht, wie er in das gelbe Land gekommen war. Gedankenverloren schnappte er sich einen dicken Käfer, der gerade an ihm vorbeikrabbelte, knackte seinen harten Panzer und verschluckte ihn genüsslich. Der Vogel beobachtete das mit Argwohn und rückte zu Pitt ins Rapsfeld.

»Hör mal Pitt, du kannst hier nicht einfach alles fressen, was dir vor die

Schnauze kommt. Aber ich will mal nicht so sein. Erzähl mir lieber, ob es noch mehr von deiner Sorte gibt.«

Pitt dachte nach, hm, Vater, Mutter, Oma, Opa, Tante. Es waren einfach zu viele Mitglieder, Großfamilien hatten es nun einmal an sich, sehr umfangreich zu sein. Er schaute sich um, hier war er ganz alleine. Weit und breit keine Verwandtschaft zu sehen.

»Nein, ich glaube nicht, dass jemand von der Sippe auch hier ist.«

»Papperlapapp, das kann nicht sein, so ein kleiner Krümel wie du ist niemals allein auf Wanderschaft. Oder haben sie dich ausgesetzt? Aah, ich verstehe, du hast deine Familie in ein schlechtes Licht gerückt und sie haben dich verstoßen, stimmt das oder habe ich recht?«

»Ich habe doch gesagt, ich weiß es nicht, außerdem stellen Sie sich erst einmal vor, sonst rede ich kein Wort mehr mit Ihnen.«

»Papperlapapp, wozu willst du das wissen, hast du etwas Bestimmtes im Sinn, wenn du meinen Namen weißt?«

»Warum soll ich was vorhaben oder haben Sie etwas ausgefressen, dass die Polizei Sie sucht?«

»Ha, mich, Gisbert von Lauenstein, sucht die Polizei, das ist ja lächerlich. Außerdem bin ich in geheimer Mission unterwegs, eingeflogen aus Dänemark, aus einem alten Schlag der von Lauensteins. Das … das ist ja eine Frechheit. Gesucht, womöglich gefunden und eingesperrt.«

Aufgebracht flatterte die Möwe hin und her, dabei schlug sie mit den Flügeln um sich und schubste Pitt in einen Graben. Erschrocken richtete der sich auf, schaute auf die Möwe, die sich gar nicht beruhigen wollte, und krabbelte langsam zu ihr.

»Es tut mir leid, ich wollte Sie nicht beleidigen. Nur wollte ich gerne wissen, mit wem ich es zu tun habe. Außerdem verstehe ich das nicht, eine braune Möwe? Wie kann das sein, oder ist das hier ein Wunderland, wo alle Tiere etwas anders aussehen, außerdem stinken Sie.«

»Psssst, nicht so laut, das ist meine Tarnfarbe.«

Jetzt konnte Pitt sich nicht mehr halten vor lauter Lachen. Eine Möwe, wenn auch eine adelige und dann in brauner Tarnfarbe.

Prustend hielt er sich den Bauch, der ihm schon langsam wehtat vom Lachen.

»Tarnfarbe, braun, Tarnfarbe, es stinkt wie Gülle.« Damit kugelte sich Pitt auf den Bauch und lachte weiter.

»Ja ist es denn die Möglichkeit, so eine Unverschämtheit. Ein von Lauenstein muss sich von einem, einem … ausgestoßenen Fremden nicht beleidigen lassen!«

Jetzt wurde es der Möwe zu bunt, sie wollte sich auf Pitt stürzen und einmal ordentlich zuhacken. Pitt war allerdings schneller, denn er war klein und wendig. Mit seinen Händen wühlte er schnell ein Loch in den weichen Boden und verschwand darin.

»Komm sofort daraus, du kleiner Mistkerl, ich werde es dir schon zeigen.«

Er tat ihm natürlich nicht den Gefallen und buddelte sich weiter durchs Erdreich.

»Wer ist da? Hallo, wer ist da, ich höre dich, also so sag doch etwas. Du da, links, ich bleibe jetzt hier sitzen und du meldest dich. Mein Name ist Emil und wer bist du?«

»Ich heiße Pitt und bin auf der Flucht vor einer braunen Möwe. Kannst du mir vielleicht den Weg zeigen, ich finde mich hier nicht zurecht.«

Jetzt fing der Maulwurf namens Emil laut an zu lachen und rollte sich auf dem Boden.

»Nee, er hat es schon wieder getan, nee, nee er lernt es niemals.«

»Ja was denn, du meinst die Möwe? Die nennt sich Herr von Lauenstein und meint, er wäre hier als Geheimagent, inkognito.«

»Ja, ja, das sagt er immer, wenn keiner auf ihn hören will. Er wälzt sich dann in der Gülle auf dem Feld und gibt sich als Agent aus. Aber in Wirklichkeit kommt er aus Usedom und ist bei der Landung in ein Loch gefallen. Er kann jetzt nicht mehr fliegen, eine Schwingfeder ist abgebrochen und die wächst nicht mehr nach. Der arme Tropf muss nun hierbleiben und sein Dasein fristen. Deswegen ist er auch so boshaft zu den anderen Tieren. Mach dir nichts daraus, jetzt bist du in meinem Reich und ich bringe dich überall hin, wo du willst.

Nur sag mal, was bist du eigentlich für ein Tier, du riechst nach Öl. Du weißt, ich bin fast blind, aber riechen kann ich ausgezeichnet. Komm mal ein bisschen näher, damit ich dich befühlen kann, oder hast du etwas dagegen? So ganz alleine auf der Welt, was machst du denn hier auf dem Acker, hihi, vielmehr unter dem Acker?«

Jetzt fing Pitt an zu weinen und konnte gar nicht mehr aufhören. Emil kam

näher und kuschelte sich an ihn.
»Es ist ja gut, ich werde dir helfen, nun erzähl mal von Anfang an. Hier nimm, das ist ein dicker Regenwurm, frisch geröstet. Iss erst einmal und beruhige dich.«
Pitt nahm die Leckerei und schluchzte, bevor er anfing zu erzählen.
»Also, meine ganze Familie ist in ein großes Auto verladen worden, dann fuhren sie los. Aber der LKW fuhr zu schnell, in einer scharfen Rechtskurve fiel dann meine Kiste von der Ladefläche. Mehr weiss ich auch nicht, als ich wieder wach wurde, lag ich alleine auf dem Acker.«
»Was soll das heißen, wir wurden verladen in eine Kiste, die ist dann runtergefallen, das verstehe ich nicht.«
»Also, unsere ganze Familie kommt von ganz weit her, aus China, mit einem Containerschiff. Wir sollten nach Europa reisen, um die Welt kennenzulernen. In China haben wir in einer Fabrik gelebt und das war sehr öde, deshalb freuten wir uns auf die Fahrt. Nach der langen Schiffsreise auf engstem Raum wurden unsere Kisten dann auf einen LKW verladen. Verstehst du das jetzt?«
»Hm, du fühlst dich allerdings nicht an wie ein kleiner Chinese, aber ist ja auch egal. Ich werde dir helfen, weiter zu kommen. Wenn der LKW in unsere Gegend gefahren ist, müssten wir auch den Verbleib deiner Familie erfahren. Also mach dir einmal keine Sorgen, Emil wird es schon richten.«
»Danke, jetzt bin ich wenigstens nicht mehr alleine. Dieser Herr von Lauenstein kann mir auch nichts mehr anhaben, gut so.«
»Da müssen wir noch etwas vorsichtig sein, diese Möwe gibt nicht so schnell auf. Er wird unseren Weg oberirdisch verfolgen, deswegen müssen wir ihm ein Schnippchen schlagen.«
Pitt und Emil wanderten durch die zahlreichen Tunnel, die der kleine Maulwurf schon früher angelegt hatte. Es ging hier und dorthin, rechts und links, bis Pitt ganz schwindelig wurde.
»Du meine Güte Emil, das hast du alles gebaut? Da warst du ja tagelang beschäftigt.«
Pitt war mächtig beeindruckt.
»Klaro, ist ja mein Beruf überall und nirgends zu sein, hihi. So, jetzt werden wir einmal testen, ob Herr von Lauenstein uns geortet hat.«
Emil krabbelte nach oben, durchstieß einen kleinen braunen Hügel und hielt

seine Nase in den Wind. Er schnüffelte, mal nach rechts und mal nach links.
»Nun sag schon Emil kannst du etwas riechen?«
»Hm, die Gülle wurde vor Wochen auf dem leeren Acker versprüht, also ist sie auf dem Federkleid der Möwe schon eingetrocknet. Hm, aber ich rieche Benzin, die Gülle im Tunnel bildet Gase, neein … Pitt lauf, lauf.«
Es gab eine Explosion und Pitt wurde auf die Straße geschleudert, direkt vor einen kleinen Souvenirladen. Dort blieb er mit dem Gesicht nach unten liegen. Dann wurde es ganz still um ihn herum.
»Mama, er ist es, schau, seine braunen Öhrchen, sie sind noch ganz heil.«
Er glaubte, seinen Ohren nicht zu trauen. Konnte das wahr sein?
»Pitt, Pitt geht es dir gut?«
»Lass mich mal ran.« Pitt fühlte sich hochgehoben und ganz leicht.
»Anton, stell Pitt wieder hin, ihm wird doch ganz schwindelig.«
»Es ist nichts kaputt, alles noch dran, er hat großes Glück gehabt, dass er auf einem Stapel Kartons gelandet ist. Man sollte nicht immer alles sofort wegräumen, Adele. Wie du siehst, hat es unserem Sohn das Leben gerettet.«
Langsam öffnete Pitt seine Augen und staunte nicht schlecht, seine ganze Familie stand um ihn herum.
»Mama, Papa, Ilse … wo kommt ihr denn her?«
»Das musst du grad sagen Bruderherz, wer war denn hier verschwunden? Aber komm erst einmal herein, wir haben einen tollen Laden und ein wunderbares Plätzchen im Schaufenster, wo wir die ganze Welt beobachten können.«
Draußen im Rapsfeld konnte Pitt Emil erspähen, dieser winkte ihm lachend zu. Irgendwie roch es nach angebranntem Fleisch, wer das wohl sein mochte? Familie Erdmann umarmte den verlorenen Sohn, sie gingen in den kleinen Geschenkeladen und hatten sich viel zu erzählen.
Dort habe ich Pitt gefunden und nun steht das kleine Erdmännchen in meinem Garten und wacht glücklich über sein Reich.

Ob es so war oder nicht, es spielt keine Rolle, oder?

Bodolfilia, die goldene Stimme im Wind

Marianne Schaefer

Vor vielen, vielen Jahren lebte der Sänger Amahar. Seine Heimat war überall und nirgendwo. Er zog von Ort zu Ort und erfreute die Menschen in einsamen Gegenden oder auf großen Marktplätzen in Städten mit Liedern aus längst vergessenen Zeiten. Lohn für seinen Gesang gab es nur wenig, aber es reichte, um nicht zu verhungern. Sein ganzer Besitz bestand aus einem braunen Rucksack und einem ebenso braunen alten Gaul, der mit müden Beinen und hängendem Kopf neben ihm hertrottete, jedoch allzeit ein guter Zuhörer war.

Amahars braunes Haar reichte bis zum Gürtel. Aber der Bart erst! Um nicht darauf zu treten, trug er ihn um den Hals gewickelt. Das war gleichzeitig gut gegen die Kälte, die in ihm hochkroch.

Der Weg, den er in Gedanken an sein tristes Leben eingeschlagen hatte, führte ihn durch ein ihm unbekanntes, verschneites Gebirge. Die Dunkelheit rückte näher und ein langer, weiter Weg schien vor ihm zu liegen, da er nicht ein Lichtlein sehen konnte, soweit er seine Augen auch schweifen ließ. Der Rucksack gab noch einen Kanten Brot her, den er mit seinem alten, braunen Gaul teilte. Gegen den Durst kauten sie Schnee.

Verzagt blickte der Sänger hinauf zum Felsmassiv. Es schien nur einen Weg durch diese unwirtliche Gegend zu geben. Eigenartigerweise sah er keinen Rückweg mehr, einfach verschwunden, wie nie da gewesen. Was blieb ihm weiter übrig, als voranzuschreiten? Rechts und links des Weges taten sich unvermittelt Schluchten auf. Es galt auf der Hut zu sein, um nicht an besonders engen Stellen abzurutschen und in einen gähnenden, wie auf Opfer wartenden Schlund zu stürzen. Das war das Gebiet von Bardaros, ein Diener des Bösen. Hoch oben im ewigen Eis, wohin kein Mensch freiwillig je einen Fuß setzen würde, hauste er. Seit Wochen hielt Bardaros die schöne Bodofilia, einzige Tochter des Dorfschmieds Udakar, gefangen. Die Menschen nannten sie auch Bodofilia, die goldene Stimme im Wind, weil der Wind nie müde wurde, ihre wunderschönen Lieder bis in die tiefsten Täler und über die höchsten Berge zu tragen. Auch jetzt hörte Amahar lieblichen Gesang. Gleichzeitig erhob sich ein schrecklicher Schneesturm mit heftigen Böen, die versuchten, ihn und sein Pferd in die Tiefe zu stürzen. Es war Bardaros üble

Posse. Sein höhnisches Gelächter ließ Amahar erschauern. Ein Glück, dass des Sängers Gaul nicht mehr so leicht zu erschrecken war, denn auch das Tier hatte schon viel erlebt und gemeinsam mit seinem Herrn, der ihn einst vor dem Schlächter bewahrt hatte, durchgestanden. Das Schneegestöber nahm immer mehr zu, sodass Amahar nichts mehr erkennen konnte. Zwischendurch hörte er immer wieder einzelne Töne von Bodofilias Gesang.

Plötzlich teilte sich der Schnee wie ein Vorhang, den man zur Seite schob. Eine braune Wolke erschien, in der Funken aufglühten wie von zahllosen Augen.

»Fürchte dich nicht, Amahar«, sagte die Wolke mit donnernder Stimme, »ich bin Idefesom, ein guter Geist. Du wirst Bodofilia, die goldene Stimme im Wind, aus den Händen von Bardaros befreien.«

»Warum ausgerechnet ich?«, schrie Amahar.

»Nenn es Zufall oder Schicksal! Du hast dich hierher verirrt und trägst einen sehr langen Bart.«

»Was hat mein Bart damit zu tun?«

»Den wirst du brauchen, auch deinen alten Freund! Hörst du? Bodofilia singt!«

»Ich höre nichts mehr!«, schrie Amahar erneut. »Der Sturm braust zu laut!«

»Sie singt für ihren Retter! Aber ich glaube, ich muss dir helfen. Bardaros treibt es gar zu arg. Momentan wütet er hier unten, da kann er nicht oben bei Bodofilia sein. Die Gelegenheit müssen wir nutzen.«

Die Wolke umhüllte Amahar samt Pferd. Beide wurden fortgetragen bis vor das Schloss von Bardaros, in dem das Mädchen gefangen gehalten wurde.

»Geh!«, befahl der gute Geist.«Wir haben nicht viel Zeit!«

»Warum kannst du sie nicht befreien?«

»Ganz einfach! Meine Macht endet an der Schwelle zum Reich des Bösen.«

Amahar war kein mutiger Mann. Er zitterte am ganzen Leibe und betrat vorsichtig das Eisschloss. Was er sah, versetzte ihn in Erstaunen, so schön war alles. Es glitzerte und funkelte nur so um ihn herum. Zum Schauen blieb aber keine Zeit, er musste weiter.

»Bodofilia«, rief er leise, dann immer lauter und mutiger. Er bekam keine Antwort. Verzweifelt durchsuchte er sämtliche Räume, bis er endlich ihre Stimme hörte.

Das Mädchen stand in einer tiefen Höhle mit glatten Wänden ebenfalls aus

Eis, an denen sie keinen Halt fand, um hochzuklettern.
»Wer bist du?«, rief sie hoffnungsvoll nach oben.
»Amahar«, sagte er. »Ich werde dich befreien. Aber wir müssen uns beeilen!« Er beugte sich über den Rand der Höhle, wickelte flink sein braunes Barthaar vom Hals und ließ es hinunterfallen. »Greif zu und halte dich gut fest. Draußen wacht Idefesom, der gute Geist. Er hilft uns zu entkommen.«
Vorsichtig setzte er sich auf seinen alten Freund, redete ihm gut zu und der Gaul wusste, dass es nun auf ihn ankam. Da Amahars Bart so ungewöhnlich lang war, konnte er ihn sicherheitshalber auch noch dreimal um den Hals des Pferdes winden, damit er nicht aus dem Gesicht und womöglich in der Höhle verschwand. So gut durchdacht ging alles sehr schnell. Bodofilia griff fest zu und ließ sich nach oben ziehen. Dann beeilten sie sich, aus dem Schloss zu kommen. Idefesom umfing sofort alle gemeinsam und trug sie hinunter ins Tal.
Bardaros hatte in seiner Wut, sich unten auszutoben, die Flucht seiner Gefangenen zu spät bemerkt. Er versuchte, Bodofilia zurückzubekommen, doch gegen den guten Geist kam er letztendlich nicht an.
Amahar brachte Bodofilia sicher zu ihren Eltern zurück, die sie überglücklich in die Arme schlossen.
Drei Tage lang tobte Bardaros um die Schmiede des Udakar. Er rüttelte an Fenster und Türen. Er warf vor Wut mit Dachziegeln und Bäumen um sich. Dann endlich gab er auf.
Der Schmied bot Amahar an, für immer bei ihnen zu bleiben, was dieser nur zu gern annahm. Es freute ihn noch mehr, dass sein alter Freund das Gnadenbrot bis zu seinem Tode in einem warmen Stall erhalten sollte, schließlich war er bei der Rettung des Mädchens außerordentlich hilfreich gewesen. Nach einem heißen Bad und einer Rasur fühlte sich der Sänger wie neu geboren. Bodofilia fand Gefallen an dem hübschen Burschen und nahm ihn nach drei Monden zum Manne.
Allabendlich saßen sie nun vor dem Häuschen der Eltern und sangen sich in die Herzen derer, die vorüberzogen oder gern zuhörten, denn der Wind wurde nicht müde, ihrer beider Stimmen bis in die tiefsten Täler und über die höchsten Berge zu tragen.

Des Mönchs braune Kutte

Marlies Hanelt

Einleitung

Die ersten Benediktinerklöster hatte man im frühen sechsten Jahrhundert gegründet, im italienischen Ort Subiaco, in der Nähe Roms und Umgebung. Es entstand zudem das herrliche, auf einem Berg befindliche und von Pinien umrahmte Kloster Montecassino. Diese Abtei beherbergte Bettelmönche des Benediktiner-Ordens, die nach festgelegten Regeln lebten. Feierlichkeiten, vier bis acht Stunden. Dem erholsamen und erquickenden Schlaf waren täglich sieben bis acht Stunden zugedacht. Die restliche Zeit des Tages füllten Gartenarbeit, religiöse Lektüre und diverse Studien. Immer dem Benedikt von Nursia folgend, »ora et labora«. Also, »bete und arbeite«. Vom Grundsatz ein durchdachtes ausgeklügeltes Dogma, das die Einfachheit des eigentlichen Lebens strukturell in Betracht zog und von den Mönchen auch täglich akribisch umgesetzt wurde. Materiellen Werten abgeneigt, besaß Armut durchaus nichts Anrüchiges, sondern führte dadurch bedingt auf eine andere geistige Lebens- als auch Gedankenebene. Diese befreite zudem von allem Überflüssigen, was der Mensch nicht wirklich benötigte. Wie eine Rückführung und Manifestierung auf das Wesentliche reduziert.

Hierzu zählten auch die Bettelmönche der Augustiner- Franziskaner- und Dominikanerorden. Alle folgten ihren speziellen Dogmen und ergaben sich freiwillig in die bittere als auch erlösende Armut. Leider wurde die Abtei Montecassino im Zweiten Weltkrieg von den Alliierten völlig zerstört. Sieben Mönche überlebten und flohen ziellos aus ihrem sie einst schützenden Kloster, das jetzt einer Ruine glich, auf einem Maultierpfad erst einmal ins Liri Tal. Ein schmales, nur wenig tiefes, aber klares Flüsschen gleichen Namens durchschnitt es. Sie beteten dabei den Rosenkranz und waren trotzdem voller Hoffnung.

In der heutigen Zeit sanierte man dieses einst so wunderschöne Kloster und baute die Ruine nach genauer Vorlage wieder auf. Jetzt erstrahlte es erneut und bot und bietet Touristen aus aller Welt einen Rückblick in jene Zeit, wie Bettelmönche schufen. Als Publikumsmagnet zieht es nicht nur Gläubige an, sondern jeden, der sich für kulturelles Gut interessiert. In diesem speziellen

Fall das Kulturgut der Benediktinermönche. Noch heute existieren diese Abteien auf der ganzen Welt, in denen Bettel- als auch Schweigemönche zurückgezogen den eigens für sie geschaffenen Grundsätzen nachkommen. Armut und das totale Schweigen läutern die Seele und befreien den Körper. Denn, Reden ist Silber und Schweigen eben Gold. Ein Prinzip, über das man durchaus einmal kurz nachdenken sollte. Denn falsche Worte können im metaphorischen Sinne tödlich wirken. Tibetanische Mönche mit ihren »SECHS TIBETER« Übungen stählen hierbei ebenfalls Geist und Körper. Erheben alles auf eine andere Ebene, die genauso befreiend wirken kann. Drehen täglich ihre tibetanische Gebetsmühle, welche einer Rolle gleicht. Auf dieser befinden sich jene vorgeschriebenen Mönchsgebete. In die Lehre des Sechsten Tibeters wird allerdings viel hineininterpretiert. Zum Beispiel, das Geheimnis sexueller Befreiung. Völlig zurückgezogen in sich selbst und abgenabelt vom Rest der Welt, wird hier ein puristisches Dasein praktiziert und gepflegt. Reis, Wasser, Gemüse, Kräuter und wenige Obstsorten, selbst angebaut. Unabhängigkeit in Reinkultur. Niemand weiß bis heute, wo man dieses Kloster findet. Das ist auch gut so.
Nun meine fiktive Geschichte, wie die damaligen Bettelmönche geflüchtet sein könnten und welchen Querelen sie ausgesetzt wurden. Denn im Liri Tal konnten und wollten sie nicht bleiben, da ihnen jenes keinen wirklichen Unterschlupf und Schutz des Verweilens bot. Eine karge, mit nur wenigen Büschen bewachsene Talebene, die frei einsehbar war. Vielleicht würden auch sie hier ihr Leben hergeben? Quasi für immer dem Tode geweiht?

Flucht in die Ungewissheit

Die heiße Sommersonne brennt erbarmungslos vom Firmament. Stahlblauer Himmel zeigt kein einziges Wölkchen und lässt auch nur ansatzweise den ersehnten Regen vermuten. Ausgedörrt ist das Land und giert nach dem erlösenden Nass. Über der Abteiruine Montecassino steigen unaufhörlich pechschwarze Qualmwolken auf, und lassen nur erahnen, welch Unheil sich zuvor abgespielt haben musste. Ein Drama und das abscheulichste Flammeninferno, dem viele Mönche zum Opfer gefallen sind. Nur sieben von ihnen überlebten das ungewollte Massaker und befinden sich jetzt auf der Flucht über einen steinigen Maultierpfad in Richtung Liri Tal, beten unaufhörlich

den Rosenkranz und erhoffen sich einen Neuanfang. Gott wird ihnen den richtigen Weg aufzeigen, denn sie legen ihr unerschütterliches Sehnen eben in seine Hände. Ein Gottvertrauen, das sich etwas später rächen sollte. Ihre Namen: - Adelphos, Deus, Albus der Weiße, Aigis mit dem Ziegenfell, Aigilops mit der Eiche, Aemulus der Nacheifernde und Aiolos der Schnelle.
Mit nichts weiter auf ihren ausgezehrten Leibern als braunen Kutten, die von der Sonne stark ausgeblichen und dünn geworden sind. Teilweise so löchrig, dass selbst die warme Sommerbrise sie frösteln lässt. Sowohl hungrig als auch durstig begeben sich die sieben Mönche in die Ungewissheit. Angetrieben von dem Wunsch, ihr Leben und eine Heimstatt an einem anderen Ort neu aufzubauen. Noch ist ihr Überlebenswille stark. Jedoch macht sich bei Albus eine gewisse Erschöpfung und Unwohlsein breit, die er auf sein Alter von siebzig Lenzen zurückführt. Teuflisches Pochen in den Knochen, gepaart mit eisigen Frostschüben, kann er kaum mit den noch ziemlich jungen anderen Mönchen mithalten, muss sich immer wieder auf den steinigen Boden des Trampelpfades setzen, um die noch vorhandenen wenigen Energien nicht zusätzlich einbüßen zu müssen. Bis zum Liri Tal kann es noch viele Tage dauern und wer weiß, ob er nicht bis dahin völlig schlappmacht. Vielleicht sogar im letzten Moment der dortigen Ankunft sein karg aufgebautes Leben verliert, dem er bis heute im Übermaß gerne gefrönt hat. Seine Füße brennen wie die Hölle. Bereits aufgeplatzte Blasen bluten und eitern. Von Steinen übersäte Pfade sind eben nichts für Füße, an denen die dünnen braunen ledernen Mönchsschuhe kleben. Zusammengehalten von ebenfalls braunen Riemen, die schon beginnen, ins Fleisch einzuschneiden.
Eigentlich haben die Mönche immer zusammengehalten. Aber in diesem Moment ist jeder auf sich selbst gestellt, muss sein Überleben sichern, was sie auf eine ganz harte Probe stellt. Selbst Aigilops, die Eiche unter den Mönchsbrüdern, keucht unter der sengenden Sonne, denn der Pfad geht steil aufwärts. Niemand kann wissen, was sie dahinter erwartet. Durst und Hunger setzen ihnen allen zu und werden zur unsäglichen Qual. Niemand der sieben Mönche spricht ein Wort. Grausame Stille herrscht. Selbst die Vögel haben ihr Gezwitscher eingestellt. Ist das die Ruhe vor dem einsetzenden Sturm?
Aigilops fordert zur kurzen Rast auf. Obwohl sie dem ersehnten Ziel erheblich näher gekommen sind, müssen die Mönche endlich etwas trinken und

essen. Aigis mit dem Ziegenfell wird aufgefordert, nach essbaren Beeren oder anderen Früchten zu suchen, die genügend Wasser beinhalten, damit gleich der immense Durst gestillt wird, der sie schon etwas fantasieren lässt. Adelphos vernimmt das leise Plätschern wie von einem kleinen Flüsschen, das versucht, sein Wasser talwärts rauschen zu lassen. Jedoch gibt es hier weder einen Fluss, Bach oder See, noch irgendetwas, das einen Rückschluss darauf zuließe. Trügerische Bilder lassen zudem rosafarbene Beeren an den Büschen entstehen, die verlockend herunterhängen und nur noch gepflückt werden wollen. Ein Garten Eden schlechthin, der nicht wirklich vorhanden ist.

Unsägliche Qualen, die selbst Tantalus zum Verhängnis wurden, nehmen ihren ungebremsten Lauf. Deus zittert am ganzen Körper. Will die Beeren abziehen. Der Griff geht ins Leere. Trockenheit wohin das Auge blickt. Knorrige Wurzeln versperren zusätzlich den Pfad, sodass das heißersehnte Ziel in weite Ferne zu rücken scheint, machen es schier ausweglos, noch weitere Schritte zu wagen. Sind diese vielleicht ebenfalls nicht vorhanden, da ein Fluch auf diesem Pfad liegt, der Wanderer in die Irre führen soll? Menschenstimmen werden laut. Reden pausenlos auf die kraftlosen Mönche ein, wollen sie daran hindern, weiter zu laufen. Aiolos der Schnelle, fällt in diesem Moment erschöpft und ausgelaugt ins Koma, und Aemulus der Nacheifernde, tut es ihm gleich. Existiert überhaupt das Liri-Tal nebst Flüsschen oder löst es sich bereits auf, gibt die Sicht auf unterirdische Gräber frei, aus denen Untote steigen, um sich zu rächen? Niemand darf diese Stätte betreten, da auch Fremde in die Tiefen des steinigen Gewölbes gezogen werden, um für immer eins mit den Toten des immerwährenden Reiches zu sein.

Albus ist der Einzige, welcher noch ansatzweise klar denken kann. Reißt sich seine braune zerfetzte durchlöcherte Kutte vom ausgemergelten Leib, und legt sie auf des Weges Wurzelgeflecht. Glaubt er zumindest. Die Sonne, welche hier scheinbar nie untergeht, brennt darauf. Entzieht dem kühleren Boden das letzte Tröpfchen Wasser, das an der Kutte kondensiert und sich erneut bildet, um von dem dünnen Stoff aufgesogen zu werden. Jedoch geschieht nichts dergleichen. In diesem Moment des Wahnsinnigwerdens verändert sich das gesamte kleine Areal um den Trampelpfad herum, nimmt fast groteske Züge an. Das Zerrbild, wie dem eines Spiegelkabinetts nachempfunden, vollzieht den eigenen makabren Tanz. Will sich zum Liri-Tal formieren und etwas vortäuschen, was nicht wirklich vorhanden ist. Illusion und Wirklichkeit besitzen hier keine Grenzen und mischen sich übergangslos zu einer dubiosen Welt. Auch die Mönche nehmen hier schemenhafte Konturen an. Lösen sich auf, so als wären diese niemals da gewesen. Nur die umherschwirrenden Vögel haben ihren zauberhaften Gesang erneut aufgenommen. Trotzen dieser willkürlichen Vision. Fechten sie an, damit es fürderhin auf der ganzen Welt zu hören ist. Denn würden sie es nicht machen, könnte eben jene sich ebenfalls auflösen und zum Zerrbild werden, dem man keinesfalls oder nur bedingt trauen sollte.

Der Flicker der Herzen

Sara Puland

Es war einmal ein Herz, das mühte sich einsam durch einen herbstlichen Buchenwald. Der Schmerz zerrte an seiner Seele. Ein Riss zerteilte es fast in zwei Hälften. Das einstmals leuchtende Rot war einem Braun gewichen. Einem Braun wie geronnenes Blut. Einem Braun wie die vertrockneten Blätter auf seinem Pfad. Der Weg führte es tief in den Wald hinein, dorthin, wo sich kaum jemand hin verirrte. Kleine Trampelpfade, fast nicht mehr zu erkennen, leiteten seine Schritte ins dunkle Unterholz. Immer wieder blieb es stehen. Die Blätter fielen von den Bäumen, stießen gegen Äste, bevor sie am Boden liegen blieben. Klack, klack, klack. Je größer die Entfernung zum eigenen Zuhause wurde, desto stärker blies der Wind, wie um ihm den Rückweg unmöglich zu machen. Das Knarren der Äste war gar grausig und des Öfteren erschauderte das Herz aus Angst.

Eine Hütte war sein Ziel. Eine Hütte, tief im Wald verborgen. Kaum jemand wusste davon, denn nur wenige gaben das Geheimnis preis. Seine Schritte wurden schwerer, es erwog sogar, zurückzugehen. Aber der Wind zerrte an ihm und riss noch ein wenig mehr an dem verletzten Gewebe. Die kleinen Verletzungen leuchteten kurz rot auf, bevor auch sie sich in ein Braun verwandelten. Plötzlich vernahm es gequälte Laute. Es hielt kurz inne, denn diese waren schrecklich anzuhören. Gegen den Wind konnte es nicht ankämpfen, es wäre sein Tod gewesen, also ging es den Schreien entgegen. Immer lauter drangen die Schmerzenslaute an sein Ohr. Furcht packte die zwei Hälften, die nur noch an einer kleinen Stelle miteinander verbunden waren. Hätte es eine Gänsehaut bekommen können, sie hätte jede Pore erfasst. An der Hütte angekommen, klopfte es zaghaft, ja fast zögerlich an. Eigentlich kaum vernehmbar. Trotzdem öffnete ein alter Mann die Tür.

»Komm herein«, sagte er freundlich, als hätte dieser das Herz erwartet.

Mit dieser Begrüßung hatte das Herz nicht gerechnet. Vorsichtig betrat es das Innere der Holzhütte. Die Schreie klangen ohrenbetäubend. Ein Wunder, dass die Worte des Mannes zu verstehen waren. Es erkannte die Schmerzen wieder, die es selbst ertrug. Überall waren weitere Herzen zu sehen, die auf unterschiedlichen Kissen lagen. Manche so zerrissen wie es selbst, andere mit dicken Narben. Nägel oder Stecknadeln steckten in eini-

gen, auf manchen erkannte es sogar Fußabdrücke, die sich tief in das zarte Fleisch der Herzen gepresst hatten.
Die Hütte war sehr liebevoll eingerichtet. Decken, Kissen, bunte Farben und warmes Kerzenlicht machten daraus einen gemütlichen Ort, bis auf die Schreie der Leidensgenossen.
»Such dir bitte ein freies Kissen aus«, meinte der alte Mann mit vertrauenswürdiger Stimme.
Das Herz fühlte sich geborgen. Seine Wahl fiel auf ein grünes Kissen, das mit seiner jetzigen Farbe harmonisieren würde. Die schwieligen Hände des alten Mannes hoben es vorsichtig auf, trugen es zu dem gewünschten Platz. Der weiche Stoff unter ihm vermittelte Geborgenheit und die Decke über ihm Wärme. Die Kälte des Windes, die im Wald geherrscht hatte, war ihm bis zu diesem Augenblick unbewusst gewesen. Es sank etwas ein und spürte aufkommende Ruhe. Tiefer Schlaf übermannte das schmerzende Herz.
Der alte Mann schaute in gewissen Abständen nach seinen Schützlingen, streichelte sie und arrangierte die Decken und Kissen neu. Manchmal nahm er eines mit in den Nebenraum. Wie durch Watte hörte das Herz dann Laute, die schlimmer waren als die Schreie in diesem Raum. Anschließend kam aber nur der Mann zurück. Jedes Mal fürchtete sich das Herz. Was geschah im Nebenraum? War die Freundlichkeit nur eine Täuschung? Denn das mitgenommene Herz kam nie wieder. Trotzdem, die Furcht wich immer schneller und das Vertrauen in den alten Mann gewann die Oberhand. Irgendetwas tief in seiner Seele sagte dem Herzen, dass alles seine Ordnung hatte.
»Bist du bereit?«, fragte der alte Mann das zerrissene Herz eines Tages.
Das Herz nickte nur. Was auch immer es im Nebenraum erwarten würde, es war bereit. Bereit, seinen Schmerzen ein für alle Mal ein Ende zu setzen. Egal, auf welche Art und Weise. Behutsam nahm der Mann es mit. Es bebte und zitterte, der Riss klaffte noch ein Stückchen weiter auseinander. Es blieb nur noch eine hauchfeine Verbindung übrig, gerade so dick wie ein Spinnfaden.
»Psst, ganz ruhig. Alles wird besser. Vertrau mir«, flüsterte der alte Mann.
Auf den Holzregalen standen Nähgarnrollen in verschiedenen Farben und Stärken. Nadeln in unterschiedlichen Größen sowie Scheren vervollständigten das Bild.
Jetzt erst erkannte das Herz, bei wem es gelandet war. Es wurde schon so

viel von dem Flicker der Herzen erzählt, aber keiner glaubte die Geschichten.

»Jedes Mal, wenn sich zwei Liebende trennen, bricht mindestens eines der Herzen entzwei. Es reißt auseinander, zerbirst in zwei Teile. Es schreit, es weint, es jammert sich die Pein aus der Seele. Manche lauter, andere leiser. Man hört das selten, sieht nur die Tränen im Gesicht der Person. Dann sollte es zum alten Schneidermeister im Buchenwald gehen. Der repariert das Herz. Aber es muss von sich aus den Weg dorthin aufnehmen, aus freiem Willen.«

Die Furcht wurde weniger, denn gleichzeitig keimte Hoffnung auf. Der Schneidermeister würde ihm gewiss helfen. Die vielen warmen Kerzen im anderen Raum hatten es weicher gemacht, die Verhärtungen in ihm gelöst.

Auch auf dem Arbeitstisch, auf dem es nun lag, standen weitere Kerzen mit sanftem Licht und behaglicher Wärme.

»Wähle sorgsam und mit Bedacht dein Garn und deine Nadeln. Nur du weißt, was du benötigst. Ich werde dir anschließend helfen.«

Da es bisher ein fröhliches Herz gewesen war, voller Lebensfreude, suchte es sich viele bunte Farben aus. Behutsam nahm der Mann das Herz in die Hand, strich zärtlich über die entzweiten Hälften und fügte sie aneinander. Wärme durchfloss das Herz. Gedanken an bessere Zeiten kamen auf. An die Einheit seines Wesens, keine Zerrissenheit. Mit viel Fingerspitzengefühl stach der Schneider das erste Mal in die Hälften. Eine Erinnerung an die vergangene Liebe kam hoch. Das Herz brüllte qualvoll auf. Eine dicke Nadel mit schwarzem Garn. Bei jedem Stich wurde eine weitere Erinnerung hervorgeholt. Schöne und weniger schöne. Stich um Stich wurde aus den beiden Hälften wieder ein Herz. Nie zitterte der Schneidermeister bei seiner anspruchsvollen Tätigkeit, die er mit sehr viel Geduld ausübte, Liebe in seine Arbeit einbrachte. Nach jedem Stich legte er eine Pause ein, damit sich das Herz wieder beruhigen konnte. Erinnerungen verarbeiten. Anschließend bekam der Faden einen Knoten, damit die Naht sich nicht erneut öffnen konnte. Zeit spielte dabei keine Rolle.

Als das Herz wieder zu sich kam, lag es erneut auf einem Kissen. Während es heilte, bildeten sich Narben. Manche waren dicke Wülste, die anderen fein. Mit der Zeit begannen allesamt zu verblassen. Einige Stichstellen juckten. Eine kleine Mahnung, leise und tiefgehend. Plötzlich ertönte ein leises, kaum wahrnehmbares Summen. Das Herz schaute sich neugierig um. Da war niemand, außer ihm selbst. Es stellte fest, das Geräusch kam tief aus seinem Inneren. Das Herz spürte, diese innere Vibration mit Ton half, die Regeneration zu beschleunigen. Mit der Zeit wurde das Summen lauter und stärker, bis es eines Tages verschwand. Der Schneidermeister öffnete die Tür und trat zu dem Herzen. Es sprang auf.

»Du bist wohl bereit, mich wieder zu verlassen?«

Das Herz nickte freudig. Viel Energie steckte nun wieder in ihm. Lebensfreude. Nur die Narben erinnerten an seine Vergangenheit. Gleichzeitig flackerte Traurigkeit auf. Hier war es warm, umgab es eine seltene Geborgenheit.

»Bitte, pass auf dich auf. Es würde mich freuen, wenn du ein anderes liebendes Herz finden würdest. Denk an die Schmerzen, die du ertragen hast, bevor du zu mir kamst. Ich hoffe, du musst sie nicht erneut durchleben. Aber falls doch, komm zurück zu mir. Jederzeit werde ich dir helfen, ohne Vorwürfe. Meine sanfte Weise hat schon viele Herzen in Ordnung gebracht, einige öfter, andere nur einmal. So oft eines zu mir kommt, pflege ich dessen Wunden, so wie ich deine gepflegt habe. Nicht immer führt Liebeskummer sie her. Auch die Herzen kommen, die von ihren Mitmenschen böse behandelt wurden. Geh hinaus in die Welt. Trag Liebe in dir.«

Frohen Mutes verließ das Herz die Hütte des alten Schneidermeisters. Der Wald zeigte sich im Frühlingskleid. Alles erstrahlte in frischem Glanz. Es hüpfte pfeifend durch den frischen grünen Buchenwald, zurück nach Hause, in sein neues Leben. Aus dem tristen Braun war erneut ein lebendiges Rot geworden.

Wenn euch im Wald ein Pfeifen oder Summen begegnet, bleibt stehen und lauscht. Es könnte ein kuriertes Herz sein. Die glücklichen Melodien lassen uns daran teilhaben und schenken Fröhlichkeit und Wärme. Hoffen wir, dass es den alten Schneidermeister noch lange gibt, damit Liebeskummer und Gram sich immer wieder in Fröhlichkeit verwandeln können.

Zarter, brauner Schmelz

Miss M.

Nach der Auflösung der zarten, braunen Schokomasse in großen, heißen Kupferkesseln wurden wir, meine Brüder, Schwestern und ich, in kalte, dunkelbraune Formen gegossen.
Stundenlanges Ausharren, Erstarren und Aushärten folgten. Es war eine grausame Prozedur für uns braune Pflänzchen. Wir konnten nichts tun, wurden einfach zur nächsten Foltermaschine weitergeschoben.
Grobes Schütteln und eiskalte Luft massakrierten unsere frostig angelaufenen Körper. Schwindelgefühle kochten hoch. Starke Winde machten uns das Überleben schwer. Meine jüngere Schwester steckte zwischen den Gummibändern fest, schaffte es gerade so zurück zu uns aufs Band.
Unansehnlich braun, befleckt und stumpf sahen wir aus, sollten nun in *Form gebracht* und zu *Schönheiten* gewandelt werden.
Den letzten Pfiff, wie sie sagten, erhalten.
Erneute Folterungen in Form von feinen Haarpinseln folgten. Hier ein bisschen, dort ein bisschen Herumgepinsel mit Glasuren, danach Zuckerperlen für den äußeren Schein. Wie aus dem Nichts kam eine Hand, polierte unsere zarten Kurven der braunen Schokoladenhäute.
Jetzt waren wir kleine Kunstwerke geworden. Fast vollendet, bereit für den nächsten Schritt. Mit samtbesaiteten Zangen wurden wir gepackt. Jeder und jedes einzelne Stück für Stück in zartes Papier gewickelt und zum Glück alle in dieselbe Pralinenschachtel gesetzt.
Stille und eine Ruhephase folgten. Wir verweilten in dieser Schachtel. Abgestellt, in einem angenehm kühlen, in dunkelbraunes Licht gehüllten Raum. Hatten uns gerade an diesen Platz gewöhnt, da begann ein erneutes Schütteln und Rütteln. Unser Ende sollte nahen; doch wir ahnten zu diesem Zeitpunkt noch nichts davon.
Ich, die feine, mit Karamellschmalz gefüllte Praline hatte Glück, war zur Praline des Jahres auserwählt worden.
Ganz alleine lag ich da auf einer braunmetallic glänzenden Vorlegeplatte.
Wurde der Star. Heiße Scheinwerfer, Kameraobjektive und grelles Licht waren auf mich gerichtet. Blitze schlugen auf mich ein, ich war so allein.
Wo waren meine Brüder und Schwestern geblieben? Mein Leben war so ku-

schelig und eingehüllt gewesen, alle hatten wir gemeinsam in der Familienkiste gelegen. War dies vorbei und zu Ende? Konnte nicht weiterdenken, alles ging viel zu schnell.

Mir wurde auf einmal ganz heiß, schon wieder wurde ich gepackt. Warme Finger hielten mich im Würgegriff fest. Ein rosaroter Schlund öffnet sich, ein leichter Schubs und ich verschwand aus dem Geschehen.

Erneutes Drücken, Schieben und Schmelzen begann. Vorbei! Mein zarter brauner Schmelz rutschte durch die Speiseröhre, wie in einer Achterbahn, bis tief in die Dunkelheit.

So begann und endete mein kurzes Leben mit »Dahinschmelzen«.

Unvermutet kommt oft - die braune Schönheit

Waltraut Lang

Es war ein Tag wie jeder andere. Aber halt, stimmt ja gar nicht. Wir hatten gerade unsere Katze verloren, der wir nur so kurz ein schöneres Leben als im Tierheim bieten durften. Der Tierarzt konnte ihr leider nicht mehr helfen und tröstete uns.

»Das kenne ich schon von Tieren, die aus dem Tierheim stammen. Die meisten Tiere sind total unterernährt und ausgetrocknet, wenn sie ins Tierheim kommen, und leider sterben viele an den Spätfolgen. Aber Sie haben dem kleinen Kätzchen noch gezeigt, dass nicht alle Menschen so sind wie die, die sie überhaupt erst ins Tierheim gebracht haben, weil sie sie irgendwo ausgesetzt haben ohne jedes Verantwortungsgefühl.«

Ich weiß, er hatte es nett gemeint, aber leider war uns das kein sehr großer Trost. Mein Mann hatte sich immer eine Katze gewünscht, die genauso aussah wie Fluppi, der Kater, den er in der Kindheit gehabt und geliebt hatte. Nun hatte ich endlich die richtige Katze gefunden und dann wurde sie uns wieder genommen. Es änderte aber alles nichts, ich musste trotzdem zur Arbeit. Natürlich merkte man es mir an, dass ich an dem Tag irgendwie nicht ganz bei der Sache war. Ich war einfach deprimiert und konnte es immer noch nicht fassen. Alle meine Kollegen waren bestürzt, vermissten sie doch mein ehrlich gemeintes Lächeln und die Lebensfreude, mit denen ich ihnen jeden Tag gegenübertrat.

Gegen Mittag kam dann Karl, unser ›Kammerjäger‹. Na ja, eigentlich hörte er es nicht gerne, wenn ich diese Berufsbezeichnung benutzte, aber ich fand, dass ›Ungeziefervernichter‹ sich doch noch viel schlimmer anhören würde. Er verbesserte mich dann immer und bat mich, wenn ich denn schon einen Titel verwenden würde, dann solle ich doch bitteschön ›Schädlingsbekämpfer‹ benutzen. Aber da wir uns inzwischen duzten, bestand ja zum Glück keine Notwendigkeit mehr für Formalitäten.

Karl hatte wohl auch schon gehört, dass ich heute auffallend traurig war, und wollte mich aufheitern. Er tat ganz geheimnisvoll und bat mich, ihn doch zu begleiten, um mir etwas anzusehen. Er hätte schon alles mit meinem Chef abgesprochen und der sähe kein Problem damit, wenn er mal für eine Weile selbst das Telefon abnehmen müsste.

Alles war besser als an meinem Schreibtisch zu sitzen und zu grübeln. Also folgte ich Karl, nun doch neugierig, was er mir wohl zeigen wollte. Karl ging schnellen Schrittes auf eines der Wohngebäude zu, die sich auf unserer Kaserne befanden. Hier war ich noch nie zuvor gewesen, denn wann hatte ich mal einen Grund, ein Soldatenquartier zu betreten? Unsere Bauprojekte waren alle außerhalb der Kaserne und zumeist in anderen Städten angesiedelt. Aber Karl steuerte auch keines der Quartiere an, sondern er stieg die Treppe in den Keller hinab. Noch antwortete er auf all meine Fragen lapidar.

»Du wirst schon sehen. Sei doch nicht so ungeduldig. Das bist du sonst doch nicht.«

Ich musste mich also gedulden und ihm weiterhin folgen ohne zu wissen, wo es denn hingehen würde. Im Keller erwartete mich ein Gewirr an Gängen. So wie es aussah, war die ganze Reihe von Wohngebäuden über die Keller miteinander verbunden und wenn man wollte, konnte man von einem Gebäude in das andere gelangen, ohne auch nur einmal auf die Straße hinaus zu treten. Aber das war jetzt nicht wichtig. Meine Neugier wuchs ins Unendliche. Was hatte Karl bloß vor?

Da kamen wir vor einem verschlossenen Kellerraum zum Stehen. Karl holte einen großen Schlüsselbund hervor, öffnete und wir traten ein.

»So, da wären wir. Nun wirst du gleich sehen, warum ich unbedingt wollte, dass du mitkommst.«

Zuerst konnte ich kaum was erkennen außer einem Gewirr von Rohren, die wohl der Versorgung der Gebäude mit frischem Trinkwasser dienten. Da, ganz leise, konnte ich ein Fiepen vernehmen. Verwundert schaute ich mich noch einmal um, konnte aber beim besten Willen nirgends etwas entdecken.

»Weißt du«, fing Karl an zu erzählen, »wir hatten heute Morgen Rattenalarm, und du weißt ja, die Damen der kämpfenden Zunft mögen die besten Krieger sein, aber bei Ratten hört es dann aber doch auf. Die Bewohner dieser Quartiere riefen bei mir an und baten dringend um Hilfe. Keine von ihnen hatte des Nachts schlafen können, denn das ewige Kratzen und die schreienden Laute hielten sie davon ab.«

»Was soll das denn bedeuten?«, fauchte ich jetzt meinerseits Karl an. »Du schleppst mich hier meilenweit durch die Gänge, nur um mir Ratten zu zeigen? Ich habe weder Angst vor ihnen, noch, dass ich irgendein Interesse an Ihnen haben würde.«

»Glaubst du ernsthaft, dein Boss hätte dich gehen lassen, wenn es um Ratten ginge? Also ein bisschen besser müsstest du mich doch eigentlich kennen, meine Liebe. Dein Boss hat mir erzählt, dass ihr die Katze, die du für deinen Mann gekauft hast, verloren habt und dass du darüber total traurig bist. Deswegen habe ich dich gebeten, mich zu begleiten. Denn siehst du, wir hatten Rattenalarm. Aber um zu sehen, was wir tatsächlich vorgefunden haben, musst du ein wenig kriechen.«

Ungläubig starrte ich ihn an. Kriechen? Ich? Ich war doch nur eine Bürokraft und keine durchtrainierte Rekrutin. Aber die Neugier ließ mir keine Ruhe. Also duckte ich mich und dann kroch ich in die angegebene Richtung vor. Und tatsächlich, das Fiepen wurde lauter. Na, was mich da wohl erwarten würde?

Endlich war ich weit genug vorgedrungen und da fand ich sie. Eine auf der Kaserne streunende Katze hatte wohl irgendwie Zugang zu diesem Kellerraum gefunden. Wie heißt es so schön: Wo der Kopf einer Katze durchpasst, da passt sie auch ganz durch. Und das Ende von der Geschichte: Sie hatte sich diesen Raum ausgesucht, um hier ihre Jungen zu gebären und abzulegen. Drei winzig kleine Wesen fauchten, knurrten und zischten mich an, als ich mich ihnen vorsichtig näherte.

Um das weitere Vorgehen zu besprechen, kroch ich vorsichtig wieder zurück und kam neben Karl zum Stehen.

»Na, ist das eine Überraschung, Waltraud? Ich dachte mir, dass dir das gefallen würde. Und nun kommst du ins Spiel. Ich habe vorhin schon vergeblich versucht, so nah an die Jungen heranzukommen, dass ich sie hier rausholen kann. Denn eins ist klar, sie müssen hier weg. Leider waren meine Bemühungen vergebens. Sie hörten nicht auf zu fauchen, und, Mann Oh Mann, können die Kleinen ihre Krallen schon benutzen! Sieh her.«

Er krempelte den Arm seines Overalls hoch, und ich zuckte unwillkürlich zurück. Beide Arme waren total verkratzt. Das musste richtig wehgetan haben.

»Pass bloß auf, dass du dir keine Infektion holst. Da musst du eigentlich sofort ein desinfizierendes Mittel aufbringen.«

»Ja, Mama«, ulkte Karl. »Aber zurück zu unserem Problem. Meinst du, dass du die drei irgendwie zu fassen kriegen kannst, so dass ich sie hier entfernen kann?«

»Aber nicht, wenn du sie dann töten willst, Karl. Da mache ich nicht mit. Die Kleinen sind doch so süß. Sie haben eine Chance auf ein schönes Leben verdient.«
»Red´ kein Blech, meine Liebe. Sehe ich so aus, als ob ich es über das Herz bringen würde, drei so niedliche, wenn auch kampfeslustige Wesen zu töten? Wenn du es schaffst, sie dort herauszuholen, dann werde ich mir direkt selbst eine aussuchen und mit nach Hause nehmen. Und falls du nicht interessiert sein solltest, dann finde ich für die anderen beiden Kätzchen bestimmt auch schnell jemandem.«
Natürlich wusste er ganz genau, dass es dazu nicht kommen würde. Ich hatte gerade erst eine Katze verloren, und der Fund dieser Katzenbabys war für mich wie ein Zeichen. Da konnte ich ganz gewiss nicht widerstehen, und das machte ich Karl auch gleich unmissverständlich klar.
Also kroch ich noch einmal unter die Rohre, setzte mich, oder vielleicht sollte ich sagen, legte mich neben die Katzenbabys und fing an, auf sie einzureden. Meine leise Stimme tat ihr Übriges, und nachdem eine mir endlose erscheinende Zeit vergangen war, fassten die Kleinen langsam ein wenig Vertrauen zu mir, und ich konnte alle drei nacheinander vorsichtig am Nacken fassen und sie unter den Rohren herausholen. Wir setzten die drei erst einmal in einen Karton und nahmen diesen dann in Karls Büro mit. Dort wollten wir dann unsere Wahl treffen, wer denn welche Katze(n) mitnehmen würde.
Nun stand ich auf einmal mit zwei Katzenbabys da und musste irgendwie für den Transport zu mir nach Hause sorgen. Ich dachte nicht, dass der Busfahrer allzu begeistert über solch lebende Fracht wäre. Zum Glück erklärte mein Chef, der auch ein lieber Freund war, sich bereit, mich mitsamt der Rasselbande mitzunehmen.
Zuhause angekommen musste ich erkennen, dass ich noch mal losmusste, um Katzenfutter und dergleichen zu besorgen, denn mein lieber Mann hatte in seinem Kummer über unseren Verlust bereits alles, was wir dagehabt hatten, entsorgt. Er wollte wohl nicht immer an den Verlust erinnert werden. Mann, hatte der eine Ahnung, was am Abend auf ihn zukommen würde.
Da ich die beiden Kleinen ja noch nicht auf die ganze Wohnung loslassen wollte, wenn ich nicht zuhause war, denn wer wusste, was diese so alles anstellen würden, brachte ich sie ins Schlafzimmer, machte ihnen ein weiches

Bettchen und machte mich auf den Weg zu Wassenaar, unserem örtlichen Zoo - Center.
Und jetzt ratet mal, was mich da erwartete? Ich konnte es ja selbst kaum glauben. Schnell sammelte ich die erforderlichen Utensilien samt Futter ein und wollte auf die Kasse zustreben, denn bestimmt wäre es nicht gut, wenn ich die Kleinen zu lange allein ließe. Da fiel mein Blick auf die Käfige, in denen Wassenaar damals noch Lebendtiere zum Verkauf anbot. Und wie der Zufall es so wollte, fand ich da etwas, mit dem ich nicht gerechnet hatte: Da saß eine braun gemusterte Katze, die ein Zwilling der Katze, die wir am Morgen verloren hatten, hätte sein können. Unglaublich. Na ja, nun kennt Ihr mich bestimmt schon gut genug, um zu wissen, dass ich wieder einmal nicht widerstehen konnte. Mein Mann würde zwar zuerst skeptisch sein, ob es richtig wäre, so viele Katzen zu adoptieren, aber wenn er sie erst einmal sehen würde, dann würde bestimmt alles gut werden.
Also trat ich ausgestattet mit jeder Menge Spielzeug, Näpfen, Fressen und natürlich einer weiteren künftigen Mitbewohnerin samt Fahrrad den Rückweg an. Das war ein beschwerlicher Weg durch den Wald, aber ich wäre einmal um die Welt gelaufen, wenn ich dafür die leuchtenden Augen meines Mannes sehen könnte. Denn leuchten würden sie beim Anblick von ›Belle‹, wie ich die Katze bereits getauft hatte, bestimmt. Und die anderen beiden Racker, die im Schlafzimmer auf mich warteten, hatte ich im Stillen bereits ›Max‹ und ›Moritz‹ getauft.
Um das ganze problemlos zu gestalten und meinem lieben Schatz von vorneherein gar nicht erst die Chance zu geben, zu protestieren, dass drei Katzen doch entschieden zu viel wären, hatte ich mich entschieden, das Ganze zu einer großen Überraschung zu machen.
Als er also endlich nach Hause kam und ich den Schlüssel in der Tür hörte, da tat ich ganz geheimnisvoll, bat ihn, die Augen zu schließen und mir zu folgen. Ich hätte eine Überraschung für ihn. Gesagt, getan. Nun stand mein lieber Mann in der Stube mit geschlossenen Augen. Ich ging zur Couch, hob Belle sanft an und legte sie Horst in die Arme.
»Nun darfst du die Augen wieder aufmachen, Schatz.«
Natürlich hatte Horst schon gespürt, dass er da ein lebendiges, atmendes Wesen in seinen Armen hatte. Aber als er die Augen aufmachte, und sah, dass sie genauso aussah wie die verstorbene Fluppi, da traten ihm die Tränen

in die Augen vor lauter Glück. Er konnte es nicht fassen.
Aber das war ja noch nicht alles, wie wir ja wissen. Ich bat ihn, doch mal eben mit mir ins Schlafzimmer zu kommen.
»Aber nicht doch, Schatz. Es ist doch noch so früh!«
Lachend ignorierte ich diese Anspielung und ging ihm voraus ins Schlafzimmer. Ich erwartete ja, die beiden Kätzchen in ihrem improvisierten Bettchen schlafend vorzufinden.
Wieder bat ich Horst, doch die Augen zu schließen. Er fand das ja ziemlich theatralisch, aber dennoch befolgte er meine Anweisung.
So weit, so gut, aber als mein Blick durch das Schlafzimmer schweifte, da konnte ich Max und Moritz einfach nicht finden. Langsam wurde ich panisch.
»Mach bitte die Augen auf und hilf mir suchen.«
»Wonach soll ich denn suchen?«
»Das wirst du schon wissen, wenn du findest, was ich vermisse.«
Ohne zu wissen, worum es denn ging, machte er sich daran, unter das Bett zu schauen, im Schlafzimmerschrank und, und, und. Bis er auf die Idee kam, dass ich doch mal die Kommode wegschieben und dahinter nachschauen sollte. Das tat ich dann auch, und siehe da, darunter war eine kleine Aussparung, und dahin hatten die beiden sich ›gerettet‹, denn sie wussten ja nicht, dass das ihr neues Zuhause sein würde. Sie versuchten einfach nur, irgendwo Unterschlupf zu finden, wo keiner sie finden würde. Ich hob Max an, und da hatte ich gleich beide »am Haken«, denn Moritz hatte sich an Max seinem Bein festgeklammert, und entsprechend schwer war das Gewicht.
Ach ja, ich hatte vorher Horst gebeten, doch wieder die Augen zu schließen, und nun legte ich ihm dieses Bündel Katzen in den Arm. Ich werde den fassungslosen Blick, den er mir zuwarf, nie vergessen. Fassungslos, aber auch überglücklich. Denn so hatten wir aus einem todtraurigen Tag mit diesen beiden Funden etwas sehr Positives bewirkt. Wir durften uns um diese wunderbaren Kätzchen kümmern, die eine Familie gebraucht hatten und uns fortan mit ihren Kapriolen erfreuten. Und, seien wir mal ehrlich, für unsere Familienmitglieder, die Katzen, sind wir nicht deren Eigentümer, sondern sie sehen das meistens anders herum.
So war das auch bei unseren Dreien. Sie hielten zusammen wie Pech und Schwefel und haben zusammen mit unserem Schäferhund Kena so manch

Unfug getrieben. Aber wir liebten sie dafür umso mehr.

Und sie lebten glücklich bis an ihr Lebensende …

Hinter der Tür

Stella Delaney

»Da sah Connor sich um. Hunderte von Pfeilspitzen und Schwertklingen waren auf ihn gerichtet. Seine Feinde umringten ihn nun so dicht, dass ihre Reihen den Horizont verdeckten. Doch Connor hatte keine Angst. Dann kam der Anführer auf ihn zu. ›Wirf dein Schwert zu Boden und ergib dich‹, forderte er.«

»Und was tat Connor, Großvater?«

»Er rief so laut, dass es über das ganze Feld schallte: ›Wenn du mein Schwert willst, musst du es dir schon selber holen!‹.«

Wie habe ich diese Geschichten geliebt. Nicht die Märchen aus dem Süden, in denen schöne Prinzessinnen und edle Königssöhne vorkamen und gute Feen. Nein, ich bevorzugte die dunklen Legenden des Nordens, voller Geister und Kämpfe und Gefahren. Die Geschichten, die von den Helden meines Volkes erzählten.

Ich kann mich noch so lebhaft an all die Winterabende vor dem Feuer erinnern, wenn die Holzscheite knackten und der Wind um die Mauern heulte, und an all die Sommernachmittage draußen unter den alten Bäumen. Der sanfte Wind, der mit meinen Haaren spielte, der Gesang der Vögel, der harte Baumstamm in meinem Rücken, die weiche Erde unter meinen Fingern.

Eine Legende besagt, dass dieser Boden in zahlreichen Kämpfen mit dem Blut der Menschen getränkt wurde, die ihn verteidigten. Das Blut meiner Familie hat dieses Land zu dem gemacht, was es ist. Es färbte den Boden und das Holz der Bäume, gab ihrem Braun den rötlichen Unterton. Wir und das Land, wir sind eins. Meine Erinnerungen sind so klar, doch meine Gegenwart ist verschwommen, eine seltsame Mischung aus Grau, Braun und Schwarz. Es dauert mehrere Herzschläge lang, bis der weiche, formlose Nebel vor meinen Augen wieder zu harten, kantigen Steinen und massiven Balken wird. Ich starre an die Decke über mir.

Nicht umsonst hat das Wort Stamm *zwei Bedeutungen. Eine Familie ist wie ein Baum. Die Ahnen sind die Wurzeln, die weit in den Boden hineinreichen und das Fundament bilden. Sie sind immer da, und sie sind der Ursprung von allem, auch wenn wir uns dessen nicht allzeit bewusst sind. Die Ältesten sind der Baumstamm, der die Verbindung zu dem Ahnen schafft und alles zusammenhält, die Eltern die dickeren Äste. Und wir, die jüngs-*

ten Nachkommen, bilden die dünnen Äste, die aus den stärkeren hervorgehen, die zum Licht hin wachsen und den Baum verbreitern. Alles ist Teil eines großen Ganzen.

Mühsam kämpfe ich mich zurück auf die Füße. Ein Anfall von Übelkeit, wie ein Faustschlag in den Magen, und doch zwinge ich meinen Körper vorwärts, schwankend und taumelnd, als wäre ich betrunken. Der lange Gang. Ich bin ihn schon so viele Male entlanggelaufen, gerannt und gesprungen, doch nun erscheint er mir fremd. Anders. Die Stille ist dicht wie Nebel, fast greifbar. Ich frage mich, ob ich die Hand ausstrecken und sie berühren könnte. Der kalte Boden unter meinen Füssen. Die Wärme, die mir übers Gesicht läuft. Blut? Oder Tränen? Doch dort, wo Schmerz sein sollte, ist nichts. Rein gar nichts.

Waren da nicht eben noch Geräusche? Wie ein Spuk geistern sie durch meine Erinnerung. Erst Musik und Lachen. Der Klang von Stimmen, auf und ab wie die Brandung eines Ozeans. Plötzlich Stille, und dann Schreie, zerbrechendes Glas, klirrendes Metall. Ich stolpere und kann mich in letzter Sekunde auffangen. Alles dreht sich, eine merkwürdige Hitze breitet sich in meinem Bauch aus, steigt bis in meinen Kopf. Mir ist so schlecht, so schwindelig. Ich möchte stehen bleiben. Ich möchte mich hinlegen, zu einer Kugel zusammenrollen und einfach hier liegen, doch ich werde vorwärtsgetrieben wie ein kleiner Ast in einem reißenden Strom.

Auf einmal ist da ein Geräusch, das die samtene Stille durchdringt, feinen Nadelstichen gleich. Ein konstantes leises Knistern. Wie Regen. Oder wie Feuer.

Ich habe das Ende des Flurs erreicht. Eine gewaltige Tür aus tiefrotbraunem Holz, mit dunklem Metallbeschlag. Als Kind habe ich immer geglaubt, sie wäre von Riesen gemacht worden. So groß, so schwer. So unbezwingbar. Aber es gibt Dinge, die lassen sich selbst von einer solchen Tür nicht aufhalten. Ich weiß, was dahinterliegt. Und doch weiß ich es nicht. Ich will es nicht wissen, will die Tür nicht öffnen, aber meine Hand bewegt sich wie von selbst. Jetzt erst merke ich, dass meine Finger von einer Schicht aus Rot überzogen sind, als würde ich Handschuhe tragen. Und dann –

Tote überall. Männer, Frauen, Kinder. Nichts als leblose Körper, und Blut. So viel Blut. Es durchtränkt die Banner, es tropft von den Wänden, sammelt sich in Pfützen auf dem Boden. Die große Halle, der Stolz und Mittelpunkt meiner Familie, hat sich in ein Schlachthaus verwandelt.

Mein Verstand nimmt alle diese Bilder in sich auf, jedes verstörende kleine Detail. Die Hand, die nach der Tür ausgestreckt ist in einem letzten, verzweifelten, vergeblichen Versuch. Das in Angst verzerrte Gesicht. Das kleine Mädchen, das sich an seine Mutter klammert. Die zerbrochenen Gläser auf dem Boden. Der Wein, der sich mit dem Blut mischt. Und die Augen. All diese leblosen leeren Augen, die mich anstarren, die durch mich hindurchsehen.

Was tue ich überhaupt hier? Wohin will ich? Hier ist nichts als Tod. Ich drehe mich um mich selbst, hektisch, ziellos. Ein Reh, das in schierer Panik aufschreckt.

Doch ich kann nicht rennen. Meine Beine gehorchen mir nicht. Und so bin ich gezwungen, denselben Weg wieder zurückzugehen. Schritt für Schritt. Vorbei an den Toten, über sie hinweg. In meinem Kopf zähle ich all ihre Namen auf wie ein Kind, das aus Angst vor dem Dunkeln zu singen anfängt, dasselbe Lied, wieder und wieder.

Die Hölle. Das hier ist die Hölle.

Ich hebe meinen Blick, fixiere mein Ziel. Die Tür. Die rettende, schwere, braune Tür. Noch etwa sieben Schritte. Noch sechs … Noch fünf …

Und dann sehe ich ihn. Er liegt auf halbem Weg zwischen dem Ausgang und den anderen. Hat er versucht zu entkommen, oder wollte er helfen? Oder hat er einfach die Halle betreten und zu spät erkannt, dass hier nur der Tod auf ihn wartet? Eigentlich ist er doch nur ein weiteres Opfer unter vielen, aber etwas zieht mich zu ihm. Eine dunkle Stimme fordert mich auf, genauer hinzusehen. Ich sinke auf die Knie, und meine Hand zittert, als ich sein Gesicht zu mir drehe.

Und noch bevor ich seine leblosen Augen sehe, weiß ich, dass er es ist. *Er ist es.* Eine eiskalte Hand schließt sich um mein Herz und reißt es mir mit einem Ruck aus der Brust. Ich schreie.

Eine heftige Bewegung, ein scharfes Einatmen, und ich bin hellwach. Ein paar Herzschläge lang starre ich nur in das graue Zwielicht. Das ist nicht mein Zimmer. Wo bin ich? Die Bedrohung hängt immer noch über mir wie ein dunkler Schatten. Mein Verstand rast. Atmen. Ich muss atmen.

Dann ist er plötzlich da, direkt neben mir. Seine Lippen bewegen sich, aber ich verstehe kein einziges Wort. Sein Blick sucht meinen, seine Augen leuchten warm vor Sorge. Dieselben Augen, die ich gerade eben noch kalt und

leblos gesehen habe.
Er weiß nichts von meinen Albträumen. Nichts von den Stimmen und den Bildern in meinen Kopf. Das ist ein Teil von mir, den er niemals kennenlernen darf. Ich sollte mit ihm reden, ihm versichern - mir selbst versichern - dass alles in Ordnung ist. Nur ein schlechter Traum, nichts weiter. Aber ich kann nicht. Jetzt, hier, in diesem Moment ist alleine schon seine Anwesenheit unerträglich. Er berührt meinen Rücken, ganz leicht, beinahe zärtlich, aber es fühlt sich an, als würde ich von einem stumpfen Messer durchbohrt. Ich flüstere eine halbherzige Entschuldigung, und schon bin ich auf den Beinen. Greife mit einer Hand nach meinem Umhang und stoße mit der anderen bereits die Tür auf. Für einen Moment sieht es so aus, als wäre da etwas Rotes an meinen Fingern. Dann folgt ein weiterer Gang, genauso endlos wie der in meinen Träumen, und schließlich stolpere ich in den großen steinernen Raum, blind vor Tränen. Die kalte Luft umfließt mich wie Wasser, der Wind fährt durch mein Haar. Er spielt mit den Strähnen, und mit den Blumen und Ornamenten, die den Altar schmücken. Ich muss an die Bänder und Glöckchen denken, mit denen wir die Bäume geschmückt haben. Damals. Zuhause.
Hier bin ich also. Ein Kind der alten Götter, an einem heiligen Ort erbaut für die neuen. Gekommen, um mit den Geistern zu verhandeln, die mich verfolgen.
Etwas in mir gibt nach. Ich sinke zu Boden, auf die Knie. Ich bin allein. Allein mit dem Knacken der alten Holzbalken, auch sie einst braun, aber nun durch das Alter fast schwarz. Allein mit dem Flüstern des Windes, das ich kaum höre. Dafür sind die Stimmen zu laut, und sie werden von Minute zu Minute lauter. Die Energie dieses Ortes verstärkt sie noch. Ich hatte nie wirklich eine Familie. Ich hatte nie einen Großvater, der mir diese Geschichten erzählt hat. Alles, was ich habe, sind die Erinnerungen, die auch nicht meine sind. Und die Stimmen. Die verfluchten Stimmen. Ich will, dass das aufhört.
Die Stimmen vereinigen sich zu einem gewaltigen Strom, der meinen Verstand fast wegspült. Ich möchte meinen Kopf an die Wand schlagen, weiß aber aus schmerzhafter Erfahrung, dass es nicht hilft.
Lass es enden.
Ich hebe die Hände. Und schon wieder sehe ich Blut an ihnen. So viel Blut.

Mit diesen Händen möchte ich mein Gesicht nicht berühren, daher lege ich die Arme um meinen Oberkörper und schließe die Augen. Mein Herz rast, aber ich bin so müde. Ich kann nicht mehr.
Lass es enden.
Jetzt und hier bin ich bereit zu betteln. Mich auf den Boden zu werfen und sie anzuflehen, damit aufzuhören. Oder mir zumindest zu verraten, warum sie mich so quälen. Mir zu sagen, womit ich das verdient habe. Doch dann schweigen die Stimmen plötzlich. Übrig bleiben nur das Rauschen von Blut in meinen Adern und das Dröhnen meines eigenen Herzschlags. Und hier, alleine auf dem kalten Steinboden, mit den Armen vor meiner Brust verschränkt und dem Hämmern meines Herzens in den Ohren, verstehe ich plötzlich. Es macht alles Sinn.
Lass es mich beenden.
Ich mag nur ein einzelner Ast sein, der übriggeblieben ist, nachdem der Baum gefällt und das Wurzelwerk herausgerissen wurde. Aber auch ein einzelner Ast kann zum Pfeil werden.
Die Hand meiner Mutter streicht durch meine Haare, aber als ich die Augen öffne, ist es nur der Wind. Ich bin alleine. Alleine gegen eine überwältigende Übermacht von Feinden. Es wäre so einfach, das Schwert fallenzulassen und aufzugeben. Aber das kann ich nicht.
Andere Familien führen Wahlsprüche, die aus vielen eindrucksvollen Wörtern bestehen. Voller Stolz, voller Pathos, und doch letztendlich nur leere Worte, weil sie entweder noch nie irgendetwas bedeutet oder weil die Taten ihrer Familien ihnen jeden Inhalt und jeden Sinn geraubt haben. Unser Motto dagegen ist nur ein einziges Wort: *Treue.* In Eisen gegossen, in Stein gemeißelt. Ich kann nichts dagegen tun, es liegt mir im Blut.
Langsam erhebe ich mich. Meine Beine sind zuerst schwach und zitterig, aber mit jedem Schritt kommt meine Kraft zurück. Kurz bevor ich die Türe erreiche, sehe ich mein Spiegelbild in einer glatten Metalloberfläche. Meine Augen, die angeblich an einen perfekten Sommerhimmel erinnern, sind jetzt hart und kalt wie Eis. Und ich schwöre bei meinem Namen, bei der Ehre meiner Familie und bei allen Göttern: *Es wird enden. Ich werde es beenden.* Ein für alle Mal.

Genaue Beschreibungen unserer Autorinnen und Autoren finden sich in den Teilen 1-5 dieser Anthologieserie.

www.karinaverlag.at

Erholung in der Steiermark

Das Ferienhaus in Ratten im Joglland lädt zum Leben ein!

Ruhe und Erholung genießen, den Stress und Lärm des täglichen Lebens hinter sich lassen. Die wertvollen Urlaubstage einmal nicht inmitten lärmender Touristen verbringen, sondern ein Land und seine Natürlichkeit genießen. Die Menschen kennenlernen, die Natur erkunden. Das angebotene Ferienhaus ist liebevoll hergerichtet und in privatem Besitz.
Einfach einmal für eine Zeit an einem anderen Ort zu Hause sein ...

Ferienhaus in Ratten, Steiermark, Österreich

Das vergessene Land – so nannte einst auch Peter Rosegger die sanfte Bergwelt des Jogllandes und der Waldheimat. Dieser Landstrich mit seinen Dörfern am Ostrand des großen Alpenbogens lag immer schon etwas abseits des hektischen Lebens entlang der großen Verkehrsrouten – und dies hat sich bis heute nicht wirklich geändert.

Klassische Sommerfrische, Wandern und neuerdings auch Mountainbiken und Radtouren, sowie im Winter, Langlaufen, Skifahren und Schneeschuhwandern ermöglichen erholsame und naturverbundene Entspannung.
In der Nähe befindet sich Roseggers Waldheimat. Im Ort gibt es ein Hallenbad, ein Freibad, Tennisplätze, Reitstall. Im Winter laden Loipen zum Langlaufen und die nächsten Skilifte sind 6 km entfernt.

Ferienhaus:
geeignet für 6 Erwachsene und 2 Kinder

Ausstattung:
Erdgeschoß: Großes Wohnzimmer mit Couchbett, Bibliothek, Sat-TV, Video und DVD. Großer Salon mit offenem Kamin, Eßecke, Radio/Hihi-Anlage. Wohnküche (E-Herd, Backofen, Geschirrspüler, Mikrowelle, Kaffeemaschine). Dusche/WC. Fußbodenheizung. Die Wohnräume verfügen über eine gemütliche Couchgruppe, gediegene Einrichtung, Stilmöbel und einer umfangreichen Hausbibliothek. Das Haus verfügt zudem über eine Sauna. Waschmaschine und Wäschetrockner sind vorhanden.
Obergeschoß:
3 Schlafzimmer und eine offene Wohndiele, Kinderbett. Die Zimmer sind komfortabel und geschmackvoll eingerichtet. Badezimmer mit Wanne und Handtuchwärmer, zwei Toiletten. Im Sommer steht noch ein zusätzliches Einzelzimmer zur Verfügung.
Liegestühle stehen im Garten zur Verfügung.

Information und Buchung:
www.ferienhaus-im-joglland.at
rudi.treiber@bnet.at